한국외국어대학교 국제지역연구센터
HK+국가전략사업단 연합학술총서

동과 서, 문화와 문명,
초국적 협력과 소통의 오백 년

이 책은 2020년 대한민국 교육부와 한국연구재단의 지원을 받아 수행된 연구임
(NRF-2020S1A6A3A04064633)

한국외국어대학교 국제지역연구센터
HK+국가전략사업단 연합학술총서

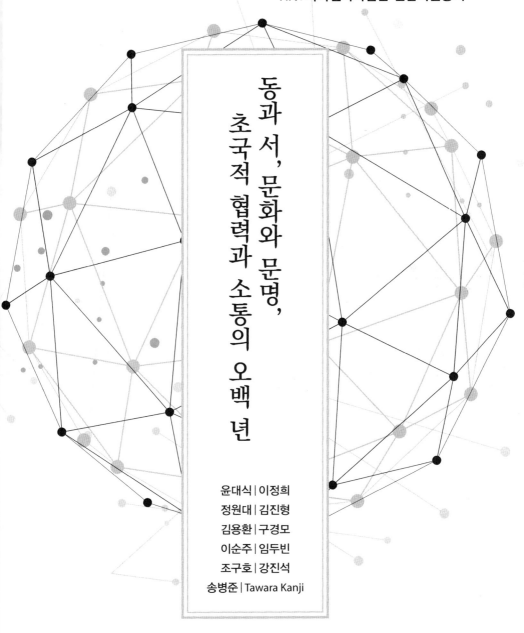

동과 서, 문화와 문명, 초국적 협력과 소통의 오백 년

윤대식 | 이정희
정원대 | 김진형
김용환 | 구경모
이순주 | 임두빈
조구호 | 강진석
송병준 | Tawara Kanji

  2021년은 코로나바이러스감염증-19(COVID-19)이 좀처럼 종식되지 않는 가운데 러시아-우크라이나 전쟁의 기운이 고조되면서 인류가 어려움을 겪은 한 해였다. 그러나 정치, 경제, 사회 전반에 걸친 곤경에도 불구하고 세계 전역에서 함께 이를 극복하고자 하는 노력은 끊임없이 계속되었다. 백신의 보급, 물자의 지원과 같은 물리적인 영역 뿐 아니라 지식과 기술의 교류도 인류 역사상 보기 드물 게 활발히 이루어졌다. 이러한 상황에 맞춰 우리나라에서도 인류가 전세계적인 어려움에 맞서 동·서 문화와 문명을 어떻게 협력하고 소통해왔는지 관심이 고조되었다.

  본서는 2021년 10월 20일부터 22일에 걸쳐 부산에서 개최된 제2차 HK(+)연합학술대회 "동과 서, 문화와 문명, 만남의 오백년: 지속가능발전을 위한 초국적 협력과 소통"의 결과물을 집약한 것이다. 1519년부터 1522년에 걸쳐 지구를 일주했던 대탐험가 퍼디난드 마젤란(Ferdianan Magellan) 서거 500주년을 기념하여 열린 이번 학술대회에서는 한국연구재단의 인문한국(HK)지원사업 및 인문한국플러스(HK+)지원사업에 참여 중인 부산외국어대학교 중남미지역원, 서울대학교 아시아연구소, 인천대학교 중국학술원, 한국외국어대학교 국제지역연구센터, 그리고 한국외국어대학교 중남미연구소 등 5개의 연구단체 소속 50여 명의 연구진들이 학제간 그리고 지역간 연구 성과를 토론하고 공유했다.

특히 한국외국어대학교 국제지역연구센터 HK+국가전략사업단은 2020년 5월 창설 이래 "초국적 협력과 소통의 모색: 통일 환경 조성을 위한 북방 문화 접점 확인과 문화 허브의 구축"이라는 아젠다를 가지고 특별히 북방 지역과 한반도 사이 문화적 소통과 협력 양상을 연구하고 향후 발전을 모색하고자 연구 및 학술 활동을 진행해 왔다. 앞으로도 HK+국가전략사업단은 대한민국이 세계 속에서 문화적 리더 국가로 자리매김하기 위해 인문학·사회 과학 등 다양한 학문 분야를 연구하는 여러 기관 및 단체와 공동 연구 및 협력을 계속할 예정이다.

바라건대 본서를 포함한 HK+국가전략사업단에 출판하는 총서 시리즈를 통해 더욱 깊이 있는 연구와 폭넓은 학술 교류의 결과가 연구자 사이에서 촉진되고 그 성과 역시 독자들에게 보다 손쉽게 전달되기를 희망한다.

한국외국어대학교 국제지역연구센터
HK+국가전략사업단장 강준영

목차

제6장___ 구경모

파라과이 거주 중국계 이민자 현황과 문화적응

제7장___ 이순주

젠더 관점에서 본 라틴아메리카의 사회경제적 불평등과 정책: 멕시코와 칠레를 중심으로

통일민족국가 건설을 위한 문화적 아이덴티티 구축:

안재홍의 책무로서 '통사(通史)' 쓰기로부터 평화통일의 교의로서 신민족주의(新民族主義)로*

I. 들어가며

『논어』「학이」편의 "배우고 때에 맞추어 (몸에) 익히면 또한 기쁘지 아니한가?"(學而時習之, 不亦說乎?)라는 첫 구절은 학습(學習)이라는 단어의 기원으로 알려진 유명한 표현이다. 아마도 공자(孔子)의 학문관 또는 교육관을 대변하는 구절이자 『논어』 전체의 방향을 시사하는 대목임에 틀림없다. 왜냐하면 공자역시 '좋은 폴리스(polis)' 즉 '좋았던 공동체'의 회복을 꿈꾸었기 때문이다. 공자에게 '좋았던 공동체'는 '질서정연한 종법사회'로서 주례(周禮), 곧 종주(從周)로 개념화되었고, 그 주례를 구축했던 주공(周公)을 완벽한 공적(公的) 행위자로 규정하고 이를 재현(representation)하는 것이었다. 하지만 공자가 재현하

---

* 이 글은 『한국독립운동사연구』, 76집 (2021.11.30.)에 게재되었습니다.

려고 했던 당사자는 주공과 같이 타고난 신분과 혈통을 구비한 채 공적 영역과 가치를 명확히 구분하고 실천할 수 있는 행위자가 아니었다. 오히려 이미 이러한 질서와 체제가 붕괴했고 하극상이 만연함으로써 더 이상 타고나거나 세습된 통치자를 기대할 수 없던 공자 입장에서 사명을 각성한 '학습된 공적 (公的) 행위자'를 전망했던 것이다. 그 공적 행위자는 신분이나 혈통에 상관없이 주례의 구성요소와 작동원리를 '배우고 몸에 습관처럼 익힌 사람'이다. 그것이 공자가 기대한 '학습'의 효과였다.

바로 이 지점에서 안재홍과 '학습된 공적 행위자'라는 개념 간 상관성을 찾을 수 있을지 모른다. "우리 집은 대대로 근황당(勤皇黨)이기 때문에 나는 그 당시의 애국사상을 받아 조선 역사의 불비함을 항상 느끼고 조선의 사마천(司馬遷)이 될 생각이 있었소"[1]라는 회고에서 볼 수 있듯이, 국망을 전후해서 안재홍 자신이 각성했고, 그것은 역사의 불비함을 보완하는 역사가가 되는 것을 실천으로 고민했음을 보여준다. 이후 해방을 맞이해서 "단군 이래 삼국통일기까지 거의 삼천수백 년의 사이에 모든 국사상에 나타나는 정치적 법제적 문화적 제 안건과 민족흥망에 관련 깊은 제 사실은 어느 것 하나도 이때껏 그 전모가 뚜렷이 천명된 바 없어 의연한 암중모색의 상태로 된 바이니 이는 우리가 반만년 문화를 운위하는 만치 하나의 문화적 총결산으로서 투철한 조선통사(朝鮮通史)를 써서 신시대 창성의 정신적 근간을 지어야 할 것이 요청되고 있는 소이"[2]라고 '조선통사' 쓰기가 새로운 시대의 '정신적 근간'으로 의미를 갖는다는 안재홍의 인식이야말로 앞으로 그의 생각과 행위 모두가 '좋았던 또는 좋은 폴리스'의 회복과 '인간다운 삶'의 완성을 염두에 두었던 것임을 방증한다.

한나 아렌트(Hannah Arendt)는 그의 저서 『정신의 삶』에서 예루살렘 법정에 선 아이히만의 재판을 참관하며 '사유하지 않는 삶'을 영위하는 사람들이라면 누구든지 특정한 환경에서 악을 범할 수 있다는 점을 '악의 평범성'으로 강조하고, 그 과정에서 정신의 문제에 관심을 가지기 시작했다고 고백했다.[3] 사실 우리의 일상은 대부분 아무 생각 없이(thoughtless) 흘러가는 경향을 갖는데, 왜 아렌트는 인간이 생각하지 않는 것을 악한 행위로 단정했던 것일까? 그것은 인간이 삶의 보존과 사멸성의 한계라는 실존 양식에 의해 조건 지어진 존재(conditioned being)이기 때문이다. 즉 인간은 무엇을 하든 언제나 조건 지어진 존재이며 세계(world)에서 삶을 영위하는 이상 세계의 실재성을 지각하고 수용하게 된다는 것이다.[4] 이 점에서 '인간은 정치적 동물'이라는 아리스토텔레스(Aristotle)의 정언처럼 아렌트 역시 좋은 공동체 내에서만 인간다운 삶을 실현할 수 있음을 확신했던 것이다.

이 글은 식민지 시기와 해방정국에, '학습된 공적 행위자'로서 안재홍의 역사관과 방법론을 추적해서 그의 '통사' 저술시도가 역사서술에 대한 개인적 관심이 아니라 해방과 독립이라는 공적 영역의 회복을 자신의 정치적 책무로 인지한 것이고 해방 이후 분단상태를 극복하여 통일된 국민국가 건설을 위한 정치교의의 성립 선행조건으로 작동했음을 소개하려는 것이다. 여기에서는 식민지 시대나 한국 현대사의 맥락에서 안재홍의 사상과 태도를 접근하는 기존의 다면적 평가와 달리 '통사' 저술이라는 측면에서만 안재홍의 지성적 고민(정신의 삶)과 저술행위(활동의 삶)를 추적하고,[5] '민족'을 역사의 주체로 규정한 뒤 그 민족정신과 실제 민족적 삶의 양상을 정합해내려는 지적 작업이 안재홍의 정치적 책무로 받아들여졌으며 이후 신민족주의라는 정치교의로 치환되었음을 규명할 예정이다.[6]

II. 〈조선상고사관견〉에서 『조선통사』로

　민족주의 사학을 출발시킨 신채호는 역사를 '아(我)와 비아(非我)의 투쟁'
으로 '시간으로부터 발전하고 공간으로부터 확대되는 심적 활동의 상태에
관한 기록'이라고 정의했다.[7] 하지만 신채호가 투쟁사관을 채택했어도,[8] 유
물변증법을 선택한 것은 아니었다. 그는 "역사는 역사를 위하여 역사를 쓰는
것이고, 역사 이외 무슨 다른 목적을 위하여 쓰는 것이 아니다. 자세히 말하
자면 사회의 유동상태와 거기서 발생한 사실을 객관적으로 그대로 쓴 것이
역사이지, 저작자의 목적에 따라 그 사실을 좌지우지하거나 덧보태거나 혹
은 바꾸고 고치라는 것이 아니다"[9]고 실증주의를 받아들였다.

　비록 안재홍의 상고사(上古史) 연구가 『조선통사』(1941)로 미완된 채 해방
이후 『조선상고사감』(1947/8)으로 급히 마무리되었을지라도,[10] 안재홍의 역사
관도 신채호의 민족주의 사학이 내포한 실증주의를 계승하면서도, 비교언어
학적 분석을 통해 최초 모계 가족공동체로부터 단군조선을 거쳐 삼국(三國)
시대까지의 역사전개를 사회경제적 발전결과이자 정치형태의 고도화 과정
으로 설명함으로써 신채호의 투쟁사관이 지닌 한계성을 돌파하려고 했다.[11]
안재홍의 상고사 연구방법을 들여다보면 "한강의 유역, 조선적인 생활양식
을 다분(多分)으로 표현하는 모든 도시와 촌락, 봉강(峯糠)과 계곡, 삼림과 전
야가 그대로 국토애를 자아내는 바요 … 그것이 곧 민족애요 역사에 대한 추
억이요 국가 영원한 발전에의 감분(感奮)으로 되는 것"[12]이라고 역사발전 동
력으로 민족의식을 제시함으로써 혈연공동체인 가족으로 출발하여 촌락-민
족-국가로의 전개과정을 통해 '민족'이 향후 수립될 근대국가의 주체로 위
치하도록 설계했다.[13]

　더불어 안재홍의 역사학은 정신의 반성적 표상으로서 언어의 비교분석을

학제 간 협업을 통해 증명하고 그 정신의 실질을 규명해서 현재 행위양상과의 인과관계를 규명하는 방식을 취한다. 이렇듯 비교언어학적·민속학적·발생학적으로 접근하여 한국사 연구가 동양 역사에서 중요한 위치에 놓여 있었다는 사실과 조선 문화의 높은 기여도를 보편사의 맥락에서 재조명한 실험적인 작품이 바로 안재홍의 〈조선상고사관견〉이다.[14] 〈조선상고사관견〉은 『조선일보』에 1930년 1월 29일~4월 5일까지 총 57회(실제 56회)에 걸쳐 연재되었다. 연재내용은 크게 조선문화창성과정(朝鮮文化創成過程)과 특수문화종종상(特殊文化種種相)으로 나뉜다.[15] 여기에서 안재홍은 "사회과학을 연구하는 입문의 일 방편으로 겨우 허여된 『고대사회』(류이스 모-간 著, 高畠素之 譯)를 열독하기 시작하여 전혀 우연한 암시를 받은 것이 원인으로 영쇄산일한 조선의 고문헌에 대하여 언어 토속 종교 등 학에 의거한 고대 사회학적 고찰을 가하기로 되었다"고 과학적 연구방법의 채택 동기를 소개한다.[16] 그리고 조선상고사를 단군(檀君) 이전의 사회상태-족명, 인명, 직명, 지명 등에 내포된 어의-단군에 대한 해석-기자동래설(箕子東來說)의 파쇄-조선색(朝鮮色)의 추출을 통해 재구성하려 한다.[17]

먼저 안재홍은 사람을 지칭하는 늙은이-젊은이-어린이 등의 용례로부터 '~이'의 어의를 추출하여, 이것이 본래 생명을 의미하는 말로 그에 해당한 각종 대상에 통용되는 말이라고 소개한다. 즉 '아이', '어이'(어른), 『업』어이 부친, 『엄』어이 모친, 지업어이 부(夫), 지엄어이 부(婦), 아지엄어이 숙모, 아지업어이 숙부 등을 열거하면서 우리를 지칭했던 동이(東夷)의 이(夷) 역시 큰 활(大+弓)로 파해 되지만, 사실 『이』로써 자칭하고 또 타칭하는 고대 은나라 사람(殷人)의 칭호에 대하여 큰 활(大弓)의 뜻과 한 가지로 『이』의 표음까지 취한 것임을 추정할 수 있다는 것이다.[18] 그렇게 보면 동쪽의 이족(夷族)이라는 뜻을 가진 '동이'에서 방향을 나타내는 동쪽은 명백한 사실이고, 이(夷)라는 단어가 각별해진다. 안재홍은 동이가 '동쪽 사람'(~이)이자 '우리'의 원형적 정체성을 가리키는 용어이며 우리 역사에서 '활'과 관련된 건국신화, 예를 들어 고구려의 주몽신화, 이성계의 신궁 등을 통해 '이'(夷)라는 정체성을 분명히 하는 민족의식을 형성했다고 강조한다.

어원의 비교분석을 마치면서 다시 안재홍은 사회사적 접근으로 최초 공동체의 성격을 모계(母系)사회로 단정할 수 있는 근거를 제시한다. 그것은 채집경제에서 수렵경제로 전이되는 야만에서 미개시대로 넘어가는 역사단계를 지칭한다. 여기에서 "인민은 군혼(群婚) 단체혼(團體婚)의 제도로서 성(性)에 기초한 단순한 사회조직의 형태를 가진 여계 중심의 혈족시대요, 주거는 『굴』이란 혈거와 『움』이란 혈거로부터 차기의 가옥구조에의 과도형식인 반혈반옥(半穴半屋)의 원시적 건물을 가졌다가 말기에는 『울』이라고 하는 조악한 목책(울타리)을 두른 공동가옥을 발명"[19]했다는 것이다. 아마도 가족공동체의 공간을 구분 짓는 '울타리'의 어원으로 '움막', '움집'을 추론했던 것일지 모른다.

하지만 고유한 우리말 어원과 어의로부터 보편적인 사회경제적 변동과정의 단서를 찾아내는 작업을 동반했다는 사실에 주목할 필요가 있다. 안재홍은 이 미개시대의 구조적 특징을 『아지엄어이』(叔母) 시대, 즉 『지엄어이』(夫)남계 족장 시대를 지나 『지오리』 시대를 완성하기 전 수천 년의 시간이 흘러 『단굴』 혹은 『땅결』인 단군시대의 출현을 가져온 것으로 상정한다.[20] 이 『아지엄어이』가 '아씨'의 어원이라는 것이다. 그리고 최초 모계 가족공동체로부터 출발한 인간의 삶은 "거룩한 한 어머님이 다스리는 사회가 있었으니 아사달(阿斯達)의 사회라, 매우 소박한 생활이 수집과 어렵의 토대 위에 조직되어 농목사회의 시초에까지 갔던" 동방에서 가장 오래된 형태라는 것이다.[21]

도대체 어떻게 해서 『아지엄어이』가 모계사회를 추론하는 근거가 된다는

말인가? 안재홍은 비교언어학적, 발생학적 접근법으로 논증을 시도한다. 즉 "조선어를 종계적(縱系的) 횡렬적으로 검토하여 사회진화의 단계와 쌍행하는 발생적 과정을 찾아내고 이에 일본어의 그것으로써 대조할 때 … アマ(아마; 여승), アメ(아메; 소나기)등 천(天)을 뜻한 일본어가 여성에 관한 최고형(最古型) 같이 된 海女(アマ) 그것과 한 가지 『엄어이, 어메』 일보를 나아가서는 『암마이』(牝兒)라는 여성에 관한 최고형의 구어(口語)와 동일한 것"임을 추적하여 엄어이=어메=아지메라는 전개과정을 추적한 뒤 여성에 대한 일본어 고어와 영남지역 방언의 발음상 동질성에서 고대 여성을 존숭했던 시기의 흔적을 추론했던 것이다. 그 결과 아지메=아씨=아사달이 모두 동일한 '어머니'를 지칭하는 '엄어이'라는 발음에서 파생된 것이기 때문에 최초 모계사회는 '아씨'로 표현된 성스러운 여성(聖母)이 다스리는 사회, 곧 아사달(아씨들=아씨의 들판)이 된다는 것이다. 즉 '아사달'은 '아씨달'이고 '아씨'라는 성스러운 여성 통치자의 '달', 즉 '돌'-'들'이 되기에 '여성이 통치하는 들판' 곧 모계사회를 의미한다. 그렇게 보면 '아사달'은 '성모의 공간'이자 '여신' 그 자체를 상징하는 용어이고, 자신들의 공간에 신성성을 부여함으로써 생명과 안전을 보장하려는 당대인의 염원이 투영되었던 셈이다.

다음 단계로 안재홍은 정치공동체의 출현이 사회경제적 조건의 변화로 인해 발생했음을 정당화한다. 바로 그것이 단군(檀君)에 의한 조선(朝鮮) 건국이다. 고대 정치공동체의 출현 역시 발생학적으로 설명된다. "씨족의 사회는 여성 수장(女首長)으로부터 남성 수장(男首長)에 전화되는 과도적 차이는 있을 망정 일정한 수장을 중심으로 씨족사회가 형성되고 그리하여 포족(胞族), 그리하여 부족으로 차차 역사적인 발달과정을 밟아가는 것"[22]이라는 안재홍의 설명은 사회학적 접근방법을 채택하지만, 그가 유기체적 국가관을 가졌음을 반영한다. 이어서 안재홍은 "점점 농업 경제기구로 발전하며 그 조직이 남원

(男原) 본위인 근대식 사회로 전환된 지도 벌써 케케묵은 세대의 일이므로 이에 단군 건국의 신기원을 보게 된 것"이라고 고대국가 탄생을 전제한 뒤, "조신(神祖) 단군 문득 그곳에 도읍을 세우고 새로운 「나라」의 체제를 만들어 스스로 「왕곰」의 자리에 올라 새로운 정사를 닦고 국호를 조선(朝鮮)이라고 하여, 조선은 「주신」의 대자(對字)로 「하늘이 주신」 나라라는 뜻"[23]이라고 풀어낸다. 이른바 '쥬신'='조선'이라는 고대국가의 명칭이 바로 '하늘이 우리에게 주신'이라는 의미로부터 파생되었다는 것이다. 그리고 '백두산 아래의 천평(天坪)'에서 점점 '평평한 들판'으로 그 영역을 확장해 나가면서 수도를 '평양'(平壤), 즉 '평평한 들판'으로 정하게 되었던 것이기에 "생산수단과 사회기구의 변동이 차례로 역사 진전의 새 단계를 나타냄"을 반영하고 있으며, "아사달·백악·평양은 항상 서로 넘나드는 지명"이라는 것이다.[24] 결국 '평양'으로 수도를 옮겨서 '조선'이라는 국호를 정한 '단군' 왕검과 '평평한 들'이라는 대지의 여신이 돌보는 모계사회에서 '생명을 잉태(腹)한 들판'이라는 '비들'로 전환되어 '배돌' 나라, 즉 '배달국'이 되며 그 수장으로서 단군왕검은 '배달 임금'이라는 뜻이 된다.[25] 이것으로 "이미 단군으로서의 역사적 존재는 드디어 움직일 수 없는 과학적 결론"이 된다는 것이다.[26]

그렇게 보면 단군조선의 존재유무를 의심하는 것은 지명 명칭의 변천과정을 이해하지 못한 결과이다. 즉 2000년 간 국도를 몇 번 옮겨가면서 역사상 일관되게 존재했던 국가였고, '단군'이라는 한자로 표기된 지배자의 순수 우리말 표현인 '왕검'을 혼동하여 단군과 왕검이 각기 다른 시대의 조선이라는 나라를 운영했던 것으로 혼동했다는 것이다. 안재홍은 이를 '단군의 환은(還隱)'으로 표현한다. 아마도 역사의 무대에서 갑자기 사라졌다는 의미로 제시한 것으로 보인다. 안재홍은 그 논거로『제왕운기』와『삼국유사』에 똑같이 아사달로의 천도 후 1500년 간 지속되었다는 점을 지적한다. 즉 "『제왕운기』에서 인용한 〈檀君本紀〉에서 「檀君 據朝鮮之域 爲王故 尸羅·高禮·南北沃沮·東北扶餘·濊與貊·皆檀君之壽也」라고 하고, 이어서 「理一千二十八年 入阿斯達山 爲神 不死故也」라고 하였고, 그 본문에서 그후 일백육십사년 후에 후조선(后朝鮮) 태조인 기자(箕子)가 주무왕 원년 기묘(이상 연대 계산 틀림없음)에 조선으로 와서 다시 군주체제를 연 것으로 기술되었으며, 『삼국유사』에는 「御國一千伍百年 周武王 卽位 己卯」에 기자를 조선에 봉하였으므로 단군은 장당경으로 옮겼고, 후에 아사달에 환은하였다"[27]는 것이다. 현재 우리에게 알려진 은나라 기자(箕子)가 조선을 봉읍받아 1500년간 이어져 삼국시대까지 계승되었고 그 과정에서 단군조선은 아사달로 천도하여 역사무대에서 사라졌다는 것이다.

III. 민족사에서 세계사로

그렇다면 '단군의 환은'이라는 안재홍의 추론은 기자조선의 출현과 단군조선의 은거라는 대조를 통해 단군조선의 원형성이 기자조선의 문명성으로 교체되었기 때문에 기자조선의 정통성을 인정한 것일까? 혹시 단군조선의 환은이라는 표현 자체가 허구의 단군조선을 합리화하기 위해 고육지책으로 제시한 개념은 아니었을까? 안재홍 역시 이 점을 의식한다. "『배달-왕검』으로서의 단군의 역사가 그 후세의 날조한 정책적 허위인가?"[28]라고 반문하면서, 언어분석만으로도 단군 이전 성모시대의 모계사회 존재를 확인할 수 있었기 때문에 그 이후 지배자로서 단군의 출현 역시 역사적 사실일 수밖에 없다는 결론만이 있을 뿐이라고 역설한다.[29] 그럼에도 불구하고 단군조선의 존재는 실증뿐만 아니라 기록으로 남아 있지 않은 대신 기자(箕子)조선이 기록으로 남아 있다는 점에서 이미 판가름 난 사안일 수밖에 없다. 안재홍은 이를 거부한다. 오히려 "『아지매』의 조선이 이미 적확하게 고증된 이상 그의 발전단계에 있어 과학적 과정을 이룬 『배달-왕검』의 조선은 당연 의심할 이유가 서지 않는 것이다. 유자가 단군을 배척하였으니 그 단군말살의 논거가 되는가?"[30]라고 비판하며 보다 공격적인 해석을 시도한다.

우선 단군조선을 선양하기 위한 첫 단계는 왜 단군조선이 우리 무의식에서 소환되어야 하느냐의 정당성 확보이다. 안재홍은 이를 "전 민족 생존사상에서 중요한 승통이 어떻게 계속 혹은 변천하여 왔는가"를 알려주는 출발점에 놓인 영웅으로서 단군의 역사적 의의가 있다고 단언한다.[31] 그래서 "당요무진으로 그 건국기원을 삼아 경오세까지 사천이백육십삼년(단기 2333년+서기 1930년)을 계산하나 이것의 절대 확실은 보장하지 못한다 … 씨족사회로부터 『고을』정치를 형성하여 부여 고구려 등 근대식 국가의 형성을 보기 전까지의 사회적 제 단계를 지남에는 줄잡아 수천 년의 기간을 요하는 것이 역사사회학적 결론이 되는 것이니 사천이백육십삼년의 기원은 결코 과장한 연대가 아니다"[32]라고 개연성을 추산하며 조선소(朝鮮素)라는 고유한 문화적 정체성을 형성할 수밖에 없었던 시공간적 영속성과 확장성을 강조한다.[33]

물론 안재홍의 실증방식은 "동일한 혈통관계로서 민족적 동일 문화권의 생활을 형성하고 거기에 가장 태상적 제왕적 지위에 놓인 분이 있었으니 그는 단군왕검으로 일컫는 분이었고 국가적 형태와 요소를 갖추어 역사적 존귀한 생장의 배종을 지었던 구현적인 역사상의 존재자이셨던 것이다. 범칭적인 어음(語音)으로 지방적 수장은 『따금』, 태상적 군장은 『왕금』"[34]이라는 점에서 역사(주의)적이기보다 문화적이라고 할 수 있다. 이에 의거해서 우리말의 어원을 추적하면 현재 쓰이는 존칭 '대감' '임금'의 어원으로서 지방수령을 '따금', 중앙수령을 '임금' 또는 '왕금'으로 불렀던 흔적을 찾을 수 있고,

바로 "순수한 문화사적 견지에 의한 고대 사회학적 연구에 있어서도 단군과 그의 시대는 일정한 가치를 보여주는 존귀한 역사적 재료"[35]로의 의의를 지니는 셈이다.

이제 단군조선의 환은을 가져온 기자(箕子)조선의 존재 유무와 함께 과연 기자조선이 역사와 문화의 승통을 계승했는지 여부를 설명해야 하는 단계로 넘어간다. 왜냐하면 기자조선이 주나라가 봉읍한 조선이고 중화문명의 유입이라면, 조선소의 시원으로서 단군조선은 환은이 아니라 축출된 것이 되기 때문이다. 즉 조선의 정체성은 단군조선의 환은과 함께 단절되었다는 의미가 된다. 기존 화이적 역사학은 이것을 기자동래교화설(箕子東來敎化說)이라고 부르며 이 때부터 비로소 문명국가의 삶이 시작된 것으로 조선역사를 규정하는 관행을 만들었고, 민족주의 사학에서는 단지 『사기』 「송미자세가」의 한 구절 기록만으로 조선을 봉읍 받은 것이 사실 자체로 받아들여지는 것을 근거 박약한 사대주의로 배척했던 것이다.

안재홍은 이러한 쟁점을 상기하면서 기자조선의 존재를 부정하거나 말살하는 것도 단군조선의 존재를 부정하거나 말살하는 것과 동일한 것이라고 양비론적 태도를 취한다. 왜 양비론적 입장을 표명했던 것일까? 역사학자가 취해야 할 가치중립적 태도를 의식한 것일까? 안재홍은 기자조선(箕子朝鮮)의 허구를 논증하면서 기자조선이 조선사에 기록된 이유로 단군조선의 환은 이후 승통을 계승한 다른 '기자조선'이 존재했기 때문이라고 주장한다. 이를 위해 안재홍은 이미 〈조선상고사관견〉을 통해 제기했던 언어분석을 통한 단군왕검의 실증과 더불어 '기'라는 단어의 어원을 추적하여 '기자조선'의 실체에 접근한다. 바로 단군조선의 환은 이후 '기자조선'이 실재했다는 것이다. 그리고 이 시기를 '기ᄋ리 시대'로 명명한다. 그것은 "『기아리』 시대가 별것이 아니니 멀리는 『아지엄』의 『아지』도 『지』가 분화된 근본이오 『지엄어이』

의 『지』, 『마을지』의 『지』, 『머리지』의 『지』 그리고 『기』의 『어른』으로서 또는 日子 或 日精의 의미로서의 『기ᄋ리』 또는 『기ᄋ르』와 씨족으로 내지 민족(겨레) 그것의 구현자로서의 『기어르』는 족제의 발전계급에 보아서 당연한 일이오 『고을』 혹은 『걸』의 유의형태로서도 이 『기아르』의 시대가 출현되지 않을 수 없는 것"[36]이라는 사회경제적 구조변동에 따른 필연적인 발전의 결과로 소개된다.

여기에서 안재홍은 사회적, 언어적, 인문적 방법을 총동원한다. "단군시대는 남계 중심으로 족장정치가 행하던 시대라, 중앙에 태백산을 기대어 당시 정치의 총연원을 지었으니 『붉짜ㅡ왕곰』으로도 설명되는 단군이 천제요, 토해대감(吐解大監)에서도 증빙되는 『짜곰』은 지방수장이라, 이 시대가 자못 유구하여 천수백년에 뻗치매 사회 민도가 서서히 앙진하는바 있었으니 씨족의 장으로부터 부족의 수장으로 되고 필경은 민족집단의 군장에까지 생장된 것은 『기, 지』혹 『치』의 활동이 사회의 중추기능을 장악하였기 때문이다 … 여기에서 은 기자동래교화설은 전연 말살되는바"[37]라는 안재홍의 해석은 모계사회인 성모시대에서 부계사회인 단군조선이라는 부족국가로의 발전 그리고 시공간적 확장을 통해 민족을 토대로 한 고대국가로의 체제정비에 이르는 시점에서 그 승통을 계승한 나라는 은나라 기자에게 봉읍된 조선이 아니라는 것이다. 기자(箕子)조선 자체가 존재한 적도 없다는 의미이다. 정작 존재한 국가는 '기자(岐子)조선'이었다.

이렇게 발생학적 관점에서 안재홍은 '기자'(岐子)의 원형적 의미를 "최초 여계 중심의 혈족사회인 아사달 사회로부터 족장 또는 수장의 제도가 발생, 성장하여 씨족공동체의 시대를 지남에 따라 수장·대인(大人)이란 어의로써 기, 지 혹 치의 위격의 소유자가 존재하였다. 그런데 역사의 발전이 점층적 고도의 단계과정을 행진함에 따라 (一)혹 "우치"란 자가 생기니 "上長" 또는

"上侯" 혹은 "上公"인 자가 있었다. 치 혹 기가 백작(伯爵) 쯤의 위격이었다고 하면 "우치"가 비로소 후작(侯爵) 쯤일 것으로 생각할 수도 있다. (二)혹 "크치, 큰지, 신지" 또는 "한기"란 자가 있었으니 大公 혹 太公으로 한역(漢譯)할 것"[38]으로 단군을 계승하면서도 한 단계 발전한 지배자의 지칭임을 밝힌다. 그 결과 "크치朝鮮 혹은 「크치國 또는 「크치시대」라고 해도 좋을 만치 크치의 위호(位號)를 가진 고조선(古朝鮮)이 당시에 널리 인식되었음이니 이는 기자조선(箕子朝鮮)으로 오인된 역사적 본원"[39]이 되었던 것이라고 설명함으로써 한자를 가차한 동음이의어로서 '기자(岐子)조선'이 고유의 민족국가였음을 제시한다.[40]

더불어 안재홍은 기자동래설이 조선 성리학자들에 의해 조작된 것임을 시사한다. 왜냐하면 "김부식과 같이 한화주의적(漢化主義的) 경향이 농후한 사가로도 『삼국사기』를 씀에 있어 그의 가벼이 멸시하는 선사(仙史)에 관하여는 「平壤者 本神人王儉之宅也」라고 명기하면서 기자(箕子)에 대하여는 한마디를 점염한 바 없었으니 고려중엽까지 일찍 은 기자(箕子)의 평양천도설을 몽상한 바 없었음에 따른 것"[41]이기 때문이다. 다시 말해 고려시대까지 기자동래설 자체가 없었다는 것이다. 더 나아가 "역사가 바야흐로 남계 중심의 씨족사회에까지 행진하여 농경제작 등 사유재산을 형성할만한 산업경제의 단계에까지 발달될 때 『기』로 일컫는 우월한 특권계급이 성장되어 벌써 남권 본위의 공민계급으로 존재했던 것을 추단케 하니 승려 무사 또는 생산자 등으로 분해됨에 미쳐 『기』의 종류 및 그 품종도 저절로 분화된 바 있었으나 『기』 그것이 각종 특권을 가지는 우량혈통이었던 만큼 드디어 스스로 군사 신앙 사법 및 행정 등을 주재하는 민족국가의 주권자까지 진행했던 것을 알 것"이기 때문에 '기자(岐子)조선'은 "독자적인 문화창조자로서의 『기』의 활동과 및 그 정권 설정의 합리성을 경시 더구나 부인할 수 없"는 증거인 셈이다.[42]

왜 '기'라는 글자가 상고시대에 정치적 특권, 국가건설의 선구자, 문화창설자라는 행위주체를 의미한다고 해석할 수 있을까? 안재홍은 "기, 지 또는 그의 분화어음(分化語音)의 『키, 지, 씨』등 어휘가 가장 광대하게 조선 언어의 전 영역에 미치어 있는 것은 무엇으로 해설될 것인가?"[43]라고 문제제기하고, 그것은 "『집』은 『지』(지엽어이, 마을지, 지아리 등) 시대의 발명 및 완성일 것이다. 『울』은 그 중간형태이니, 촌락생활이 발달되기 전 간이한 목책을 두른 공동가옥을 가지는 것은 촌락 『인듸엔』(인디언)의 생활에서 목격하는 바이다. 『우리』(울이)는 『울』속에 공동주거하는 씨족국체의 성원들의 자칭(自稱)임을 상상케 한다"[44]고 『지』가 '공동체'를 지칭하는 원형어임을 제시한다.[45] 결국 '기자조선'은 은나라 기자의 동쪽 봉읍국가가 아니라 우리말 '지' 즉 정치공동체라는 의미가 '기' 즉 '사람'(~이)라는 의미로 변형된 '기자(岐子)조선'='크치조선'이라는 것이다.[46] 그래서 상고사에 등장하는 '기자조선'은 실재했지만 바로 동음이의어로 인해 오해받은 것이고, 그 오해 저변에 중화적 사대주의 역사관이 깔려 있었던 셈이다.

기자조선의 존재가 은나라 기자의 봉읍국가인 조선이 아니라 단군조선의 승통을 계승한 '크치조선', 즉 '사람(지배자)의 조선'이라는 점을 추론함으로써, 안재홍은 단군말살론과 기자조선말살론 모두를 비판적으로 논박했다. 그리고 이런 논의 자체가 "단군 그분을 일정한 존재연대와 혹은 홍체(興替)의 한 과정을 대표하는 단일 왕조의 제왕으로서만 구명하는 까닭"[47]에 발생하는 것이라서 사천이백육십삼년의 연대를 정확히 추산할 순 없지만 성모시대 모계중심 가족공동체-단군조선시대 부계중심 부족국가-기ㅇ리 시대(기자조선 시대) 민족국가로의 역사발전 과정은 정치적, 사회경제적, 언어적, 발생학적으로 명백한 사실이라고 주장했던 것이다. 최종적으로 단군조선의 아사달 천도가 역사무대에서 환은하기 위한 목적에서 이루어진 일이며, "단군이 남계 중심의 근세식 국가의 전구를 만들어, 드디어 부여국 평양경의 천왕(天王) 혹 명왕(明王)의 완전한 민족국가를 건설하게까지 되고 동방문화에서 존귀한 창시와 기여의 소임을 다한 조선인의 지위를 표현하는 위대한 존재"[48]라는 결론에 도달한다.

하지만 발생학적 접근방식으로 민족에 토대를 둔 고대국가 탄생을 설명할 수 있다 할지라도, 근대 국민국가 구성요건으로서 '민족' 개념을 모계중심 혈연공동체적 실체로 규정하는 것 자체가 침소봉대 아닐까? 이러한 의문은 단군조선의 탄생과정에서 사라진다. 왜냐하면 단군조선은 근대 국민국가의 독자적 출발점이자 우리 풍토의 특수한 민족문화 확립과정에서 획기적인 큰 공업(勳業)을 거두었던 역사적 의의로부터 단군의 황고(皇考)로서 재세이화(在世理化)를 이룬 환웅의 홍익인간(弘益人間) 원칙을 출발-계승-발전시킨 업적을 남겼기 때문이다.[49] 도대체 재세이화-홍익인간이란 또 무슨 뜻일까? 더욱이 단군조선의 역사적 영속성과 확장성을 고려할 때, 재세이화한 환웅의 '홍익인간'이라고 찾아낸 옛 원칙이 어떤 의의를 지닌다는 것인가?

'재세이화'는 하늘에서 태백산 정상으로 내려와서 나라를 세운 환웅의 신화화를 지칭한다. 그것을 입증하는 것이 바로 '홍익인간'이다.[50] 해방 이후 안재홍은 "이 즉 홍익인간의 대도(大道)요 만민공생하는 「다사리」의 도(道)인 것이다. 그리고 「나라」는 「누리」로 될 수 있나니 국가주의의 차위(次位)는 「누리」인 세계주의로서 인류대동(人類大同)을 지향함"[51]이라고 새로운 근대 국민국가의 정치=다사리 이념이 인간과 세계에 '널리 이롭게 하는' 세계주의로의 지향성을 갖는다고 차별화했다. 그것은 "정치는 「다사리」이다 「다사리」는 그 방법에서 전민족의 총의를 골고루 표백케 함이오 그 목적에서 각 계급의 너와 나를 「다-살리」게 하여 유루와 차등 없이 하는 것이니 나라와 거레와 다사리와는 즉 하나의 통일민족국가가 정치, 경제, 문화 사회 등 대중생활의 전 부면에 덮혀 고유한 그러나 생신한 민주주의에 말미암아 자아인 국가를 그의 신민족주의의 대도에서 정진 매진케 하는 지도이념"[52]으로 포섭되었다. 이로부터 안재홍은 '홍익인간' 이념을 민족적 자존과 국민국가 건설 이념으로 작동하도록 하기 위해 대중공생을 지향하는 신민족주의(新民族主義)와 신민주주의(新民主主義)로 포괄했던 것이고, '민족에서 세계로, 세계에서 민족으로'라는 이상상을 피력했던 셈이다. 그것이야말로 안재홍의 정신활동이 신민족주의·신민주주의라는 정치교의로 표명되었던 이유를 밝혀주며,[53] 민주적 원리에 기초한 민족국가 건설의 선행조건으로 신민족주의를 제기한 것임을 확인시킨다.[54]

Ⅳ. 통일민족국가 건설이념으로서 신민족주의와 문화적 균등

해방을 맞이해서 건국준비위원회 부위원장 자격으로 안재홍은 대중방송을 통해 자주적인 '새조선' 건설을 방해하는 과격한 시위와 싸움 등 과도한 흥분을 가라앉힐 것과 외국군대가 입성할 때 문화민족으로서 자부심을 보여주어야 한다고 강조한다.[55] 이 지점에서 안재홍이 문화민족으로의 정체성을 요구하는데 주목할 필요가 있다. 물론 '새조선' 건설은 자주적이고 독립적인 새로운 정치공동체를 기대하는 것이었지만, 그 실질을 채울 구성요건이 민족주의와 민주주의 그리고 문화민족이라는 청사진이었음을 엿볼 수 있다. 안재홍은 그 청사진을 실현할 정치교의로 신민족주의(新民族主義)를 주창한다.[56] 그것은 "우리들 자신이 안에서 사회정세와 밖으로 국제정세에 투합하여 독창적인 자아적 신제도와 신주의를 실천투쟁에서 건조"[57]해야 하는 내외 조건에 따른 합리적 선택이라는 것이다. 즉 내부정치 과제로서 좌우갈등

극복과 분단된 남북통일, 그리고 외부 과제로서 독립된 국민국가 등 두 가지 목표를 동시에 가능케 하는 해결기제가 요구되는데, 신민족주의야말로 그 해결방안이라는 것이다.

도대체 신민족주의가 내외문제의 일원적 해결기제로 작동한다는 것은 무슨 말일까? 먼저 안재홍은 "조선민족이 하나의 균등·평권의 협동호애하는 결합체로서 어떻게 공동운명인 자유와 안전한 생존기법을 확실하게 세울 수 있는가에만 달린 것"[58]이란 문제의식을 피력하면서, 한민족(韓民族)의 진로가 진실한 지도이념에 의해 좌우될 것으로 전망한다. 이러한 안재홍의 문제의식은 이미 식민지시기 신간회 운동과정에서 조선사회의 과제를 민족운동세력의 '통일과 집중'으로 규정하고 '민족단일당'으로 신간회 운동을 규정했던 때부터 시종일관된 것이었다.[59] 해방 이후 국가건설이라는 당면과제를 가진 정치현실에서 안재홍의 문제의식은 "현 단계에 있어 시급한 안은 조선의 통일민족국가를 하루바삐 완성하여, 안으로 혼미에 빠진 대중을 유도 집결하고, 밖으로 연합국과의 국교를 신속 조정하여, 새 민족천년의 웅대한 재출발을 하는 것이다 … 오늘날의 최대 급선무는 신민족주의와 신민주주의를 목표로 삼는 통일민족국가 결성"[60]으로 귀결된다. 이를 위해 "현대에는 모든 불평대립의 요소가 지양청산 되고서의 국민적 총결합이 요청된다"[61]는 안재홍의 정세판단은 당시 내부문제로서 이념갈등과 남북분단이라는 상황을 극복하기 위해 전민족적이고 초계급적인 협력이 필요하다는 현실수요를 반영하는 것이었다.

그렇다면 안재홍이 주창하는 신민족주의란 무엇일까? 안재홍은 기존 민족주의를 배타성과 폐쇄성으로 말미암아 세계전란을 가져온 원인으로 평가하고 민주적 원리를 내포한 민족주의로서 신민족주의를 정의한다.

서구의 민족주의와 민주주의는 대체 궁정을 중심으로 한 봉건귀족과 대지주의 자본가 등이 최초부터 특권벌적 독점으로 천하의 정권을 농단하여 계급적인 억압 착취 있다가 시대의 진운에 따라 한 걸음씩 소시민·노동자 및 농민 등 하층계급의 사람들에게 그 정치참여의 법을 활양한 소위 자본적 민주주의로 된 것이요 그러한 사회적 기반 위에 구성된 민족주의로서 그 발생 및 발전의 역사가 거의 근본적으로 다르다. 우리들은 이제 동일예속과 동일해방에서 모든 진보적이요 반항제국주의적인 지주와 자본가와 농민과 노동자가 한꺼번에 만민공생의 신발족을 함을 요청하는 역사적 명제 하에 있으므로 만민공동의 신민족주의요 신민주주의이다 … 고대 이래의 조국고유의 민족자발의 민족주의·국민주의·민주주의의 제 이념과 꼭 합치되므로 다만 그것을 현대적 의의에 발전시키어 신민족주의요 신민주주의로 되는 것[62]

여기에서 주목할 점은 신민족주의 출현의 역사적 당위성이다. 안재홍은 한국의 국민국가 건설이 서구의 역사적 경험과 다르다는 사실을 경각시키기 위해 한국역사의 특수성에 주목했다. 그것은 "사십년의 예속과 삼십육년의 질곡 밑에 전민족이 초계급적으로 굴욕과 피착취의 대상이 되었"지만 "이제 또 전민족 초계급적으로 해방되었나니 초계급적인 통합민족국가를 건설하여 전민족의 해방 및 독립의 완성을 도모함이 역사의 명제"라는 인식에 기초한 것이기도 했다.[63] 해방은 동일예속으로부터 동일해방이라는 똑같은 조건에 놓인 평등성의 토대를 제공했다는 것이다.

다음으로 안재홍은 민족주의가 지닌 정치적 효과를 간과하지 않았다. 왜냐하면 분단극복과 민족통합을 위한 최선의 방안으로 민족주의의 호소력이 유효하기 때문이다. 동시에 민족주의의 폐쇄성을 경험했기 때문에 민족주의의 파괴력을 제어해야 했다. 이러한 판단은 "현대의 국제정국에서는 필연 또 당위적으로 제국민 각자의 통일민족국가의 완성과 그 때문에 민주주의의 실현을 요청하고 있게 되는 역사적인 객관정세"[64]라는 시대정신과 궤를 같이한다. 즉 안재홍은 신민족주의의 요청이 민족적 특수성과 다양성을 포섭하는 민주적이고 국제협력적인 민족주의로의 당위성을 지닌다는 논리로 정당화했던 것이다. 이 점에서 신민족주의를 통일과 자주라는 내외과제에 가장 최선의 방안으로 제시한 셈이다.[65]

만약 안재홍의 목표가 '민주적인 민족국가' 건설이고, 이를 위해 좌우이념 갈등극복과 계급적·민족적 통합이 선행되어야 하는 것이었다면, 현실정치에서 합리적 선택은 좌우협력을 유도하고 남북통일을 이룰 수 있는 동력을 확보하는 것이어야 한다. 그래서 안재홍은 좌우합작을 도모하는 미군정하에 "균등사회·공영국가를 목표로 삼는 신민주주의를 내용을 하고 토대로 하는 삼천만 일체되는 만민공생의 신민족주의의 신국가를 재건할 경륜 및 포부에서 좌우합작을"[66] 기대하며 민정장관직을 수용한다.[67] 안재홍 역시 "행정부의 조선인측 최고책임자로서 공정엄명한 인사쇄신을 함으로써 행정·경찰 기타 각 부문의 공기를 일신하고 관민간의 신뢰 친애의 도가 높아져서 남조선의 정치의 민주화와 그의 총력집결에 의한 민생문제의 해결을 꾀할 수 있는 것으로만 일반이 상망하고 식자 이를 기대하였던 것"[68]으로 민정장관직을 수락했던 것이다. 또한 그것은 종국에 민정장관직을 사임하게 되는 원인이기도 했다.[69]

그렇다면 안재홍 판단대로 좌우합작에 따라 남북 통일민족국가 건설은 가능한 것이었을까? 여기에서 분명한 사실은 안재홍이 "남한, 북한을 아울러 배제하고 오직 남북통일만 강조하는 것은 그 의취 매우 좋으나 이것으로써 아직 남북의 대세를 움직인다는 것은 국내 국제의 정세 아울러 불가"[70]하다고 인식했다는 점이다. 특히 안재홍은 남북협상파의 실패야말로 현실정치에서 요구되는 다수의 지배원리를 간과한 것으로 평가하면서, "재야당적 민족주의 진영으로서 진정한 민주주의, 오인의 주장하는 신민주주의의 노선에로 대중을 집결하면서 정부에 향하여는 비판적 지지자의 태도를 견지하여 진보적인 민족주의의 진영이 의연 대다수의 민중을 파악 집결하여서 다음 단계의 시국수습에 대비함을 요하는 것"[71]을 강조한다. 그것은 "진정한 민주주의 민족자주독립국가 됨을 요하는 것 … 균등사회 공영국가가 신조국 건설의 목표"[72]로 정리된다. 이렇듯 안재홍의 신조국은 이념적 토대로 개방적이고 협력적인 새로운 민족주의 위에 민주주의 체제를 운영하는 국가로의 정체성을 지니며 민주주의 운영을 위해 내부적으로 균등과 공영의 실천 프로그램을 작동하도록 기획되었다. 안재홍이 균등과 공영의 실천 프로그램으로 제시한 것이 바로 정치적-경제적-문화적 균등으로서 삼균(三均)제도이다.[73]

여기서 주지해야 할 사실은 민주주의 운영을 위한 균등의 실천 프로그램이 이미 조소앙에 의해 제기되었다는 점이다. 바로 삼균(三均)주의이다. 해방 직전인 1941년 11월 28일 조소앙은 상해 임시정부 국무회의를 통과한 〈대한민국 건국강령〉의 초안을 작성했고, "임시정부는 이상에 근거하여 혁명적 삼균제도로써 復國과 建國을 통하여 일관한 최고공리인 정치·경제·교육의 균등과 독립·민주·균치의 3종 방식을 동시에 실시할 것"[74]이란 건국의 로드맵을 제시했다.[75] 조소앙이 그린 건국의 청사진은 삼균주의 체계 하에 수평적으로 민족사회 내부 정치·경제·교육 세 가지 방면의 균등에 의한 계급적 갈등의 조정·통합을 성취하고, 이러한 내부문제 해결책으로서 삼균을 '개인 간 균등'-'민족 간 균등'-'국가 간 균등' 등 수직적 범주로 상승 적용하여 평등하고 평화로운 국제사회로의 적용이라는 외부문제 해결책으로 일원화함으로써 최종적으로 왕도적(王道的) 세계일가라는 보편적 평화개념으로 확장하는 것이었다. 결국 조소앙의 삼균주의가 지향한 궁극적인 종착역은 세계일가(世界一家)이고,[76] 삼균주의를 3가지 범주에 적용하여 보편적 균등화를 확보함으로써 '人·族·國'으로 그 수준을 확대하여 어느 수준에서도 상호 평화의 상태로 이르도록 하는 것이었다.

안재홍이 제시한 삼균의 프로그램 역시 마찬가지이다. 1948년 8월 정부수립 이후 안재홍은 삼균주의를 본격적으로 주장한다. 우선 안재홍은 "고금동서 일절의 사회문제, 인간세상의 갈등이 모든 불평등에서 기인된 것"[77]이라고 분열대립의 원인으로 불평등을 지적한다. 그리고 이를 해결하는 방안으로 "지력(智力)을 고르게 하고 부력(富力)을 고르게 하고 권력(權力)을 고르게 하는"[78] 지-부-권의 균등분배를 제기한다. 이렇게 균등분배를 성립 선행조건으로 삼은 만민공생(萬民共生)의 이상은 고대 민족국가의 홍익인간 이념을 현재에 계승하는 것이었다. 왜냐하면 초기 자본주의적 축적이 제국주의와 금권정치로 추락해서 세계대전까지 결과했던 과거를 유추해 볼 때 삼균제도의 실현을 통해 자본적 민주주의와 공산주의가 변증법적으로 회통지양된 새로운 민주주의, 즉 신민주주의(新民主主義)로 탄생하는 것으로 파악했기 때문이다.[79] 안재홍의 설명에 따르면 "균등사회 공영국가는 우리 조국재건의 지도이념이오, 이 균등 공영의 실천수단으로서의 삼균제도는 자본적 민주주의에 대위할 만민공생의 신민주주의인 것이다. 이것을 달리 말하자면 만민개로 대중공생의 신민주주의인 것이오 이 신민주주의는 그 실천형태에서 삼균주의로 된다"[80]는 것이다.

정말 삼균주의와 신민주주의가 표리의 관계일까? 이 지점에서 지-부-권의 균등과 만민개로라는 신민주주의의 이념적 목표에 주목할 필요가 있을 듯하다. 안재홍은 삼균의 메카니즘을 "그 윤리적 발동과 행사의 점에서는 지력이 본원적인 것 같지마는 대중적이오 또 사회적인 제약 기능에서는 부력이 결정적인 조건으로 되어 있다. 현대적 사회에서 일체를 지배하는 것이 부력 즉 경제적 토대인 것이오, 그 위에 정치적 기구 즉 권력체제가 건조되는 것이며 따라서 지력 즉 교육문화의 제기능이 결정되는 것"[81]이라고 소개한다. 그것은 새로운 민주적 민족국가야말로 '지의 균등' 즉 교육-문화의 균등 분배로부터 학습되어 각성한 합리적 행위자-시민-로 구성되어야 한다는 점을 고려한 것으로 판단된다. 즉 정신의 맥락에서 새로운 국가의 구성원인 민족 모두가 동일수준의 학습과 각성을 이룬다면 자연스럽게 민주주의 실현의 성립 선행조건으로 작용한다고 낙관한 셈이다. 또한 문화민족으로의 정체성에도 부합하는 것이기도 하다.

하지만 현실적으로 정신의 형성을 가져오는 것은 물적 조건이라는 '하부구조에 의한 상부구조의 결정'을 고려하면, 안재홍은 경제적 균등에서 비롯해야 정치적 균등을 기대할 수 있고 이를 다시 교육과 문화의 균등이라는 학습을 통해 공고화할 것으로 전망했다. 그럴 경우 삼균에 의한 권리의 균등분배는 모두에게 동일 책무, 즉 노동의 이행을 요구하는 쌍무적 속성을 드러낸다. 이 때 비로소 민주주의는 실현된다. 그래서 신민주주의는 삼균주의와 표리의 관계성을 갖는다. 여기까지는 조소앙과 안재홍의 삼균주의는 구조적 동일성을 지닌다.

그렇다면 안재홍은 삼균제도에서 출발한 신민주주의가 신민족주의의 본질을 이룬다고 어떻게 결론지었던 것일까? 그 해답의 단서는 역사주의로의 환원이다. 안재홍은 "단군 건국의 기본이념으로 되어있는 『홍익인간』도 실은 그 국내적으로 국한된 경우에는 대중공생 만민공화의 균등사회를 이상으로 한 바이오 부여조선 이래 고구려까지의 『諸加評定』 혹은 『群公會議』와 신라개국의 처음 육부 성원의 건국회의 등 『和白』으로써 전하여진 법속이 다만 몽고인의 소위 『그릴대』적 그것보담도 원시귀족계급에 국한되었던 고대적 민주주의이었음에 견주어 이는 분명한 신민주주의로 되는 것"[82]임을 상기시키면서, 고대 민주적 의사결정의 제도적 편린들의 재현으로서 한국의 독자적인 신민주주 출현을 전망했다.

도대체 무슨 근거로 고대 왕과 귀족들의 독점적 의사결정구조를 민주적 의사결정이라고 단언했던 것일까? 안재홍은 역사적 선례로 거론한『諸加評定』이나『群公會議』그리고『그릴대』회합은 원로원에 해당하는 귀족계급에 국한된 민주주의였지만, 신라의『和白』은『다사리』회합이라는 점에서 차별성을 지닌다고 대조한다. 그것은『다 살린다』는 뜻으로 인민의『총의』에 따라 국정을 처리한다는 뜻이기 때문에 국민『총원』을『다 살린다』는『盡生』혹은『咸存』하게 하는 공영국가 건설을 의미한다는 것이다.[83] 물론 안재홍의 추론이 타당하다 해도, 고대 귀족계급에 의해 독점된 제한적인 의사결정구조가 현대의 민주주의와 부합할 수 없는 것은 자명한 사실이다. 다만 고대의 귀족적 민주주의가 부-권-지의 독점을 메카니즘으로 했다면, "현 단계의 역사적『모멘트』는 이 삼균제도를 토대로 삼는 신민주주의를 만인대중에게 침투 지지시키면서 독자적인 조국재건의 경륜을 현현하여 국내적으로 대중공생의 전 민족단결의 유대를 짓고 국제적으로는 삼팔선 장벽에 쫓아 일어나는 허다한 정치상 사상상의 마장(魔障)을 극복하고 나아가 미소 양국으로써 대표되는 대립적인 양대 주의를 타쇄 훈증하여 써 현대 세계인류 생활사상 엄연한 신기축을 만들음을 요"한다는 것이다.[84]

그러므로 안재홍의 신민족주의론은 민족주의가 국가건설과정에 발전적 역량을 유도하는 촉매제이며 동시에 그것이 내부운영 원리로 구체화되는 과정에서 여론의 수렴과 자발적 수용이라는 민주주의로의 진행과정과 불가분의 관계임을 시사하고 있다. 즉 안재홍은 "만민의 대중생활을 그의 국정과 국제연관성에서 규정 입안하여 실천 이행하는데서 일개의 생동하는 주의가 구성되는 것이다. 이것이 현대 조선건국의 이념으로서의 신민족주의요, 신민주주의"[85]라고 규정함으로써 민족주의가 민주주의와 동일한 궤적을 따르는 것으로 규정했다. 삼균주의=신민주주의=신민족주의라는 안재홍의 정치교의는 내부적으로는 민주적 균등사회를, 외부적으로는 국제협력적이고 개방적인 민족주의에 기반한 공영국가를 지향함으로써 통일민족국가의 청사진을 제공했던 것이다.

V. 마치며

안재홍의 '통사' 저술은 상고사만을 정리해서 출간되었고 사실상 미완으로 끝났다. 물론 안재홍이 전문적인 역사학자가 아니었다는 점, 언론인으로서 정론(政論)으로 식민투쟁을 지속했다는 점, 해방 후엔 정치인이자 민정장관을 역임하면서 현실정치에 깊이 개입했다는 점 등을 고려하면 해방 후 『新民族主義와 新民主主義』(1945), 『朝鮮上古史鑑』(1947/8), 『韓民族의 基本進路』(1949)로 이어지는 일련의 저술 작업은 오히려 안재홍이 정신의 삶에 일관된 활동의 삶을 활발히 전개했던 증거라고 평가할 수 있다. 그런 점에서 자신을 둘러싼 세계와 조응하는 과정에서 개인적인 꿈을 일정 부분 실현한 것으로 상고사 저술을 바라본다 해도, 상고사에 그쳤지만 '통사' 저술의 의의는 식민지 투쟁과 통일민족국가 완성을 위해 자신의 책무를 각성하고 정신의 삶과 활동의 삶을 정합하려고 한 결과로 평가해야 한다.

비록 『조선통사』가 상고사에 국한되었던 미완의 저술일지라도, 안재홍의 상고사 연구와 '통사'저술은 '왜 역사를 알아야 하는가?'라는 근본적인 의문에 대한 답변이기도 했다. 그것은 '왜 나라가 망했고, 왜 식민지배가 부당하며, 왜 해방과 독립의 열망을 잃어서는 안 되는 것인지'를 선명히 하는 정신적 동력이었을 것이다. 안재홍에게 '민족'은 당대 '민중'이었고, 민족주의는 민주주의와 동의어였다. 단지 선후의 문제였을 뿐이다. 민족이 앞서야 투쟁과 해방의 주체가 설정될 수 있고, 그들에 의해 역사적 필연으로서 해방과 민족국가 건설이 이루어질 수 있으며, 그 내부 운영원리는 민주적이어야 한다는 안재홍의 이상상은 상실된 공적 영역의 회복과 보존되어야 할 공적 가치를 우선했다는 점에서도 공공성(publicity)의 회복이었다. 그래서 안재홍은 정치적 재탄생의 계기를 마련하고 스스로의 정치적 책무를 각성하고 이행하려 했던 학습된 공적 행위자인 것이다.

공적 행위자로서 안재홍의 정체성은 해방 정국에서 더 분명해졌다. 안재홍 역시 더 뚜렷하게 통일민족국가 완성을 책무로 인식하고 현실정치에 투신하여 좌우합작-민정장관을 거치면서 통일의 시급성을, 사상적으로는 신민족주의의 정치교의를 제시하여 문화적 균등의 토대 위에 정치적-경제적 균등을 실현하는 국민국가 건설을 요청함으로써 문화대국으로의 국가적 정체성을 강조했다. 그 정체성의 원형질은 바로 상고사 연구로부터 추출해 낸 언어적-사회적-발생적인 조선소(朝鮮素)로서 문화적 아이덴티티였다. 식민지 시대 민족주의 사학은 언어발생학적 맥락에서 고대 사회를 추론하는 작업을 시도했고, 여기에 덧붙여서 안재홍은 사회경제적 조건이라는 역사주의의 요소를 도입하여 사회과학적 방법론에 입각한 과학으로서 역사와 함께 신민족주의라는 정치교의의 필연적 도출을 기획했던 것이다.

물론 우리의 문화적 아이덴티티의 원형질을 탐색하는 작업이 안재홍의 상고사 연구에서 진행된 어원분석과 그 연장선상에서 신민족주의라는 정치교의로 확장되었다는 논리를 전적으로 반영할 수는 없을 것이다. 오히려 이러한 작업을 통해 민족의 원형을 구성하는 단서로서 문화적 아이덴티티의 탐색은 현재 우리에게 주어진 '통일'이라는 과제를 위한 '균질성'(homogeneity)의 이해를 가져다준다는 의미 정도일 것이다. 하지만 '통일'의 성과와 의의가 더 이상 규범과 당위성으로만 설명할 수 없는 시점에 이른 현재 세대에게 '통일'이 기회비용이 아닌 '민족 최대다수의 최대행복을 실현하는 것'이라는 인식을 심어줄 필요가 있다. 공리주의적 실천윤리에 익숙한 청년 및 후속 세대가 예상 가능한 가성비의 우위를 확인해야 합리적 선택의 범주로 받아들이는 행위정향을 가졌음을 고려할 때, 균등사회에 기초한 민주주의 국가운영이 도덕적, 합리적 선택임을 지속적으로 교육시켜야 한다. 그렇기 때문에 식민지 시대와 국가건설 시기를 관통하는 안재홍의 책무의식은 통일민족국가 완성이라는 지상과제가 제시되었던 76년 전에도 필수적이고 당위적인 필요충분조건이었고, 현재 남북통일이라는 마지막 과제를 남기고 있는 대한민국의 국가적 과제에도 여전히 필수적이고 당위적인 필요충분조건으로 작용하고 있다.

중국정부의 일대일로 정책 추진과
신화교 · 화인사회*

Ⅰ. 들어가며

시진핑 주석이 2013년 9월 '신실크로드경제벨트' 구상과 2014년 10월 '21세기 해상실크로드' 구상을 토대로 한 중국정부의 일대일로 정책 추진이 2022년에 9년째를 맞이한다. 일대일로가 추진된 지 8년에 불과하지만 학문 영역에 한정해 봐도 가장 뜨거운 이슈의 하나로 부상했다. 2021년 10월 18일 중국의 학술 연구 성과물의 검색 사이트인 'cnki(中国知网)'에서 '一带一路'(일대일로)로 검색한 결과 12만2,603건이 나왔다. 이 가운데 학술논문은 7.82만 건으로 전체의 64%, 학위논문은 10,399건으로 전체의 8.5%(이 가

---

* 이 글은 인천대학교 2020년도 자체 연구비 지원에 의하여 연구되어 『중앙사론』, 54집 (서울: 중앙대학교 중앙사학연구소, 2021.12, pp. 361-407, 이정희, "중국정부의 일대일로 정책 추진과 신화교·화인사회")에 게재되었습니다.

운데 박사논문 658건, 석사논문 9,741건)이었다. 일대일로를 주제로 한 회의 관련 내용은 3,051건으로 전체의 2.5%를 차지했고, 이 가운데 국내회의가 1,907건, 국제회의가 596건이었다. 신문 기사가 1.36만 건으로 전체의 11%, 연감이 4,610건으로 전체의 3.8%를 각각 차지했다. 그 외에 외국어(주로 영어)로 발표된 것은 1,658건이며, 이 가운데 학술논문은 1,037건, 국제회의는 621건이었다.[1] 학술논문은 지난 8년간 약 1만여 건, 석·박사 학위논문 약 1만여 건으로 모두 2만여 건에 달했다. 필자가 2018년 11월 27일 똑같은 방식으로 검색했을 때의 총 검색 건수는 5만6,505건이었기 때문에 3년여 만에 2배가 증가한 것을 알 수 있다.

그리고, 2021년 10월 18일 'cnki'에서 '一带一路与华侨华人'(일대일로와 화교·화인)[2]을 검색한 결과 348건이 나왔다. 학술논문이 223건, 학위논문 19건(박사 1건, 석사 18건), 회의 19건(국내회의 14건, 국제회의 5건), 신문 35건, 연감 14건이었다.[3] 일대일로 전체 연구성과에서 화교·화인과 연계한 일대일로 연구는 논문에 한정해서 본다면 전체의 1%에 불과했다. 그런데 2018년 11월 27일 같은 검색어로 검색한 결과는 9건에 불과했기 때문에 최근 3년여 사이에 이 분야의 연구가 폭발적으로 증가하고 있음을 확인할 수 있다.

중국 국내의 일대일로와 화교·화인 간의 관계와 관련한 연구는 대체로 네 가지 방면에서 이뤄지고 있다. 첫째는 화교·화인이 인구, 단결력, 경제력 측면에서 우위에 있는 장점을 들어 중국 정부 추진의 일대일로에 큰 역할을 할 수 있을 것이라는 내용의 연구이다. 둘째는 화교·화인을 많이 배출한 광둥성, 푸젠성, 저장성 등의 성 정부가 중앙정부 추진의 일대일로 정책에 발맞춰 자신의 성 출신 화교·화인과 연계한 다양한 회의와 행사를 다룬 연구이다.

셋째는 화상의 글로벌 네트워크가 일대일로 추진에 어떤 역할을 할 수 있을 것인지를 검토한 연구이다. 이런 종류의 연구는 중국기업의 해외 진출과 화상의 경제력 및 네트워크를 연계하려는 경향이 강하다. 넷째는 화교·화인이 거주국과 중국 간의 우호관계 증진 및 일대일로 추진의 교량 역할을 수행할 수 있다는 내용의 연구이다. 이런 종류의 연구에는 화교·화인이 조직한 사회단체에 주목하는 경향이 강하다.

한편, 국내의 일대일로 연구 현황을 살펴보면 2021년 10월 18일 'DBpia'에서 '일대일로'로 검색한 결과는 1,305건이었다.[4] 2018년 11월 27일 같은 사이트에서 검색한 결과는 650건이었기 때문에 3년 만에 2배가 증가했다. 일대일로 연구성과 가운데 화교·화인으로 검색한 결과는 2건, 일대일로와 화교로 검색해도 9건에 불과했다. 이것은 국내의 일대일로 연구 가운데 화교·화인과 연관된 연구가 초기 단계에 머물러 있다는 것을 말해준다.

국내의 일대일로 연구 가운데 화교·화인과 관련된 내용은 주로 국제정치와 중국정치의 영역에서 이뤄졌다. 신은영(2019), 박선화(2019), 장영덕(2020)은 중국정부의 일대일로 추진에서 화교·화인을 주요한 자산으로 자리매김하고 중국정부가 그와 관련해서 어떤 정책을 펴고 있는지에 주목했다. 조봉래(2017), 이진영(2018), 최승현(2019)은 중국정부의 화교·화인정책의 역사 가운데 일대일로 추진이 그러한 정책에 어떠한 영향을 미치고 있는지 분석했다.

이상에서 중국 국내와 국내 학계의 일대일로와 화교·화인 간의 관계에 관한 연구에 대해 살펴보았지만, 다음과 같은 과제가 있는 것 같다. 화교·화인 사회와 중국정부 및 중국 기업이 어떻게 연계되고 있는지, 화교·화인사회는 일대일로에 대해 어떻게 인식하고 대응하고 있는지, 화교·화인의 거주국 정부와 사회는 어떤 반응을 보이고 있으며 대처하고 있는지 등과 같은 구체적인 논의가 필요하다. 또한 화교·화인사회는 노화교·화인사회와 중국 개혁개방 이후 해외로 이주하여 형성된 신화교·화인사회라고 하는 이질적인 사회가 공존하고 있어, 일대일로와의 관계를 분석할 때는 양자를 분리하여 검토

할 필요가 있다.

따라서 본고는 중국 정부의 일대일로 추진과 화교·화인사회 간의 관계를 신화교·화인 및 그 사회에 초점을 맞춰 분석하고자 한다. 먼저, 중국 개혁개방 이후 해외로 이주한 '신이민'의 증가가 세계의 화교·화인사회에 어떤 변화를 일으키고 있는지, 신화교·화인이 조직한 사회단체는 어떤 특징이 있는지 검토한다. 그런 후 신화교·화인사회는 일대일로에 대해 어떤 인식과 태도를 보이고 있는지, 중국 정부가 그들을 대상으로 펼치고 있는 '교무공공외교'가 무엇인지에 대해 살펴보고자 한다.

II. 개혁개방 이후 신화교 · 화인사회의 형성

1. '중국신이민' 인구의 급증

세계의 화교·화인사회의 형성의 역사는 크게 네 시기로 구분할 수 있다.[5] 제 I 기는 1850년대 이전 시기, 제 II 기는 1850년대~1940년대, 제 III 기는 1950년대~1970년대, 제 IV 기는 1980년대~현재이다. 제 I 기는 무역과 상업 그리고 정치적 이유로 중국의 근린 지역인 동남아와 동북아 지역으로 이주한 화교·화인이다. 중국과 일본 간의 무역을 담당하기 위해 일본의 하카다, 나가사키에 일본 정부의 허가 아래 집단거주지를 형성하고 있던 화상 집단, 서양의 식민지로 전락한 동남아 각지의 무역항(필리핀의 마닐라, 영국령 말레이시아의 페낭, 네덜란드령 인도네시아의 바타비아 등)에 집단거주하면서 중국과 거주지 간의 무역을 담당한 화상 집단이 여기에 속한다. 또한 명청 교체기 베트남으로 집단 이주하여 사이공과 쩌런 일대를 개척한 중국인과 그 후손인 명향(明鄕)도 이 시기의 화교·화인에 속한다. 제 I 기의 중국인 이민은 무역 및 상업을

영위하는 화상이거나 정치적 망명을 한 지식인이 대부분을 차지했고, 인구도 많지 않았다.[6]

제Ⅱ기는 중국의 개항 이후 북미, 남미, 남아프리카공화국, 호주 등지에서 금광 및 은광이 발견되고, 동남아 식민제국의 광산개발과 플랜테이션 개발 등으로 노동자 수요가 대량으로 발생하여 중국 대륙에서 이들 지역으로 이주한 화교·화인이다. 이 시기의 이민은 노동자인 쿨리(혹은 화공)의 이주가 중심이었지만, 상업을 목적으로 한 화상의 이주도 적지 않았다. 이민의 인구는 제Ⅰ기와 비교할 수 없을 정도로 대규모로 이뤄졌고, 이주지도 이전의 동남아와 동북아에서 북미, 남미, 유럽, 오세아니아 등지로 확산되었다.

중화민국 난징국민정부 교무위원회가 1934년 발표한 세계의 화교·화인 인구는 793만8,891명이었다. 동남아가 697만1,202명으로 전체의 88%를 차지하여 압도적으로 많았다. 유럽은 28만9,206명(3.7%), 북미 21만4,633명(2.7%), 오세아니아 25,354명(0.3%), 남미 15,950명(0.2%), 아프리카 12,500명(0.2%)의 순이었다.[7] 그런데 이 통계는 난징국민정부의 공사관 혹은 영사관이 설치된 국가와 지역에 한정되어 있고, 설치된 국가 및 지역도 빠진 곳이 적지 않다. 예를 들면, 일본과 조선이 빠져 있으며, 이 통계가 공표된 1934년의 일본과 조선의 화교인구는 23,968명과 49,334명이었다.[8] 그래서 당시 세계의 화교·화인 인구는 그보다 많은 1천만 명 수준으로 추정되고 있다.

제Ⅲ기는 1949년 중화인민공화국 건국 후에서 1970년대 말 개혁개방정책 도입 이전 시기이다. 이 시기는 냉전 형성과 중국정부의 엄격한 출입국 관리 정책으로 인해 중국 대륙에서 해외로의 이주는 거의 이뤄지지 않았다. 1965년 인도네시아의 화교배척사건, 1979년 중월전쟁 등의 정치적인 원인으로 인해 화교가 중국으로 귀국하는 사례는 있었지만 예외적인 경우였다. 따라서 이 시기 세계의 화교·화인 인구는 자연증가율 수준에 머물러 있었다.

중국의 화교학자인 좡궈투(庄国土)는 1950년대 초 세계의 화교·화인 인구를 1,200만 명~1,300만 명, 인구의 90%가 동남아에 거주하는 것으로 추정하고, 1980년대 초는 2,000여만 명으로 추정했다.[9]

제IV기는 중국의 개혁개방정책 도입 이후부터 현재까지의 시기이다. 중국의 개혁개방정책 도입은 세계 화교·화인의 인구와 사회에 대격변을 초래했다. 중국정부가 1985년 11월 '중화인민공화국공민출입국관리법'을 공포하면서 자국민의 출국 절차를 대폭 간소화하면서 해외 이주할 수 있는 제도적 기반이 마련되었다. 여기에 1979년 미·중 국교 수립 이후 양국 관계의 호전과 냉전 해체 이후 서방 국가의 중국에 대한 문호개방으로 중국 대륙에서 세계 각지로의 이민은 급증했다.

좡궈투가 2007년~2008년 대륙별 화교·화인의 인구 및 대륙별 분포를 추계한 것이 〈표 1〉이다. 그의 추계에 의하면, 2007년~2008년 세계의 화교·화인 인구는 4,543만 명으로 1980년대 초 2,000만 명에서 30여 년 사이에 2.3배가 증가했다.[10] 대륙별 분포는 이전 세계 화교·화인 인구의 8할~9할을 차지하던 동남아의 화교·화인 인구는 3,348.6만 명으로 전체의 73.7%를 차지해 이전보다 비중이 상당히 감소했다. 동북아 및 그 외 아시아 지역 화교·화인은 199.4만 명으로 전체의 4.4%를 차지했다. 아시아 전체의 화교·화인 인구는 3,548명으로 전체 인구의 78%를 차지, 여전히 가장 큰 비중을 차지했다. 그다음은 남미와 북미가 총 630만 명으로 전체의 13.9%, 유럽은 215만 명으로 전체의 4.7%, 오세아니아는 95만 명으로 전체의 2%, 아프리카는 55만 명으로 전체의 1.2%를 차지하여 그 뒤를 이었다. 1934년 중화민국 난징 국민정부 교무위원회의 당시 세계 화교·화인 인구의 대륙별 분포 통계와 비교해 보면, 남북아메리카와 유럽의 비중이 많이 증가한 것을 확인할 수 있다.

〈표 1〉 2007~2008년 대륙별 화교 · 화인의 인구 및 분포

지역별	인구(만 명)	신이민(만 명)
아시아	3,548(78.1%)	400(11.3%)
남북아메리카	630(13.9%)	350(55.6%)
유럽	215(4.7%)	170(79.1%)
오세아니아	95(2.1%)	60(63.2%)
아프리카	55(1.2%)	50(90.9%)
총계	4,543(100.0%)	1,030(22.7%)

출처: 庄国土, "世界华侨华人数量和分布的歷史变化", 『世界歷史』, 2011年5期 (2011), p. 14.를 근거로 필자 작성.
주: '신이민'의 괄호 안은 전체 화교·화인 인구에서 차지하는 '신이민'의 비중이다.

그리고 좡궈투 교수는 2011년 11월 30일 상하이에서 개최된 '제2회 중국교무포럼'에서 2011년 현재의 세계 화교·화인 인구가 5,000만 명을 넘었다고 발표했다.[11] 그리고 그는 최근 발행된 『华侨华人研究报告(2020)』에서 2020년의 세계 화교·화인 인구가 6,000만 명에 달했다고 발표했다.[12] 이러한 좡궈투의 인구 추정의 신빙성에 의문을 제기하는 학자도 많고, 타이완 교무위원회가 발행하는 세계 화교·화인 통계가 더 신뢰성이 높다는 의견이 있다.[13] 하지만, 중국정부의 각종 자료에 근거하여 추정한 좡궈투의 통계이기에 무시할 수도 없는 것이 사실이다.

여기서 주목해야 할 것은 세계 화교·화인 인구에서 차지하는 이른바 '신이민'의 비중이다. '신이민'이란 일반적으로 개혁개방 이후 중국 대륙에서 세계 각지로 이주한 중국인을 가리킨다. 중국 학계에서는 '신이민'의 범주에 타이완, 홍콩, 마카오와 같은 중화권은 물론이고 세계 각지의 화교·화인의 타 국가 및 지역으로의 재이주도 포함하고 있다.[14] 예를 들면, 1980년~2000년에 중국 대륙 및 중화권에서 미국으로 이주한 '신이민'은 106.6만 명이었다. 이 가운데 중국 대륙 출신은 70.3만 명으로 전체의 66%를 차지했고, 타이완 출신이 24.1만 명으로 전체의 23%, 홍콩 출신이 12.2만 명으로 전체의 11%를 각각 차지했다.[15] 그리고 제2차 세계대전 이후부터 2014년까지 해외로 재이주한 동남아 및 인도의 화교·화인 인구는 345만 명에 달했으며, 주요한 재이주 지역은 미국, 캐나다, 호주 등의 선진국이었다.[16]

또 하나 주목되는 점은 최근 중국정부와 중국의 학계가 '신이민'의 범주에 '소수민족화교·화인'도 포함하고 있다는 점이다. 제Ⅲ기까지 소수민족으로서 해외로 이주한 중국인을 화교·화인으로 분류하지 않는 것이 일반적이었다. 화교·화인은 한족(漢族) 출신으로 해외에 이주한 중국인을 그 대상으로 했지, 소수민족을 대상으로 하지 않았기 때문이다. 근대 미얀마와 베트남에는 윈난성과 광시성 출신 소수민족의 중국인이 거주하고 있었지만, 프랑스와 영국 식민당국은 이들을 화교·화인으로 분류하는 데 신중했다. 중화민국 정부도 그러했다.

하지만, 1990년대 들어 소수민족 출신으로 해외로 이주하는 인구가 증가하고, 중국 국내서 신장과 티베트의 소수민족 문제가 대두되면서, 중국정부와 화교 학계는 '소수민족화교·화인'에 대해 주목하기 시작했다. 중국정부와 화교 학계가 분류하는 소수민족 화교·화인에는 조선족, 묘족(苗族), 위구르족과 회족, 티베트족 등이다.[17] 중국정부는 2010년대 들어 '소수민족화교·화인' 연구와 조사에 대한 연구비를 적극적으로 지원하면서 그와 관련된 연구성과가 다수 발표되고 있다. 이러한 연장선상에서 중국 대륙에서 한국으로 이주한 조선족을《화교화인연구보고(2013)》에 한국화교·화인의 범주에 포함시켰다.[18]

좡궈투는 이러한 '신이민'의 인구를 다음과 같이 추정했다. 2007~2008년까지 아시아로의 '신이민'은 400만 명으로 가장 많았고, 미국을 중심으로 한 남·북미 '신이민'은 350만 명으로 그다음을 차지했다. 유럽은 170만 명, 오세아니아는 60만 명, 아프리카는 50만 명의 순이었다. 대륙별 '신이민'

이 해당 대륙의 화교·화인 인구에서 차지하는 비중은 아프리카 90.9%, 유럽 79.1%, 오세아니아 63.2%, 남·북미 55.6%, 아시아 11.3%였다. 즉, 동남아를 제외하면 '신이민'이 노화교·화인의 비중을 훨씬 넘어선 것을 확인할 수 있다. 전체 화교·화인 인구에서 '신이민'이 차지하는 비중은 22.7%를 차지했다. 이러한 인구 추정은 10년 전이기 때문에 '신이민'의 인구는 그사이에 절대적으로 더욱 증가했을 뿐 아니라,[19] 전체 화교·화인 인구에서 차지하는 비중도 약 4할로 높아졌을 것으로 추정된다.

'신이민' 즉 신화교·화인은 노화교·화인의 이주와 비교할 때 아래와 같은 특징이 일반적으로 확인된다. 첫째, 노화교·화인의 경우는 남자가 단신으로 해외로 이주해 이주지에서 노동과 상업 등의 경제활동을 통해 번 돈을 교향(僑鄕)에 송금하여 가계의 생계를 유지하는 것이 일반적인 형태였다. 이런 이유로 노화교·화인의 남녀 성비는 남자의 비중이 훨씬 높았지만, 신화교·화인의 경우는 가족 단위로 이주하는 것이 지배적이어서 남녀 성비가 거의 균형을 이룬다.[20]

둘째, 신화교·화인은 노동자 중심의 이주보다는 지식인 중심의 유학, 기술 및 투자 이민이 지배적인 형태이다. 1978년~2018년 사이 중국 대륙에서 미국, 유럽, 일본, 한국을 비롯한 국가로 출국한 유학생은 585.71명에 달했다. 유학생은 학위를 취득한 후 중국으로 귀국하거나, 유학한 국가에서 거주하면서 교육, 의료 등의 전문직 분야와 첨단산업 등의 분야에 종사하고 있다.[21] 기술이민은 미국을 비롯한 서방 선진국에서 우수한 하이테크 기술자 확보를 위해 추진하는 정책에 호응하여 중국 대륙에서 많이 이주했다. 투자이민은 중국경제의 발전에 따라 부를 축적한 개인과 기업이 선진국으로 투자하면서 이주하는 형태이다.

셋째, 노무이민은 중국정부의 '저우추취'(走出去) 정책에 따른 중국기업의 해외 진출이 증가하면서 기업 진출과 함께 해외로 파견되는 이민이다. 2012년 이래 매년 해외로 파견된 중국인 노무자 수는 50여만 명에 달하는데 아프리카, 아시아 등지의 개발도상국이 중심이다. '결혼이민'은 중국인 여성이 결혼을 통해 해외로 이주하는 이민이다. 이러한 형태의 결혼이민은 제Ⅰ-Ⅲ기에는 거의 찾아볼 수 없었지만, 제Ⅳ기에 들어 급속히 증가했다.[22] 넷째, 노화교·화인의 고향은 광둥성과 푸젠성이 압도적인 비중을 차지했지만,[23] 신화교·화인의 교향은 베이징, 상하이를 비롯한 도시부와 동북3성 등 중국 전역에 걸쳐 있다.

다섯째, 신화교·화인은 노화교·화인에 비해 이주의 기간이 짧은 관계로 본국과 밀접한 연관을 맺고 있고, 강한 민족적 정체성을 가지고 있으며, 중국 정부의 정책을 적극적으로 지지하는 경향이 강하다.[24]

2. 신화교·화인 조직의 사회단체 증가

앞에서 살펴본 대로 대량의 '신이민' 발생으로 신화교·화인의 인구가 급증하면서 이들이 조직한 사회단체도 증가하는 추세에 있다. 중국의 화교학자 가오웨이농·커우하이양(高伟浓·寇海洋)은 노화교·화인의 사회단체와 구별해서 신화교·화인이 조직한 사회단체를 '신형화인사회단체'(新型华人社团)라 지칭했다.[25] 신화교·화인이 조직한 사회단체의 종류와 특징을 살펴보기 위해 일본을 사례로 들고자 한다. 일본을 사례로 든 이유는 신화교·화인의 인구가 노화교·화인의 인구를 이미 1990년대 능가했으며, 각종 '신형화인사회단체'가 조직되어 있기 때문이다.

일본정부가 발표하는 재일외국인 통계에서, '재일중국인' 인구는 1970년 51,481명, 1980년 50,353명, 1990년 150,339명, 2000년 335,575명, 2010

년 687,156명, 2020년 778,112명으로 급속히 증가하는 추세를 보인다.[26] 중국 대륙에서 일본으로 '신이민'이 유입되기 이전인 1970년의 51,481명은 대부분 노화교로 간주해도 좋다. 1980년에 노화교의 인구가 50,353명으로 감소한 것은 일본 국적을 취득해 귀화한 사람이 증가했기 때문이다. '재일중국인' 인구는 1980년대 들어 유학생을 중심으로 10년 사이에 3배가 증가했으며, 1990년대는 2배, 2000년대도 2배가 각각 증가했다. 2010년대는 1만 명 증가에 그치며 정체된 상태이다. '재일중국인' 인구는 2020년 현재 재일외국인 인구의 3분의 1을 차지하면서 외국인 인구 가운데 가장 많은 비중을 차지하고 있다. 이처럼 일본은 노화교의 인구가 정체하고 있는 반면, 신화교의 인구가 급증하고 있는 대표적인 국가의 하나이다.

일본 신화교·화인이 조직한 사회단체는 1990년대와 2000년대 들어 본격적으로 조직되기 시작했다. 먼저 상회 단체부터 보도록 하자. 1999년 9월 신화교·화인의 기업 및 기업가 중심의 일본중화총상회가 설립됐다. 이 단체에는 신화교·화인이 경영하는 기업과 중국 기업의 일본법인이 회원단체로 가입되어 있다. 회원 간의 정기 교류회, 경제 세미나, 산업시찰, 회원의 각종 비즈니스 후원 등의 활동을 전개하고 있다. 일본중화총상회는 2007년 고베에서 제9회 세계화상대회를 개최하면서 그 존재를 세계에 알렸다.[27] 일본중화총상회는 신화교·화인의 전국적인 경제단체이지만, 성별 출신 신화교·화인이 설립한 상회도 다수 존재한다. 일본지린총상회(日本吉林总商会)는 2014년 8월 지린성 출신 기업과 기업가에 의해 설립되어 본부는 도쿄에 있으며, 현재 700여 명의 회원이 가입되어 있다. 정관에 설립 목적을 "재일 지린성 출신의 개인 및 경영 기업, 기타 지린성 관련 개인, 기업 등의 상호협력 및 일본기업과의 교류를 촉진하고, 재일 화인 조직과의 연계를 도모하고, 회원의 이익 증대, 중일 경제교류 기타 각종 국제교류를 촉진하는 것을 목적으로 하며, 그러한 목적에 부합하는 사업을 행한다.”라고 되어 있다. 그리고 구체적인 사업으로 지린성 정부와 각 시 정부 및 기업의 상무 조사에 대한 서비스 제공, 일본에서의 각종 투자무역상담의 대리업무, 회원 기업의 경영자 훈련, 지린성 소재 기업에 고급인재 파견, 지린성 소재 기업의 해외 진출 각종 편의 제공, 일본기업의 지린성 진출 서비스 제공 등을 들고 있다.[28] 이러한 상회 및 경제단체로서 연합단체인 전일본화교화인사단연합회(全日本华侨华人社团联合会)에 가맹된 단체는 모두 16개에 달한다. 그리고 성 단위의 상회 단체가 대부분이지만, 일본팡정총상회(日本方正总商会)와 일본첸저우상회(日本泉州商会)처럼 현과 시 단위의 상회도 있다.

다음은 동향단체이다. 전일본화교화인사단연합회에 가입된 동향단체는 모두 18개이다. 1985년 일본원저우동향회(日本温州同乡会)가 설립된 것을 시작으로 1990년대에 들어 본격적으로 조직되기 시작해, 2000년대에 들어 확산하는 양상을 보인다. 성 단위의 동향회가 많지만, 베이징·상하이·텐진·다롄과 같은 대도시의 동향회도 적지 않다. 일본 첫 신화교·화인 동향단체인 일본원저우동향회는 설립 목적을 동향인 간의 친목과 협력 도모, 일본 및 세계의 각 교단과의 연계, 그리고 조국 발전에 적극 기여 등을 목적으로 삼았다. 이사회가 최고 의결기관이며, 회장과 부회장을 선임할 수 있도록 했다.[29] 2011년 설립된 일본상하이동향회(日本上海同乡会)의 설립 목적은 회원의 업무, 학습, 생활과 사업을 도와주고 일본사회에 잘 적응할 수 있도록 돕는데 두었다. 장정 제4조에 주요한 업무로 중일 문화교류 촉진, 중일 양국 간의 경제교류와 협력 증진을 위한 사업에 두고 있다. 최고 권력기관은 매년 1회 개최되는 회원대회이며, 이사회의 개설과 회장, 부회장 등을 두고 있다. 회원대회는 중국의 법률, 법규에 따라 직권을 행사하게 되어 있다.[30]

다음은 일본 각지에 설치된 지역성 단체이다. 전일본화교화인사단연합회에 가입된 지역단체는 6개이며, 모두 2000년대에 들어 조직되었다. 2005년 설립된 중부화교화인연합회(中部华侨华人联合会)는 일본 중부지역 신화교·화인을 중심으로 조직된 사회단체이다. 이 연합회는 설립 목적을 노화교의 전통 계승과 연대 강화, 화교·화인 간의 친목과 교류 촉진, 화교·화인의 합법적 권익 옹호, 중일 우호증진, 중일 양국의 각 방면의 교류와 발전 촉진에 두었다. 그리고 이러한 목적을 달성하기 위해 회원 간의 교류 및 친목 활동, 회원 사업 발전을 위한 협조, 각종 법률 자문, 자녀 중국어 교육문제 상담 등의 사업을 전개하고 있다.[31] 원래 이 연합회는 '중부일본신화교화인회'로 설립되었으며, 회원은 교육자, 연구자, 법률가, 기업가 등 일본서 유학하고 나고야지역을 중심으로 활동하고 있는 신화교가 중심이다. 주나고야중국영사관의 지도하에 노화교와 신화교 단체와 공동으로 2007년 '나고야중국춘절제' 행사를 개최해 지금까지 이어져 내려오고 있다.[32] 오키나와신화교화인총회(沖縄新华侨华人总会)는 2010년 설립된 지역성 사회단체이다. 이 단체가 표방하는 목적은 중부화교화인연합회와 유사하지만, 주후쿠오카중국총영사관에 협력하여 중일 간의 우호 교류 활동을 펼친다는 점, 오키나와에는 중국영사관이 없어서 여권의 신청, 기간 갱신, 재발행 업무 등의 업무를 동 총영사관을 대리하여 업무를 처리하고 있다는 점이 달랐다.[33]

다음은 학술·과학단체이다. 중국류일동학회(中国留日同学会)는 1995년에 설립된 유학생 단체이다. 전일본중국인박사협회(全日本中国人博士协会)와 일본화교화인박사협회(日本华侨华人博士协会)는 1996년에 일본에서 박사학위를 취득한 신화교 중심의 유학생 단체이다. 그리고 박사학위 취득 후 일본의 대학및 연구기관에서 교수로 활동중인 신화교 및 화인 중심으로 2003년에 설립된 일본화인교수회의(日本华人教授会议)가 있다. 위의 단체 이외에 중국에 있는 대학의 일본 내 동창회 조직이 3개, 전문직업 및 문화단체 22개가 전일본화교화인사단연합회에 가입되어 있다. 전문직업 및 문화단체에는 중국요리점의 요리사, 미술, 영화, 서예, 중국어교육 등이 포함되어 있다.

우리는 위에서 일본의 신화교·화인 사회단체는 상회, 동향회, 유학생·학술·전문가단체, 지역성 단체 등으로 이뤄져 있는 것을 확인했다. 일본의 노화교·화인 사회단체는 혈연, 지연, 업연의 3연(緣)을 매개로 한 동향회와 중화회관, 중화총상회와 업종별 조합단체가 중심이었다. 양자의 사회단체 간에는 유사한 점이 많지만, '신이민'의 특징이라 할 수 있는 유학생·학술·전문가의 사회단체가 상대적으로 많은 점이 특징이다.

한편, 일본의 신화교·화인의 사회단체는 중국의 중앙정부 및 지방정부 그리고 기업 및 단체와 다양한 형태의 연관을 맺고 있는 것이 특징이다. 전일본화교화인사단연합회는 2020년 5월 28일 중국 전국인민대표대회(전인대)에서 '홍콩보안법'이 통과된 지 이틀 뒤인 5월 30일 연합회 명의로 적극 찬성의 성명을 발표했다.[34] 2021년 6월 26일에는 중국공산당 창당 100주년을 기념하는 좌담회를 개최함과 동시에 공산당 창당을 열렬히 축하하는 행사를 거행했다.[35] 그리고 중화전국귀국화교연합회와 저장성 정부가 2020년 12월 5일 항저우에서 개최한 '항저우세계교단대회'(杭州世界僑團大会)에 대표단을 파견했다.[36]

그런데 일본의 신화교·화인 사회단체의 유형과 특징은 싱가포르에도 그대로 나타난다. 싱가포르는 원래 인구의 7~8할이 중국계(Chinese Singaporean)가 차지하는 국가였지만, 1980년대부터 중국 대륙에서 유학생을 중심으로 한 '신이민'이 증가하기 시작했다. 1980년대부터 2006년까지 싱가포르로 이주한 중국인은 35만~38만 명에 달했다. 싱가포르의 신화교·화인 사회단체는 1990년대부터 설립되기 시작했는데 그 대표적인 사회단체가 화위앤회(华源会)이다. 이 단체는 2001년 설립된 종합성 단체이다. 단체의 회원은 2007년

5월 3,000명에서 현재는 6,000명을 넘었으며, 과학기술, 무역, 서비스업, 제조업 종사 신화교·화인이 중심이다. 이 단체는 주싱가포르중국대사관과 긴밀한 관계를 유지하면서 각종 활동을 펼치고 있다.[37] 이외에 신화교·화인의 유학생과 전문직 종사자를 회원으로 한 화신사단(华新社团, 2005), 동향회로는 톈진 출신이 조직한 싱가포르톈진회(新加坡天津会, 2008), 쓰촨성 출신으로 조직된 싱가포르쓰촨톈푸동향회(톈新加坡四川天府同乡会, 1999) 등이 조직되어 있다. 동창회 단체로는 상하이자통대학, 베이징대학, 중국과학기술대학, 칭화대학, 통지대학의 싱가포르교우회가 2000년대 들어 각각 조직되었다.[38]

그리고 1990년대 후반 중국이 '저우추취' 전략을 본격적으로 실시하면서 중국기업의 투자대상이 된 동남아에는 상회 조직이 각지에서 설립됐다. 미얀마중국기업상회(緬甸中国企业商会)는 1996년, 베트남중국상회(越南中国商会)는 2001년, 인도네시아중국상회(印尼中国商会)와 라오스중국상회(老挝中国商会)는 각각 2005년, 태국중국상회(泰国中国商会)는 2006년, 필리핀중국상회(菲律宾中国商会)는 2007년, 캄보디아중국상회(柬埔寨中国商会)는 2009년에 각각 설립됐다. 이들 상회 조직은 중국계 기업의 이익과 권익을 대변하고 중국과 거주국 간의 경제·무역관계의 강화, 중국기업의 진출에 각종 편의 제공을 목적으로 하고 있다.[39] 각 상회 조직은 거주국 주재 중국대사관 및 영사관과 밀접한 관계를 유지하면서 활동을 전개하고 있다. 예를 들면, 필리핀중국상회는 2009년 주필리핀중국대사관과 연합하여 양안의 평화로운 발전을 위한 강좌를 개설하고, 2001년 12월 2일에는 70개 사회단체가 연합하여 '필리핀중국화평통일촉진회'를 설립했다.[40] 중국화평통일촉진회(中国和平统一促进会)는 중국공산당 통일전선공작부 소속의 기관으로 중국이 설정한 원칙하에 대만과 통일을 촉진하기 위해 만들어진 단체로 알려져 있다.[41]

III. 중국정부의 일대일로 추진과 신화교·화인사회의 대응

1. 신화교·화인의 일대일로에 대한 인식 및 태도

중국정부가 2013년부터 의욕적으로 추진하고 있는 일대일로 추진의 핵심 이념은 정책소통(政策沟通), 인프라연결(设施联通), 무역원활화(贸易畅通), 자금융통(资金融通), 민심상통(民心相通)의 이른바 5통의 실현에 있다. 중국정부가 이러한 5통의 실현에 화교·화인의 역할에 큰 기대를 걸고 있는 것은 중국 근·현대 역사에서 화교·화인이 담당한 역할을 살펴보면 자연스러운 것인지 모른다.

쑨원의 혁명 활동은 화교·화인의 적극적인 지원으로 결국 신해혁명의 성공으로 이어졌고, 그래서 쑨원은 화교·화인을 '혁명의 어머니'라 불렀다. 그리고 화교·화인은 무역적자와 재정적자로 허덕이던 청조와 중화민국에 송금 등을 통해 중국경제를 지탱해 주던 버팀목 역할을 했다.[42] 8년에 걸친 중일전쟁 기간 군사력의 열세 속에서도 일본에 결국 승전을 거둘 수 있었던 주요한 원인의 하나는 화교·화인의 인적·물적 지원에 있었다.[43] 또한 중국 개혁개방 이후 중국경제의 고도성장의 배경에는 외국의 직접투자가 큰 역할을 담당했으며, 이 가운데 화교·화인에 의한 직접투자는 전체의 약 5할에 달한 것으로 추정하고 있다.[44] 이러한 역사적 경위로 볼 때 중국정부가 일대일로 정책에 화교·화인을 참가시키거나 어떤 역할을 기대할 것이라는 점은 충분히 인식할 수 있지만, 구체적으로 어떤 형태로 드러나고 있는지 보도록 하자.

중국공산당과 중국정부의 기관 가운데 일대일로와 화교·화인과 관련된 업무를 담당하는 곳은 교무판공실(侨务办公室)이다. 교무판공실이 2015년 7월 일대일로 추진을 위해 세계 화상을 대상으로 개최한 회의가 세계화교화인공상대회(世界华侨华人工商大会)이다. 공상대회가 중국 정부 주도로 개최되는 데 비해, 1991년부터 개최되어온 권위 있는 세계화상대회가 싱가포르, 태국, 홍콩의 중화총상회와 같은 민간 사회단체 주도로 개최되는 것과 성격이 다르다. 제1차 공상대회에는 79개 국가 및 지역에서 211명의 화교·화인 사회단체 대표와 기업가 300여 명이 초청됐다. 대회의 주제는 '글로벌 화상과 협력하여 중화꿈을 함께 이루자'(携手全球华商 同圆中华梦想)였다. 리커창(李克强) 국무원 총리는 개막식 연설에서 일대일로 건설에 화교·화인의 참가를 적극적으로 요청했다.[45] 이어서 2년 뒤인 2017년 6월 12일 개최된 제2회 세계화교화인공상대회의 개막식에서도 리커창 총리와 양제츠(杨洁篪) 국무위원은 축사에서 일대일로 건설에 열렬히 헌신해줄 것을 강조했다.[46]

특히, 제2회 대회에서는 일대일로 추진에서 화교·화인이 담당할 구체적인 실행 방안인 '일대일로 건설 강화를 위한 화상 조직의 협력 및 참여 선언서'가 채택되었다. 구체적인 시행 방안으로는 화교·화인과 일대일로를 연계하기 위한 정보발신 플랫폼 및 홈페이지 개설, 중국과 화상 기업 간 전자상거래 협력네트워크 구축, 일대일로 연선 국가 거주 화상 관련 정보의 데이터베이스 구축 등이 포함되었다. 이 시행안에 따라 실제로 구축된 것이 중화전국귀국화교연합회의 홈페이지 내에 개설된 '일대일로화상조직협력플랫폼'("一带一路"华商组织协作网)이다. 이 플랫폼에 가입된 화교·화인 사회단체는 2021년 11월 17일 현재 225개에 달했다. 대륙별 분포를 보면 아시아가 82개 단체(전체의 36.4%), 유럽 80개 단체(35.6%), 미주 30개 단체(13.3%), 아프리카 25개 단체(11.1%), 오세아니아 8개 단체(3.6%)였다.[47]

가입된 화교·화인 사회단체의 대륙별 비중을 비교해 보면, 유럽과 아프리카의 단체가 상대적으로 많은 것이 확인된다. 유럽은 인구에서는 세계 화교·화인 인구의 4.7%에 불과하지만, 가입단체 수에서는 35.6%를 차지하고, 아프리카는 인구에서는 1.2%에 불과하지만, 가입단체 수에서는 11.1%로 훨

썬 높았다. 유럽과 아프리카의 화교·화인 인구의 8할~9할이 신화교·화인이 차지하고 있는 것을 고려하면 두 대륙의 사회단체 대부분이 신화교·화인에 의해 조직된 것으로 보인다.

이러한 경향은 두 대륙에만 그치지 않는다. 아시아의 경우에도 싱가포르중화총상회와 태국중화총상회와 같은 노화교·화인의 사회단체도 '일대일로화상조직협력플랫폼'에 일부 포함되어 있지만, 대부분은 신화교·화인이 조직한 사회단체이다. 앞에서 살펴본 일본의 신화교·화인 사회단체 가운데 일본중화총상회와 일본베이징총상회가 여기에 가입되어 있다. 싱가포르의 경우는 싱가포르중국상회(新加坡中國商会)와 동향회 단체인 싱가포르장쑤회(新加坡江苏会)가 가입되어 있다. 동남아의 상회 조직인 베트남중국상회, 캄보디아중국상회, 필리핀중국상회도 포함되어 있다. 중앙아시아와 중동 가운데 가입된 사회단체도 대부분 신화교·화인 사회단체인 것이 확인되었다. 이러한 사실을 종합해 볼 때, '일대일로화상조직협력플랫폼'에는 주로 신화교·화인이 조직한 사회단체가 주로 참가하고 있다고 판단할 수 있다.

그렇다면 이들 신화교·화인 사회단체는 중국정부 추진의 일대일로 정책에 대해 어떤 인식과 태도를 보이고 있는지 살펴보자. 이와 관련해 중국의 학자 장웨이·왕리·황더하이(张伟玉·王丽·黃德海)가 2017년 5월부터 2019년 5월까지 2년에 걸쳐 세계의 화상을 대상으로 실시한 '해외 화상 일대일로 건설 참여' 앙케트 조사 결과가 주목된다. 총 400명의 화상에게 직접 혹은 이메일을 통해 조사했는데, 이 가운데 357장이 회수되었으며, 유효한 것은 287장이었다. 조사대상은 일대일로 연선 국가 및 지역의 주요 화상 지도자이며, 대체로 사회단체의 임원을 맡은 인물이었다. 대상 화상의 거주 및 활동 지역은 북미 2개 국가, 남미 3개 국가, 중동 4개 국가, 아프리카 4개 국가, 서유럽 10개 국가, 동유럽 9개 국가, 오세아니아 2개 국가, 동아시아 및 중앙아시아

13개 국가 및 지역, 총 47개 국가 및 지역이었다.[48]

그런데 앙케트 조사 결과에서 밝히고 있지는 않지만, 앙케트 대상 화상은 주로 신화교·화인 출신이라는 점이 확인된다. 앞에서 본 대상 국가와 지역이 동유럽과 서유럽, 아프리카, 중동 지역의 화상이 많았는데, 이들 지역은 신화교·화인이 절대다수를 차지하는 지역이다. 또한, 대상 화상의 이주지에서의 세대별 분포는 1대가 63.76%, 2대가 16.38%, 3대가 8.71%, 3대 이상이 4.53%, 무응답이 6.62%이었기 때문에, 1대 화상과 2대 화상은 신화교·화인 출신일 가능성이 매우 크다. '일대일로화상조직협력플랫폼'에 가입된 대륙별 화교·화인 사회단체가 주로 신화교·화인 출신의 화상이 임원을 맡은 사회단체인 것을 고려하면, 앙케트 조사 대상자와 플랫폼 가입단체의 임원이 서로 중복되어 있을 가능성이 크다. 따라서 앙케트 조사 결과는 신화교·화인 출신 화상의 일대일로 인식이라 봐도 무방할 것 같다.

앙케트 조사의 결과는 다음과 같았다. 첫째, 일대일로에 대한 화상의 태도와 인지도이다. 79%의 화상은 일대일로 참가의 의의는 '매우 중대하다'라고 답했으며, 16%는 '중대하다', '의의가 없다'라고 답한 화상은 없었다. 그리고 66%의 화상은 일대일로 건설 참가 의욕이 매우 높은 것으로 드러났고, 34%는 높다, 비교적 낮다는 0.4%에 불과했다. 화상 가운데 유럽의 제1대 화상의 참가 의욕이 가장 높은 77%를 차지했다.

둘째, 일대일로 참가 동기는 74%가 민족정신 추구, 71%는 자신의 경제이익 추구, 46%는 중국의 정치와 외교 방면에 대한 지지였다. 세대별로 보면 1대가 2대와 3대의 화상에 비해 민족정신 추구가 더욱 강렬하고, 세대가 내려갈수록 경제적 이익 추구가 높아지는 경향을 보였다.

셋째, 일대일로 참가의 경로에 관해서는 57%가 중국정부 교무 부문을 통해서, 41%는 해외 주재 중국의 대사관 및 영사관을 통해, 31%는 거주국 정부 기관 혹은 민간단체를 통해, 23%는 합작 파트너(기업)를 통해서였다.

넷째, 일대일로 참가의 장애와 곤란한 점에 대해서는 41%가 법률, 규칙 등의 제도적 애로, 36%가 외환, 환율 등 금융 방면에서의 애로, 29%가 인력, 관리 등 경영 방면에서의 애로, 12%가 현지 풍습과 관행 등의 문화 방면의 곤란을 들었다. 아직 일대일로에 참가하지 않고 있는 화상은 그 원인을 다음과 같이 들었다. 56%는 정책을 제대로 이해하지 못하고 있다고 답을 했고, 53%는 어떻게 참여할지 방법을 모른다, 47%는 자금의 부족, 44%는 상담할 조직과 소통이 없다는 점을 들었다.[49]

이처럼 신화교·화인 출신의 화상은 중국정부의 일대일로 추진에 동참하는 데 적극적인 참가 의지가 있고, 참가 동기는 '애국심'과 자신의 경제적 이익과 부합되는 점, 그리고 중국정부의 교무단체와 거주국의 중국대사관을 통해 참여할 의사가 있다고 밝혔다.

그렇다면 이들 신화교·화인의 일대일로 참가의 구체적인 사례가 있는지 살펴보자. 태국중화총상회는 2017년 12월 100억 위안을 중국경제문화합작 시험구 내에 중국 기업의 사무실 빌딩을 건축하는 데 투자할 예정이라 밝혔다.[50] 인도네시아의 화인 출신인 화상 Sukanto Tanoto(陈江和)는 2016년에 일대일로 연선 국가의 인재 양성과 발전을 위한 기금으로 1억 위안을 기부했다. 그리고 그가 경영하는 金鹰集团(RGE)는 2016년 11월 중국공상은행 등 4개 중국금융기관과 공동으로 중유럽·동유럽 지역의 일대일로 사업 추진을 위한 금융지원을 위해 '중국-중·동유럽기금'을 설립하는데 참가했다.[51] 싱가포르공상연합총회(工商联合总会)는 2015년 11월 중국은행과 '일대일로글로벌전략합작협의'("一带一路"全球战略合作协议)에 서명하고, 일대일로 사업 관련 융자를 동 은행으로부터 3년간 300억 위안을 제공받는 협정에 서명했다.[52] 말레이시아의 화교·화인 사회단체는 2016년 12월 '일대일로센터' 조직을 만들었다. 이 센터에 등록된 기업은 설립한 지 9개월 만에 1천 개 회사가 넘었다. 화교·화인의 등록된 중소기업은 일대일로 관계 사업으로 약 1,600억 원의 계약을 성사시켰다.[53]

그런데 위의 대표적인 화교·화인의 일대일로 사업 참가 사례는 신화교·화인이라기보다는 노화교·화인에 가까운 존재들이다. 신화교·화인은 이주지에서 사업을 경영한 지 길어도 30년~40년에 불과하므로 꽤 규모가 큰 사업체로 성장하는 데는 한계가 있고, 대규모 사업에 참여하여 언론에 보도될 가능성은 작을 것이다. 따라서 현재는 중국정부의 일대일로의 대형 사업에 참여하는 화교·화인은 노화교·화인 출신의 화상이 중심인 것으로 보인다. 그렇다고 해서 신화교·화인의 일대일로 참가가 소극적이라기보다는 투자 규모가 적은 소형 프로젝트에 주로 참가해 그 사례가 제대로 드러나지 않는 것이 아닐까 한다. 앞으로 위의 앙케트 조사 결과를 고려해 보면 해를 거듭할수록 신화교·화인 출신 화상의 일대일로 참가 사례는 점차 증가할 것이다.

2. '민심상통'과 교민공공외교

중국정부가 추진중인 일대일로 정책의 핵심이념인 5통 가운데 경제 분야 이외에 화교·화인에 기대를 거는 중요한 분야가 '민심상통'이다. 민심상통은 민간교류와 문화교류를 통해 양국 간의 관계 강화, 중국의 이미지와 입장을 높이는 것이 목적인데, 중국은 이 분야에서 화교·화인이 중국과 거주국 간의 가교역할을 해줄 것으로 기대하고 정책을 추진하고 있다.

시진핑 주석은 일대일로 구상 발표 다음 해인 2014년 6월 6일 제7차 세계화교화인사단연의회[54] 참가 대표자와 회견한 자리에서 "광대한 해외 교포는 지극한 애국심, 강력한 경제력, 풍부한 지적자원, 광범한 사업 네트워크를 가지고 있어 중국몽을 실현할 중요한 역량이다. 광대한 해외 교포는 자신의 우위와 조건을 활용하여 적극적으로 거주국과 중국이 각 영역에서 교류·협력하는 데 교량역할을 할 수 있도록 더욱더 거주지 사회에 융합하고 헌신함을 통해 세계평화와 발전을 촉진하고 새로운 공헌을 끊임없이 창출해 내야 한다."라고 강조했다.[55]

시진핑 주석의 발언은 화교·화인이 중국과 거주국 간의 교류, 협력에서 교량 역할을 기대한 것으로 풀이된다. 그런데 중국정부의 민심상통에서의 화교·화인의 역할에 대해서는 일대일로 구상 제창 이전에 이미 '교무공공외교'의 개념으로 구체화되어 진행되고 있었고, 일대일로 추진 이후 더욱 강화되고 있는 모양새다.

물론 중국정부가 '대외선전'의 차원에서 화교·화인을 통해 해외에 중국문화를 전파하고 교류를 함으로써 외국과 우호적인 관계를 창출하고 유지하려는 것은 중화민국 정부와 중화인민공화국 정부의 중요한 외교전략의 하나였다.[56] 그러나 중국이 '공공외교'라는 용어로 이전의 민간외교 및 문화외교를 체계화하기 시작한 것은 장쩌민(江澤民) 주석이 1998년 1월 '저우추취'전략을 본격적으로 추진한 이후였다. 중국 기업의 성공적인 해외 진출을 위해서는 중국의 국가이미지를 높일 필요가 있었고, 그 수단으로 공공외교를 강화하려 한 것이었다. 공공외교 제창 초창기는 중국정부가 해외 각국의 대중을 상대로 중국의 대외 이미지를 높이어 소프트파워를 강화하는 것에 초점이 맞춰져 있었다.[57]

하지만, 중국정부는 2010년대 들어 중국 공공외교의 주요한 담당자의 하나로 화교·화인을 전면적으로 내세우기 시작했다. 2011년 10월 개최된 '전국교무공작회의'에서 교무판공실은 '화교를 교량으로 중국과 세계를 소통시킨다'(以僑爲橋-沟通中国与世界)라는 슬로건과 함께 '교무공공외교의 개척'을 제시했다. 이때 교무공공외교라는 용어가 처음으로 공식 사용되었다. 이어 국무원 출판의 《국가교무공작발전강요(2011~2015년)》에서 "해외 화교는 중국 공공외교의 중요 수단이며, 교무공공외교는 큰 장점을 가지고 있다."라고 기술했다. 그리고 교무공공외교는 제12차 중국경제사회5개년규획(2011~2015) 시기의 주요 교무 공작의 하나로 포함되었다. 2016년 12월 국무원 출판의 《국가교무공작발전강요(2016~2020년)》과 제13차 중국 경제사회 5개년계획(2016~2020)에서도 교무공공외교가 교무 공작의 주요한 임무의 하나로 포함되었다.[58]

차오룽치(潮龙起)는 중국정부 교무공공외교의 특징을 다섯 가지로 정리했다.[59] 첫째, 교무공공외교의 중국 측 담당 기관이 많다는 점을 들었다. 중국의 화교·화인 담당 주요 기관은 '5僑'로 불리는 교무판공실, 전인대화교위원회, 전국정협홍콩·마카오·타이완교민위원회(全国政协港澳台侨委员会), 중국치공당, 중화전국귀국화교연합회이다. 이외에도 외교, 교육, 문화, 통일전선, 인사, 공안, 외사, 상무, 과학기술 등의 관계기관도 관련되어 있다. 이외에 정부 위탁의 사회단체인 중국해외교류협회(中国海外交流协会), 중국화평통일촉진회(中国和平统一促进会) 등도 포함된다.[60]

둘째는 교무공공외교의 대상인 화교·화인의 다양성이다. 화교·화인은 앞에서도 살펴보았듯이 단일하지 않고 세대별, 계층별, 지역별, 중국과의 관계 등에서 다양성을 가지고 있다. 셋째로 공공외교 경로의 복잡성이다. 일반적인 중국의 공공외교는 특정 국가의 정부와 국민을 대상으로 행하지만, 교무공공외교는 화교·화인의 사회단체와 중국어 언론매체 등을 통한 이차적 혹은 간접적인 루트를 통해 이뤄진다.

넷째는 교무공공외교의 영역은 정치, 경제, 문화 등 다양한 영역에 걸쳐 있다는 점이다. 다섯째는 교무공공외교의 효과는 시간이 걸려 나타난다. 공공외교는 그 효과가 직접적으로 나타나지만, 교무공공외교의 효과는 화교·화인의 장기적인 활동을 통해 간접적으로 그리고 시간적 지체의 양상으로 나타나는 특징을 보여준다.

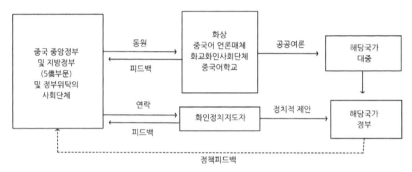

출처: 林逢春·王素娟·梁静鑫, "中国侨务公共外交的历史、机制与趋势分析", 『黑龙江社会科学』, 2019(4), pp. 56-57를 근거로 필자 작성.

〈그림 1〉 중국 교무공공외교의 개념도

상기와 같은 특징을 가진 교무공공외교의 시행 개념도가 〈그림 1〉이다. 중국 중앙정부와 지방정부의 5僑부문과 정부 위탁의 사회단체가 해외의 화교·화인 사회단체와 각종 언론매체, 중국어학교 등을 동원하여 해당 국가의 대중을 상대로 공공여론을 조성하고, 공공여론이 해당 국가 정부의 정책에 영향을 주는 흐름이다. 또 다른 루트는 중국 중앙정부와 지방정부의 5僑부문과 정부 위탁의 사회단체가 화인 정치지도자에게 연락하여 해당 국가 정부에 정치적 제안을 하여 수용하도록 하는 구조이다.[61]

그런데 중국정부가 화교·화인을 이처럼 공공외교의 자산으로 적극적으로 활용하려는 정책은 세계적으로 볼 때 매우 드문 형태이다. 중국의 초창기 화교·화인정책은 처음에는 중국의 국적을 보유하고 있는 화교가 주요한 대상이었지 거주국의 국적을 취득한 화인은 그 대상이 아니었다. 거주국 정부, 특히 동남아 각국과의 관계를 고려한 조치였다. 하지만, 중국 굴기 이후 중국정부는 화인뿐 아니라 그들의 후손인 화예(華裔), 그리고 한족이 아닌 소수민족 화교·화인까지도 '교포'로 포괄해서 교무공공외교의 대상으로 삼고 있다.[62]

이러한 중국정부의 교무공공외교의 시도에 대해 해외에서 비판적으로 보는 시각이 존재한다. 인도네시아 화인 출신의 화교학자 Leo Suryadinata(廖建裕)는 중국정부의 이러한 정책은 동남아와 같은 다민족 국가 내부에서 종족 간 충돌을 야기, 결국 중국의 국익과 화교·화인의 이익에 나쁜 영향을 줄 수 있다고 지적했다.[63] 즉, 중국정부의 일대일로와 연계된 교무공공외교가 거주국 정부와 사회에 화교·화인에 대한 정치적 의구심을 증폭시켜 결국 중국 정부가 의도한 바와 상반된 결과를 초래할 수 있다는 반론이다. 필자도 그의 지적에 기본적으로 동의하는 바이지만, 지면 관계상 여기서는 더 논의하지 않고 별도의 논고에서 다루고자 한다.

IV. 마치며

우리는 위에서 중국정부가 의욕적으로 추진하고 있는 일대일로 정책과 화교·화인 간의 관계를 중국 개혁개방 이후 해외로 이주한 신화교·화인 및 그 사회를 중심으로 논의했다. 검토한 결과를 정리하면 아래와 같다.

첫째, '신이민'의 급증으로 인해 화교·화인사회가 기존의 노화교·화인사회 중심에서 신화교·화인사회 중심의 사회로 이동하고 있다는 점을 분석했다. '중국신이민'의 급증은 동남아를 제외한 지역에서 신화교·화인 인구가 노화교·화인의 인구를 훨씬 능가하는 현상을 초래했다. 일본의 신화교·화인의 사회단체 사례 분석을 통해, 그들이 조직한 사회단체는 1990년대 들어 조직되기 시작했으며, 상회, 동향회, 학술과학단체, 동창회, 이들 단체를 종합한 연합단체가 있다는 것을 밝혀냈다.

둘째, 신화교·화인의 사회단체는 거주국 주재 중국대사관 및 영사관, 중국의 중앙정부 및 지방정부와 긴밀한 관계를 유지하면서 활동하는 경향이 있다는 점을 찾아볼 수 있었다. 일본의 신화교·화인의 사회단체 가운데 단체의 규정에 명확히 그러한 연관관계를 밝히고 있는 단체가 많았으며, 중국정부의 정책을 지지하거나 동조하는 활동도 펼치고 있었다. 이러한 성격은 싱가포르의 신화교·화인의 사회단체도 마찬가지였다.

셋째, 중국정부는 경제적인 측면에서 일대일로와 화교·화인을 연계시키기 위한 일환으로 2015년 세계화교화인공상대회를 조직하고, '일대일로화상조직협력플랫폼'을 개설해 구체적으로 추진하고 있었다. 이 플랫폼의 회원은 신화교·화인이 조직한 사회단체가 중심이며, 유럽과 아프리카 지역의 사회단체가 상대적으로 많았다. 하지만, 실제로 일대일로의 대형 사업에 참가하는 것은 노화교·화인 출신의 화상이었다.

넷째, 중국정부는 공공외교에서 한발 더 나아가 교무공공외교를 추진하면서 화교·화인을 거주국과 중국 간 '민심상통' 외교의 교량으로 활용하려는 전략을 추진하고 있다. 그 대상에 자국민인 화교뿐 아니라 거주국의 국적을 취득한 화인도 포함되어 있어 거주국 원주민의 배척사건을 유발할 우려가 있다는 비판이 제기되고 있다.

한중 문화교류의 매개체로서의 〈나의 붉은 고래(大鱼海棠)〉*

I. 들어가며

한중 양국은 문화적으로 밀접한 관계에 있지만 다양한 현실의 문제로 인해 갈등이 끊이지 않는 상황에 놓여 있다. 둥베이 사업(東北工程) 논쟁(2002), 강릉 단오제 문화유산 등재 (2005), 장춘 동계 아시안게임 시상식(2007), 공자 한국인설(2008), 베이징 올림픽 성화 봉송 폭력 사태(2008), 아리랑 중국 국가 무형문화재 등록(2011) 등은 한중 양국의 문화 갈등을 직접적으로 보여주는 사례에 해당한다.[1] 한중 간의 갈등은 같으면서도 다른 서로의 문화를 제대로 인식하지 못하고 진정한 의미에서 교류가 이루어지지 않았기 때문이라고 생각된다.

---

* 이 연구는 2021년도 제2차 HK(+) 연합학술대회에서 발표한 원고를 수정 및 보완한 것입니다. 이 연구는 『애니메이션 연구』, 제17권 4호 (통권 제60호)에 게재되었습니다.

그러한 차원에서 한중 간의 문화교류는 서로의 특정한 정감구조를 이해할 수 있다는 점에서 필요한 소통방식이라고 할 수 있다. 문화교류는 특정한 사회에서 형성된 정감구조(the structure of feeling)를 서로 다른 집단 구성원들이 이해하고 공감하는 소통방식에 해당한다.[2] 이러한 문화교류는 사회 구성원의 정감구조가 드러나는 특정한 매개체를 통해 서로를 이해하는 데 활용되기도 한다.[3] 다양한 영상매체 중에서도 애니메이션은 문화교류의 매개체로서 서로 다른 사회 구성원을 창조된 세계로 인도하여 상호이해하도록 돕는다. 애니메이션에서 "오브제가 갖는 본래의 의미와 작품 안에서의 새로운 의미, 무생물이 움직임을 통해 생명성을 갖게 될 때의 정서작용"[4]은 사회 구성원이 자신과 동일시하게 만드는 대상 즉, 캐릭터를 통해 이루어진다. 애니메이션은 인간과 동일시하게 되는 캐릭터를 통해 문화 공감대를 형성하고 상호교류의 매개체로 자리할 수 있다고 생각된다.

무엇보다 원형(archetype)과 지역적 특색이 두드러지는 민족신화와 결합한 애니메이션은 특정한 사회 구성원이 지닌 개별성을 스토리텔링으로 제시하고 공감대가 형성되도록 할 수 있다. 신화는 원형을 중심으로 이루어진 스토리텔링으로서 인간에게 보편적 공감대를 불러일으킨다. 신화를 접목한 애니메이션은 원형적 요소를 통해 서로의 다름으로 인해 발생할 수 있는 문화교류의 거부감과 일련의 갈등 요소를 잠재우기도 한다.[5] 특히 민족신화는 특정 지역의 특수성과 원형을 동시에 드러낸다. 그러한 민족신화는 인간 보편적 차원의 원형에 근거하여 공감대를 형성할 뿐만 아니라 지역적 특수성의 차이를 인식하는 데 도움이 된다. 그와 같은 측면에서 민족신화와 결합한 애니메이션은 문화교류의 매개체로서 활용될 수 있다.

이 연구에서는 한중 문화교류의 매개체로서 애니메이션의 활용 가능성을 밝히고자 한다. 이를 위해 먼저 캐릭터 중심의 민족신화와 애니메이션 스토리텔링의 특성을 살펴본다. 이후 캐릭터 중심의 민족신화와 애니메이션 스토리텔링의 특성을 통해 한중 문화교류의 매개체로서 활용 가능성을 밝히고자 한다. 그 사례로서 중국 민족신화와 개인 성장담이 결합 된 〈나의 붉은 고래(大鱼海棠)〉(2016)를 주요 분석대상으로 삼는다. 〈나의 붉은 고래〉는 한중 양국의 문화적 연관성이 있는 만주 지역의 민족신화를 개인 성장담과 결합하여 만든 애니메이션이다. 〈나의 붉은 고래〉는 한반도 북방지역과 만주 지역에서 찾아볼 수 있는 민족신화의 원형적 공감대를 제시할 뿐만 아니라 일종의 시대적 추세인 개인 성장담이 녹아 있는 애니메이션이라고 할 수 있다. 특히 주인공 춘(椿)의 변화를 중심으로 한 〈나의 붉은 고래〉는 개인의 성장을 중요시하는 현대의 우리 모습과 동일시하도록 하는 내용이 주가 된다.

분석방법은 춘의 성장과 변화를 중심으로 스토리텔링이 형성된다는 점에서 트랜스아이덴티티를 적용하여 진행하고자 한다. 트랜스아이덴티티(transidentity)는 인간의 정체성 전환과 그 욕망이 캐릭터를 통해 나타나고 스토리텔링에 핵심적인 요소로 자리한다고 간주하는 분석방법론이다. 춘의 성장과 변화는 자기실현의 욕망을 중심으로 이루어진다는 점에서 한 개인의 정체성 전환으로 간주가 가능하다. 〈나의 붉은 고래〉는 춘의 정체성 전환을 통해 이루어지는 스토리텔링이라는 점에서 트랜스아이덴티티로 분석하기에 적합하다고 생각된다. 따라서 〈나의 붉은 고래〉의 스토리텔링 분석을 통해 한중 문화교류의 매개체로서 애니메이션의 가능성을 검토하고자 한다.

II. 캐릭터 변화 중심의 민족신화와 애니메이션의 결합

1. 원형 변화 중심의 민족신화와 애니메이션

민족신화는 특정 지역의 민족이 정착하게 된 원인과 정당성을 제시하는 내용으로 구성된다. 민족신화는 발생한 환경과 특정 지역민족에 따라 내용의 차이가 있지만 인류가 공통적으로 지닌 순수한 의식과 욕망을 드러낸다. 그에 따라 세계 각지의 민족신화에는 공통적인 요소가 반복적으로 나타나며, 그중에서도 원형이 주요한 신화적 요소라고 할 수 있다.[6] 원형은 민족신화가 목표하는 근원적인 차원에서 특정 민족의 출현 이유와 순수의식, 욕망을 드러낸다는 점에서 인류 보편적 표현양식인 셈이다.

일부 민족신화는 원형의 변화를 중심으로 내용이 이루어지기도 한다. 민족신화에 나타난 원형은 초월적 대상으로서 특정 인간 집단이 그 지역에 정착하게 된 원인을 제시한다. 초월적 대상으로서 원형은 특정 인간 집단의 지역 정착 원인과 거주 이유를 밝힌다는 점에서 일종의 보증인과 같은 역할을 한다고 할 수 있다. 또한 초월적 대상으로서 원형은 인간으로 변화하여 특정 민족의 시조로 자리하기도 한다. 그로 인해 인간으로 변화한 원형은 초월적 존재로서 특정 지역 민족의 존재 당위성을 제시한다.[7]

또한 민족신화의 내용은 특정 지역 중심으로 구성되어 장소와 환경적 특색이 짙은 원형적 상징을 중심으로 이루어지기도 한다. 민족신화는 특정 지역을 중심으로 하여 형성되기 때문에 일상생활에서 쉽게 접할 수 있는 상징을 토대로 내용이 이루어지기도 한다. 민족신화의 원형은 특정한 지역의 특색과 의미를 드러내기 때문에 그곳의 문화적 특색을 확인하는 대상으로 간주되기도 한다.[8] 특정 지역의 민족집단이 다수일 경우, 그러한 원형적 상징은 일상생활에서 쉽게 접할 수 있다는 점에서 일종의 다른 민족 간의 공통적인 공감대 형성의 대상이 된다고 할 수 있다. 이와 같은 민족신화의 특정한 원형적 상징은 지역적 특색을 제시하고 문화 공감대의 요소로 자리한다고 생각된다.

김선자는 특정 민족의 나무신화와 원형적 요소를 통해 서로 다른 '문명(문화)의 공존'을 가능하게 할 수 있다고 주장한다. 이 연구자는 만주족과 시베리아 일대 민족의 신화에서 나무는 통천수(通天樹)로 나타난다고 말한다. 두 민족의 거주지역은 고대에 샤머니즘을 기반으로 한 문화적 특성과 생활방식이 자리 잡고 있었다. 해당 지역의 민족들은 서로 다른 사회와 국가의 구성원이지만, 고대 민족신화에서 공통적으로 통천수라는 원형이 등장한다. 신화에서 통천수는 천계와 인간계를 이어주는 상징이며 동시에 신성한 존재에 해당하는 것이다. 이 연구에서는 만주족과 시베리아 일대 민족의 신화가 엄연히 서로 다르지만 샤머니즘을 통해 형성된 나무신화가 있으며, 특히 통천수라는 원형을 중심으로 형성된다고 말한다. 그에 따라 이 연구에서는 서로 다른 민족과 지역 특성의 상호이해가 나무신화를 통해 가능하다고 주장한다. 이는 민족신화가 인간 보편의 공감대를 형성하고 특정 지역 간의 문화적 차이를 이해하는 데 도움이 된다고 간주하는 것이다. 이처럼 특정한 원형을 중심으로 형성된 민족신화는 서로 다른 문화를 이해하고 공감하는 데 활용할 수 있다고 생각된다.[9]

민족신화는 원형이라는 일종의 캐릭터를 통해 내용이 이루어지고, 특히 대상의 변화를 중심으로 구성되기도 한다. 민족신화는 초월적 존재인 원형이 인간 혹은 자연물로 변화하면서 특정 민족의 정당성을 제시하는 내용으로 이루어지기도 한다. 원형은 초월적 존재로서 특정 민족의 존재 이유와 지역거주의 정당성을 보증하는 것이다. 민족신화는 원형으로 나타난 캐릭터와 그 변화를 중심으로 구성된다는 점에서 스토리텔링적 특성이 있다.[10]

「단군신화」는 웅녀를 통해 한민족의 정당성을 제시한다고 할 수 있다. 웅녀는 본래 곰이었으나 인간으로 변화한다. 인간으로 변화한 웅녀는 환웅과 혼인하여 한민족의 시조로 자리한다. 웅녀는 비록 곰이었지만 천계의 선택을 받아 인간으로 변화한 일종의 원형에 해 당한다. 그러한 웅녀는 한민족의 기원이자 존재의 정당성을 밝히는 원형인 셈이다. 「단군신화」는 초월적 존재의 변화를 통해 한민족의 기원과 존재의 정당성을 밝히는 민족신화라고 판단된다.[11]

민족신화는 캐릭터와 그 변화를 중심으로 한 애니메이션 스토리텔링에 접목되어 다양한 방식으로 활용되기도 한다. 민족신화와 결합한 애니메이션은 허구성과 환상성의 특성으로 인해 서로 다른 우리의 모습으로 재현된 캐릭터를 받아들이기 쉽도록 제시하고 이해하도록 하는 특성이 있다. 민족신화를 공유하는 대인 간의 타문화 거부반응은 애니메이션을 통해 상쇄될 수 있다. "애니메이션 영상은 실사보다 실제로 존재하지 않는 상상이나 환상의 세계를 나타내기가 용이하고, 이러한 세계에서 이루어지는 신비함이나 서정성을 보 다 깊이 있게 감각적으로 제시"[12]한다. 민족신화는 지역적 특성이 반영됨에 따라 이를 공유하는 서로 다른 구성원 간의 거부반응을 일으킬 수 있다. 애니메이션은 민족신화가 제시하는 원형적 특성을 더욱 잘 받아들이도록 하며 동시에 다소 거부될 수 있는 이질적 문화를 공감하도록 만드는 셈이다.

이희원은 소비에트물트필름(Sovietmultfilm)에서 제작한 애니메이션이 동슬라브의 민족신화를 통해 지역과 국가적 특성을 이해하는 데 도움이 된다고 말한다. 「세용사」 신화는 초인적인 존재가 슬라브족을 구원하고 해당 지역의 민족의 시조로 자리잡는다는 내용이다. 이 연구자는 소비에트물트필름의 애니메이션이 슬라브족 「세용사」 신화를 통해 동슬라브족 불굴의 정신과 러시아라는 국가의 민족주의적 성향을 드러낸다고 말한다.[13] 이 연구는 동슬라브족이 민족신화가 애니메이션에 적용하였을 때 그 특수성이 타인이 공감하기 용이한 형태로 드러난다는 논의에 해당한다. 즉「세용사」라는 신화에 나타난 슬라브족과 그 지역의 특수성은 애니메이션을 통해 타인이 이문화를 이해하는 데 활용되었다는 의미이다. 이러한 연구에 근거하여 민족신화와 결합한 애니메이션은 캐릭터를 통해 다른 집단 구 성원 간의 상호이해를 돕는다고 할 수 있다.

더불어 민족신화와 결합한 애니메이션은 개인의 성장담을 효과적으로 전달하기도 한다. 민족신화는 특정한 대상이 경험하는 사건과 모험을 중심으로 내용이 구성된다. 민족신화의 주인공인 원형, 즉 캐릭터는 현실의 특정 민족을 상징한다는 점에서 인간 그자체라고 할 수 있다. 또한 민족신화는 캐릭터가 경험하는 일련의 과정을 통해 민족의 시조로 거듭난다는 점에서 일종의 성장 스토리텔링의 특성이 나타난다. 이러한 민족신화는 다양한 스토리텔링의 원천소스로 간주되어 그 중심에 있는 캐릭터의 성장담의 애니메이션 제작에 활용되기도 한다.

예컨대 〈곰이 되고 싶어요(The Boy Who Wanted To Be A Bear)〉(2002)는 이누이트족의 신화와 개인의 성장담을 결합하여 각기 다른 사회 구성원이 서로 공감하도록 하는 애니메이션이라고 할 수 있다. 이누이트족의 신화에서 곰은 인간이 궁극적으로 지향해야 하는 초월적인 존재에 해당한다. 이누이트족 신화를 활용한 〈곰이 되고 싶어요〉는 주인공인 소년이 인간의 범주에서 벗어나 초월적인 존재인 곰으로 변화하는 개인의 성장담이 주요 내용을 이룬다.[14] 이는 이누이트족이라는 민족이 지닌 문화적 특성을 드러낼 뿐만 아니라 개인 차원에서 성장담을 통해 공감대가 형성되도록 하는 데 도움이 될 수 있다. 〈곰이 되고 싶어요〉는 이누이트족 민족신화의 곰이라는 원형과 애니메이션을 통해 각기 다른 사회 구성원이 서로 이해하는 매개체가 되는 것이다.

민족신화와 결합한 애니메이션은 서로 다른 문화를 상호이해하도록 돕는다고 할 수 있다. 각기 다른 사회 구성원들은 자신들만의 문화적 특색에 따라 서로를 이해하려 하기도 한다. 그로 인해 각기 다른 사회 구성원들 간의 문화적 특색 차이는 서로를 이해하는 데 제약으로 작용한다. 민족신화와 결합한 애니메이션은 공감하기 쉬운 원형과 특정한 문화적 요소의 희석을 통해 상호이해를 도울 수 있다. 민족신화에서 차용한 원형은 인간 보편이 차원에서 공감과 이해를 돕는다. 특정한 문화적 요소는 일상을 재정의하는 애니메이션의 특성을 통해 각자의 이해를 돕는 수준에서 재정의 되는 셈이다.[15]

유사한 관점에서 김정환은 〈쿵푸팬더 2(Kung Fu Panda 2)〉(2011)가 신화적 요소와 중국문화 사상을 통해 국제적 공감을 이끌어낸 애니메이션이라고 말한다. 이 연구자는 〈쿵푸팬더 2〉의 공작 '셴'의 성장담이 〈오이디푸스〉의 주인공과 닮아 글로벌 관객에게 공감대를 형성하게 한다고 말한다. '셴'과 그의 성장담은 신화적 원형에 해당하는 요소로서 문화적 공감대를 형성하는 요소로 작용한다는 말이다. 또한 이 연구자는 〈쿵푸팬더 2〉에 나타난 중국 사상적 특징은 중국인이 생각하는 자신의 문화적 특성이 그대로 드러나며, 동시에 서양에서 생각하는 동양의 신비를 잘 드러낸다고 여긴다. 이는 작중 중국 도가적 요소가 도화(桃花)와 세속적이지 않은 캐릭터들의 행동을 통해 드러나며, 더불어 현실에만 집중하는 서양적 사고와 달리 신비함을 자아낸다는 말이다. 그에 따라 이 연구에서는 〈쿵푸팬더2〉가 동양과 서양의 구성원이 애니메이션을 통해 상호이해를 돕는다고 주장한다.[16] 〈쿵푸팬더 2〉는 서로 다른 사회 구성원 간의 원형적 공감대 형성과 문화적 이해를 돕는 문화 교류의 매개체로서의 사례라고 할 수 있다. 그와 같은 측면에서 민족신화와 결합한 애니메이션은 원형적 특성으로 공감대 형성에 일조할 뿐만 아니라 서로 다른 문화를 이해하는 교류의 매개체로서 활용될 수 있다고 생각된다.

민족신화와 애니메이션은 공통적으로 캐릭터의 모습과 그 변화를 중심으로 이루어진다고 할 수 있다. 민족신화의 주인공은 출생 이후 다양한 경험과 사건을 통해 특정 지역민의 시조로 성장한다. 그로 인해 민족신화는 주인공의 성장과 경험을 통해 그 지역만의 특수성과 사회 구성원의 존재 이유를 드러낸다. 마찬가지로 애니메이션 또한 중심 캐릭터의 경험과 변화를 통해 그 내용을 구성한다. 애니메이션 캐릭터는 일종의 오브제이며 동시에 인간과 유사한 형상으로 사회 구성원과 동일시하는 대상에 해당한다. 애니메이션 캐릭터의 변화는 이를 관람하는 사회 구성원에게 공감대 형성과 더불어 다양한 인간의 모습을 제시한다. 이는 애니메이션이 각기 다른 문화의 사회 구성원이 서로를 이해하는 매개체이자 방법으로 활용할 수 있음을 의미한다. 따라서 민족신화와 애니메이션은 그러한 캐릭터 중심의 구성적 공통점으로 인해 쉽게 결합되고 더 효과적으로 스토리텔링을 형성한다고 할 수 있다.

2. 트랜스아이덴티티 중심의 애니메이션

트랜스아이덴티티란 인간의 정체성 전환 욕망이 캐릭터를 통해 드러나고, 이는 스토리텔링을 형성한다고 간주하는 분석방법론에 해당한다. 트랜스아이덴티티에서는 인간이 외부적 요인으로 인해 임의로 정체성이 규정되기 때문에 항상 진정한 자신을 증명하고자 하는 욕망이 있다고 간주한다. 트랜스아이덴티티는 캐릭터가 인간과 유사한 형상이며 동시에 우리에게 동일하다고 인식되는 존재이기 때문에 그러한 정체성 규정에서 벗어나 욕망을 해소하는 대상이 되며 스토리텔링으로 나타난다고 간주한다.[17]

정체성은 "규범 또는 대화의 인용과 반복을 통해 명명되는 것을 규정하거나 생산하는 담론적 관습"[18]을 통해 인간을 획일화하는 방법이다. 인간은 한 개인으로서 외부적 요인과 내적 심리적 요소의 종합으로 이루어진 개별적인 존재에 해당한다. 하지만 정체성은 규범과 담론적 관습을 통해 한 개인을 규정함에 따라 인간 억압의 산물로 간주되기도 한다. 그에 따라 한 개인은 정체성 규정과 억압에서 벗어나기 위해 다양한 방식을 시도한다.

다양한 방식 중에서도 트랜스아이덴티티에서는 인간이 정체성 규정과 한계를 캐릭터 중심의 스토리텔링을 통해 벗어나려 한다고 간주한다. 캐릭터는 인간과 유사한 모습으로 나타남과 동시에 그와 같은 인식체계를 드러내어 우리에게 동질감을 부여하고 스토리텔링에 빠져들게 한다. 캐릭터는 인간과의 동질감 형성을 통해 스토리텔링이 우리 삶의 한 부분으로 인식하게 만드는 것이다. 트랜스아이덴티티에서는 캐릭터 중심의 스토리텔링을 통해 인간 정체성 전환 욕망이 드러나고 해소된다고 간주한다. 트랜스아이덴티티에서는 정체성 전환 욕망이 가시적으로 인지 가능한 인간의 외부적 요소와 그 변화를 통해 이루어진다고 간주한다.

이종현은 정체성 전환 욕망이 캐릭터의 얼굴을 통해 드러난다고 간주한다. 이 연구자는 내면적 정체성 요소에 해당하는 욕망은 가시적으로 확인하기 힘들지만, 얼굴과 같은 요소를 통해 드러난다고 말한다. 이 연구자는 현실에서 얼굴이 정체성 욕망이 드러나듯이 스토리텔링에서도 얼굴이 인간의 가시적인 요소이자 감정, 심리 등 잘 나타내는 정체성 요소에 해당한다고 간주한다. 마찬가지로 인간과 동일시되는 캐릭터 또한 유사한 방식으로 얼굴을 통해 정체성 전환과 그 욕망을 드러낸다고 하는 것이다. 그에 따라 이 연구에서는 얼굴이 정체성의 판단과 변화를 판단하는 데 있어 가장 기본적인 요소이자 욕망의 상징이라고 주장한다.[19] 이 연구에 근거하여 정체성 전환 욕망은 캐릭터를 통해 드러나고 특정한 표상으로 확인할 수 있음을 알 수 있다.

기존의 애니메이션의 트랜스아이덴티티 연구에서 캐릭터의 변화는 가시적이고 보편적으로 인식되는 인간의 외적 요소를 중심으로 이루어진다고 간주하는 경향이 있다. 기존 연구에서는 애니메이션의 캐릭터가 정체성 개념에 근거하여 구성요소의 표상과 변화가 인간 의 가시적이고 보편적인 요소를 통해 드러난다고 간주한다. 이는 정체성의 내면적 자아와 의식이 가시적으로 드러나지 않기 때문에 신체, 의복, 도구 등과 같은 외부의 변화를 통해 확인된다는 말이다.[20] 그에 따라 기존 연구에서는 애니메이션에서 캐릭터의 정체성 규정과 변화가 인간의 외부적인 특성을 통해 확인된다고 간주하기도 한다.[21]

　또 다른 기존 연구에서는 캐릭터 변화 중심의 애니메이션은 한 개인의 자기실현을 드러내는 데 용이하다고 논의한다. 애니메이션 캐릭터는 자유로운 상상력을 기반으로 하여 다양한 우리의 모습을 드러내고 공감하는 데 용이하다. 그러한 애니메이션 캐릭터는 가상의 대상이자, 인간 동일시의 대상이라는 점에서 다양한 개인의 정체성을 드러내는 데 용이하다고 할 수 있다. 캐릭터 변화 중심의 애니메이션은 개인의 성장담을 제시하고 다양한 인간에게 공감하도록 한다는 점에서 자기실현 스토리텔링으로서 가치가 있다고 생각된다.

　예를 들면 〈센과 치히로의 행방불명(千と千尋の神隠し)〉(2001)의 자기실현 스토리텔링을 생각해 볼 수 있다. 주인공은 자신을 둘러싼 환경과 사회 구성원으로 인해 보편적인 정체성으로 규정된다. 주인공의 정체성은 언뜻 우리와 동일한 사회 구성원이지만 실상 개인에 해당한다. 그러한 주인공은 자기로서 정체성을 달성하고 싶어 끊임없이 주변과 소통하고 도전한다. 주인공은 때로는 적대자의 지시에 불응하기도 하고, 때로는 자신을 억압하는 여관주인에게 반항하기도 한다. 일련의 과정을 통해, 주인공은 우리와 동일한 사회

구성원이라는 한정적인 정체성에서 벗어나 한 개인으로서 자기실현을 한다. 이처럼 〈센과 치히로의 행방불명〉에서 주인공은 우리와 동일시되는 사회 구성원이지만 동시에 다양한 개인이자 자기실현을 갈망하는 인간에 해당한다. 〈센과 치히로의 행방불명〉에서 주인공의 자기실현은 허구의 세계와 현실의 왕래로 완전한 개인으로 거듭나려는 우리의 모습이 재현된 경우라고 할 수 있다.[22]

캐릭터의 정체성 전환 유형은 다음과 같이 네 가지로 구분된다. 첫째, 정체성 역전의 유 형은 양립불가능한 관계에 놓인 구성요소 간의 변화로 나타나는 경우를 의미한다. 정체성은 특정한 맥락 안에서 동시성립이 불가능한 양립관계를 중심으로 형성되기도 한다. 예를 들면 경찰과 도둑, 어머니와 아버지, 영웅과 악당 등과 같은 경우가 해당된다. 그와 같은 정체성 규정방식은 사회적 관계라는 보편적이면서 가장 기본적인 인간 획일화의 방식이기도 하다. 따라서 정체성 역전은 정체성 규정의 가장 기본적인 방식을 전환함으로써 개인의 욕망을 실천하는 경우에 해당한다. 정체성 역전은 특정한 맥락 안에서 사회적 관계를 통해 형성된 동시성립 혹은 양립불가한 외적 정체성 구성요소 간의 변화로 인해 나타나는 캐릭터 유형이라고 할 수 있다.[23]

임대근은 〈화무란(花木蘭)〉(1964)에서 주인공이 정체성 역전에 유형에 해당한다고 말한다. 이 연구자는 〈화무란〉의 주인공은 사회적으로 규정된 여성의 정체성이 있지만 아버지를 대신해 전쟁에 참여하기 위해 남성으로 변화한다고 주장한다. 〈화무란〉의 주인공은 여성이라서 아버지 대신에 전쟁에 참여할 수 없게 되자 남성으로 분장한다. 이를 통해 〈화무란〉의 주인공은 전쟁영웅으로 변화하고 사회적인 여성 정체성에서 벗어나게 된다. 그에 따라 이 연구에서는 〈화무란〉의 주인공은 사회적으로 규정된 정체성에서 벗어나 정반대의 성별로 변화하면서 스토리텔링을 이끌어나간다고 논의하고 있다.

〈화무란〉의 사례는 남성과 여성이라는 양립불가한 정체성 간의 변화를 증명한 경우라고 할 수 있다. 이와 같은 연구는 사회적으로 굳어진 양립불가한 정체성이라는 관념이 스토리텔링을 통해 해체되고 그 내용을 이루는 데 한 축이 됨을 제시하는 것이다.[24]

둘째 정체성 전치는 정체성 역전을 포함하여 더 폭넓은 사회 맥락적 정체성 전환이 발생하는 경우에 해당한다. 전치(轉置)는 보편적 관념의 의도적인 전환을 통해 '낯설게 하여' 기존의 인식을 재편한다는 개념이다. 정체성 전치는 전치의 개념에 근거하여 특정한 사회 맥락 안에서 한 개인의 정체성을 새롭게 인식하려 할 때 나타나는 경우이다. 정체성은 사회적 관계에 따라 형성된 의무와 권리를 통해 규정된다. 그러한 관념 중심으로 형성된 정체성은 구성원 간의 암묵적 합의로 결정된 의무와 권리를 재편하여 변화할 수 있다. 그에 따라 정체성 전치는 특정한 맥락 내의 더 폭넓은 사회적 관계 속에서 결정된 정체성 외적 요소의 변화를 통해 나타나는 경우에 해당한다.[25]

〈색/계(色/戒)〉(2007)의 주인공은 정체성 전치에 해당하는 캐릭터라고 할 수 있다. 〈색/계〉의 주인공은 본디 나라를 배신한 반역자를 처단하려던 애국지사였다. 하지만 주인공은 반역자와 사랑에 빠지면서 동지와 조국을 모두 저버리고 배신자로 전락한다. 주인공의 배신자로서 정체성 전환은 그 맥락 안에서 한 개인을 새롭게 인식하도록 한다. 주인공은 애국지사였지만 동시에 사랑을 선택하는 여인이자 배신자로 변화하는 것이다.[26] 〈색/계〉의 주인공은 그 맥락 안에서 본래의 정체성과 무관하며 동시에 완전히 다른 모습으로 변화 함으로써 인식을 전환하게 하는 정체성 전치의 유형에 해당하는 셈이다.

셋째, 정체성 횡단은 정체성 역전과 정체성 전치가 순차적 혹은 동시다발적으로 발생하여 미결정의 상태로 남는 캐릭터 유형을 지칭한다. 횡단(橫斷)

은 공간적 개념을 좌우로 왕래하고 이동하며, 동시에 지속한다는 의미가 있다. 횡단의 의미에 근거하여 정체성 횡단은 수평적 관계를 설정하는 정체성 간의 지속적인 이동과 불고정적인 모습이 나타나는 경우에 해당한다. 정체성 횡단은 신체와 사회적 관계의 변화가 모두 발생하지만 미결정의 상태로 남는 경우라고 할 수 있다. 신체와 사회적 관계는 모두 정체성을 규정하는 요소이자 동시에 기존 고정관념이 반영된 결과에 해당한다. 신체와 사회적 관계가 다양한 이유로 결정되지 못할 때 정체성은 마치 표류하는 배와 같은 상태에 놓여 부유하는 상태로 남게 되는 것이다.

〈죽여주는 여자(The Bacchus Lady)〉(2016)의 주인공은 정체성 횡단에 유형이라고 할 수 있다. 작중 주인공은 생계유지를 위한 일명 '박카스 할머니'로 나타난다. 어느 날 주인공은 단골고객에게 자신을 죽여달라는 부탁을 받고 살인자로 변화한다. 이를 계기로 주인공은 '박카스 할머니'에서 '죽여주는 여자'로 정체성 전환을 한다. 한편으로 주인공은 자신을 바라보는 주변의 정체성 규정과 달리 한 개인으로서 인생에 관해 고민하기도 한다. 주인공은 자신과 주변인의 정체성 규정과 인식의 차이로 인해 '박카스 할머니', '죽여주는 여자', 개인을 왕래하는 셈이다. 이처럼 주인공은 자신과 타인, 사회적 관점에서 다양한 정체성을 왕래한다. 〈죽여주는 여자〉에서 주인공은 동시다발적으로 발생한 정체성 간의 왕래와 규정으로 결정된다는 점에서 정체성 횡단의 유형이라고 판단된다.[27]

넷째, 정체성 초월은 캐릭터를 규정하던 일체의 정체성과 그 변화가 연속으로 발생하는 경우에 해당한다. 초월(超越)은 특정한 맥락을 완전히 벗어나 새롭게 변화한다는 의미가 있다. 정체성 초월은 초월의 개념에 근거하여 현재의 일체 모든 것에서 벗어나 완전히 다른 존재로서 변화로 나타나는 경우를 말한다. 정체성이 초월되었다는 말은 대상을 규정하던 맥락과 일체의 모든 것에서 벗어나 완전히 새롭게 변화하였다는 의미로 해석되기 때문이다. 정체성 초월은 모든 외적 정체성 요소가 기존의 관계와 맥락에 무관하게 변화하여 나타나는 캐릭터 유형이라고 할 수 있다.[28]

〈붉은 수수밭(紅高粱)〉(1987)의 주인공은 대표적인 정체성 초월 유형에 해당한다고 생각된다. 작중 주인공은 매매혼을 통해 양조장 사장의 사모님이 된다. 어느 날 갑작스럽게 양조장 사장이 죽으면서 주인공은 양조장의 사장님으로 변화하고, 일본군에 저항하기도 하며 국가 영웅으로 정체성을 전환한다. 이는 사회적·환경적 맥락이 지속적으로 변하면서 주인공의 정체성이 변화하고 동시에 일체의 모든 관계를 초월함으로써 발생한 정체성 전환 양상이라고 할 수 있다. 즉 〈붉은 수수밭〉의 주인공은 특정한 맥락과 일체의 모든 관계가 지속적으로 변화하고 초월함으로써 정체성 전환이 일어나는 정체성 초월 유형에 해당한다.[29]

트랜스아이덴티티는 인간의 스토리텔링 향유와 한중 문화교류의 차원에서 애니메이션의 유효성을 밝히는 데 유용한 분석방법으로 판단된다. 민족신화와 결합한 애니메이션은 캐릭터의 변화를 통해 스토리텔링을 형성한다. 그와 같은 애니메이션은 캐릭터의 변화를 통해 문화적으로 굳어진 특정한 관념이 재편되도록 한다. 애니메이션과 유사하게 트랜스아이덴티티는 캐릭터의 정체성 전환을 통해 굳어진 관념이 재편되도록 하는 데 일조한다. 다시 말하면 트랜스아이덴티티는 민족신화와 결합한 애니메이션의 특성과 캐릭터 중심의 스토리텔링을 분석하는 데 적합한 분석방법에 해당한다. 트랜스아이덴티티는 민족신화와 결합한 애니메이션 스토리텔링적 특성을 파악하고 문화교류의 매개체로서 특성을 밝히는 데 부분적으로 유효한 분석방법이라고 할 수 있다.

III. 〈나의 붉은 고래〉의 아이덴티티 초월

1. 원형으로서의 해당나무와 초월적 존재로서의 춘

〈나의 붉은 고래〉는 만주족 신화인 「바이윈거거(白云格格)」와 개인의 성장담을 결합하여 만든 애니메이션이다. 「바이윈거거」는 천신의 딸인 바이윈(白云)이 자신의 희생으로 지상에 내려진 징벌적인 홍수와 폭설을 막아 현재의 만주족이 특정 지역에 자리 잡게 되었다는 중국의 민족신화이다. 인간을 보호한 이후 바이윈은 힘이 다하여 자작나무로 변화한다. 「바이윈거거」는 만주족의 존재 이유와 정당성을 초월적 존재의 현신인 자작나무를 통해 제시하는 민족신화에 해당한다. 자작나무는 만주족이 현재 만주 지역에서 신성한 대상이자 하늘과 인간을 이어주는 통천수와 같은 셈이다.

〈나의 붉은 고래〉에서는 「바이윈거거」에 나타난 원형인 자작나무가 나타나지 않는다. 다만 〈나의 붉은 고래〉에서는 신화적 원형으로서 해당나무가 나타난다. 해당나무는 작중 춘의 원형이자 인간계와 해저세계를 연결하는 매개체에 해당한다. 해당나무는 초월적 세계와 그곳의 존재를 인간과 이어준다는 점에서 민족신화의 원형이자 통천수적 특징이 두드러지는 스토리텔링적 요소라고 할 수 있다.

〈나의 붉은 고래〉의 춘은 세계가 균형을 이루어 안정적으로 유지되도록 하는 해저세계 의 해당나무 정령이다. 춘은 해저세계의 일원이지만 인간과 그 세계를 사랑하여 항상 현재로부터 벗어나고 싶어 한다. 결국 춘은 인간을 사랑하는 마음에 해저세계법칙을 어기고 소속집단의 존폐위기까지 불러일으킨다. 춘은 해당나무를 통해 해저세계를 구하고 그곳에서 벗어나 인간계로 향하고 인간이 되면서 자신이 지향하는 정체성으로 전환한다.

〈나의 붉은 고래〉는 춘을 통해 표상되는 원형인 해당나무와 정령으로서 초월적 존재, 신체와 사회적 역할의 변화를 중심으로 내용이 구성된다. 특히 춘은 연속된 정체성 전환을 통해 자기실현을 한다. 춘의 정체성 전환은 본래의 모습과 사회적 관념을 넘어서 연속적으로 이루어진다는 점에서 정체성 초월 유형에 해당한다. 먼저 춘의 정체성 구성과 원형적 특성은 다음 〈표 1〉과 같이 나타낼 수 있다.

〈표 1〉 춘의 정체성 구성과 원형적 특성

구분	본래 정체성	첫 번째 정체성 전환
춘의 정체성	해당나무 정령	돌고래
정체성의 외적 요소	신체, 사회적 역할	신체
특성	민족신화의 신성한 존재를 상징, 초월적 존재로서의 의무	민족신화의 초월적 존재의 형상과 능력

〈표 1〉과 같이 춘의 본래 정체성은 해당나무 정령이다. 춘은 바다 위에서 자유로운 생활과 아름다운 자연환경 속에서 사는 인간을 동경한다. 춘은 인간세계를 동경하지만 갈 수 없음에 아쉬워한다. 춘은 일생에 단 한 번, 해저세계의 일원에게 주어지는 열여섯 번째 생일에 인간세계 탐방을 학수고대할 뿐이다. 춘은 열여섯 번째 생일을 기다리며 자신에게 주어진 해당나무 정령으로서 역할을 다한다.

춘의 본래 정체성은 신체적 특징과 사회적 역할을 중심으로 한 해저세계의 해당나무 정령으로 나타난다. 춘은 해당나무를 돌보아야 하는 정령으로서 사회적 역할이 두드러진다. 춘의 정체성은 해당나무를 성장하고 관리함으로써 사회적 관계 속에 형성된 역할 중심으로 규정된 경우라고 할 수 있다. 또한 생물학적 여성의 모습과 사회적 역할은 춘이 지닌 보편적이고 일반적인 정체성을 드러낸다. 춘을 통해 드러나는 해당나무라는 원형적 특성과 사회적 역할은 인간이 공감하기 용이한 정체성의 표상에 해당한다.

또한 춘을 통해 나타난 해당나무는 「바이윈거거」에 나타난 원형과 유사하다고 할 수 있다. 「바이윈거거」에서 통천수는 만주족이 생존할 수 있도록 도움을 준 바이윈의 현신이다. 해당나무의 정령으로서 춘의 본래 정체성은 만주족 신화에 나타난 나무라는 원형을 연상케 한다. 그러한 해당나무 정령으로서 춘의 본래 정체성은 민족신화에서 찾아볼 수 있는 원형임과 동시에 특정 지역 민족의 공감대이자 교류의 매개체로 역할을 한다고 할 수 있다.[30]

춘의 첫 번째 정체성 전환은 열여섯 번째 생일날 인간계를 구경하기 위한 신체 변화가 이루어지면서 나타나게 된다. 춘은 열여섯 번째 생일날 학수고대하던 인간계로 간다. 춘은 해저에서 인간계로 나아가기 위해 돌고래로 정체성을 전환한다. 이후 춘은 돌고래로 변화하여 인간과 조우하지만 누구도 본래의 모습을 알아보지 못한다. 주어진 시간 동안 춘은 돌고래로 변화하여 인간세계의 탐방으로 행복한 시간을 보낸다.

춘의 첫 번째 정체성 전환은 신체적 변화를 중심으로 이루어지는 경우에 해당한다. 춘의 첫 번째 정체성 전환은 초월적 존재의 신체적 변화라는 점에서 민족신화의 원형적 특성을 나타낸다고 할 수 있다. 민족신화의 초월적 존재는 변신을 통해 인세에 현현하여 인간과의 거리감을 줄인다. 민족신화의 초월적 존재는 주로 신체의 일부 혹은 전체를 변화하면서 이루어지고 특정 지역에서 쉽게 접하는 자연물로 나타난다. 춘의 변화는 해당나무의 정령이라는 초월적 존재가 신체 변화를 하였다는 점에서 민족신화의 원형적 특성이 나타나는 경우라고 할 수 있다.[31]

또한 「바이윈거거」라는 민족신화에서도 바이윈이라는 초월적인 존재의 변화가 춘과 유사한 맥락에서 이루어진다. 고대 인류의 관점에서 한번 주어진 신체는 변화가 불가한 인간의 특성이라고 할 수 있다. 그러한 신체적 한계를 벗어날 수 있다는 점은 민족신화에 나타난 초월적 존재 즉 원형과 그 변화를 상징하는 셈이다. 춘의 첫 번째 정체성 전환은 신화의 초월적 존재의 변화와 유사하며 이를 상기하도록 하는 스토리텔링적 요소라고 할 수 있다.[32]

춘의 본래 정체성과 첫 번째 정체성 전환은 민족신화의 원형 중심의 스토리텔링적 특성이 반영되었다고 판단된다. 춘의 정체성과 그 변화를 통해 〈나의 붉은 고래〉는 「바이윈거거」와 같은 신화적 원형을 드러내고 이를 한반도 북방과 만주 지역의 구성원이 공감하도록 할 수 있을 것으로 생각된다. 특히 「바이윈거거」의 통천수라는 원형과 초월적 존재는 〈나의 붉은 고래〉에서 해당나무로 나타나면서 그 지역적 특색이 거부반응을 일으키지 않게 하고 스토리텔링 특성이 드러난다고 할 수 있다. 이는 각기 다른 민족신화에서 나무가 실제로는 다르지만 통천수라는 역할과 기능을 통해 공감대를 형성할 수 있기 때문이다.

2. 개인의 자기실현으로서 춘의 정체성 초월

〈나의 붉은 고래〉에서 자기실현의 성장담은 춘의 두 번째 정체성 전환과 세 번째 정체성 전환을 통해 나타난다. 연속된 춘의 정체성 전환은 기존의 정체성 규정과 일체의 사회 구성원과의 관계를 단절하면서 이루어진다. 이는 〈표 2〉와 같이 제시할 수 있다.

〈표 2〉 춘의 정체성 구성과 초월

구분	두 번째 정체성 전환	세 번째 정체성 전환
춘의 정체성	해저세계 반역자	인간
정체성의 외적 요소	사회적 역할	신체, 사회적 역할
특성	사회 구성원으로서의 정체성 억압된 개인의 정체성 표상	개인의 자기실현 달성

〈표 2〉와 같이 춘의 두 번째 정체성 전환은 사회적 역할 중심으로 이루어진다. 인간세계를 탐방하던 춘은 우연히 그물에 걸려 죽을 위기에 처한다. 그때 곤(鯤)이라는 인간이 나타나 춘을 구해주지만 동시에 그는 파도에 휩쓸려 생명이 다한다. 춘은 곤 덕분에 무사히 해저세계로 귀환하지만, 그를 안타깝게 여겨 되살리고 싶어 한다. 춘은 인간과의 접촉과 생명 되살리기라는 행위가 해저세계의 금기인 것을 알고 고민에 빠진다. 하지만 춘은 곤을 살리고 싶은 마음에 해저세계 금기에 아랑곳하지 않는다. 이내 춘은 갖은 방법 끝에 곤의 영혼을 되살리고 인간세계로 되돌려 놓으려 한다. 춘의 행위는 결과적으로 해저세계의 금기를 어김에 따라 그곳의 붕괴를 초래한다. 이로 인해 춘은 사회 구성원과의 관계가 변화하여 해저세계의 반역자로 정체성을 전환한다.

춘의 두 번째 정체성 전환은 사회적 관계 속에서 규정되고 그 역할 변화를 중심으로 이루어진다. 춘은 곤을 구하기 이전까지만 해도 해당나무 정령, 소녀, 돌고래의 정체성을 왕래하였다. 금기를 어기고 난 이후 춘은 구성원과의 관계가 급속도로 악화되고, 해저세계라는 사회에서 반역자로서 정체성이 규정된다. 춘의 두 번째 정체성 전환은 사회와 구성원의 관계 속에서 새롭게 규정되는 역할로 변화가 이루어지는 경우에 해당한다.[33]

춘의 두 번째 정체성 전환은 중국이라는 국가의 집단주의적 성향을 드러낸다고 할 수 있다. 춘이 곤을 살린 행위는 단지 인간을 사랑하는 한 개인의 입장에서 이루어진 결과에 해당한다. 춘은 비록 금기를 어겨 해저세계의 존폐위기에 처하게 만들지만, 그 자신이 합당한 대가를 받으면 될듯하다. 하지만 해저세계의 구성원은 춘을 체제와 질서의 반역자로 규정한다. 〈나의 붉은 고래〉가 만들어진 국가는 중국으로서 정부의 법규가 비교적 절대적인 질서로 간주된다. 국가가 제창한 법규를 어기는 구성원은 일종의 사회 절대 악으로 간주되어 사회에서 존재해서는 안 되는 인간으로 여겨진다. 그와 유사하게 춘의 두 번째 정체성 전환은 해저세계 금기의 위반자, 즉 국가 법규를 어긴 자로서 모습을 드러낸다고 할 수 있다.

춘의 세 번째 정체성 전환은 이전의 모든 정체성에서 벗어나 인간으로 변화하면서 이루어진다. 이는 일체의 모든 정체성에서 벗어남으로써 캐릭터 변화가 이루어지는 정체성 초월에 해당한다. 춘은 무너져가는 해저세계를 해당나무로 구원하고 곤과 함께 인간세계로 빠져나간다. 춘은 자신의 정체성을 규정하던 해저세계와 구성원 집단에서 벗어나 인간으로 새롭게 거듭난다. 또한 춘은 곤으로부터 동등한 존재로 대우받으며 인간으로서 확고히 자리한다. 즉 춘의 세 번째 정체성 전환은 기존의 맥락에서 완전히 벗어나 인간으로서 정체성 초월을 한 경우에 해당한다.[34]

춘의 세 번째 정체성 전환은 자기 성장을 지향하는 개인의 정체성 전환이 드러난다고 할 수 있다. 춘의 세 번째 정체성 전환은 이전의 모든 정체성의 모습과 규정에서 벗어나 이루어진다. 해저세계의 사회적 맥락과 구성원과의 관계는 단지 춘을 해당나무 정령, 소녀, 돌고래로 규정한다. 춘의 인간세계로 진입과 곤과의 관계 변화는 일체의 정체성의 외적요소의 변화를 초래한다. 그로 인해 춘은 자신이 지향하던 개인의 정체성 변화와 욕망을 달성 한 인간으로 거듭나는 것이다.[35]

〈나의 붉은 고래〉는 춘의 정체성 초월을 통해 현대 사회의 한 개인으로서 정체성 고민을 공통점으로 공감하고 이해하는 데 도움이 된다고 할 수 있다. 춘의 정체성 초월은 한 개인으로서 인간이 되고 싶어 하는 개별적인 욕망의 실천에 해당한다. 이는 한국과 중국의 사 회 구성원이 한 개인의 자기실현으로서 공감하기 용이한 원초적 욕망의 한 부분이라고 할 수 있다. 또한 춘을 규정하는 사회적 관계 속의 정체성은 국가의 특색을 드러낸다는 점에서 한국의 구성원이 중국을 이해하는 일종의 정보에 해당한다. 춘의 정체성 초월은 궁극적으로 현대인이 욕망하고 공감하기 쉬운 자기 성장으로 나타난다는 점에서 이 시대의 보편적 정서공감 형성에 일조한다고 할 수 있다.

Ⅳ. 북방 민족신화와 개인 정체성 전환 스토리텔링을 통한 한중 문화 공감대

1. 한반도 북방 민족신화의 원형과 한중의 문화 공감대

〈나의 붉은 고래〉에서 해당나무와 초월적 존재의 변화는 한중 간의 문화 공감대를 형성하 는 요소라고 할 수 있다. 먼저 해당나무는 초월성과 신성성을 겸한 민족신화의 원형으로서 통천수에 해당한다. 민족신화에 나타난 원형으로서 나무는 통천수를 상징하기도 한다. 통 천수는 천계와 인간계를 이어줄 뿐만 아니라 그 지역 민족이 자리잡게한 당위성이 드러나게 하는 요소이다. 민족신화에 나타난 통천수는 특정 민족이 천계로부터 인간으로서 그 지위의 인정과 두 세계가 소통하고 있음을 증명하는 대상이다.

「바이윈거거」에 나타난 자작나무는 통천수로서 만주족의 기원을 밝히고 천계와 인간계의 연관성을 나타낸다. 통천수로서 자작나무는 「바이윈거거」에서 신성한 존재이자 민족 신화의 원형에 해당한다. 자작나무는 만주족을 위해 희생한 초월적 존재의 현신이다. 자작나무는 초월적 존재가 만주족이라는 만주 지역에서 살아가게 된 원인과 당위성을 증명하는 것이다. 더하여 자작나무는 통천수로서 만주족과 천계를 잇는 대상이라고 할 수 있다. 자작나무는 초월적 존재의 상징이며 만주족이 천계로부터 선택받았음을 증명한다. 이는 자작나무가 만주족이라는 인간과 초월적 존재가 연결되어 있다는 의미로 해석할 수 있다. 자작나무와 같은 초월적 존재의 상징이 없다면 만주족은 단지 자연재해에서 살아남은 운종은 인간일 뿐이며, 천계와의 연결고리도 생길 수 없기 때문이다.

「바이윈거거」와 유사하게 한반도 북방지역으로부터 발원한 「단군신화」에서도 신단수 즉, 통천수가 등장한다. 「단군신화」에서 신단수는 환웅과 웅녀라는 두 대상을 이어주는 통천수의 역할을 한다. 인간이 된 웅녀는 신단수에서 기도를 통해 환웅과 부부의 연을 맺게된다. 신단수는 천계로 대표되는 환웅과 웅녀라는 인간이 이어지도록 연결하는 통천수의 역할을 하는 것이다. 「단군신화」는 통천수를 통해 한민족이 초월적 세계와 존재로부터 선택받았음을 드러낸다. 「단군신화」의 신단수는 한민족의 뿌리인 환웅과 웅녀를 이어주도록 하는 매개물이며 동시에 신성시하는 민족신화의 통천수에 해당한다.

통천수는 만주 지역과 한반도 북부에서 발견되고 공감대를 형성할 수 있는 민족신화의 원형인 셈이다. 만주 지역과 한반도 북부를 중심으로 한 통천수 중심의 민족신화는 각기 다른 민족과 국가가 그 대상을 통해 신성성, 초월성, 원형성에 근거하여 서로가 공감대를 형성하는 데 일조한다.[36] 「바이윈거거」와 「단군신화」의 통천수는 두 지역 민족이 모두 천상과 초월적 존재로부터 선택받았으며, 문화적 공감대가 형성되도록 할 가능성이 있다.

그러한 측면에서 〈나의 붉은 고래〉에 나타난 해당나무는 한중 양국의 민족신화에서 쉽게 찾아볼 수 있으며 더불어 신성시된다는 점에서 문화적 공감대를 형성하는 통천수라고 할 수 있다. 해당나무는 주인공의 원형이자 해저세계를 구하는 상징적인 의미가 있다. 춘은 해당나무를 통해 붕괴 위험에 처한 해저세계를 구원한다. 해당나무는 〈바이윈거거〉의 자작나무처럼 인간세계를 구원하는 원형처럼 나타나는 것이다. 또한 해당나무의 화신인 춘은 인간으로 현신한다. 해당나무는 춘과 거의 동일시되는 대상이며 더불어 인간을 옹호하고 초월적 세계와 이어주는 통천수의 역할도 한다. 이는 「바이윈거거」와 「단군신화」 모두에서 나타나는 통천수를 상기할 수 있다. 이처럼 해당나무는 통천수로서 한중 양국에서 접할 수 있는 민족신화에서 보편적으로 확인이 가능하며 동시에 환경적으로 쉽게 찾아볼 수 있어 친숙한 대상이 되는 것이다. 해당나무를 통한 신성성과 친숙함은 〈나의 붉은 고래〉로 하여금 한중 양국의 민족신화의 공통점으로서 문화 공감대 형성에 일조할 수 있다.

다음으로 〈나의 붉은 고래〉에서 초월적 존재의 변화는 보편적인 민족신화의 등장요소로서 공감대를 형성하는 데 일조한다고 할 수 있다. 민족신화의 초월적 존재의 변화는 특정 지역 인간의 거주이유와 당위성을 제시한다. 그러한 초월적 존재의 변화는 특정 민족의 존재 이유를 설명하고 민족신화에서 공통적으로 나타난다는 점에서 정감구조의 공유가 일어나게 하는 스토리텔링적 요소라고 할 수 있다.

「바이원거거」에서 바이원은 초월적 존재로서 자신의 희생으로 만주족을 존속하도록 한다. 바이원의 희생은 만주족의 생존 당위성과 존속성을 보장하는 셈이다. 특히 바이원이라는 초월적 존재가 자작나무로 현현하였다는 것은 민족신화의 원형 변화의 특성에 해당한다. 그로 인해 「바이원거거」는 바이원이라는 초월적 존재의 변화를 통해 민족신화의 특성을 드러내는 것이다.

마찬가지로 「단군신화」의 초월적 존재는 환웅이라고 할 수 있다. 환웅은 천제의 아들로서 한민족의 시조로 여겨진다. 환웅은 인간으로 변한 웅녀와 결혼하여 단군왕검을 낳음에 따라 한민족의 시조가 된다. 그로 인해 환웅은 초월적인 존재이지만 한민족의 시조이자 보증인으로서 나타나게 된다. 「단군신화」의 환웅은 바이원과 동일하게 초월적인 존재가 변화하였다는 점에서 민족신화의 원형적 특성을 드러내는 대상에 해당한다.

〈나의 붉은 고래〉에서는 해당나무 정령이라는 초월적 존재가 춘으로 나타난다. 춘의 초월적 존재로서 정체성과 그 변화는 앞선 두 민족신화와 마찬가지로 인간의 존속 이유와 당위성을 보장하는 역할을 한다. 춘은 초월적 존재이지만 인간이 되고 싶어 하며 응당 그들이 존재해야 한다고 생각한다. 춘은 인간의 가치와 존재 의미를 보증할 뿐만 아니라 직접 그와 같은 정체성으로 전환하면서 증명하는 셈이다. 춘의 정체성 전환은 「바이윈거거」와 「단군신화」에 나타나는 초월적 존재의 변화를 상기할 수 있도록 한다고 생각된다. 〈나의붉은 고래〉는 춘이라는 초월적 존재의 신체와 인간으로 변화를 통해 한중 양국의 문화적 공감대를 형성하도록 돕는 대상이라고 할 수 있다.

〈나의 붉은 고래〉에 나타난 해당나무의 원형성과 초월적 존재는 인간의 보편적 차원의 공감대를 형성한다. 더하여 두 대상을 통해 한중 양국의 지역적으로 지닌 문화적 공감대를 제시하고 서로 이해하도록 한다는 점에서 〈나의 붉은 고래〉는 민족신화를 기반으로 하여 문화적 공감대를 제공하는 매개체로서 역할까지 한다고 할 수 있다.

2. 개인의 자기실현을 통한 현대인의 정감구조 공감대

〈나의 붉은 고래〉에서 춘의 자기실현은 한중 양국의 현대 개인의 정체성 욕망을 대변한다고 할 수 있다. 현대 사회는 개인주의와 도시화가 가속화되면서 개인의 자기로서 모습을 증명하고 실현하려는 욕망이 두드러지는 시·공간이다. 그러한 개인은 사회적 관계와 역할로 인해 자신을 제대로 증명하지 못해 억눌린 상태로 존재해왔다. 그로 인해 개인의 자기실현은 현대 사회에서 구성원이 지향하는 정체성 전환 욕망의 일부라고 할 수 있다.

중국 사회의 다양한 개인 중에서도 1980년대, 1990년대 후반 출생세대는 대표적인 현대의 인간이라고 할 수 있다. 중국의 1980년대, 1990년대 후반 출생세대는 외동출신으로 자신을 중심으로 한 자기실현을 인생의 주요 목표로 삼기도 하는 사회 구성원이다. 그러한 사회 구성원은 자기실현을 하기 위해 대도시로 떠나 치열하게 생존에 임한다. 1980년대, 1990년대 후반 세대의 모습은 이전의 세대와 달리 자신의 목표와 자기실현을 달성하려는 욕망이 강한 개인에 해당한다. 즉 1980년대, 1990년대 출생세대는 개인의 자기실현을 우선시하는 사회적 구성원에 해당한다.[37]

현대 한국 사회의 구성원 또한 중국과 유사하다고 할 수 있다. 현대 한국의 사회 구성은 경제성장 둔화와 높은 실업률, 구인·구직난 등으로 점차 생존을 위한 개인화가 심화되고 있다. 그중에서도 청·장년층 세대는 점차 비혼주의, 혼밥세대 등과 같은 개인주의적 성향이 짙은 사회 구성원으로 변화하고 있다. 그로 인해 청·장년층 세대는 점차 자신의 안위만을 중요시하게 되는 개인주의에 빠지게 된다. 청·장년층 세대의 그러한 행태는 인생의 목표 또한 변화하도록 하여 자신만의 행복을 위한 자기실현에만 집중하는 양상으로 나타난다.[38] 현대 한국 사회의 구성원은 점차 중국의 상황과 유사하게 사회적 이념이나 관념보다 자기실현에 집중하는 개인에 더 집중하게 되는 것이다.

현대 한중 양국의 사회 구성원은 개인의 자기실현 관점에서 일종의 문화적 공감대를 형성할 수 있을 것으로 판단된다. 한중 양국의 사회 구성원 또한 한 개인의 자기실현과 생존을 위해 살아간다. 한중 양국의 사회 구성원은 이념, 체제, 질서, 법규 등의 다양한 측면에서 차이가 있지만, 현대의 도시에서 살아가는 한 개인이다. 한 개인의 자기실현은 개별적이고 특수한 자신의 정체성을 증명하려는 욕망이 근원이 되는 것이다. 한중 양국의 구성원이 공감하기 용이한 일종의 자기실현의 소재와 스토리텔링은 문화교류의 요소이자 매개체로서 자리할 수 있을 것으로 생각된다.

그와 같은 측면에서 〈나의 붉은 고래〉는 춘이라는 개인의 자기실현이 중심이 된 스토리텔링에 해당한다. 춘은 해저세계라는 사회의 의무와 규정으로 인해 해당나무 정령이라는 정체성으로 살아간다. 춘은 해저세계가 규정하는 정체성에 불만과 불편을 느끼고 변화하려 한다. 하지만 춘은 현실적인 한계로 인해 돌고래로 변화하여 인간세계를 탐방하는 수준에 그친다. 그와 같은 춘의 개인의 자기실현 욕망은 곤이라는 인간을 되살리는 금기로 나타나기도 한다. 종래의 춘은 해저세계의 의무와 규정에서 벗어나고, 심지어 금기를 어기기까지 하며 인간으로 변화한다. 즉 춘은 사회의 의무와 규정에서 벗어나 개인의 자기실현을 위해 끊임없이 변화하는 경우라고 할 수 있다. 〈나의 붉은 고래〉는 춘의 자기실현을 중심으로 스토리텔링이 이루어진다는 점에서 동시대 사회 구성원이 공감하기 쉬운 애니메이션이라고 판단된다.

〈나의 붉은 고래〉는 춘의 정체성 초월을 통해 한중 양국 개인의 자기실현을 공감하도록 하는 내용으로 이루어진다고 할 수 있다. 춘은 사회적 역할과 구성원의 관계에서 벗어나 자신이 지향하는 인간으로 변화를 도모한다. 그 과정에서 춘은 사회적으로 규정된 역할에 서 벗어나 인간으로 변화한다. 이러한 춘의 정체성 초월은 해저세계의 질서와 사회적 관계에서 벗어나 오직 자신을 위해 이루어진다는 점에서 현대 한중 양국의 개인으로서 자기실현이 재현되는 경우라고 할 수 있다. 〈나의 붉은 고래〉에 나타난 춘의 정체성 초월은 현대 개인의 모습과 변화를 재현한다는 점에서 한중 양국의 사회 구성원이 공통적으로 인식하는 정체성 공감대의 역할을 한다고 할 수 있다.

V. 마치며

춘의 정체성 초월은 인간의 원형적 특성과 국가적·지역적 특성을 통해 공감하기 쉽도록 나타나는 매개체로서 역할을 한다고 할 수 있다. 춘을 통해 드러나는 〈바아윈거거〉의 신화적 특색은 원형적 특성에 근거하여 인간의 보편적 공감대를 형성하는 데 일조한다. 특히 해당나무를 통한 각기 다른 민족 간의 유대감 형성은 신화의 원형적 특색과 더불어 지역적 공감대가 만들어지는 데 일조한다고 할 수 있다. 또한 춘을 통해 나타나는 중국이라는 국가이자 지역적 특색은 우리와 다른 정감구조를 드러내어 이문화 이해에 기준으로 작용한다. 이를 춘의 자기 성장담 중심의 스토리텔링으로 녹여냈다는 점에서 〈나의 붉은 고래〉는 문화교류의 매개체로서 정감구조를 공감하는 데 용이한 대상으로 자리하는 셈이다.

〈나의 붉은 고래〉는 어쩌면 한중 간의 지엽적인 문화교류의 매개체로서 활용될지도 모른다. 하지만 〈나의 붉은 고래〉에 나타난 신화의 원형적 특색, 만주 지역의 특색, 자기 성장이 중요시되는 스토리텔링적 특성은 다른 국가에서도 십분 중국의 문화를 이해하는 데 활용될 수 있다. 신화의 원형적 특성을 이용한 인간적 공감대 형성은 세계 도처에서 찾아 볼 수 있다. 또한 지역적 특색이 두드러지는 요소는 중국이라는 국가와 지역의 특수성을 이해하는 데 도움이 된다고 생각된다.

〈나의 붉은 고래〉가 만주와 한반도 북방지역의 문화적 공감대를 불러일으킬 수 있다면 이는 인근 접경지에서도 유사한 효과도 기대해 볼 수 있다. 두 지역의 접경지 중 하나인 시베리아 인근은 역사적으로도 밀접한 장소에 해당한다. 시베리아 인근은 고대에 통천수가 나타나는 민족신화가 있으며 지리적으로도 유사한 측면이 있다. 만주와 한반도 북방지역이 민족신화의 유사성과 애니메이션을 통해 문화적 차이를 해소할 수 있다면 유사한 측면에서 시베리아 일부 지역의 사회 구원에게도 유효한 효과가 나타날 것으로 생각된다.

자기 성장 요소는 현대인이 가장 중요시하는 일종의 정체성 지향점이라는 점에서 그 또한 정감구조를 이해하고 공감하는 데 도움이 된다. 따라서 〈나의 붉은 고래〉는 한중 상호 이해의 매개체로서 역할을 넘어, 이문화 교류의 연결대상으로 활용될 수 있다.

권력-자본경제에 대한 문화적 접근과 이론적 토대:
중국 시진핑 시기 재중앙집중화(Re-centralization)에 대한 함의*

I. 들어가며

중국 특유의 경제발전 메커니즘은 사회 규율, 정부의 간섭, 정치적 영향력이 연계된 공적영역의 권력(power)과 민간영역의 자본(capital)이 결합된 '권력-자본(power-capital)'[1]에 대한 상호의존성을 강화시켜 왔다. 이러한 권력-자본의 축적은 그에 기반하는 시스템, 즉 권력-자본경제(Power-capital economy) 체제를 강화한다. 이러한 중국 특유의 경제발전 모델은 개혁개방 이후 급속한 경제성장과 빈곤의 절대적 감축에 기여하였으나 그 과정에서 불균등이라는 산물이 아킬레스건으로서 공존하게 되었다.[2] 문제는 이러한 과정에서 권

---

* 이 글은 2021년도 제2차 HK(+) 연합학술대회에서 발표한 원고를 수정 및 보완하여 『中國學硏究』, 99집(2022.02, 김진형, "시진핑 시기 권력-자본경제에 대한 문화적 접근")에 게재되었습니다.

력-자본경제 체제가 지속적으로 강화된다면 권력-자본에 대한 '취약 집단의 권리의 빈곤(poverty of rights)', '제도화된 불균등(institutionalized inequality)'[3]은 더욱 심화될 수 있다는 것에 있으며, 이는 기존 불균등의 개념을 뛰어넘는 사회 분할 현상과도 연계된다는 것에 있다. 이는 주로 서구 시장경제에서 나타나는 경제적 요소를 넘어선 권력-자본경제에서 나타나는 좀 더 포괄적인 특징을 갖는 불균등 요소라 할 수 있다. 본 연구는 이러한 권력-자본의 작동이 오랜 기간 중국인들의 '공간, 집단 등 일상생활에서의 가치와 정체성, 즉 문화'[4]에 투영되었을 것에 주목하고 관련한 문화적 개념 식별을 시도한다.

현재까지 중국 경제 시스템에 내제된 다양한 구조적, 제도적 메커니즘에 대한 논의들은 상당부분 설명력을 갖는다(예. 중앙-지방 정부 관계,[5] Lewis 전환점에 기반한 지역경제발전,[6] Todaro의 인구 이동 모형을 이용한 도-농 인구이동[7], 국가와 시장 관계 규명을 통한 '국진민퇴' 현상의 구조,[8] 기업과 국가의 관계와 역할[9]). 그러나, 중국 경제 시스템에서 권력-자본의 작동을 반영하는 문화적 특성과 이와 연계된 경제·사회적 현상을 규명하는 경험적 연구는 매우 미비하다.

이에 본 연구는 "권력-자본경제의 문화적 기초(cultural foundation)는 무엇인가?", "권력-자본경제의 작동을 기반으로 한 불균등의 양상과 이는 발전과정에서 어떤 의미를 갖는가?"에 대한 의문을 제기한다. 이에 대해 본 연구는 크게 두 가지 목적을 갖는다. 첫 번째로, 권력-자본경제 체제에 대한 이론적 토대와 문화적 개념 또는 현상과의 연계·접근을 시도한다. Hong(2015)의 '권력-자본경제'의 이론적 틀을 기반으로 일상에서의 권력-자본 작동 규명을 위한 문화적 개념, 바로 문화 경직성(cultural tightness)의 개념을 연계·적용한다. 이는 중국의 발전 과정에 있어 자본의 불균등 현상에 대한 구조적, 지리적, 제도적 접근에 더해 문화적 개념을 보완한다. 두 번째로는, 권력-자본경제 작동에 기반한 불균등 현상을 분석하고 이런 현상이 발전과정에서 어떤 의미를 갖는가에 대해 논의한다. 본 연구는 문화적 개념을 기반으로 발전과정에서 필연적으로 수반되어 나타나는 불균등 현상에 대한 새로운 시각을 제시하며 급격한 경제성장과 도시화의 산물로서의 불균등이 아닌 중국의 정치와 경제 시스템을 연결하는 문화적 접근방법을 시도하여 보다 현실적인 중국학 연구 확장에 기여한다. 나아가, 혼합소유제 개혁을 추진하는 자유주의 시장경제 체제와 다른 국가의 권력-자본과 사적 자본의 분류의 경계가 모호하다는 중국 정치경제 시스템의 특수성에 대한 중요한 함의를 도출한다.

II. 권력-자본경제와 문화 경직성

중국은 개혁개방 이후 계획경제에서 시장경제로, 농업사회에서 산업사회로의 구조적 변혁을 통해 급속한 경제발전을 달성하였다. 그 과정에서 서구 민주주의 시장경제 체계와는 다른 중국 특유의 경제 발전 메커니즘이 형성된다. 이는 지역의 정부 관료가 주체가 되는 관주도형 경제시스템이며, 이러한 시스템은 정부와 기업의 협상을 용이하게 만든다.[10] 또한, 사회 규율, 정부의 간섭과 영향력, 정치권력 등을 기반으로 민간영역의 자본과 결합되는 권력-자본(power-capital)[11]에 대한 상호의존성의 강화 또는 그 경계의 모호함에 기여한다.

본 연구에서 적용하는 권력-자본경제는 정치권력("political power in the executive, legislative, and judicial realms"[12])으로부터 구성되는 권력-자본제도(power-capital institution, quanli ziben zhidu)가 뒷받침되며 형성된다.[13] 권력-자본경제 체제에서는 정치권력과 자본이 통합되는 과정에서 권력자(power holder, 예. 공무원/관료를 의미함)와 권력 수취인(power recipients, 예. 사업가)이 공통된 목적을 추구하게 된다. 이는 바로 자본의 권력화, 또는 권력의 자본화를 의미한다.[14] 지역의 대규모 인프라 프로젝트를 통한 지역 관료들의 권력(power)과 민간영역의 자본(capital)의 결합[15]이 대표적 예시[16]이며, 이에 따른 권력-자본 축적과 그에 기반하는 시스템, 즉 권력-자본경제(power-capital economy)[17] 체제는 지속적으로 강화될 수 있다.

현재까지 중앙-지방 정부 관계,[18] Lewis 전환점,[19] Todaro 인구 모형에 기반한 도-농 인구이동,[20] 국가와 시장 관계 규명을 통한 '국진민퇴(國進民退)' 현상의 구조,[21] 기업과 국가의 관계와 역할[22]에 관한 연구들은 중국 경제 시스템에 내제된 작동 메커니즘에 대한 상당부분 설명력을 갖는다. 이러한 연구들은 공통적으로 그 시스템에 내제된 권력-자본 기반 불균등의 요소들을 식별하거나 내포하고 있다. Hong(2015)은 이를 권력-자본에 대한 우위 집단(advantaged group)과 열세 집단(disadvantaged group)으로 구분하고, 이를 보다 근본적인 중국 사회 분할의 요소로서 지적한다. 바로 권력-자본에 대한 취약 집단의 '권리의 빈곤(poverty of rights)', '제도화된 불균등(institutionalized inequality)'[23]이 주된 요소이며, 이는 근본적으로 중국 사회 계층분할 현상에 기여한다는 것이다. 이는 주로 서구 시장경제에서 나타나는 경제적 요소를 넘어서 권력-자본 경제에서 나타나는 좀 더 포괄적인 특징을 갖는 불균등 요소라 할 수 있다. 다시 말해, 서구 시장경제 체제에서는 빈부의 격차가 사회 분할의 가장 큰 요인인데 반하여 중국의 경우 관료(officials)와 일반인(common people)의 구분, 즉 권력-자본을 만들어내는 가능성 또는 접근성의 정도가 더 큰 요인으로 작용한다는 것이다(설문조사 결과 참고).[24]

본 연구는 권력-자본경제 체제에 기반한 권력-자본의 작동은 중국인들의 '공간, 집단 등 일상생활에서의 가치와 정체성, 즉 문화'[25]에 투영된다는 것에 주목한다. 권력-자본경제 체제가 투영된 문화에서 권력-자본에 대한 접근성과 연계되는 권력 거리(power distance), 일상생활에 대한 정부 또는 권력의 개입(government intervention in daily life)은 특히 경제활동 또는 경제적 이익과 정적관계에 놓이게 된다. 다시 말해, 권력-자본경제 체제에서의 권력-자본에 대한 접근성이 강하게 반영된 집단/지역과 그렇지 않은 집단/지역과의 경제적 이익의 격차 또는 집단간/지역간 경제적 불균등은 문화적 현상으로서의 접근이 요구된다. 이러한 권력-자본경제 체제와 연계되는 문화적 현상을 규명하기 위해 본 연구는 문화 경직성(cultural tightness)이라는 개념을 적용한다. 문화 경직성은 '개인이나 집단이 사회 규칙(rules)과 규범(norms)에 의해 얼마나 명백하게 제재되는지'로 규정된다.[26] 규칙과 규범이 명백하게 정의되어 있고 그 위반에 대한 처벌이 명백히 엄격하다면 문화 경직성이 높은 것을 의미하고(cultural tightness), 반대로 규칙과 규범에 대한 제약이 약하고 그에 대한 처벌이 관대하면 문화 유연성(cultural looseness)을 갖는다는 것을 의미한다.[27] 문화 경직성 개념은 급진적인 변화에 대한 저항성을 내포하기 때문에 서구 자유주의 시장경제 체제에서는 혁신저하, 보수성, 저성장, 농촌 지역과 관계지어 나타난다.[28] 하지만 흥미롭게도 중국은 집단주의(collectivism) 및 정치체계의 특성으로 인하여 반대적 영향력을 갖게 된다(예. 혁신, 고성장, 도시 지역 발전).[29]

III. 권력-자본경제의 논리적 구조와 불균등

본 섹션에서는 권력-자본 작동 규명을 위한 문화적 개념, 바로 문화 경직성(cultural tightness)의 개념을 적용하여 Hong(2015)의 권력-자본경제에 대한 이론적 틀을 확장한다. 〈그림 1〉은 문화 경직성 개념을 연계하여 확장한 권력-자본경제 체제의 논리를 단순 시각화 한 것이다. 문화 경직성과

Hong(2015)의 권력-자본 기반 우위 집단을 연계하였고 그에 따른 경제적·사회적 영향도를 단순화하여 구분하였다. 중국의 권력-자본경제 체제에서 권력-자본의 접근성이 높으면 우위 집단으로, 반대로 권력-자본의 접근성의 부족은 열세 집단으로 구분하였다. 다시 말해, 두 집단은 문화 경직성의 정도로 구분될 수 있으며, 이는 권력-자본의 접근성과 관련한다. 열세 집단의 대표적 예로는 중국의 농민공을 들 수 있는데, 현재 이들 권리의 결핍에 관한 다각적인 연구가 진행되어 왔다(예. 이동/이주 제한에 대한 제도적 차별,[30] 도시 거주권에

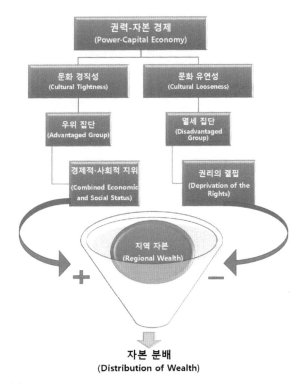

출처: 연구자 작성

〈그림 1〉 중국의 권력-자본경제의 논리적 구조와 불균등

대한 권리의 결핍,[31] 고용에 대한 차별,[32] 교육을 받을 권리에 대한 차별[33]). 이러한 연구의 결과들은 권력-자본의 작동이 경제적 보상과 비경제적 보상의 차원에서도 차별성을 만들 수 있다는 것을 내포한다. 개념적으로, 본 연구에서 제시하는 논리(《그림 1》)는 거시적으로 우위 집단과 열세 집단간 다양한 경제적-사회적 불균등이 존재하고 이는 상당 부분 권력-자본을 바탕으로 한 문화 경직성의 정도의 차이에 따라 식별될 수 있다는 것이다.

개혁개방 이후 40여년이 지난 현재까지도 불균등은 중국 정치경제 모델의 아킬레스건이고, 그것의 해소는 여전히 중국 국가발전과 통치 정당성을 위한 중요한 아젠다로 남아있다.[34] 이에 지난 30여년 불균등의 다양한 요소들이 식별되었다: 요소부존(factor endowments)이론에 따른 공간/장소, 노동력, 인프라 차이에 따른 불균등 현상,[35] 정책적 영향력에 따른 특히, 남동 해안 지역 중심의 외국인과 정부의 투자에 따른 지역간 불균등 현상,[36] 중앙정부의 분권화에 따른 고성장-저성장 지역 정부 재정정도 차이에 따른 불균등 현상,[37] 산업화와 경제적 직접효과 차이에 따른 불균등 현상,[38] 시장 확대에 따른 생산요소 이동성의 향상에 따른 불균등 현상[39] 등. 이들 대부분 연구는 중국 정부의 정책적 지원과 그에 따른 국가 자본의 흐름이 가장 주요하다는 것으로 결론지어 진다.[40] 이렇듯 중국 정부의 영향력, 즉 국가의 힘을 기반한 자본의 중요성은 중국의 정치경제 시스템을 이해하는데 유효하고 또한 불균등 현상과도 밀접하게 연관되어 있다고 볼 수 있다. 그러나, 그 시스템에 대한 문화적 접근을 시도하는 연구는 매우 미비하다.

Ⅳ. 권력-자본경제의 작동에 대한 영향도 분석

본 섹션에서는 문화 경직성과 권력-자본경제와의 상호 연계성 규명을 위해 "권력-자본경제의 문화적 기초(cultural foundation)는 무엇인가?"라는 연구문제와, 나아가 "권력-자본경제의 작동을 기반으로 한 불균등 양상과 이는 발전과정에서 어떤 의미를 갖는가?"라는 연구문제를 규명한다. 연구문제 해결을 위해 2019년 Proceedings of the National Academy of Sciences of the United States of America(PNAS 2019, 2019년도 Impact Factor 9.412)에서 발표된 문화 경직성 DB[41]를 이용한다. 서베이를 기반으로 한 이 DB는 응답자수 11,662명, 중국내 31개 성(省)을 지역단위로 구성되어 있다. 문화 경직성 지수(index)는 Likert 스케일로 측정되었고, 성내에 응답자가 사회의 규범에 순응하는지에 대한 문항에 대해 강하게 동의하면 '6', 강하게 동의하지 않으면 '1'의 척도로 나타난다.[42]

본 연구는 문화 경직성과 권력-자본의 작동을 연계하기 위해, 즉 문화 경직성과 그에 따른 영향도를 연계·분석하기 위해 문화 경직성의 정도에 따라 31개 성(省)을 문화 경직성 우위 집단(advantaged group)과 열세 집단(disadvantaged group)으로 분류한다. 〈그림 2〉는 PNAS 2019 DB에서 제공하는 경제발전 지표와 문화 경직성 지수를 기반으로 우위 집단(Group 1)과 열세 집단(Group 2)을 구분한 것이다. 문화 경직성 지수가 높아질수록 경제 발전과의 정적상관을 보여준다. 이러한 특성을 보이는 문화 경직성 현상은 중국 지역의 경제 시스템과 밀접하게 연관되어 나타난다는 기존 연구 결과와 일관성을 갖는다(예. 문화 경직성과 도시화 수준과의 정적 관계).[43]

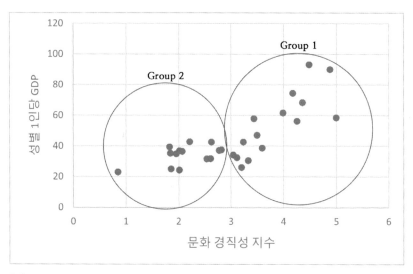

출처: PNAS 2019 DB
주. 문화 경직성 지수 2.98을 기준으로 Group 1 = 문화 경직성 우위 집단, Group 2 = 문화 경직성 열세 집단
으로 구분, 샘플수 N = 11,662.

〈그림 2〉 성(省)기반 문화 경직성과 경제발전

　　동시에, 권력-자본경제의 문화적 기초를 식별하기 위해 문화 경직성 지수
와 상관성을 갖는 지표들을 구분하였다. 문화 경직성 지수와 Pearson 상관관
계 분석결과 다음과 같은 지표들이 신뢰수준 95%에서 통계적 유의미성을
보였다: 일상생활서의 정부 또는 권력의 개입(+), 교육 수준(+), 삶의 만족도
(+, 사다리[ladder] 척도), 자기 감시 척도(+, Snyder and Gangestad's scale), 북경과의 물
리적 거리(-, Baidu Map).[44] 다시 말해, 문화 경직성이 높은 지역일수록 북경과
의 물리적 거리는 가까워지고, 일상생활에서 정부 또는 권력의 개입, 교육 수
준, 자기 감시척도는 높게 나타난다는 것을 의미한다.
　　다음으로, 두 집단의 상대적 경제 발전 정도에 대한 추세 분석을 위해 31
개 성(省) 기반 1인당 지역총생산(GDP per capita)을 경제발전의 지표로 구축

하였다. 구축되는 성(省) 기반 1인당 GDP는 '2003 국가통계국령' 시행 이후 개정된 GDP와 실제 거주 인구(de facto population, 實際居住人口) 통계를 기반으로 한다.[45] 〈표 1〉은 2005년 위안화 기준 31개 성(省) 기반 1인당 지역총생산

〈표 1〉 3대 경제 권역, 31개 성(省)기반 경제발전 수준과 문화 경직성 정도, 2006-2019

지역 (3대 경제 권역, 31개 성[省])	1인당 지역총생산 (2005 constant yuan)				1인당 지역총생산 랭킹				문화 경직성 (H=높음, L=낮음)
	2006	2010	2015	2019	2006	2010	2015	2019	
동부 권역	29574.76	43268.69	57550.67	68408.88					
Beijing	50252.17	65676.22	83043.83	118729.2	2	2	1	1	4.48 (H)
Tianjin	40900.36	62170.15	81310.76	62892.4	3	3	2	7	2.70 (L)
Hebei	16346.64	24487.11	30250.82	32004.49	11	12	17	25	3.60 (H)
Liaoning	21527.02	36816.06	49994.31	40448.27	8	8	9	14	3.99 (H)
Shanghai	53191.84	65691.74	78803.11	108910.4	1	1	3	2	4.87 (H)
Jiangsu	27951.48	45590.32	66272.87	84819.13	5	4	4	3	4.18 (H)
Zhejiang	30653.49	45001.84	60009.02	75427.41	4	5	5	5	4.36 (H)
Fujian	20986.50	35500.48	52510.43	77251.82	9	10	7	4	3.44 (H)
Shandong	23292.90	35756.83	49564.01	49872.39	7	9	10	10	4.25 (H)
Guangdong	27661.13	39245.99	51878.31	65836.24	6	7	8	6	4.99 (H)
Hainan	12558.87	20018.80	29419.86	36305.97	20	22	18	19	1.84 (L)
중부 권역	13072.99	21776.39	30871.10	36947.92					
Shanxi	14171.71	21940.71	26108.12	32016.71	15	17	26	24	1.95 (L)
Jilin	15483.27	27086.78	38099.37	29940.44	13	11	12	27	3.50 (H)
Heilongjiang	15945.53	22953.25	29321.32	24943.49	12	15	19	30	2.81 (L)
Anhui	9885.466	17943.27	27206.60	41035.87	28	26	23	13	2.54 (L)
Jiangxi	10978.04	18421.54	27702.10	36714.26	24	24	22	18	2.61 (L)
Henan	12994.18	20890.51	28884.93	38258.15	18	20	20	16	3.04 (H)
Hubei	13169.70	24031.12	37569.26	52786.86	17	13	13	9	3.24 (H)
Hunan	11956.03	20943.92	32077.08	39887.58	21	19	15	15	2.01 (L)
서부 권역	11551.55	19718.67	29182.83	35923.84					
Inner Mongolia	20170.53	40893.03	53290.12	47398.77	10	6	6	11	2.23 (L)
Guangxi	9928.484	17768.09	25907.70	28912.84	27	27	27	29	3.33 (H)
Chongqing	13588.51	23894.61	39601.63	53330.87	16	14	11	8	2.21 (L)
Sichuan	10398.90	18035.20	27029.87	37871.81	25	25	24	17	3.11 (H)
Guizhou	6232.743	11186.65	21815.66	31821.35	31	31	29	26	0.85 (L)
Yunnan	8730.266	13218.57	20866.65	32565.95	30	30	30	23	1.85 (L)
Tibet	10002.06	14641.85	23204.80	32702.49	26	28	28	22	3.20 (H)
Shaanxi	12634.52	22825.30	34839.63	45126.69	19	16	14	12	2.62 (L)
Gansu	8826.558	13238.04	18447.55	21705.83	29	29	31	31	2.01 (L)
Qinghai	11647.58	18583.62	26567.14	29042.58	23	23	25	28	2.06 (L)
Ningxia	11794.12	21830.14	30864.89	35456.30	22	18	16	20	1.83 (L)
Xinjiang	14664.29	20508.98	27758.34	35150.56	14	21	21	21	2.77 (L)
전국	18339.51	28606.15	39684.52	47715.07					

주. 인구, 지역의 성급 GDP 데이터와 경제 권역 분류는 중국 국가통계국(NBS) 기준, 문화 경직성 지수는 PNAS 2019 DB를 이용하여 본 연구자 작성. 문화 경직성 지수가 2.98 (문화 경직성 지수와 경제발전 지표에 따른 기준[〈그림 2〉 참고], 샘플수 N = 11,662)보다 높으면 H(문화 경직성 우위), 낮으면 L(문화 경직성 열세).

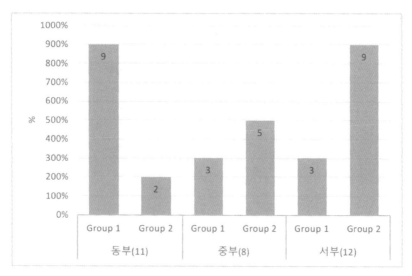

주. Group 1 = 문화 경직성 우위 지역, Group 2 = 문화 경직성 열세 지역

〈그림 3〉 문화 경직성 기반 3대 경제 권역 내 성(省) 분포

(GDP)과 문화 경직성의 정도를 나타낸 것이다. 이를 보면, 시계열적으로 성(省)의 1인당 GDP는 높아질수록 대체로 문화 경직성이 높은 것과 연계되어 나타난다. 이는 중국의 지속적인 경제발전에 있어서 중심 전략은 도시화[46]에 있고, 문화 경직성과 양적 관계에 놓인다[47]는 기존 연구의 결과와 일관성을 갖는다. 동시에, 여전히 도시화는 지역의 경제발전과 직접적인 관계에 놓인다는 것을 의미하기도 한다. 다시 말해, 도시화와 문화 경직성의 관계, 경제 발전과 문화 경직성의 관계는 모두 양적 관계에 놓인다.

〈그림 3〉은 3대 경제 권역 내 문화 경직성에 따른 31개 성(省)의 분포를 나타낸 것이다. 권역별 문화 경직성 우위 지역의 분포는 동부 권역 11개 중 9개 성(省)으로 그 비중이 가장 높고, 그 다음으로 중부 권역이 8개 중 3개 성(省), 서부 권역은 12개 중 3개 성(省)을 포함하며 가장 낮은 비중을 보이고

있다. 즉, 경제 발전 수준에 따라(⟨표 1⟩ 참고) 동부 권역의 경우 문화 경직성 우위 지역 비율이 열세 지역보다 높고 중부와 서부 권역의 경우 열세 지역 비율이 우세 지역보다 높다.

중국의 지역 불균등은 산업구조 변화[48]와 도시화 정도[49]에 따른 경제발전의 정도로 설명될 수 있다. 문화 경직성과 경제발전 정도의 상관성을 감안하면(⟨표 1⟩) ⟨그림 3⟩에서 서부 권역에 비해 동부와 중부 권역의 문화 경직성 우위 지역에 대한 높은 비중은 지역의 산업구조와 도시화 정도로 설명될 수 있다. 동부 권역의 경우 3차 산업을 중심으로 하는 정부의 정책적 지원이, 중부 권역의 경우 서부보다 높은 도시화 정도가 문화 경직성과 연계될 수 있다. ⟨그림 4⟩는 3대 경제 권역별 상주인구에 기반한 도시화율의 변화를 보여준다. 동부 권역의 도시화율은 감소추세에 있고 서부 권역의 도시화율은

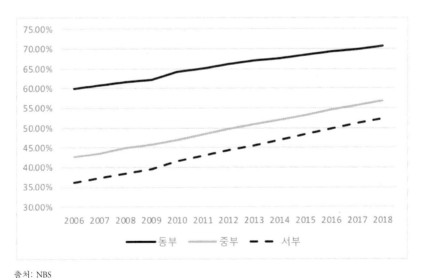

출처: NBS
주. 도시화율 (%) = (상주인구/총인구)*100

⟨그림 4⟩ 3대 경제 권역별 도시화율 추이, 2006-2018

다른 두 권역에 비해 빠른 증가율을 보이고 있다. 2006-2018년 구체적으로, 권역별 평균 도시화 증가율은 동부, 중부, 서부 권역 각각 17.7%, 33.6%, 44.6%다. 이를 보면, 도시화 정도는 문화 경직성과 관계성이 있는 반면 도시화율은 또 다른 요인이 작동하는 것으로 보여 진다. 동부 권역의 감소되는 도시화율, 다시 말해, 도시화가 완성되고 있는 시점에서 동부 권역의 경우, 지역 산업 구조의 선진화를 예상할 수 있다. 〈그림 5〉를 보면, 동부 권역의 산업 구조 변화는 1, 2차에서 3차 산업 중심으로 변화되고 있다는 것을 알 수 있다. 최근 중국 정부의 최첨단 산업 중심의 정책적 지원이 동부 권역의 높은 문화 경직성과 연계되어 지역 경제에 반영되고 있다고 볼 수 있다.

출처: NBS

〈그림 5〉 3대 경제 권역별 산업비중 추이, 2005-2019

상술했듯이, 농민공의 권력-자본에 대한 접근성은 매우 미약하다(다양한 제도적 제약이 발생, 예. 도시 지역 이주, 도시 고용과 교육 등). 다시 말해, 중국의 농민공은 권력-자본 열세 집단의 대표적 사례라 볼 수 있다. 따라서, 지역별 문화 경직성에 따른 농민공 비중은 경제발전과 도시화 수준을 고려했을 경우 동부 권역이 가장 낮을 것으로 예상된다. 이는 최근 신형도시화 전략의 일환으로 농민공의 재배치와 밀접하게 연관되어 있다는 것에 가정한다. 〈그림 6〉은 3대 경제 권역별 농민공 분포의 변화 추이를 보여준다. 〈그림 6〉을 기반으로 중

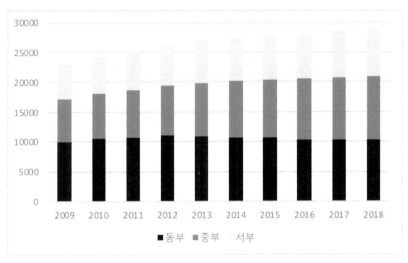

주. 2009년-2019년 農民工監測调查报告를 기반으로 연구자 작성.

〈그림 6〉 3대 경제 권역별 농민공 분포 추이, 2009-2018 (단위: 10,000명)

부와 서부 권역의 농민공 비중은 지속적으로 증가하는 반면 동부 권역의 경우 지속적으로 감소하고 있다. 이는 지역 산업구조에 따른 노동 수요의 차이와 신형도시화에 따른 정책적 영향력이 반영되어 나타난 것이라 볼 수 있다. 또한, 권력-자본이 높은 곳으로부터 농민공의 이탈이 지속된다는 것은 지역의 문화 경직성이 높은 것으로부터 오는 혜택으로부터 멀어진다는 것을 의미하고, 농민공의 권력-자본에 대한 접근성이 미약하다는 것을 간접적으로 보여주는 것이라 볼 수 있다.

마지막으로, "권력-자본경제의 작동을 기반으로 한 불균등의 양상"과 "발전과정에서의 의미"를 규명하기 위해 기존의 불균등 연구 방법을 이용한 결과와 문화 경직성 기반 불균등 추세를 비교·분석한다. 〈그림 7〉은 권력-자본경제 체제를 기반한 문화 경직성 정도에 따른 지역 자본의 분포를 측정

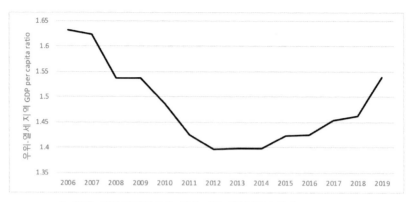

〈그림 7〉 문화 경직성 우위-열세 지역 기반 불균등 추세, 2006-2019.

한 것이다. 문화 경직성 우위 지역과 열세 지역간 1인당 GDP 격차는 2012
년 이후 지속적으로 증가하고 있다.

  기존 중국 불균등 패턴 분석에서 사용 빈도가 가장 높은 측정방법은 변동
계수(coefficient of variona, CV), GINI계수, Theil 지수이다.[50] 일반적으로, 추세 분
석에 대한 이 세 가지 측정법에 따른 결과는 유사하므로, 본 연구에서는 변
동계수와 Theil 지수를 이용해 성(省)간 불균등을 측정한다. 〈그림 8〉은 변동
계수와 Theil 지수를 이용해 31개 성(省) 기반 불균등 추세 곡선을 나타낸 것
이다. 2006-2019 기간 전반적인 불균등은 감소추세에 있고 특히, 2012년
이후 안정된 추세를 보이고 있다. 전반적인 성(省)간 불균등 감소의 요인은
특히 2000년대 중반 이후 동부권역의 성장 저하(예. 글로벌 경제위기와 같은 외부적
요인)와 중·서부 권역의 정부 주도 발전 정책(예. 서부대개발, 중부굴기)의 영향으
로 수렴현상이 보여 진다는 기존의 불균등 연구 결과들과 일관성을 갖는다.[51]

  주목할 점은 〈그림 7〉과 비교했을 때 문화 경직성 정도에 따른 지역간(문
화 경직성 우위-열세 지역) 격차는 2012년 이후 지속적으로 가파르게 증가하는

반면, 〈그림 8〉에서 성간 불균등은 눈에 띄게 떨어진 뒤 2012년 이후 보합세를 이어가는 것이다. 즉, 기존 불균등 연구를 따른 측정 결과에서는 감소세와 안정세가 복합적으로 보이는 반면, 문화 경직성 기반 불균등 측정 결과에서는 시진핑 집권 이후 지속적인 불균등 확대가 보여 진다는 것이다. 이는 최근 시진핑 시대 재중앙집중화(re-centralization)의 영향으로 권력-자본의 작

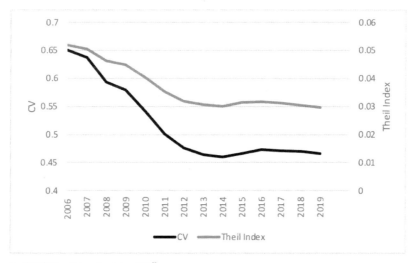

주. 변동계수(coefficient of variation, CV)[52]

$$CV = \frac{\sqrt{\sum_{i=1}^{N} \frac{(y_i - \bar{y})}{N}}}{\bar{y}},$$

y_i = i번째 성(省)의 1인당 GDP, N = 총 성(省)의 수(31개), $\bar{y}$ = 31개 성(省)의 1인당 GDP 평균.

Theil Index[53]

$$I(y : x) = \sum_{i=1}^{N} y_i \log(y_i / x_i)$$

y_i = 전국 GDP에 대한 i번째 성(省)의 GDP 비율, x_i = 총 인구에 대한 i번째 성(省)의 인구 비중.

〈그림 8〉 31개 성(省) 기반 불균등 추세, 2006-2019.

동이 강해지고 있다는 것을 거시적으로 보여주는 결과라 판단된다. 정부와의 관계에 따른, 다시 말해 권력-자본이 높은 지역과 낮은 지역, 즉 문화 경직성 우위와 열세 집단간 격차가 지역 경제 발전 속도에 반영되었다는 의미로 해석될 수 있다. 또한, 이러한 문화 경직성 현상에 따른 경제발전의 차이는 Hong(2015)이 지적한 권력-자본의 작동에 따른 우위 집단과 열세 집단사이 권리의 차이와 제도화된 불균등을 확대시킬 수 있고, 나아가 사회 계층분할에까지 기여할 수 있다. 이러한 권력-자본을 기반으로 하는 발전 과정은 불균등이라는 발전과정의 부산물을 오히려 국가가 악화시킬 수 있다는 중요한 함의를 내포한다.

V. 마치며

중국은 개혁개방 이후 구조적 변혁을 통해 서구 자유 시장경제 체계와는 다른 중국 특유의 경제 발전 메커니즘을 형성시켜 왔다. 바로 정부 관료가 지역의 경제시스템 작동을 주도하는[54] 권력-자본경제 시스템의 형성[55]이다. 이는 사회 규율, 정부의 간섭과 영향력, 정치권력 등을 기반으로 민간영역의 자본과 결합되는 권력-자본에 대한 상호의존성을 강화시킨다. 특히, 권력-자본의 작동이 강화되는 시기에는 권력자와 권력 수취인의 목적함수는 같아지게 된다. 이러한 과정에서 자본이 권력으로, 권력이 자본으로 전환되어 그 경계가 모호해 진다.[56] 본 연구는 이러한 권력-자본의 축적과정에서 권력-자본의 작동이 일상적인 문화에 투영된다는 것에 주목한다. 이에 "권력-자본경제의 문화적 기초(cultural foundation)는 무엇인가?", "권력-자본경제의 작동을 기반으로 한 불균등의 양상과 이는 발전과정에서 어떤 의미를 갖는가?"

라는 연구 문제를 규명하기 위해 중국 경제발전 과정에 대한 문화적 접근을 시도하였다.

먼저, 중국의 권력-자본경제 체제를 이해하기 위해 이론기반의 논리의 정립을 시도하였다. 권력-자본경제에 문화 개념을 연계하고 Hong(2015)의 권력-자본경제 체제의 이론적 틀을 확장하였다. 구체적으로, 권력-자본과 문화 경직성 개념을 연계하고 권력-자본에 대한 우위 집단과 열세 집단을 분류하였다. 다음으로, 권력-자본 작동에 따른 우위-열세 집단사이 영향도 분석을 시행하였다. 분석 결과 도시화와 문화 경직성의 관계, 경제발전과 문화 경직성의 관계는 모두 양적 관계로 식별되었고, 정부의 정책적 영향력이 지역 경제구조 차이에 따라 유효하게 작동한다는 것, 농민공의 권력-자본에 대한 접근성은 미약한 것을 확인하였다. 다시 말해, 권력-자본의 축적 또는 접근성이 높은 문화 경직성 우위 집단/지역의 경우 높은 도시화율 보이며 그에 따른 경제발전의 정도가 높게 나타났고, 권력-자본의 작동과 연계되어 정부의 정책적 지원에 대한 영향력이 더 높은 것으로 확인되었다. 또한, 문화 경직성이 높은 지역의 경우 농민공들의 지역 이탈이 높았고, 반대로 문화 경직성이 낮은 지역의 경우 농민공들의 유입이 지속적으로 증가한 것을 확인하였다.

본 연구의 권력-자본경제 시스템에 대한 문화적 접근은 발전과정에서의 불균등 현상에 대한 지리적, 생산적 요소로부터 오는 영향력 또는 왜곡 현상을 보완한다. 특히, 본 연구의 문화 경직성 기반 불균등 추세 분석 결과는 2012년 시진핑(習近平) 집권 시기 이후 재중앙집중화(re-centralization)와 그에 따른 권력-자본 작동 강화의 산물로서 불균등에 대한 중요한 함의를 내포한다. 바로, 권력-자본경제 체제가 지속적으로 강화된다면 권력자와 권력 수취인의 목적함수는 같아지게 되고, 권력-자본 작동에 따른 불균등은 확대될 수밖에 없을 것이라는 점이다. 다시 말해, 권력-자본 작동 강화로 인해 발생하는 불균등이라는 부산물을 오히려 국가가 악화시킬 수 있다는 의미이다. 중요한 것은 공공영역의 권력과 민간영역의 사적-자본의 경계가 지속적으로 모호해지고, 그렇다면 권력-자본 취약 집단에 대한 권리의 빈곤과 제도화된 불균등은 더욱 심화될 것이 예상된다는 것이다. 본 연구의 분석 결과가 보여 주듯 권력-자본과 연계된 문화 경직성 우위와 열세 집단/지역간 격차는 시진핑 시기 지속적으로 확대되고 있는 것으로 나타났다. 이는 기존 중국 불균등 연구에서 제안하지 못한 문화현상을 기반한 보다 근본적인 사회 분할의 증거를 제시하고 있다. 현재 불균등 해소는 전면적 소강사회(小康社會)를 넘어 사회주의 현대화 국가 건설(社会主义現代化建设)로 가기 위한 중국 정부의 중대한 국가적 목표이다.[57] 이러한 시점에서 중국 정부는 시진핑 집권 시기 재중앙집중화 과정에서 권력-자본경제 체제의 강화에 따른 불균등 현상을 주시해야 하고, 나아가 권력-자본 작동의 강화가 사회 분할 현상으로 연계·확대되지 않도록 앞으로의 발전전략과 그것을 구현하는 시스템에 대한 근본적인 재고를 해야 한다고 제안한다.

제5장

김용환

'몽골-타타르의 멍에'에 관한 사학사적 고찰:
문화적 영향을 중심으로*

Ⅰ. 들어가며

  문화는 자연환경과 역사환경의 산물이다. 특정한 자연환경 속에 생존과
삶의 개선을 위한 방편으로서 문화의 토대적 성격이 형성된다면, 역사 전개
과정에서의 변인들은 문화의 변화를 추동한다. 러시아의 경우도 타문화권과
의 물리적 충돌이나 평화적 교류, 영토 확장 등 역사적 환경의 변화가 문화
적 특성의 변화로 이어졌다.

  특히, 몽골에 의한 240여 년 간의 러시아 지배는 우리의 역사적 경험에
비추어도 러시아 문화 전반에 적지 않은 영향을 끼쳤을 것으로 상정해 볼 수
있다.[1] 주지하다시피, 몽골-타타르의 침략은 쇠락의 길에 들어선 키예프 루
시에 치명적인 타격을 주었다. 개별 공국으로 분할된 키예프 루시는 몽골-

---

* 이 글은 『슬라브硏究』제37권 4호(2021.12.30.)에 게재되었습니다.

타타르에 대항할 수 있는 충분한 힘을 결집할 수 없었다. 몽골군대는 모든 것을 쓸어버렸고, 저항하는 자들을 무자비하게 학살했다. 1223년 5월 칼카 강 전투의 패배에 이어 1240년 칭기스칸의 손자 바투에 의해 키예프가 점령된 후 러시아는 몽골의 실질적인 지배를 받게 되었다.

몽골족의 침략과 지배는 중세 러시아 사회를 동요케 한 중대한 사건이었다. 1258년부터 1476년까지 러시아는 몽골 통치자들에게 의무적으로 조공을 바치고 몽골 군대에 병사를 제공했다. 몽골이 점령한 지역의 러시아 공후들의 통치 행위는 몽골 칸의 통제 하에 제한되었다. 이처럼 몽골제국의 러시아 강점시대를 '몽골-타타르의 멍에(Монголо-татарское иго, Mongol-Tatar yoke)'라는 용어로 표현하고 있다.[2] 러시아사에서는 일반적으로 이 시기를 키예프가 점령된 1240년부터 '우그라 강의 대치(Стояние на Угре)'가 있었던 1480년까지로 규정하고 있다.

몽골의 침략과 지배가 러시아의 역사와 문화에 미친 영향은 오랫동안 논쟁의 대상이 되어왔다. 러시아의 연대기에 나오는 초기의 해석들에서는 "러시아인들의 죄에 대한 신의 징벌로서 야만적인 이교도들이 루시 땅과 사람들에게 끔찍한 파괴 행위를 저질렀다"는 것을 강조했다.[3] 이후 몽골의 지배에 대한 종교적 해석은 '몽골-타타르의 멍에'라는 개념 안에서 점차 세속적인 논의의 형태로 변모되었다.[4] 18세기 타티셰프(В.Н. Татищев, 1686-1750)[5]나 셰르바토프(М.М. Щербатов, 1733-1790)[6]와 같은 역사가들이 연대기적 서술 형태로부터 어렵사리 벗어나 러시아 역사학의 첫 걸음을 내디뎠다. 19세기에 이들을 계승해 러시아 역사학의 발전을 이끈 카람진(Н.М. Карамзин), 솔로비요프(С.М. Соловьёв), 클류쳅스키(В.О. Ключевский) 등이 몽골 문제에 주목하기 시작했고, 19세기 말에는 러시아 역사학계의 주요한 연구 주제가 되었다. 혁명 이후 몽골의 지배와 그 영향에 대한 연구는 소비에트 권력 하에서 교조화되었고, 이 주제에 대한 자유로운 논의는 망명 지식인들, 이른바 유라시아주의자들이 주도했다.

소련 해체 이후에는 몽골의 영향에 대한 문제에서 단일한 관점을 요구했던 소비에트 검열이 사라지자 이에 대한 자유로운 논의가 재개되었다. 서구의 역사가들은 러시아의 전제정이 몽골 지배의 직접적인 결과라고 보고, 부정적 영향에 주목했다. 러시아 전제정 형성의 배경이 몽골지배를 극복하기 위해 필요한 러시아인들의 단결과 무력 때문이기도 하고, 몽골의 잔인하고 권위주의적인 정치의 직접적인 반향이기도 하다는 것이다. 근래의 연구는 몽골이 미친 영향의 특수한 형태에 대한 증거, 특히 언어학적이고 제도적인 증거에 초점을 맞추는 경향이 있다.[7]

몽골 침략의 파괴성은 의심의 여지가 없지만, 그것이 러시아의 역사적 운명에 정확히 어떤 영향을 미쳤는지에 대한 논란은 계속되고 있고, 의문은 여전히 남아 있다. 이 문제에 대해서는 서로 대립하는 두 부류의 극단적인 입장과 그 사이에 다양한 스펙트럼의 경향들이 있다. 첫 번째 부류는 일반적으로 몽골의 정복과 지배에 따른 어떠한 중대한 역사적 결과도 부인한다. 예컨대, 세르게이 플라토노프(С.Ф. Платонов, 1860-1933)는 '멍에'를 러시아 역사의 우연한 사건이라고 선언하고, 그 영향을 최소한도로 축소했다. 그는 저서 『러시아사 강의』에서 "우리는 '타타르의 멍에'에 주의를 기울이지 않고도 13세기 러시아 사회의 삶을 이해할 수 있다"고 주장했다.[8]

이에 반대하는 부류는 러시아의 역사적 운명과 문화적 발전 과정에서 몽골의 역할을 중요시한다. 특히 유라시아주의 이론가 표트르 사비츠키(П.Н. Савицкий, 1895-1968)는 "이 '멍에'의 시대가 없이는 러시아도 없을 것"이라고 주장하며, 러시아 역사에서 몽골 시대의 중요성을 강조하고 있다.[9] 그리고 이러한 극단들 사이에서, 다수의 중간적 경향을 발견할 수 있다. 이들은 군대의 구성과 외교 의례와 같은 제한된 요소에서부터 국가 체제의 형성이라는 문제에 이르기까지 몽골의 영향을 기본적으로 인정하고 있다.

이처럼 몽골의 지배 시대가 종식된 이래로 몽골의 러시아 침공과 지배가 갖는 의미와 러시아 문화에 끼친 영향에 대한 논쟁은 계속 이어져 왔다.[10] 이 글에서는 이 문제에 관한 다양한 관점들을 러시아 사학사의 주요 저작들에 대한 검토를 통해 통시적으로 정리하고, 특히 문화적 영향에 대한 상반된 주장의 근거들을 분석해 보고자 한다.[11]

II. 혁명 전 시기

몽골의 지배가 러시아에 끼친 영향과 관련한 논쟁은 19세기 초, 러시아 전제정의 공식 역사가이자 보수주의자였던 니콜라이 카람진(Николай Карамзин, 1766-1826)이 저술한 『러시아 국가의 역사(История государства Российского)』(1816-1829)가 출판되었을 때 본격적으로 시작되었다. 그보다 앞선 1811년, 카람진이 알렉산드르 1세를 위해 저술한 『오래된 러시아와 새로운 러시아에 관한 기록(Записка о древней и новой России)』에서 처음으로 몽골-타타르 문제가 제기되었다.[12] 카람진은 여기에서 다음과 같이 주장했다.

> 몽골로부터 통치를 위한 위임장 야를리크(ярлык)를 받은 러시아 공후들은 몽골 지배 이전의 공후들보다 훨씬 더 잔인한 통치자들이었고, 그들의 통치 하에서 사람들은 오직 생명과 재산 보존에만 관심이 있을 뿐, 자신들의 권리를 행사하는 데는 관심이 없었다.[13]

모스크바의 공후들은 잔혹한 형벌 체계를 비롯해 강력한 통치 권력을 뒷받침하는 몽골의 제도들을 받아들여 점차 독재적인 형태의 통치를 확립했다. 이와 관련해 카람진은 "몽골의 전제정치가 러시아를 건설하고 부활시켰다"라고 서술하며, 몽골의 지배가 러시아 민족에게 긍정적인 영향을 끼쳤다고 주장했다.[14] 카람진은 1816년에 출판된 『러시아 국가의 역사』 제5권의 4장에서 이 주제에 대한 논의를 이어나갔다.

당시 몽골에 의해 고통 받은 러시아는 소멸되지 않기 위해서 국력을 소진했고, 이로 인해 계몽에 힘쓸 여력이 없었다. 몽골 통치 하에서 러시아인들은 시민적 덕목을 상실했고, 살아남기 위해 속임수와 탐욕, 잔인함을 회피하지 않았다. 아마도 현재 러시아인들의 부정적 성향은 몽골의 야만성이 남긴 오점들일 것이다. ⟨…⟩

칸국에서 겸손하게 굽실거리던 루시의 공후들이 강력한 통치자가 되어 귀환했다. 이로써 귀족계급(боярство)은 권력과 영향력을 잃었다. 한마디로 전제정이 탄생한 것이다. 통치 권력의 변화는 주민들에게 큰 부담을 안겨주었지만, 장기적인 관점에서 그 효과는 긍정적이었던 것으로 판명되었다. 이 변화들은 키예프 루시를 소멸로 이끈 내란을 종식시켰고, 몽골 제국이 쇠퇴했을 때 러시아가 독립할 수 있는 토대가 되었다.[15]

카람진의 관점에서 러시아에 끼친 몽골의 영향은 이것에만 국한되지 않는다. 카람진은 몽골 지배 하에서 정교와 무역이 번창했다고 보았다. 더불어 그는 몽골이 러시아어를 얼마나 풍부하게 만들었는지에 대해 주목한 최초의 인물이기도 했다.[16]

카람진의 명백한 영향 아래, 작가이자 번역가인 알렉산드르 리흐테르(А.Ф.

Рихтер, 1794-1826)는 1822년에 몽골 지배의 영향을 다룬 최초의 학술논문 「몽골-타타르가 러시아에 끼친 영향에 대한 연구(Исследования о влиянии монголо-татар на Россию)」를 발표했다. 리흐테르는 몽골의 외교 의례, 여성 차별의 관습, 복식, 여관(постоялый двор)과 주점(трактир)의 확산, 음식(차와 빵), 전술과 병법, 형벌, 화폐와 도량형, 은과 강철의 가공 방법, 다수의 새로운 단어 등 몽골 문화의 차용과 그 증거에 대해 주목했다.

> 몽골 타타르의 통치하에서, 러시아인들은 거의 아시아인으로 재탄생했고, 비록 자신들의 압제자들을 증오했지만, 그럼에도 불구하고 러시아인들은 몽골의 모든 것들을 모방했고, 침략자들이 기독교로 개종했을 때 친족 관계를 맺었다.[17]

리흐테르의 논문은 향후 몽골 문제에 대한 학술적 논쟁의 단초가 되었다. 1832년 미하일 가스테프(М.С. Гастев, 1801-1883)는 리흐테르의 논지에 반하는 저서를 출판했다.[18] 그는 러시아 사회 발전의 지체가 '몽골의 멍에'에서 비롯되었다고 비판하며, 몽골 지배의 부정적인 영향을 강조했다.[19] 이들에 의해 촉발된 논쟁은 19세기 후반에 본격화되었다.

1868년 법률사가 알렉산드르 그라돕스키(А.Д. Градовский, 1841-1889)는 저서 『러시아 지방통치 역사(История местного управления в России)』를 통해 이 논의의 발전에 중요한 공헌을 했다. 그의 견해에 따르면, 모스크바 공후들은 몽골의 칸들로부터 국가에 대한 사적 소유의 태도를 전수받았다. 그라돕스키는 몽골 지배 이전의 러시아에서 공후는 통치자일 뿐 국가의 소유자는 아니었다고 주장했다.

공후의 사유 재산은 보야르들의 사유 재산과 함께 존재했고, 보야르들의 사유 재산은 어떤 식으로도 제한받지 않았다. 공후의 개념이 주권자로서 뿐만 아니라 그 땅의 주인으로서 등장한 것은 몽골 시대였다. 공후들은 점차 몽골의 칸이 그들 자신들과 관계를 맺는 방식으로 신하들을 대했다. 네볼린[20]은 "몽골 국법에 따르면, 칸의 통치권 안에 있는 모든 땅은 그의 사유물이었다. 칸의 신하들은 그 땅의 일시적인 관리자들일 뿐이었다"고 주장한 바 있다. 노브고로드와 서러시아(западная русь)[21]를 제외한 러시아의 모든 지역에서는 이러한 원칙들이 러시아 법에 반영되었다. 공후들은 지역의 통치자로서, 칸의 대리인으로서, 당연히 자신의 통치 영역 안에서 칸과 같은 권한을 누렸다. 몽골의 몰락과 함께 공후들은 칸의 권력과 결부된 모든 권한의 상속자가 되었다.[22]

이와 같은 그라돕스키의 주장은 모스크바대공국의 정치적 권력과 국가재산의 통합에 대한 최초의 역사적 언급으로 간주되고 있다. 이후 그의 통합 개념은 국가가 군주의 세습재산으로 취급되는 '가산제(家産制, патримониализм)'[23]로 규정되었다.

니콜라이 코스토마로프(Н.И. Костомаров, 1817-1885)는 1872년에 출간한 저서 『고대 러시아 군주제의 기원』을 통해 그라돕스키의 입장을 계승했다. 역사적 발전 과정에서 국민의 특별한 역할을 강조한 코스토마로프는 국민과 정부를 대립적으로 인식하는 '국가학파'의 이론에 반대했다. 그는 강의와 저술을 통해 키예프 루시의 민주적 정치 구조와 모스크바대공국의 전제정 사이의 상이성을 강조했다.

고대 슬라브인들은 소규모 농민공동체를 구성해 생활했고, 전제적 통치

형태를 알지 못했던 자유애호의 민족이었다. 그러나 몽골의 정복 이후 상황은 바뀌었다. 칸들은 절대적인 통치자였을 뿐만 아니라, 노예처럼 취급했던 신하들의 소유주이기도 했다.[24]

그의 견해에 따르면, 몽골 이전 시대에 러시아 공후들이 국가 통치의 권력과 소유권을 구별했다면, 몽골 통치 하에서 공국들은 야를리크를 받은 공후의 세습영지, 즉 사유재산이 되었다.

이제 영토는 독립적인 단위가 아니다. 그것은 물질적 소유라는 의미로 귀결되었다. 〈…〉 자유, 명예, 그리고 개인의 존엄성에 대한 의식이 사라졌다. 높은 자 앞에서의 비굴함, 낮은 자에 대한 전횡이 러시아 정신의 특질이 되었다.[25]

동방학 연구자 니콜라이 베셀롭스키(Н.И. Веселовский, 1848-1918)는 러시아와 몽골 간 외교 관계의 실상에 대한 면밀한 연구를 통해 "러시아 역사에서 모스크바 시대의 외교 의례는 타타르, 더 정확히는 아시아적 성격이 강했다고 말할 수 있다"라는 결론에 도달했다.[26]

칼미크족과 캅카스 산악민족들의 법률체계를 전공한 표도르 레온토비치(Ф.И. Леонтович, 1833-1911)는 1879년 칼미크 법률에 대한 연구서를 출판했다. 이 저서의 마지막 부분에서 그는 러시아에 미친 몽골의 영향에 대한 자신의 견해를 밝혔다.[27] 그는 몽골로부터 행정 제도, 농노제, 품계제, 군사 및 재정 분야의 다양한 규범, 그리고 고문과 형벌들이 규정된 형법 등을 전수받았다고 주장했다.[28] 또한 그의 관점에서 가장 중요한 영향은 몽골이 차르 권력의 절대적인 성격 형성에 지대한 역할을 했다는 점이었다.

몽골은 모든 영토의 최고 소유자로서 통치자 칸의 권한들에 대한 관념을 조공국인 루시의 주민들이 인식하게 했다. 〈…〉 '멍에'가 무너진 후, 〈…〉 공후들은 칸의 최고 권력을 넘겨받을 수 있었다. 그래서 모든 영토는 공후들의 사유재산으로 간주되기 시작했다.[29]

한편, 가스테프를 계승하여 몽골의 영향을 부정하거나 그 중요성을 최소화한 주장들도 등장했다. 모스크바대학의 교수이자 '국가학파'의 대표적 인물인 세르게이 솔로비요프(C.M. Соловьев, 1820-1879)는 29권으로 구성된 『고대로부터의 러시아 역사(История России с древнейших времен)』로 유명하다. 1851년에 이 역작의 제1권이 출판되었는데, 여기에서 러시아 역사를 세 개의 시대로 나눈 솔로비요프는 몽골의 지배와 관련된 시기를 별도로 구분하지 않았다. 서구주의자이자 표트르 1세의 열렬한 숭배자였던 솔로비요프는 '몽골 시대 (монгольский период)'라는 개념의 사용을 전적으로 거부했다. 그는 '몽골 시대'를 '분령지 시대(удельный период)'라는 용어로 대체했다. 그의 견해에 따르면 몽골의 지배는 러시아 역사에서 발생한 우연한 사건으로서 이후 러시아의 발전에 중대한 의미를 가지는 것은 아니었다. 그는 실제로 이 저서에서 '몽골의 멍에'에 대해 일절 언급하지 않았고,[30] 몽골이 러시아인들의 삶에 남긴 미미한 흔적조차도 인정하지 않았다.[31]

이러한 솔로비요프의 견해는 그의 제자인 바실리 클류쳅스키(В.О. Ключевский, 1841-1911)에게도 직접적인 영향을 끼쳤다. 클류쳅스키 역시 러시아에 대한 몽골 지배의 역사적 중요성을 부정했다. 1904년 출간된 『러시아 역사 강의(Курс русской истории)』에서 클류쳅스키는 몽골의 지배 시대와 몽골이 루시에 끼친 영향에 대해서 주목하지 않고 있다.[32] 놀랍게도, 중세 러시아 역사를 다룬 1권의 목차에는 몽골이나 킵차크 칸국에 대한 언급이 전혀 없다. 이

의도적인 배제는 클류쳅스키가 주목한 러시아 역사의 중심 동력이 '이주'에 있었다는 사실로 설명될 수 있다. 이러한 이유로, 그는 13-15세기 남서쪽에서 북동쪽으로 러시아 인구의 대규모 이동을 러시아사의 주요 사건으로 간주했다. 그러나 클류쳅스키는 이러한 이주의 원인이 몽골에 있었음에도 불구하고 이를 대수롭지 않은 요인으로 무시했다.[33]

세르게이 플라토노프는 1899년 출간한 저서 『러시아사 강의(Лекции по русской истории)』에서 몽골의 지배 시대와 관련해 "이 우연에 대해서는 연구가 불충분한 편이어서 '타타르의 멍에'의 역사적 영향이 어느 정도인지는 명확하고 확정적으로 드러나지 않고 있다"고 언급하며 단 4페이지만을 할애했다. 플라토노프에 따르면, 몽골이 러시아를 점령한 것이 아니라 대리인, 즉 루시의 공후들을 통해 통치했기 때문에, 그들은 루시의 발전에 전혀 영향을 미치지 못했다. 플라토노프는 러시아를 남서부와 북동부로 분할한 것이 몽골 침공의 유일한 결과라고 주장했다.[34]

한편, 페테르부르크대학에서 러시아사를 강의한 콘스탄틴 베스투제프-류민(К.Н. Бестужев-Рюмин, 1829-1897)은 몽골의 영향에 대해 절충적인 입장을 보였다. 그는 1872년에 출판된 『러시아 역사(Русская история)』를 통해 카람진과 솔로비요프의 견해가 지나치게 극단적이라는 점을 비판했다. 그는 몽골이 군대 조직, 재정 체계, 그리고 풍습의 훼손에 끼친 영향력은 부인할 수 없다고 주장했다. 그러나 동시에, 그는 잔혹한 형벌제도와 차르의 권력이 몽골 칸으로부터 유래했다는 데는 동의하지 않았다. 그는 이것이 비잔틴으로부터 전수되었다고 간주했다.[35]

III. 소비에트 시기

1917년 혁명 후 볼셰비키 정권의 수립은 러시아 역사학의 운명에도 전환점이 되었다. 소비에트 권력 하의 첫 15년 동안 역사학은 어려운 시기를 겪었다. 체제 전환기의 혼란 속에서 본격적인 역사 연구는 침체되었고 구 역사학파와 마르크스주의 역사가들의 이념적 논쟁이 격렬하게 전개되었다. 이 기간은 마르크스-레닌주의가 소련 역사가들의 공통된 이념적, 방법론적 기반으로 확립되는 과정이었다. 이 과정에서 1921년 대학 내 역사학부가 사회과학 학부로 폐합되거나, 1929-1931년 '학술원 사건(Академическое дело)'과 같은 역사가들에 대한 탄압도 발생했다. 이 와중에도 혁명과 그 결과를 다루지 않았던 역사학의 분과들, 이념적 성격이 미약한 분야들, 특히 중세사 연구는 상대적으로 국가의 통제로부터 자유로웠다.[36] 이러한 배경 속에서 몽골 문제에 대한 일련의 연구도 진행될 수 있었던 것으로 보인다.

당대의 대표적인 역사가 미하일 포크롭스키(М.Н. Покровский, 1868-1932)는 소비에트 민족정책의 기조 하에서 몽골의 부정적 영향을 최소화하고, 침략자들에 대한 러시아의 저항을 축소하는 경향을 보였다.[37] 그는 몽골이 자국의 제도들을 이식함으로써 러시아의 발전에 기여한 측면을 강조했다. 그 예로서 몽골의 토지 대장이 '소쉬노예 피시모(сошное письмо, 지적 증서)'라는 이름으로 18세기 중반까지 러시아에서 사용되었다는 사실을 제시했다.[38]

1920년대에는 몽골이 러시아에 미개함과 야만성만을 가져다주었다는 주장에 대한 반론들이 제기되었다. 1919-1921년, 내전과 콜레라 전염병의 혹독한 상황에서 고고학자 프란츠 발로드(Франц Баллод, 1882-1947)[39]는 볼가강 하류 지역에서 대규모 발굴을 실시했다. 1923년 이 발굴의 결과를 종합해 출간한 『볼가강 연안의 폼페이(Приволжские Помпеи)』에서 그는 다음과 같이 밝히며, 킵차크 칸국에 대한 기존의 인식이 틀렸다는 것을 증명했다.

조사에 따르면 13-14세기 후반기 킵차크 칸국에는 제조업과 무역에 종
사하고 동서양의 민족들과 외교 관계를 유지했던 전혀 야만적이지 않은
문명화된 사람들이 살았다. 〈…〉 타타르의 군사적 성공은 그들에게 내
재된 투쟁 정신과 군대 조직의 완벽성뿐만 아니라 명백히 높은 문화 발
전의 수준으로도 설명된다.[40]

동방학 전문가 바실리 바르톨드(B.B. Бартольд, 1896-1930)도 "몽골군에 의
해 초래된 참화에도 불구하고 몽골 지배 기간 동안 러시아의 정치적 부흥뿐
만 아니라 러시아 문화의 향후 발전을 위한 토대가 마련되었다"[41]고 주장하
며, 몽골 지배의 긍정적인 측면을 강조했다. 그러나 발로드와 바르톨드를 비
롯한 동방학계 전반의 의견은 소련 역사학계에 의해 대부분 무시되었다.

한편, 1931년 초에 마무리 된 '학술원 사건'은 단순히 학술원 구성원들에
대한 대규모 숙청에 그친 것이 아니라, 혁명 이전의 '낡은' 역사학의 독립성
을 제거한 것이었다. 결과적으로 포크롭스키가 이끄는 공산당의 역사학이
지배적인 위상을 차지하게 되었다. 더불어 '마르크스-레닌주의의 명료성'과
'이념적 확고성'이 강요되었고, 마르크스주의 역사학의 교조화와 역사적 지
식의 단일화 작업이 시작되었다.[42]

이후 '몽골-타타르의 멍에'에 대해 소비에트 역사학은 몽골이 러시아의
발전에 그 어떤 긍정적인 결과도 가져오지 않았다는 점을 역사적 사실로 확
증했다.[43] 이와 함께 몽골이 러시아를 직접 통치하지 않은 이유가 러시아인
들의 격렬한 저항에 있었다는 점도 공식적으로 교시했다. 혁명 이전의 역사
가들은 몽골이 의도하지는 않았지만 점령지에 대한 통치를 모스크바의 공후

들에게 위임함으로써 어쨌든 루시의 통합에 기여했다는 데 대부분 동의했다. 그러나 소비에트 역사학은 통일이 몽골 지배의 결과로서가 아니라, 반대로 침략자들에 대항한 전 러시아적인 투쟁의 결과로 이루어졌다는 점을 강조했다.[44] 이 문제에 대한 공산당의 공식 입장은『소비에트대백과사전』에 다음과 같이 기술되었다.

몽골-타타르 멍에가 러시아 인민의 역사에 끼친 영향을 평가하는 문제에 대해서는 역사 문헌에서 서로 다른 견해가 있어왔다. 이전의 역사학은 몽골-타타르족이 러시아인들의 사회, 정치, 문화 생활에 끼친 영향을 과장했다. 코스토마로프, 베스투제프-류민, 클류쳅스키, 플라토노프, 포크롭스키는 러시아 역사에서 칸의 권력이 공후들의 분쟁을 진정시키고 궁극적으로 중앙집권국가 형성에 기여했다고 주장했다. 몽골-타타르의 멍에에 대한 이러한 견해는 근본적으로 잘못된 것이다. 몽골-타타르의 멍에는 러시아 역사에서 부정적인 역할만 했을 뿐이다. 〈…〉 몽골-타타르족이 일부 제도를 설립하는 데 영향을 미친 흔적은 비잔틴으로부터의 차용과 유사한 부분적이고 단편적인 것이었다. 〈…〉 그러나 몽골-타타르의 멍에는 러시아 인민들을 막대한 희생의 운명에 빠뜨렸다. 〈…〉 몽골-타타르 멍에는 루시의 경제와 문화 발전을 지연시켰고, 루시를 유럽에서 분리시켰으며, 러시아 인민들로 하여금 참화와 박해, 폭압과 강탈을 감내하도록 만들었다. 러시아의 영웅서사시(Былина)들에서 인민은 몽골-타타르의 멍에에 대한 자신들의 태도를 명확히 규정했다. 타타르칸 권력을 타도하고 혐오스러운 정복자들을 물리친 인민과 용사들의 힘이 열렬히 찬양되고 있는 것이다.[45]

논증의 수준을 넘어서는 교조적인 시각은 신중한 역사가들에게 용인되기 힘든 것이었다. 1937년 두 명의 소련 동방학 연구자들에 의해 출판된 『킵차크 칸국(Золотая Орда)』은 공산당의 입장에 대한 소극적 거부의 사례라고 할 수 있다. 저자 중 한 명인 보리스 그레코프 (Б.Д. Греков, 1882-1953)는 이 책에서 몽골어에서 차용하고 있는 다수의 러시아어 단어들, 예컨대 바자르(базар, 시장), 마가진(магазин, 가게), 체르다크(чердак, 다락방), 체르토크 (чертог, 홀), 알틴(алтын, 동전), 순두크(сундук, 궤짝), 타리프(тариф, 세율), 타라(тара, 자루), 칼리브르(калибр, 총포의 구경), 류트냐(лютня, 류트), 제니트(зенит, 천정天頂) 등을 소개하고 있다.

그러나 이 목록에는 몽골이 러시아의 재정, 무역, 운송 체계의 토대를 형성하는데 일정한 역할을 했음을 보여주는 덴가(деньга, 돈), 카즈나(казна, 국유재산), 얌(ям, 역참), 타르한 (тархан, 면세권) 등과 같은 단어들이 빠져있다. 저자의 자체검열을 유추할 수 있는 대목이다. 그레코프는 "러시아와 킵차크 칸국 사이의 문화적 관계에 대한 문제는 아직까지 마무리되지 않은 매우 복잡하고 흥미로운 분야이다"라고 표명하며 저서를 끝맺고 있다.[46]

한편, 1920년대에 '유라시아인(евразиец)'로 자칭하며 활동했던 일련의 해외이주 지식인들은 러시아에 대한 몽골의 긍정적인 영향을 적극적으로 옹호하고 창조적으로 해석했다. 다양한 분야의 전문가들로 구성된 이 그룹은 1917년 혁명으로 큰 충격을 겪었지만 새로운 사회주의 러시아를 이해하려는 노력을 포기하지 않았다.

1921년 8월, 불가리아에서 니콜라이 트루베츠코이(Н.С. Трубецкой, 1895-1968), 경제학자이자 외교관 표트르 사비츠키(П.Н. Савицкий, 1895-1968), 음악이론가 표트르 숩친스키(П.П. Сувчинский, 1892-1985), 신학자 게오르기 플로롭스키(Г.В. Флоровский, 1893-1979) 등이 공동 집필한 『동방 편력: 징후와 실현(Исход к Востоку: предчувствия и свершения)』이 출판되는데, 이 날이 유라시아주

의 운동의 탄생일로 간주되고 있다.

이 그룹은 파리, 베를린, 프라하, 베오그라드, 하얼빈 등에 지부를 두고 자체 출판사를 설립했다. 이 출판사는 도서뿐만 아니라 정기간행물 「유라시아 연대기(Евразийский временник)」와 「유라시아 뉴스(Евразийская хроника)」를 발행했다.[47] 유라시아주의자들은 서방과의 관계에서 러시아에 대한 독자적인 정의를 지향했다. 유라시아주의 이론은 1830~1840년대 슬라브주의 이후 러시아가 어떻게 유럽과 차별되는지를 정의하기 위한 운동의 전통에서 비롯된 것이었다.

이 그룹의 리더라고 할 수 있는 니콜라이 트루베츠코이는 빈 대학의 교수이자 프라하 언어 학회의 저명한 구성원이었다. 1925년 그는 저서 『칭기즈칸의 유산: 러시아역사에 대한 서구가 아닌 동방의 관점』을 발표했다.[48] 제목에서 엿볼 수 있듯이 그는 반서구적 입장에서 러시아인들과 소비에트 공간 사람들이 공유하는 문화와 역사적 운명의 공동체가 있다고 주장했다. 트루베츠코이는 키예프 루시의 계승자로서의 모스크바대공국에 대한 전통적인 인식을 거부했다. 그의 견해에 따르면 분열되고 반목했던 키예프 루시는 단일하고 강력한 국가로 통일되지 못했다. 몽골의 정복은 분열된 루시를 모스크바를 중심으로 통합하고 국가 체제의 기반을 조성함으로써 러시아 제국의 발전에 큰 영향을 끼쳤다.[49] 그는 몽골의 영향에 대해 다음과 같이 자신의 의견을 표명했다.

> 만약 재정, 역참 체계와 같은 국가 생활의 중요한 부분에서 루시와 몽골의 국가체제 사이에 명백한 연속성이 있었다면, 다른 분야들, 즉 행정 기관의 구성, 군사 조직의 편성 등에서 그러한 연관성을 갖는 것은 당연하다.[50]

유라시아주의자들에 따르면 러시아는 몽골의 정치 관습도 받아들였다. 러시아인들은 몽골의 관습을 정교 및 비잔틴 이데올로기와 결합시킨 후, 쉽사리 자신의 것으로 전유했다. 그러나 몽골이 러시아 역사의 발전에 이입한 가장 중요한 것은 국가 정치 제도보다는 오히려 정신적인 영역과 관련이 있었다.

> 내부적 분열로 인해 루시는 붕괴되어야만 했고, 타타르의 수중에 들어갔던 바로 그 때가 루시에게는 커다란 행복의 시기였다. 타타르는 모든 종류의 신들을 받아들이고 어떤 류의 숭배도 용인하는 중립적인 문화 환경이었다. 타타르의 정복은 신의 징벌로서 루시 땅에서 일어났지만 민족적 창조물의 순수성을 훼손하지는 않았다. 만약 루시가 페르시아의 광신적 종교와 숭배에 물든 튀르크족의 손에 들어갔더라면, 그 시련은 더 고통스럽고 운명은 더 쓰라렸을 것이다. 만약 서구가 러시아를 지배했다면 러시아의 정신을 도려내었을 것이다. 〈…〉 타타르족이 러시아의 정신적인 본질을 바꾸지는 못했지만, 군국주의적 국가의 창건자라는 독특한 역할로서 그들은 루시에 의심할 바 없는 영향을 끼쳤다.[51]

> 중요한 역사적 순간은 멍에의 타도, 칸국의 권력으로부터 러시아의 독립이 아니라, 칸국의 지배하에 있던 영토의 대부분에 모스크바의 세력을 확산하는 것이었다. 달리 말하면 칸의 수도를 모스크바로 옮기고, 몽골 칸을 러시아 차르로 교체하는 것이었다.[52]

미국에서 활동한 역사가 게오르기 베르낫스키(G. Vernadsky, 1887-1973)는 행정구조, 군사조직과 무기, 조세 및 재정 체제 등에서 긍정적인 영향을 강조했다. 더불어, 수공업품 시장의 파괴, 대규모 영지의 선호, 도시와 도시 민주주

의 제도의 파탄, 귀족의 약화 등과 같은 부정적 영향에 대해서도 언급했다.[53]

1925년 알렉산드르 키제베테르(A.A. Кизеветтер, 1866-1933)는 "유라시아주의 운동은 화해할 수 없는 내부적 모순으로 어려움을 겪었다"라고 언급한 바있다. 모순은 볼셰비즘과 유럽에 대한 입장에서 가장 뚜렷하게 나타났다. 한편으로 그들은 유라시아주의의 유럽적인 뿌리 때문에 볼셰비즘을 거부했지만, 또 다른 한편으로 유럽이 볼셰비즘은 수용할 수 없음을 인식하고 볼셰비즘을 인정했다. 또한 그들은 러시아 문화를 유럽과 아시아 문화가 결합된 것으로 간주했고, 동시에 러시아 문화에는 종교-윤리적 요소가 우세한 반면, 유럽 문화의 본질적 토대에는 경제가 놓여있음을 비판했다.[54] 1920년대를 풍미했던 유라시아주의 운동은 1920년대 말에 이르러 소련에 대한 공통된 입장의 부재로 인해 와해되었다. 하지만, 소비에트 체제가 붕괴된 후 유라시아주의는 러시아에서 부활을 맞게 된다.

IV. 소련 해체 이후

1991년 소련 해체와 공산주의 통치의 종식 이후 몽골의 영향에 대한 문제에서 단일한 관점을 요구했던 소비에트 검열이 사라지자 이에 대한 논의가 재개되었다. 이 논의에 참여한 대부분의 연구자들은 소비에트 역사학의 입장을 부정했고, 러시아 문화의 모든 영역, 특히 정치 체제에 몽골이 끼친 영향의 중요한 본질을 기꺼이 인정하려는 경향을 보였다.

옐친 집권 초기(1991-1993) '위로부터의 급진 개혁'으로 인한 사회적 혼란 속에서 이 논쟁은 부인할 수 없는 정치적 색채를 띠게 되었다. 기존 체제와 낯선 체제의 경계에서 러시아인들은 자신들의 국가가 어디에 위치해 있으며, 어디로 가야 하는지 자문하지 않을 수 없었다. 대다수 국민들이 체감한 현실의 불안정과 미래의 불확실성에서 기인한 새로운 체제에 대한 의구심은 국가 정체성에 대한 질문으로 이어지게 되었다. 자신들의 새로운 국가가 유럽, 아시아 두 지역 모두에 속하는지, 아니면 둘 중 어느 한 지역에 속하는지 규정하기 힘들었던 것이다. 이것은 대부분의 러시아인들이 서양과 차별되는 러시아의 문명적 근원을 자각하고 있음을 보여준다. 당대의 사가들은 러시아의 국가 정체성 문제에 대한 대중의 관심에 호응하여 '몽골-타타르의 멍에'에 주목하게 되었다.

중세사가 이고르 프로야노프(И.Я. Фроянов)는 몽골 정복의 결과로 통치 권력과 연관해 일어난 러시아 정치 문화의 극적인 변화를 다음과 같이 강조했다.

> 공후의 권력에 대해 말하자면, 고대 러시아 사회가 직접 민주주의, 혹은 민주정치로 특징지어지는 공동체적 베체(Вече, 민회)의 원리에 따라 발전했던 이전과는 완전히 다른 토대들을 가지게 되었다. 몽골 지배 이전에 공후는 베체의 초빙과 베체에서의 선서를 통해 통치자가 되었다면, 몽골의 지배 시기에는 칸의 명령에 따라 통치자가 되었다. 따라서 이제 공후들은 통치권을 얻기 위해 칸의 의중을 살펴야만 했다. 칸의 의지는 루시에서 공후 권력의 최고 원천이 되었고, 베체는 그 권한을 잃게 되었다. 이러한 상황은 공후를 베체와의 관계로부터 독립시켰고, 이로 인해 공후는 군주로서의 잠재력을 실현할 수 있는 유리한 조건을 가지게 되었다.[55]

러시아역사연구소의 바딤 트레팔로프(В.В. Трепалов)는 '베체'와 같은 민주적 정치기구의 중요성이 감소됨으로써 러시아에서 전제정이 형성될 수 있었다고 주장했다. 몽골의 멍에와 러시아 전제정 형성 사이에 직접적인 연관성이 있다는 것이다.[56] 이 견해에 대해서는 모스크바경제대학(Московский экономический институт) 교수 이고리 크냐지키(И.О. Князький)도 동의하고 있다.

> 몽골의 멍에는 러시아의 정치 체제를 근본적으로 변화시켰다. 모스크바 차르 왕조의 권력은 본질적으로 킵차크 칸국 몽골 칸들의 절대 권력에서 유래한 것이었다. 그리고 모스크바대공은 킵차크 칸국의 몰락 이후 차르가 되었다. 모스크바대공국의 강력한 통치자들은 실제 죄와 상관없이 누구든 마음대로 처형할 수 있는 무제한적인 권한을 물려받았다. 이반 그로즈니는 차르의 임의로운 처벌과 사면을 확립하면서, 모노마흐의 계승자가 아니라 바투의 후계자로 행동했다. 신하의 죄도, 공로도 자신에게는 중요하지 않았기 때문에 차르의 의지가 모든 것을 결정했다. 클류쳅스키가 주목한 가장 중요한 정황은 모스크바 차르의 신하들은 아무런 권리도 없고 의무만 있다는 것이다. 이것은 몽골 전통의 직접적인 유산이다.[57]

모스크바국립사범대학 역사학 교수 류드밀라 코술리나(Л.Г. Косулина)도 몽골의 지배가 러시아인들의 삶의 모든 측면에 큰 영향을 미쳤다는 입장에 있다. 그녀의 견해에 따르면 몽골의 침략과 지배는 러시아의 경제적 지체와 공후 권력의 변화를 가져왔다. 특히, 러시아 전제정의 형성 배경에 대해 모스크바의 공후들이 킵차크칸국의 통치 형태를 모방하여 권력 강화를 시도했고, 공국의 주민들도 몽골의 억압으로부터 자신들을 보호해 줄 강력한 통치 권력에 관심을 가지게 되었다고 설명하고 있다. 코술리나는 결과적으로 몽골과 러

시아의 전면적인 접촉이 상호 간 문화적 발전을 이끌었다고 주장했다.[58]

반면, 러시아문화사가 블라디미르 슐긴(Владимир Шульгин, 1935-1998)은 몽골 지배의 부정적 영향에 대한 강경한 입장을 표명했다. 그는 '몽골-타타르의 멍에'가 러시아인들의 삶 전반에 비극적인 결과를 가져왔다고 주장했다.

> 수많은 민중들이 포로로 잡혀갔고 살해되었으며 도시와 농촌이 붕괴되었고 귀중한 문화재들이 파괴되었다. 2세기 반 동안 지속된 몽골 통치의 억압과 이들의 거듭되는 침입은 루시에 끝없는 황폐화를 가져왔으며, 조공으로 인한 지속적인 물질적 착취 등은 루시의 경제와 문화의 복구, 향후 발전에서 매우 열악한 환경을 조성했다.[59]

그의 견해에 따르면 몽골이 러시아 문화의 발전에 기여한 바는 전혀 없다. 슐긴은 "몽골-타타르족은 모리타니족과는 달랐다. 러시아를 정복한 후 그들은 러시아에 대수학이나 아리스토텔레스를 선물해 주지 않았다"는 푸시킨(А.С. Пушкин)의 말을 인용하며, 몽골의 영향력이 극히 제한적이었다고 평가했다. 몽골의 영향은 몇 가지 단어들, 공예품, 복식 등에 한정되었고, 사회사상이나 문학, 회화, 건축양식 등에서는 몽골-타타르족으로부터 차용한 어떤 흔적도 발견할 수 없다는 것이다.[60]

소련 해체 이후 러시아에서 몽골의 유산에 대한 관심을 보여주는 또 다른 현상은 유라시아주의의 부활이다. 조지워싱턴대학교 산하 연구소 IERES[61] 소장 마를렌 라뤼엘(Marlène Laruelle)에 따르면, '신유라시아주의(неоевразийство)'는 1990년대에 러시아에서 나타난 가장 발전된 보수 이데올로기 중 하나가 되었다. 라뤼엘은 저서 『러시아 유라시아주의: 제국의 이념』을 통해 1989년 이후 러시아에서 발표된 유라시아주의에 대한 주요 저작들을 검토했다.[62] 신유라시아주의의 가장 대표적인 이론가들은 레프 구밀료프(Л.Н. Гумилев, 1912-1992), 모스크바대학교 철학교수 알렉산드르 파나린 (А.С. Панарин, 1940-2003), 국제유라시아운동(МЕД: Международное Евразийское Движение)의 리더 알렉산더 두긴 (А.Г. Дугин) 등이다.

뚜렷한 정치적 성격을 지니고 있는 포스트소비에트 시대의 신유라시아주의는 러시아인들에게 서방을 등지고 아시아를 자신들의 터전으로 선택할 것을 요구하고 있다. 신유라시아주의의 이념적 핵심은 과거 소련 영토에 유라시아 제국을 건설하자는 것이며,[63] 이것은 소련의 소멸에 대한 단기적인 심리적 보상이 아니라, 제국이 유라시아에 당연한 정치적 형식임을 주장하는 것이다.[64] 구밀료프는 "몽골의 '침략'은 서방세계가 러시아의 진정한 적인 로마-게르만 세계를 감추기 위해 만들어낸 신화일 뿐이다"라고 주장한 바 있다.[65] 그는 "러시아가 구원을 받는다면 그것은 유라시아 국가이기 때문이다"라고 언급하며 러시아의 유라시아성을 강조했다.[66]

이 운동은 민족주의와 제국주의, 그리고 때로는 반미주의와 반유대주의로 특징지어진다. 그 원칙들 중 일부는 2001년 11월 블라디미르 푸틴 대통령의 연설에서 다음과 같이 간략히 설명되었다.

러시아는 항상 자신을 유라시아 국가로 느껴왔다. 우리는 러시아 영토의 주요 부분이 아시아에 위치하고 있다는 것을 결코 잊지 않았다. 하지만, 우리가 언제나 이 이점을 활용하지는 않았다는 사실을 솔직하게 이야기해야 한다. 나는 아시아 태평양 지역 국가들과 함께 경제, 정치 및 기타 유대를 증진시키기 위해 말이 아닌 행동으로 옮겨가야 할 때가 왔다고 생각한다. 〈…〉 러시아는 아시아, 유럽, 미국을 연결하는 일종의 독

특한 통합적 교차점이다.[67]

러시아 사회의 상당 부분은 이러한 반유럽적 입장에 공감하고 있는 것으
로 보인다. 1998년 한 조사에서 "당신은 자신을 유럽인이라는 느끼십니까?"
라는 질문에 대해 러시아인의 56%가 "유럽인이라고 느끼지 않는다"라고 답
했다.[68] 2008년과 2019년 레바다 센터의 조사에서는 각각 52%, 63%가 아
니라고 답했다. 또한 응답자의 55%는 오늘날 러시아가 유럽 국가가 아니라
고 인식하고 있다.[69] 이러한 여론 속에 신유라시아주의의 옹호자들은 이전의
유라시아주의자들보다 역사에 대해 주목하지 않는다. 무엇보다도 그들은 다
가올 미래와 러시아의 위상에 관심을 기울이고 있다.[70]

역사에 관한 논의에서 그들은 과거 유라시아주의자 특유의 방식을 고수
한다. 민속학자 세르게이 리바코프(С.Г. Рыбаков, 1867-1921)는 구밀료프를 통
해 킵차크 칸국과 루시의 상호작용이 정치적으로 이로운 연합으로 인정되었
으며, 몽골과 러시아 공국들 간의 관계는 '멍에'가 아니라 오히려 '공생'의 관
계였다고 밝혔다.[71] 파나린은 '몽골의 멍에'에 대해 러시아가 제국이 되고 스
텝을 정복할 수 있게 해준 축복으로 인식했다. 그는 진정한 러시아가 모스크
바 시대에 정교회와 몽골의 국가체제, 러시아와 타타르의 연합으로 출현했
다고 주장했다.[72] 마크 바신(Mark Bassin)의 표현을 빌리면, 현대의 유라시아주
의 부활은 러시아의 정체성과 국가적 운명의 비전을 아시아와 러시아의 관
계라는 관점에서 뚜렷이 표현하고자하는 시도가 소멸되지 않고 러시아인들
의 의식 속에 지속되고 있음을 보여준다.[73]

V. 영미권 연구의 시각

'몽골-타타르의 멍에'가 러시아에 끼친 영향에 대한 서구 학계의 관심은 크지 않았지만, 미국의 두 학자가 이 문제에 주목했다. 1985년 찰스 핼퍼린의 저서 『러시아와 킵차크 칸국』이 출판되면서 논의가 본격화되었다.[74] 13년 후, 도널드 오스트롭스키(Donald Ostrowski)는 『모스크바대공국과 몽골족』에서 핼퍼린의 연구를 보완했다.[75] 전반적으로 핼퍼린과 오스트롭스키는 이 문제에 대해 동일한 입장을 취했다. 이와 연관해 오스트롭스키는 주요 논점에 있어 핼퍼린과 전적으로 일치한다고 밝힌 바 있다.[76]

이들은 모두 러시아 문화 전반에 몽골의 영향이 있었고, 게다가 그것은 아주 명확하다고 주장했다.[77] 핼퍼린은 모스크바대공국의 군사 및 외교 제도와 일부 행정, 재정상의 절차를 몽골의 영향으로 보았다. 그러나 그는 러시아의 정치 및 행정 체제가 전적으로 몽골의 영향 하에 형성된 것이라는 입장에는 동의하지 않았다. 그는 몽골이 모스크바대공국의 전제정치를 발생시킨 것이 아니라, 그것의 도래를 앞당겼을 뿐이라고 주장했다. 그의 견해에 따르면, 몽골의 침략과 지배가 러시아 전제정의 성립을 가져온 것은 아니었다. 러시아의 전제정은 지역적 기원을 가지고 있었고, 사라이보다는 비잔틴으로부터 이념적이고 상징적인 관습을 얻게 되었다.[78]

이와 관련해 오스트롭스키는 "14세기 전반 동안 모스크바 공후들은 킵차크 칸국을 표본으로 한 국가 권력 모델을 이용했다. 당시 모스크바대공국에 존재했던 사회, 군사 제도들은 주로 몽골의 것들이었다"[79]라고 주장하며, 핼퍼린의 견해를 반박했다. 이와 함께 오스트롭스키는 모스크바대공국에서 중요한 역할을 한 품계제, 보야르 두마(Боярская дума, 귀족회의) 등과 같은 제도들이 몽골로부터 차용된 것으로 간주했다.[80] 오스트롭스키는 비교적 일관성 있는 이론을 세웠지만, "몽골 칸이 독재자가 아니라 제1의 통치자(primus inter pares)였으며, 모스크바대공국이 전제국가가 아니라 입헌군주국과 유사했다"라고 주장함으로써 자신의 입장을 약화시켰다.[81]

> 비록 모스크바 왕국에는 성문헌법이 없었지만, 국가의 내적 기능은 상당 부분 입헌군주국을 연상시켰다. 즉, 정치 시스템 내의 다양한 기관들 간에 합의를 통해 결정이 내려지는 구조였던 것이다. 〈…〉 당시의 모스크바대공국은 법치주의 국가였다.[82]

오스트롭스키는 당시의 신하들과 외국인들이 증언하고 있는 것처럼 모스크바 차르가 절대 통치자였으며, 당대 모스크바의 정치 구조에서 차르의 세력을 억제할 수 있는 어떠한 기관도 없었다는 사실을 고려하지 않았다.[83] 잡지 「크리티카(Kritika)」에 게재된 논쟁에서 핼퍼린은 오스트롭스키가 몽골의 유산으로 제시한 영토의 사유화와 품계제에 대해 이의를 제기했다. 러시아 차르 치하에서 자문기구 역할을 했던 보야르 두마의 몽골 기원(쿠릴타이)에 대한 오스트롭스키의 주장도 핼퍼린에 의해 논박되었다.[84]

카를 비트포겔(Karl Wittfogel)은 차르 전제정이 '동양식 전제주의'의 러시아적 변형에 불과하며, 키예프 루시에는 차르 전제정의 전례가 전혀 없었다고 주장했다. 이후 모스크바대공국과 러시아제국의 전제정은 유럽 국가들과 구별하는 근거가 되기도 했다. 이러한 관점에서 공산주의 소련이 동양식 전제주의의 현대적 표상으로 인식되기도 한다.[85]

미시간 대학의 호레이스 듀이(Horace Dewey)는 모스크바대공국과 러시아제국의 농민공동체, 즉 국가에 대한 구성원들의 의무를 강요한 공동 책임 체제의 형성에 몽골이 끼친 영향에 대한 문제를 세밀하게 연구했다. 이 관습의 두드러진 예는 농민들의 세금 납부에 대한 공동체의 책임이었다. 듀이는 '포루카(порука, 보갑)'[86]라는 용어가 키예프 루시의 문헌들에서 매우 드물지만 발견되고 있음을 증명하며, 이 제도가 당대에 이미 널리 알려졌고 따라서 이것을 몽골의 영향으로 볼 수 없다고 주장했다.[87]

니콜라스 랴자놉스키(Nicholas Riasanovsky, 1923-2011)는 러시아 역사에서 몽골의 역할에 대해 기존의 연구들을 종합적으로 검토하며, 러시아 문화에 대한 몽골의 영향력이 과장되어 있다는 견해를 피력했다.[88] 그는 교황 이노센트 4세의 특사로 몽골에 파견되었던 프란체스코회 수도사 카르피니(Giovanni de Piano Carpini)의 기록을 인용하며, 몽골의 침입이 러시아의 물리적 황폐화를 초래했다는 점에 대해서는 동의했다. 또한 서구로부터의 단절과 고립, 경제적 지체, 윤리적 퇴보, 문화적 수준의 하락 등과 같은 현상에 주목하며, 몽골의 지배가 러시아의 전반적인 발전을 저해했다는 입장에 섰다. 그의 견해에 따르면, 러시아의 중앙집권화, 기병대 편성, 우편제도 도입 등에 몽골이 기여한 바는 제한적이었다.[89]

VI. 마치며

본론에서 살펴보았듯이 러시아 역사에서 '몽골-타타르의 멍에'가 가지는 의미, 그리고 러시아 문화에 남긴 몽골의 유산과 관련한 문제들은 수세기 동안 학술적인 연구의 대상이 되어왔다. 몽골의 영향에 대한 연구자들의 시각은 서론의 전제에서 크게 벗어나지 않는다. 이 문제에 대해서는 서로 대립하는 두 개의 극단적인 입장과 그 사이에 존재하는 다양한 스펙트럼의 경향들이 있다. 첫 번째 입장의 동조자들은 일반적으로 몽골의 정복과 지배에 따른 어떤 중대한 역사적 결과도 부인한다. 또 다른 입장의 지지자들은 긍정과 부정의 측면 모두에서 러시아 역사에서 몽골 시대의 중요성을 강조하고 있다. 이러한 양 극단 사이에서 이 문제를 바라보는 다양한 관점들은 그 범위와 폭의 차이는 있지만 기본적으로 몽골의 영향을 인정하고 있다.

몽골의 영향을 부정하거나 그 중요성을 최소화한 입장들을 살펴보면 그들이 반대자들의 주장에 대한 대응을 전혀 고려하지 않았다는 사실을 알 수 있다. 반대자들과의 논쟁에서 적어도 두 가지 문제에 대한 대응논리가 제시될 수 있을 것이다. 반대자들이 모스크바대공국의 정치적, 사회적 조직을 잘못 인식했다는 것을 증명하거나, 아니면 몽골의 새로운 체제와 관련된 관습과 제도가 이미 키예프 루시에 존재했다는 것을 증명하는 것이다. 듀이의 연구를 제외하고는 이러한 논증은 이루어지지 않았다. 이 진영의 연구자들은 반대파들의 주장을 무조건 백안시했고, 이로 인해 학술적 측면에서 이들의 입장을 지지하기는 어렵다. 이러한 평가는 러시아역사학의 거장으로 호명되는 솔로비요프, 클류쳅스키, 플라토노프 등 세 명의 역사가들이 옹호하는 견해에도 똑같이 적용된다.

그렇다면 러시아 역사학의 대가들은 왜 몽골의 영향력을 그렇게 무시했는가라는 질문을 던지지 않을 수 없다. 이에 대해서는 세 가지 정도로 설명할 수 있겠다. 우선, 이들은 몽골의 역사와 특히 동방학에 대해 전반적으로 잘 알지 못했다. 당시의 서구 학자들이 이미 이러한 문제들을 다루기 시작했지만, 그들의 연구는 러시아에서 잘 알려지지 않았다. 또한 슬라브족이 아시아인들로부터 무언가를 배울 수 있다는 것을 인정하지 않으려는 무의식적인 민족주의를 지적할 수 있다. 그러나 아마도 가장 중요한 설명은 그 당시 역사가들이 활용했던 사료들의 특징에서 찾을 수 있을 것이다. 이 사료들의 대부분은 성직자들에 의해 편찬된 연대기였고 따라서 교회의 입장이 반영된 것이라고 할 수 있다.

칭기즈칸을 시작으로 몽골은 모든 신앙을 존중하는 종교적 관용 정책을 추구했다. 그들은 정교회에 대한 세금 징수를 면제해 주었고, 정교회의 이익을 보호했다. 결과적으로, 몽골 통치하의 교회들은 모든 경작지의 약 3분의 1을 소유하며 번창했다. 이런 점을 고려하면, 교회가 왜 몽골의 통치에 대해 호의적이었는지 이해할 수 있다. 이와 연관해 도날드 오스트롭스키는 "1252년에서 1448년 사이에 저술된 연대기들에는 반몽골적 저항행위에 대한 기록을 찾아볼 수 없다. 이런 종류의 기록들은 모두 1252년 이전이나 1448년 이후에 편찬된 연대기에서 발견된다"고 언급하며, 친몽골적 성향의 사료 문제를 지적했다.[90] 찰스 핼퍼린도 러시아 연대기에는 몽골이 러시아를 지배했다는 기록이 전혀 없다고 언급하며, '침묵의 이데올로기'라는 개념으로 당대의 러시아 사가들이 몽골의 헤게모니에 대한 사실들을 의도적으로 교묘하게 은폐했음을 비판한 바 있다.[91]

몽골이 끼친 영향의 중요성을 주장한 학자들의 입장은 다음과 같이 정리해 볼 수 있다. 무엇보다도, 몽골의 영향은 15세기 말 '멍에'가 종식되며 형성된 모스크바대공국이 이전의 키예프 루시와는 근본적으로 달랐다는 사실에서 분명하게 드러난다. 그 차이는 러시아 정치 체제의 본질과 그 기원에 대한 문제로 귀결된다. 먼저, 모스크바 차르들은 키예프의 전임자들과는 달리 베체의 결정에 얽매이지 않는 절대적인 통치자였으며, 이런 점에서 몽골의 칸과 공통점이 있었다. 다음으로 몽골의 칸처럼, 차르는 자신의 왕국을 소유했다. 차르의 신하들은 평생 통치자에 대한 복무를 조건으로 단지 일시적으로 일부 토지를 관장했을 뿐이었다. 마지막으로 복무와 관련된 규정을 통해 칸이 전능한 권한을 가졌던 칸국에서와 같이 모든 주민들은 차르의 종복으로 간주되었다.[92] 이외에, 몽골은 기병대를 비롯한 군대 조직에서부터 형벌과 사형제를 포함한 사법 제도, 외교 의례와 역참제(우편 통신 제도), 품계제와 다양한 무역 실무, 언어, 복식, 음식, 풍속에 이르기까지 정치, 군사, 경제, 행정, 사회 등 러시아인들의 생활 전 분야에 걸쳐 실질적인 영향력을 행사했다.

이 두 입장 사이에서 절충적인 시각으로 이 문제에 접근한 연구자들은 정도의 차이는 있지만 기본적으로 몽골의 영향을 인정하고 있다. 동시에 이들은 '멍에'의 역사적 해석에 있어서 폐해와 긍정적 영향, 두 측면의 양가적 경향을 보여주고 있다.

240여 년간의 '몽골-타타르의 멍에'가 끼친 영향을 최소한이라도 인정한다면, 몽골은 어떻게 칸의 절대적 권력에 대한 관념을 비롯해 다양한 문화적 요소를 러시아인들에게 이식했는가라는 의문이 제기된다. 더구나 몽골이 러시아 공후들을 통한 간접적인 통치방식을 택했다는 점에서 장기적으로 자신들의 영향력을 확보할 수 있었던 배경에 대한 설명이 필요해 보인다. 이에 대해서는 두 가지 요인을 제시할 수 있다.

그 첫 번째는 킵차크 칸국의 수도 사라이로 러시아 공후들과 상인들을 지속적으로 소환했다는 것이다. 그들 중 일부는 사라이에 수년간 거주하며 몽골의 삶의 방식을 체득했다. 예컨대, 모스크바 대공 이반 칼리타(Иван калита)는 다섯 번이나 사라이를 다녀갔고, 이로 인해 자신의 통치기(1304-1340) 중 거의 절반을 몽골족들과 함께 보냈다. 또한 몽골은 러시아 공후들의 아들들을 인질로 보내도록 요구하기도 했다. 이것은 칸에 대한 러시아 공후들의 충성심을 증명하기 위한 것이었다.[93]

영향력의 두 번째 원천은 러시아의 관직에서 복무하고 있던 몽골족들이었다. 몽골의 세력이 정점에 있었던 14세기에 나타난 이 현상은 몽골 제국이 분열된 15세기 말에 일반화되었다.[94] 고국을 떠나 러시아 땅에 자리잡은 몽골족들은 몽골의 삶의 방식을 러시아인들에게 전수하고 확산시켰던 것이다.

결론적으로, 실재했던 몽골의 장기간 지배가 러시아의 문화에 끼친 영향을 부인하기 어렵다. '몽골-타타르의 멍에'가 러시아에 끼친 영향에 대한 논쟁은 러시아의 정체성과 연관해 근원적인 의미를 가진다. 만약 몽골이 러시아에 전혀 영향을 미치지 않았거나 그러한 영향이 무시할 수 있는 것이라면, 서방에 속하는 유럽 국가로 간주되어야 할 것이다. 또한 대다수의 러시아인들이 전제적 혹은 권위주의적 통치를 용인해 온 점에 대해서는 그것이 어떠한 유전적 요인의 영향을 받아 형성되었고, 따라서 러시아인의 변하지 않는 속성이라는 결론에 이를 수도 있다. 그러나 만약 러시아가 몽골의 직접적인 영향 하에서 형성되었다면 이 국가는 본능적으로 서구 세계의 가치를 거부하는 아시아의 일부 또는 '유라시아' 국가로 규정될 수도 있을 것이다. 19세기의 역사가들에 의해 간과되었지만, 지정학적 측면에서 몽골의 침략과 지배의 역사는 러시아의 운명에 중요한 의미를 갖는다. 몽골 제국의 직계 계승자로, 그들의 강력한 영향력을 경험한 국가로서의 정체성은 발트해와 흑해로부터 태평양에 이르는 광대한 영토와 그곳에 거주하는 다수의 민족들에 대한 권리를 주장하는 러시아에 그 정당성의 근거를 부여하고 있다. 이러한 맥락에서 몽골이 역사·문화적으로 러시아에 끼친 영향에 대한 문제는 계속해서 논쟁의 대상이 될 것이다.

파라과이 거주 중국계 이민자 현황과 문화적응*

Ⅰ. 들어가며: 파라과이 중국계 이민자의 이주 특징

중국은 일대일로 정책을 바탕으로 중남미에 대한 영향력을 날로 확대해 가고 있다. 특히 21세기에 접어들면서 핑크타이드[1] 물결에 조응하면서 중국 정부는 중남미 국가와의 정치경제적 협력을 강화하고 있다. 이에 따라 중국과 중남미 국가 간의 수교가 늘어나는 반면에 대만과 수교하는 중남미 국가는 점차 줄어들고 있다.

최근 중국과 대만의 정치적 갈등은 중남미에서 수교국 쟁탈전으로 이어지는 모습을 보이고 있다. 특히 '하나의 중국'에 반대하는 입장인 2016년 차이잉원 대만 총통이 집권한 이후 중남미에서 중국의 대만 봉쇄 외교 전략이

* 이 글은 『중국학』, 75집 (구경모, "파라과이 중국인 이민자의 이주 현황과 문화적응유형", p. 607-624)에 게재된 논문을 수정한 것입니다.

거세지고 있다. 그 결과로 2017년에는 파나마, 2018년에는 엘살바도르와 도미니카공화국이 대만과 단교를 하였다. 그리고 올해 12월에는 니카라과도 단교하였다. 또한 온두라스는 대만과의 국교 단절 문제가 대선 주요 이슈로 떠오르고 있는데, 좌파 성향의 야당 후보인 시오마라 카스트로는 중국과의 국교 수립을 선거 공약으로 쟁점화하고 있다. 중국은 인프라 건설 등의 경제적 지원 뿐 아니라 팬데믹에 따른 백신 지원도 조건으로 내걸면서 파라과이를 비롯한 대만과 수교중인 국가들을 지속적으로 압박하고 있다.[2]

현재 대만과의 수교국은 총 14개국이며, 중남미에 8개 국가[3]가 몰려 있다. 그 중에서도 파라과이는 남미에서 유일하게 대만과 수교하고 있는 국가이다. 파라과이는 1957년 대만과 수교한 이래 대륙 출신의 중국인들 이주를 허용하지 않고 있다. 이 같은 외교 관계가 파라과이 중국계 이민자들 가운데 대만 출신 비율이 높은 이유라 할 수 있다.

중남미에 중국계 이민자들과 그들의 후손은 페루와 베네수엘라, 브라질, 쿠바, 아르헨티나, 멕시코, 파나마 등 다양한 국가에 정착하여 거주하고 있다. 그 수는 페루가 3백만 명,[4] 베네수엘라가 40만 명,[5] 브라질이 25만 명,[6] 쿠바가 15만 명,[7] 아르헨티나가 12만 명,[8] 멕시코가 7만 명,[9] 파나마를 비롯한 중미에 13만 명[10] 정도가 있다. 조사 대상지인 파라과이에는 4만 명[11]의 중국계 이민자와 그들의 후손들이 살고 있다.

파라과이는 다른 중남미 국가들처럼 중국계 이민자의 수가 많은 편은 아니지만, 앞서 언급했듯이 중국계 이민자들의 대부분이 대만 출신이라는 점에서 중남미의 다른 국가들과 차이가 있다. 이 같은 특수성에 근거하여, 본 연구는 파라과이 중국계 이민자들의 이주 역사와 현황, 문화적 정체성에 대해 살펴보고자 한다.

문화적 정체성 부분은 실증적인 결과를 도출하기 위해 설문조사를 바탕으로 분석하였다. 조사 및 연구 방법은 데클렌 베리[12]가 활용한 문화적응척도를 차용하였는데, 파라과이의 중국계 이민자 연구와 맞지 않는 측면때문에 문화지형웹이라는 보완된 연구 방법을 통해 이루어졌다. 설문조사는 공동연구자인 파라과이 사회과학원의 루이스 오르티스 박사와 설문 조사원 9명이 2018년 7월에 총 55명의 중국계 이민자를 대상으로 실시하였다. 이중에서 44명은 대만 출신이며, 11명은 대륙(홍콩) 출신이다.

II. 문화 유형에 대한 연구방법 및 과정

1. 연구방법

본 연구는 이민자의 문화적 적응 양상과 관련해 데클렌 베리의 이론과 연구 방법을 사용하였다. 베리는 동아시아계 문화적응척도(East Asian Acculturation Measure)라는 방법론을 통해 미국의 동아시아계 이민자들을 분석하였다. 문화적응척도는 이민자들의 문화적응 유형을 동화(assimilation), 분리(separation), 통합(integration), 주변화(marginalization) 등 네 가지 유형으로 구분한 것이다. 동화는 모국의 문화보다 현지 문화에 대한 적응도가 높은 유형이며, 분리는 모국문화에 대한 애착이 더 강한 유형을 말한다. 그리고 통합은 현지와 모국 문화에 모두 잘 적응하는 유형이며, 주변화는 모국과 현지 문화에 모두 적응하지 못한 유형을 말한다.

베리의 연구 이론과 방법을 파라과이의 중국계 이민자 연구 사례에 적용하기 위해 '문화지형웹(Cultural Mapping Web)'을 통해 분석하였다. '문화지형웹'(Cultural Mapping Web)은 이민자들의 사용언어(모국어와 현지어), 현지에서의 사회성(친구관계), 모국과의 접촉이나 교류 등과 같은 하위 지표 6개를 이용해 각각의 문화적응척도를 베리가 제시한 동화(assimilation), 분리(separation) 통합(integration)과 주변화(marginalization)의 개념을 통해 중국계 이민자들의 문화적응 양상을 분석하였다. 문화유형과 각각의 분석항목에 대한 구체적인 내용은 다음과 같다.

<표 1> 문화지형웹의 문화유형과 분석항목[13]

문화 유형	분석항목
동화 (assimilation)	나는 모국어 보다 현지어 소통하는 것이 익숙하다. 나는 집에 있을 때, 현지어를 주로 사용한다. 나는 현지어로 편지쓰기 것이 가능하다. 나는 주로 현지방송과 음악을 즐긴다. 나는 모국의 전통 보다 현지의 전통문화와 의례(명절)에 익숙하다. 나는 동포 보다 현지인과 더 친밀하다.
분리 (separation)	나는 현지어 구사가 힘들며, 주로 모국어로 소통한다. 나는 집에서 주로 모국어로 말한다. 나는 편지를 모국어로만 쓸 수 있다. 나는 모국의 방송과 음악을 보고 듣는다. 나는 모국의 전통문화와 의례(명절)에 따라 생활한다. 나는 현지인 보다 동포와 더 친밀하다.
통합 (integration)	나는 현지어와 모국어로 모두 소통이 원활하다. 나는 가정내에서 현지어와 모국어를 고루 사용한다. 나는 현지어와 모국어로 모두 편지 쓰기가 가능하다. 나는 현지 및 모국의 방송과 음악도 즐긴다. 나는 현지와 모국의 전통문화와 의례(명절) 모두 지키는 편이다. 나는 현지인과 동포 모두 친밀하다.
주변화 (marginalization)	나는 심도 깊은 소통을 할 수 있는 언어가 없다. 나는 집에서 어떤 언어로든 소통에 어려움을 겪는다. 나는 현지어와 모국어 모든 편지 쓰기가 힘들다. 나는 현지와 모국의 전통문화와 의례(명절)에 관심이 없다. 나는 현지인과 동포 모두 친밀하지 않다. 나는 현지나 모국에 대한 소속감을 느끼지 못한다.

파라과이 중국계 이민자들의 문화적응 유형을 측정하기 위해 동화와 통

합, 주변화, 분리라는 4개의 유형을 중심으로 각 유형에다 6개의 분석항목을 넣었다. 각 유형의 6개 항목은 언어와 사회관계에 관한 내용이다. 언어와 관계된 항목이 3개이며, 사회관계와 관련된 항목이 3개로 구성되어 있다.

4개 유형의 6개의 항목은 설문 조사를 통해 각 항목에다 문화적응의 정도를 조사하였다. 그 정도는 각 항목에다 1부터 10까지 점수를 부여하여 정량적으로 측정하였다. 조사대상자는 관련 항목 내용에 해당 사항이 높을수록 10에 가까운 점수를 표기하게 되고, 반대의 경우에는 낮은 점수를 표시하게 된다. 이처럼 각 항목에다 나온 점수를 토대로 각 유형에 대한 빈도를 측정하게 된다. 예컨대 동화와 관련된 항목들의 점수가 높고, 분리와 관련된 항목들의 점수가 낮다면, 조사대상 집단은 모국의 문화보다 현지 문화에 대한 적응 및 동화 정도가 높다는 결론이 나오는 것이다. 반대로 분리와 관련된 항목들의 점수가 높고 동화와 관련된 항목들의 점수가 낮다면, 조사 대상 집단은 현지 문화보다 모국의 문화를 고수하는 유형임을 알 수 있다.

2. 연구과정

본 조사와 연구는 한국연구재단의 글로벌연구네트워크지원사업(2017~2018)의 일환으로 실시하였다. 이 조사는 원래 파라과이내의 동아시아계 이민자인 한국과 중국, 일본 이민자 모두를 대상으로 연구를 수행했지만, 이 연구는 중국계 이민자에 대한 조사 내용만을 분석한 것이다. 조사는 수도인 아순시온에서 실시되었다.

연구 내용은 파라과이 사회과학연구원 루이스 오르티스(Luis Ortiz) 박사와 그의 연구팀(아순시온 국립대 정치사회과학부 9명의 학생)들이 참여하여 2018년 7월 한 달 간 실시한 설문조사에 근거한 것이다. 설문조사 항목은 성별, 나이, 학력, 출생지, 국적, 직업, 종교, 이민 시기와 영주권과 시민권 여부 등 총 9개의 기초 문항에 대한 조사를 실시하였다. 그리고 문화적응 정도를 조사하기 위해 4개 영역(동화, 분리, 통합, 주변화)의 24개 문항(각 영역마다 6문항)에 대한 척도를 조사하였다.

총 조사 대상은 55명이다. 대만 출신은 44명이며, 홍콩을 포함한 대륙 출신은 11명이다. 성별은 남성이 31명, 여성이 24명이다. 연령대는 10대에서 20대 사이가 25명, 30대에서 40대 사이가 20명, 50대에서 60대 사이가 10명이다. 그리고 학력은 고등학교 이상 졸업이 26명, 대학교 이상 졸업이 29명이다.

Ⅲ. 파라과이 중국계 이민자의 이주 배경 및 역사

파라과이 중국계 이민자의 이주 배경과 역사를 서술하기에 앞서, 중국계가 중남미로 이주한 배경과 역사를 살펴보면 그 역사가 오래되었다는 것을 알 수 있다. 중남미에 최초의 중국인이 당도한 것은 16세기부터 19세기까지 이어온 마닐라 갈레온 무역(Galeón de Manila)을 통해서였다.[1415] 갈레온 무역은 지금의 멕시코 베라크루즈와 필리핀의 마닐라를 잇는 교역 루트였다. 이 무역을 통해 중남미의 은이 마닐라를 거쳐 중국으로 유입되었으며, 반대로 중국은 도자기 등의 물품을 중남미로 보냈다. 이러한 무역 과정을 통해 중국의 상인들과 노동자들이 중남미로 건너 간 것이다.

아프리카계 사람들을 거래했던 노예제가 19세기 초에 철폐되자, 중남미에서는 노동력 메우기 위해 중국계 노동자들을 받아들였다. 중국계 이민자들은 쿠바와 카리브해의 사탕수수와 목화 등을 재배하는 플랜테이션 농장에서 별 다른 기술이 필요 없는 막노동을 하였는데, 주로 이들은 중국의 광동성과 저장성, 복건성 출신의 청년과 농민들이었다.[16] 19세기 중반부터 20세기 초 까지 중국계 이민자들은 페루와 멕시코, 중미지역 등지에 철도 건설 노동 혹은 상업에 종사하였다.[17][18]

중국계 이민자가 어떻게 파라과이에 처음으로 정착했는가에 대해서 명확하게 밝혀진 바는 없다. 다만, 인접국인 아르헨티나와 브라질을 거쳐서 이주했을 가능성이 높다. 특히 포르투갈 식민지였던 브라질에서는 식민지 때부터 중국계가 정착했다고 알려져 있다. 당시 포르투갈은 마카오를 식민지로 삼았기 때문에 중국계 노동자들을 마치 노예처럼 당시 브라질의 농장으로 데려왔으며. 그 이후에도 홍콩과 광동성 등지에서 중국계가 꾸준하게 브라질에 정착하였다.[19] 기록으로 알려진 바로는 19세기 초에 400명의 중국계가 차를 재배하기 위해 계약노동자로 들어왔다고 전해지고 있으며, 19세기 말에는 상파울루에 처음으로 식당을 열었다[20]고 한다.

아르헨티나에서는 1914년 인구센서스 기록에서 수백 명의 중국계 남자들이 거주했다는 기록이 있다.[21] 이 기록을 보아 이미 그 이전에 중국계가 아르헨티나에 정착해서 살고 있었음을 알 수 있다. 그리고 특징적인 부분은 남자들만 있었다는 기록을 보아 당시에 돈을 벌기 위해 혈혈단신으로 이주한 것으로 보인다. 이 시기에 아르헨티나는 철도 부설을 위해 이탈리아를 비롯한 유럽계 이민자들도 노동자로 많이 받아 들였기 때문에 중국계도 이런 맥락에서 노동자 신분으로 이주한 것으로 여겨진다.

이상의 두 국가의 사례를 통해 보면, 파라과이에는 같은 언어권인 아르헨티나에서 정착했던 중국계가 다시 파라과이로 재차 이주했을 가능성이 높다. 파라과이는 내륙국이기 때문에 항공기가 없던 시기에 중국계 이민자가 바로 파라과이로 이주하는 것이 불가능하였다. 유사한 시기에 파라과이에 이주했던 유럽계 이민자들의 사례를 보면, 철도 노동자로 아르헨티나에 정착한 후에 다시 파라과이로 건너온 것이 일반적이었기 때문에 중국계 이민자들도 비슷한 경로를 거쳐 파라과이에 정착했을 것으로 보인다.

파라과이에 중국계 이민자들이 늘어난 것은 마오쩌둥에 의해 중국 공산당이 집권하기 시작한 1949년 이후 부터였다. 이때는 파라과이뿐 아니라 브라질과 아르헨티나에서도 중국계 이민자들이 점차 증가한 시기[2223]이다. 중국 내부의 공산당에 반감을 가진 대륙 출신들과 중국의 위협으로부터 멀리 벗어나기 위한 대만 출신의 이주자가 늘어나는데, 이 시기를 '중국 이민의 물결'이라 부른다.[2425]

공교롭게도 파라과이는 이 시기에 반공주의를 기치로 내건 콜로라도당(Partido Colorado)이 미국의 지원을 받아 정권을 잡았다. 당시 파라과이는 리베랄당(Partido Liberal)이 여당이었으나, 콜로라도당이 미국의 반공주의 정책에 힘입어 집권하게 되었다. 그리고 35년간 집권한 알프레도 스트로에스네르(Afredo Stroessner)이 1954년 대통령으로 취임하면서 파라과이는 반공주의를 기틀을 공고하게 다지게 된다. 반공이라는 공통의 목표에 따라, 파라과이와 대만은 외교적으로 긴밀한 관계를 가지게 되었고, 그 결과로 1957년 파라과이는 대만과 수교를 맺게 된다.

수교 이후, 홍콩을 제외한 대륙 출신들은 파라과이로 바로 이주할 수 없는 환경이 되었고, 이때부터 파라과이에는 대만 출신의 중국계들이 본격적으로 이주하게 되었다. 파라과이로 이주한 대만 출신들은 주로 상업에 종사하였는데, 특히 대만에서 발달한 산업인 화훼와 관련된 일을 하였다. 이들은 화훼 이외에도 수도의 4시장(mercado 4)을 중심으로 그 인근 지역에서 음식점과 슈퍼, 그리고 전기 및 전자 관련 상점을 운영하고 있다. 그리고 파라과이 제 2의 도시로 브라질과 국경과 마주하고 있는 시우닫 델 에스테(Ciudad del

Este)에도 대만 출신들이 많이 거주하고 있다.

대만 출신 이민자들과 관련된 파라과이의 주요기관으로는 교육과 국제 협력, 무역과 관련된 기구들이 있다. 먼저 교육 부분에서는 1985년 이민자 후손들에게 언어와 문화를 가르치기 위해 파라과이 교육부의 인가를 받아 4 시장 인근에 설립한 장개석 학교(Colegio privado Chiang Kai Shek)가 있다. 그러나 이 학교는 Covid-19로 인한 재정난으로 35년의 역사를 뒤로 하고 2020년 6월에 폐교하였다.[26] 양국의 교류 기구는 파라과이-대만의 우정과 협력 협회(Asociación Paraguayo-Taiwanesa de Amistad y Cooperación, APTAC)가 있으며, 무역 관련 기구는 파라과이-중국(대만)의 산업 및 교역 위원회(Cámara de Comercio e Industria Paraguayo-China(taiwán))가 있다.

IV. 파라과이 중국계 이민자 현황

파라과이의 중국계 이민자들은 1957년 대만이 파라과이와 수교한 이후 대만계 이민자가 늘어남에 따라 꾸준히 증가하였다. 따라서 각 이민 시기에 따라 문화적응 양상도 다르게 나타나고 있다. 이는 55명의 설문 조사 대상자들 사이에서도 그대로 드러나고 있다. 전체 조사대상 55명 중 대만 출신은 44명, 대륙 출신(홍콩 포함)은 11명으로 대만 출신이 압도적으로 높다. 대륙 출신은 1957년 이후에 이주한 사람들로서 불법 체류자거나 다른 3국을 경유하여 영주권이나 시민권을 취득한 후 파라과이에 정착한 경우가 대부분이다. 조사대상자 중에서 불법체류자는 없었다.

대륙 출신자들의 출생지를 살펴보면, 6명은 파라과이 출신이며, 3명은 홍콩, 2명은 각각 중국의 상해와 장수 출신이다. 상해와 장수 출신은 각각 대만과의 수교 전인 1957년 이전에 이주한 사람들이다. 이상의 결과를 토대로 본다면, 조사대상자 중에는 1957년 이후에 대륙에서 파라과이로 이주한 이민자는 없다는 것을 알 수 있다.

중국계 이민자에 대한 기초 현황 조사로서 성별 및 나이, 이민 시기 및 배경, 출생지, 직업, 학력, 국적, 종교 등 총 9가지 항목에 대해 분석하였다. 성별과 나이, 학력은 앞선 장에서 서술하였고, 여기서는 6가지 항목을 통해 파라과이 중국계 이민자들의 현황에 대해서 파악하였다. 먼저 이민 시기 및 배경에 대해 조사한 내용은 다음과 같다.

이민 시기는 크게 1945년 전후로 나누었고, 세부적으로는 1945년 이후를 총 네 개의 시기로 나누어서 조사를 했다. 첫 번째 시기는 1946년~1959년이며, 두 번째 시기는 1960년~1980년, 세 번째 시기는 1981~2000년, 네 번째 시기는 2001년~2017년이다. 이민 시기는 2차 세계대전을 기준으로 설정하였는데, 이는 양국이 수교하기 전에 간헐적으로 존재했던 이민자들을 포함하기 위함이다. 그리고 각 시기별 단계는 20년을 기준으로 나누었으며, 마지막 시기는 조사 당시가 2018년이었기 때문에, 2017년까지로 정하였다.

〈표 2〉 시기별 이민자 수

시기	이민자 수	
	대만 출신	대륙 출신(홍콩 포함)
1945년 이전	·	2
1946년~1959년	3	1
1960년~1980년	11	6
1981년~2000년	21	1
2001년~2017년	9	1
합계	44	11

시기별로 보면, 1960년~1980년과 1981년~2000년 사이에 가장 많은 이주가 이뤄졌음을 알 수 있다. 1960년~1980년은 대만과 파라과이의 수교 영향으로 이민이 늘어난 것으로 보이며, 1980년~2000년은 대만 출신 이민자들이 파라과이 사회에 안착하면서 고국의 가족과 친지들의 이주가 증가한 것으로 사료 된다.

이는 조사한 이민 배경을 통해서도 확인되는데, 가족이나 친지를 따라 이주한 경우는 25건으로 가장 많았으며, 그 뒤를 이어 경제적 요인은 24건을 차지하였다. 소수 의견으로는 학업과 기타 의견이 각각 2건, 종교가 1건 있었다. 특징적인 것은 강제 이민이 1건 있었다. 이 경우는 대륙 출신으로서 중국이 공산화되는 과정에서 타의적으로 이주한 사례이다.

중국계 이민자들의 출생지는 파라과이가 28명, 대만 및 대륙이 27명으로 나타났다. 대만 출신 이민자 중 파라과이에서 출생한 사람들이 절반에 해당하는 것은 그만큼 이민 세대가 깊어졌다는 것을 의미한다. 이는 대만계 이민자들의 절반 이상이 2세대에 해당한다는 것을 알 수 있다. 또한 이민자들의 출생지는 이민자들의 이민 배경과 직업과도 연결이 된다. 파라과이에 태어난 이민자들은 출생지가 수도권과 제 2도시로 한정적인 데 비해, 대만에서 태어난 이민자들은 그 출신 도시와 지역이 다양하다.

파라과이에서 태어난 대만계 이민자들의 출생지는 대다수가 아순시온이며 그 다음으로 사우달 델 에스테, 페르난도 데 라 모라, 아레구아 순이다. 대만과 대륙에서 태어난 이민자들의 출생지는 타이베이와 가오슝, 타이난, 타오위엔, 장화, 타이중, 홍콩, 상해, 장수 등이 있다. 대만과 대륙에서 출생한 이민자들의 출신지가 다양함에 비해 파라과이 출신은 몇몇 대도시에 한정되어 있는데, 그것은 이민자들의 생계 및 직업과 관련이 있다. 아순시온은 수도이며, 페르난도 데 라 모라는 아순시온과 맞닿은 도시로서 두 도시는 모두 수도권에 속한다. 또한 시우닫 델 에스테는 파라과이의 제 2의 도시이며 상업이 발달 된 곳이다.

　이민자들은 이주의 요인에서도 나타났듯이 경제적 요인이 이민의 주요한 이유이기 때문에 직업을 구하기 비교적 쉬운 대도시에 정착한 것으로 보인다. 이는 대만 출신 이민자들의 직업 현황에서도 알 수 있다.

〈표 3〉 직업

	이민자 수	
	대만 출신	대륙 출신(홍콩 포함)
상업	17	1
전문직	6	1
회사원	5	1
학생(대학생 포함)	4	5
기타	12	3
합계	44	11

　이민자들의 대다수는 상업에 종사하고 있다. 상업은 현지에서 언어적 장벽이 비교적 덜 하기 때문에 초기에 선택하는 직업 유형이다. 구체적으로 상업에는 판매상(vendedor)과 상인(comerciante)이 주를 이루고 있고, 전문직은 치과의사, 교사, 변호사 등이 있었다. 기타에는 음악가와 요리사, 임대업 등이 있었다. 대륙 출신에서 학생의 비율은 높은 것은 대학생의 응답 비율이 높아서 나온 결과이다.

　직업에서 특징적인 것은 대만 출신 이민자들이 상업 중에서도 화훼, 꽃을 파는 일에 종사하는 비율이 높다는 것이다. 그들은 아순시온 구시가지의 번화가인 팔마거리(Calle de Palma) 혹은 신도시 쇼핑몰 앞에서 주로 장사를 한다. 대만 출신 이민자들이 꽃과 관련된 사업을 하는 것은 대만이 화훼산업이 발달되어 있는 것과 관계가 있다. 고국에서 꽃과 화훼 관련 일을 했던 경험을 바탕으로 이민 이후에도 그 직업을 계속 유지하는 것으로 보인다.

조사 대상 중국계 이민자들은 모두 영주권과 시민권을 가진 상태이다. 파라과이는 다른 중남미 국가에 비해 시민권과 영주권을 취득하는데 까다로운 조건을 내걸지 않는다. 다만, 중국은 파라과이와 미수교국이지만, 조사대상자들은 제3국을 통해 파라과이에 정착했거나 대만과 수교 이전에 정착했기 때문에 영주권과 시민권을 받은 상태이다.

〈표 4〉 거주유형

거주유형	이민자 수	
	대만 출신	대륙 출신(홍콩 포함)
시민권	24	7
영주권	19	4
단기비자	1	·
합계	44	11

대만과 대륙 출신 모두 시민권의 비율이 영주권 보다 높은 것을 알 수 있다. 다만, 이주 시기에 따라 시민권과 영주권 비율의 차이가 있다. 이주 시기가 빠를수록 시민권을 취득한 비율이 높은 것을 알 수 있다. 시민권자의 이주 시기를 보면, 대만 출신의 경우 1명 만 제외하고 2000년 이전에 이주하였다. 이는 대륙 출신도 마찬가지인데, 시민권자 7명 모두가 2000년 이전에 파라과이로 이주한 것을 알 수 있다. 영주권의 경우에는 대만 출신 중 8명이 2000년대 이후 출신이며, 대륙 출신은 1명이다.

이상의 통계를 보면, 중국계 이민자들은 시민권과 영주권 취득한 상태에서 안정적으로 생활하는 것을 알 수 있으며, 이는 종교 현황과도 일정 부분이 연결된다. 대만 종교는 불교가 35.1%, 도교가 33%, 무교가 18.7%, 기독교가 3.9%, 기타종교가 9.3%를 차지하고 있다[27]. 이 통계는 2005년 기준으로 대만의 주요 종교가 불교 및 도교임을 알 수 있다. 대륙 출신은 중국이 사회주의 국가로 종교를 공식적으로 가질 수 없지만, 공산당 집권(1949년) 전에 이주했거나, 홍콩에서 이주한 사람들은 종교를 가지고 있었다.

<표 5> 종교

종교	이민자 수	
	대만 출신	대륙 출신(홍콩 포함)
기독교	19	4
불교	5	2
도교	4	·
무교	16	5
합계	44	11

이상의 조사 결과에서 대만과 대륙 출신 모두 기독교가 가장 높은 비중을 차지하고 있다. 이는 이민자들이 파라과이에 이주하여 적응한 결과라 볼 수 있다. 파라과이는 가톨릭 국가이며, 최근에 개신교의 성장도 두드러져 이민자들이 현지에 적응하기 위해 기독교로 개종한 것으로 보인다. 세부적으로 대만 출신은 개신교가 10명, 가톨릭 9명이며, 대륙 출신은 개신교가 3명, 가톨릭이 1명이다. 무교는 불가지론과 무신론으로 나뉘는데, 대만 출신은 무신론이 10명, 불가지론이 6명이며, 대륙 출신은 무신론이 3명, 불가지론이 2명이었다.

중국계 이민자들 사이에서 도교와 불교 비중이 줄고 기독교 신자가 늘어난 것은 현지 사회에 적응하기 위한 방편으로 보인다. 더불어 중국계 이민자의 종교가 파라과이의 국교인 가톨릭보다 개신교의 비율이 높은 것은 재밌는 현상이라 할 수 있다. 가톨릭은 대다수의 파라과이 사람들이 태어나면서 가지는 종교로서 개신교에 비해 파라과이 문화와 깊이 관련을 맺고 있다. 이에 비해 개신교는 새로이 확산되고 있는 종교로서 이민자나 외국인들이 접근하기에 가톨릭보다 부담감이 적어 중국계 이민자들이 가톨릭보다 개신교의 비율이 높은 것으로 보인다. 그리고 개신교는 후발 주자로서 신도 확보에 적극적인 것도 중국계 이민자들 사이에 개신교의 숫자가 높은 이유이기도 하다.

V. 파라과이 중국계 이민자의 문화적응 유형

베리의 문화적응 척도를 바탕으로 구성한 문화지형웹(Cultural Mapping Web)으로 파라과이 중국계 이민자들 55명의 문화유형을 분석한 결과 아래와 같은 결과가 도출되었다. 각 4개 유형의 6개 항목을 분석한 결과 통합(integration)과 분리(separation)가 강하게 나타났으며, 그 다음으로는 동화(assimilation)이며, 가장 낮은 척도를 보인 것이 주변화(marginalization)이다.

통합은 총 6개 항목의 평균이 6.3점이며, 분리는 5.9점으로 나왔다. 두 유형 간의 차이는 0.4점으로 아주 미세하게 차이가 있다. 동화는 5,3점이며, 주변화는 1,7점으로 아주 낮게 결과가 나왔다. 통합과 분리는 거의 차이가 없었지만, 통합이 조금 더 강하게 나타났다. 통합과 분리, 동화는 모두 5점 이상이었지만, 주변화는 1점 대로 아주 낮게 나타났다.

이상의 결과를 토대로 본다면, 중국계 이민자들은 모국의 문화를 유지하면서 현지 문화에도 별 다른 문제없이 적응하는 모습을 보인다. 이러한 중국계 이민자들의 문화적응 유형의 특징은 앞선 현황 조사 중 종교 분포를 통해서 짐작할 수 있었다.

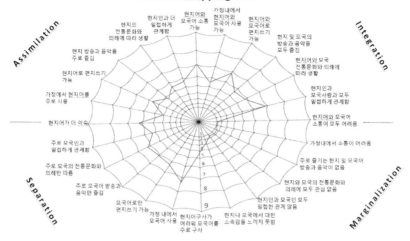

Cultural Mapping Web

〈그림 1〉 문화지형웹

　항목별로 살펴보면, 가장 높은 척도를 나타내는 항목은 분리 유형의 두 번째 항목인 "가정 내의 모국어 사용"으로 7.3점이다. 그리고 두 번째 높은 척도를 보인 항목은 통합 유형의 첫 번째 항목인 "현지어와 모국어 소통 가능"으로 7.1점이다. 중국계 이민자들은 현지 적응의 첫 번째 요소인 언어에 대해 어느 정도 능통함을 보이고 있지만, 가정에서는 모국어를 사용 빈도가 높은 것을 알 수 있다. 이는 중국계 이민자들이 현지에 어느 정도 적응된 모습을 보이면서도 자신들의 문화를 고수하는 경향을 띤다고 볼 수 있다.

　이러한 중국계 이민자들의 문화적 특성으로 인해 동화가 통합과 분리보다 그 척도가 낮게 나타났다고 볼 수 있다. 특히 동화의 두 번째 항목인 "가정에서 현지어를 주로 사용"이 3.9점으로 동화의 6개 항목 중 가장 낮게 나온 것을 봐도 중국계 이민자들의 모국 문화에 대한 애착을 느낄 수 있다.

　결론적으로 중국계 이민자들은 통합과 분리의 경향이 강하다는 것을 알 수 있었다. 이는 양국의 문화에 잘 적응하면서도 모국의 문화를 지키는 경향이 강하다는 것을 의미한다. 통합적인 경향은 경제 및 다양한 활동을 위해 호스트 사회인 파라과이에 적응하는 노력으로서 나타나며, 그것은 현지어인 스페인어 사용과 종교 등의 친교 관계를 통해 이뤄지고 있음을 알 수 있었다. 또한 분리적인 경향은 중국계 이민자들이 자신의 언어와 문화를 고수하고 있는 면에서 잘 드러났는데, 그것은 가정 내의 모국어와 사용 및 의례 행위를 통해 주로 표출되었다.

VI. 마치며

본 연구는 파라과이 중국계 이민자들의 문화적응 유형을 베리의 문화적응척도를 차용하여 분석한 것이다. 베리의 문화적응척도는 미국의 동아시아계 이민자들을 대상으로 했기에, 본 연구에서는 연구 방법과 설문 내용 등을 파라과이 상황에 맞게 변화를 주었다. 그리고 문화적응 유형의 결과는 문화지형웹(Cultural Mapping Web)을 통해 4개의 문화유형과 24개의 항목의 척도를 도출하였다.

파라과이 중국계 이민자는 대만 출신 비율이 월등하게 높았는데, 그것은 파라과이가 남미에서 유일하게 대만과 수교를 맺고 있기 때문이었다. 그래서 파라과이의 중국계 이민자들은 다른 중남미 국가에 비해 이민 역사가 길지 않으며, 가장 오래된 이민 세대가 3세대 정도에 불과하였다. 이는 중남미의 페루와 멕시코, 그리고 이웃국가인 브라질과 아르헨티나의 중국계 이민자 역사에 비하면 짧다고 볼 수 있다.

파라과이 중국계 이민자의 문화적응 유형은 통합 유형이 가장 높게 나왔다. 이것은 중국계 이민자들이 모국 문화의 유지와 함께 현지 문화도 잘 받아들이고 있음을 보여준다. 반면에 분리도 통합과 비슷한 수준의 척도로 결과가 도출되었는데, 이는 현지 문화적응과 별개로 모국의 언어와 문화를 유지하는 힘이 강하다는 것을 알 수 있었다. 즉 중국계 이민자들은 자신의 문화를 고수하면서 호스트 사회와 문화에 어느 정도 적응하는 모습을 보였다.

코로나로 작년에 폐쇄되었지만, 장개석 학교 등 이민 후속세대를 위한 교육기관의 존재는 중국계 이민자들이 그들의 언어와 문화를 지켜온 원동력이라 볼 수 있다. 다만, 장개석 학교가 Covid-19에 의해 경영난으로 사라진 상황에서 앞으로 중국계 이민자들, 특히 후속세대들이 모국어를 이전 세대와 달리 어떻게 익히고 사용하는가에 대해서는 앞으로 유의 깊게 지켜봐야 할 것이다. 앞선 연구결과에서도 언급했듯이 모국어는 이민자를 정체성을 유지하는 데 큰 역할을 하는 것이 사실이다.

나아가 동아시아권 문화인 한국계와 일본계 이민자 사례와 비교한다면, 중국계 이민자들의 문화적응 양상을 다각도로 분석하는 데 도움이 될 것이다. 특히 두 국가의 경우에 모국어를 배울 수 있는 학교가 여전히 운영되고 있다는 점에서 모국어를 배울 수 있는 학교의 유무가 문화적응 유형에 어떤 영향을 미치는가에 대해 장기적으로 관찰할 필요가 있어 보인다.

제7장

이순주

젠더 관점에서 본 라틴아메리카의 사회경제적 불평등과 정책:

멕시코와 칠레를 중심으로

I. 들어가며

불평등은 라틴아메리카 사회가 해결해야 할 아주 오래된 화두로, 하나의 특징으로 굳어져 왔다고 해도 과언이 아닐 것이다. 불평등은 다차원을 가지 며, 중첩되고 누적되고 스스로 강화되는 특징을 가진다.[1] 여기서 다차원은 국가, 지역, 그룹, 개인 등의 단위와 계급, 젠더, 인종, 종족, 국적, 종교, 연령, 성적지향, 세대, 장애 등 다양한 차원을 의미하고 중첩된다는 것은 불평등을 야기하는 모든 차원이 둘 이상 겹쳐지는 것을 의미한다. 이러한 불평등은 소득이나 부, 권력의 차이로 사회 내에서 수직적으로 존재하고, 성별, 종족, 인종뿐 아니라 기후변화에 대한 취약성이나 젠더 정체성 등 다양한 요인에 따라 수평적으로도 나타난다.

UN이 2000년 의제로 채택했던 밀레니엄개발목표(Millennium Development

Goals, MDGs)는 전 세계가 보다 더 안전하고 좋은 곳으로 만들겠다는 포부를 담고 있다.

세부 목표들은 빈곤과 기아 퇴치, 보편적 초등교육 성취, 성평등과 여성 권한 강화, 아동사망율 감소, 모성보건증진, AIDS, 말라리아 등 전염병 예방, 지속가능한 환경, 개발을 위한 글로벌 파트너십 구축 등 총 8가지이다. 이 목표들은 세계가 더 안전하고 좋은 곳이 되기 위해 다양한 사회경제적 불평등이 해소되어야 한다는 지구촌 공통의 인식을 보여주는 것이었다. 그리고 2015년 국제사회는 지속가능발전목표(Sustainable Development Goals, SDGs)를 채택하면서 MDGs를 대체하였다. SDGs는 17개목표와 169개 목표, 그리고 244개의 세부 지표로 구성되어 있으며, 이들을 2030년까지 이루어 낼 것을 목표로 하고 있다.

성평등은 MDGs에서 이어 SDGs에서도 그 중요성이 강조되면서 다섯 번째 독자 목표로 설정되었고, 총 9개의 세부 목표로 구성되었을 뿐만 아니라 다른 모든 분야에서도 적용해야 할 범 분야 이슈로 선정되었다. 이는 국제사회의 많은 노력이 있었음에도 MDGs가 피상적이고 현실적인 장애에 중점을 두어, 성별 권력관계와 불평등을 야기하는 사회구조적 억압에 대해 근본적으로 도전하지 못한 한계가 있었다는 평가가 반영된 것으로 볼 수 있다. 따라서 SDGs의 "성평등 및 여성과 여아의 권한 강화"는 그러한 한계를 보완하여 성평등을 위한 구조적인 변화를 요구하는 항목들이 대거 포함된 것이다.[2]

IMF와 세계은행은 성격차 축소가 여성과 소녀만을 위한 정책이 아니라 국가전체를 이롭게 하는 것이며, 그러한 것이 바로 똑똑한 경제(Smart Economics)라는 주장을 들어 성평등의 중요성을 강조해 왔다.[3] 하지만 여전히 그 진전은 더딘 것으로 평가되고 있다.

국제적으로 평가하는 라틴아메리카의 성격차, 혹은 성평등은 상당히 빠르게 진전되어 왔다. 교육 분야의 평등은 상당히 높은 수준으로 달성되었고, 여러 국가에서 여성할당제와 남녀동수제를 법제화하면서 정치 분야의 여성 대표성은 다른 지역의 모범사례라 할 정도로 성격차를 축소시켰다. 그러나 여전히 페미사이드를 비롯해 해결해야 할 많은 문제들이 산적해 있는 것도 사실이다.

최근 COVID-19 이후 전례 없는 속도로 소득배분의 양극화가 심화되면서 여성은 더욱 불균형적으로 영향을 받은 것으로 평가된다. 소득불균형이 소득하위계층에 미치는 영향은 매우 심각하다. 특히 장기적으로 아동의 영양, 보건, 교육 격차가 심화되며 불평등이 고착될 가능성이 높고 돌봄 노동의 부담을 상대적으로 많이 지고 있는 여성에게 더욱 부정적인 영향을 주고 있다.[4]

이 글에서는 성평등 정도를 측정하는 다양한 지표들에 대한 소개와 함께, 라틴아메리카의 성평등 수준을 살펴보고, 멕시코와 칠레에서 경제적 분야의 성불평등 완화를 위한 최근 수년간의 정책과 그 성과들을 소개하고자 한다.

II. 성평등 정도를 평가하는 다양한 지표들

어떤 기사나 자료를 보면 우리나라의 성평등 수준은 세계 다른 국가들과 비교해 매우 높은 수준에 달한 것으로 보이고, 또 다른 자료를 보면 정반대의 수준으로 평가되기 때문에 매우 의아해 보일 수 있다. 이는 해당 기사나 자료가 어느 지수를 사용하는지에 따라 달라진다. 국제기구들은 성평등을 측정하기 위한 다양한 지표와 지수들을 개발해 왔다. UNDP(United Nations Development Programme, 유엔개발계획)는 1990년에 GDI(Gender Development Index, 성개발지수)를 개발한 뒤 이를 보완해왔다. 유엔개발계획은 1990년부터 매년 문

해율, 평균수명, 1인당 실질 국민소득 등 206개 지표를 토대로 하여 한 국가
가 인간능력을 어디까지 개발했는지 측정하고, 종합적으로 평가하여 지수로
정량화하고 있다. 이 지수는 각 나라의 선진화 정도를 판단하는 척도로 볼
수 있다.

GDI는 인간개발지수의 항목들을 성별로 구분하여 남녀의 성취 수준을
비율로 측정하는 지수다. GDI는 인간이 향유해야 할 기본적 역량에 초점을
두었는데, 복지와 경제영역이 주로 소득을 중심으로 평가되면서 실질적인
성평등 정도를 측정하지 못한다는 한계가 지적되었다. UNDP는 이를 보완
하고자 여성권한척도(Gender Empowerment Index)를 개발하여 여성의 정치적대
표성과 경제 부문 관리직에서의 여성대표성, 경제적 자원에 대한 권한 등을
중심으로 측정하였다. 그러나 이 또한 소득을 여성권한과 직접적으로 관련
되는 것으로 간주하여 빈국에서는 높은 점수를 얻기 어렵고, 성불평등을 측
정하기에는 한계가 있다는 비판을 받았다.

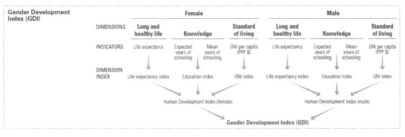

출처: http://hdr.undp.org/en/content/gender-development-index-gdi

〈그림 1〉 GDI 개념도

또한 기존의 지표(남녀평등지수 GDI, 여성권한척도 GEM)가 선진국 위주이며,
도시 엘리트를 중심으로 한 편차(bias)를 반영하고 있다는 비판이 제기되기

도 했다. 이러한 비판을 수용하여UNDP는 2010년 인간개발보고서에서 GII (Gender Inequality Index, 성불평등지수)를 새로 제시하였다. 이는 2010년 인간개발보고서에서 처음 도입한 것으로 생식건강, 여성권한, 노동 참여 등 인간개발의 기본적인 요건에서 성불평등으로 인해 발생하는 인간개발의 손실을 측정한 지수다. 이는 기존의 여성권한척도(GEM)와 GDI를 대체하는 것으로 지수가 0이면 완전 평등, 1이면 완전불평등을 나타낸다. 부문별 세부 지표를 살펴보면, 생식건강은 모성사망률과 청소년 출산율, 여성권한은 여성의원의 비율과 중등 이상의 교육을 받은 인구의 비율, 노동 참여는 경제활동참가율로 구성되었다.

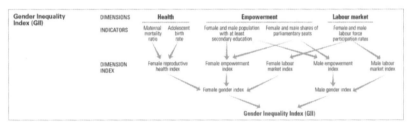

출처: https://hdr.undp.org/en/content/gender-inequality-index-gii
〈그림 2〉 GII 개념도

GII의 의의는 기존 성평등 관련 지표들의 한계를 어느 정도 수용함과 동시에 국가 수준에서 상호 중복된 불평등을 설명함으로써 국제성평등지표 측정에서 중요한 진전을 보였다는 데 있다. GII는 각 정부가 국제적 성평등 목표에 얼마나 도달하고 있는지를 모니터링하게 하여 여성에 대한 차별과 불이익에 대한 문제의식을 갖게 한다. 또한 성평등 목표에 도달하기 위해 필요한 정부의 역할을 인식하고 구체적 정책을 수립하는 데 기초자료로 활용할 수 있다.

그럼에도 GII는 각 영역지표가 성평등 정도를 고루 반영하지 못하고 있다는 점이 한계로 제시되었다. 예를 들면, 경제활동영역지표는 성별 노동시장 참여율만 제한적으로 반영하고 있다. 성별 임금격차나 노동시장에서의 직종별 성별분리, 성별 시간사용의 차이 그리고 재산에 대한 접근 등 실제 차별이 이루어지는 다양한 세부 지표가 포함되지 않아 실제 경제영역에서의 성평등을 측정하기에는 상당히 미비한 지표이다. 그리고 여성특화지표인 모성사망비율, 청소년출산율은 그 역수를 취해 지표 값을 나타내므로 타 지표에 비해 큰 영향을 주게 된다는 한계가 있다.[5]

2005년 세계경제포럼(World Economic Forum)은 GGI(Gender Gap Index, 젠더격차지수)를 개발하여 처음으로 경제, 교육, 보건, 정치 분야에서 나타나는 성별 차이 측정을 시도했고, 2006년 이를 바탕으로 세계성격차보고서(The Global Gender Gap Report)를 처음 발간하였다. UNDP의 성평등 관련 지표와의 특징적인 차이는 정치, 경제, 사회적 수준과 성평등 목표 도달 정도를 분석한 것이 아니라는 것이다. GGI는 경제참여 및 기회, 교육적 성취, 건강과 생존, 정치적 권한 등 4개의 분야에서 성격차만을 평가한 지표이다. 이 지표에서는 1이면 평등, 0이면 불평등을 의미한다. 따라서 선진국인지 개발도상국인지와 무관하게, 한 국가가 처한 동일한 사회경제적 조건 속에서 여성과 남성이 어떤 격차를 보이는지를 평가하여 각 국가의 성평등 정도를 나타내는 지표이다. 그런 의미에서 특정 국가의 성격차를 측정하는 데 더 유용한 지수라 할 수 있다.

이 외에도 OECD(Organization for Economic Cooperation and Development, 경제개발협력기구)가 개발한 SIGI(Social Institution and Gender Index, 사회제도와 젠더지수)가 있는데, 성평등을 저해하는 차별적 법과 제도, 관행이 존재하는 지를 세계 180여 개국을 대상으로 평가하여 산출하는 종합지수이다. 이 지수는 가정 내 차별적 문화, 신체적 자유의 제한, 생산과 금융자원에 대한 접근 제한, 시민적 자유의 제한 등의 4가지 영역으로 나누어 산출한다. 그 결과는 매우 낮은 차별, 낮은 차별, 높은 차별, 매우 높은 차별로 구분되는 국가군으로 분류하는 것으로 나타난다.[6] 하지만 지수 산정 방법과 지수 해석 등에서 혼동이 발생하는 등의 문제가 있으며, 제도적 지표가 긍정적으로 보인다고 하더라도 그 결과가 다르게 산출될 수 있으므로 실제 성평등 정도를 측정하기에 한계가 있다.[7] 따라서 이 글에서는 라틴아메리카의 성불평등 추이를 보는 기준으로 GGI를 주로 활용하고자 한다.

Ⅲ. 라틴아메리카의 경제적 불평등과 젠더

이미 잘 알려져 있듯이 라틴아메리카의 불평등은 다차원적이며 중첩적일 뿐만 아니라 광범위하다. 소득불평등은 정치, 경제, 사회, 문화 등 오랜 구조와 정부정책 등 다양한 요인이 복합되어 나타난 결과물이라고 할 수 있다. 〈그림 3〉에서 볼 수 있듯 2000년대 이후 라틴아메리카(●)의 소득불평등은 꾸준히 감소해 왔다. 유사한 수준의 개발도상국들(▲)과 비교하면 라틴아메리카의 불평등 정도는 높지만, 상위 10%와 하위 10%의 소득불균형이 축소되어왔고 지니계수도 꾸준히 개선되는 모습을 보여왔다. 하지만 2019년 이후 COVID-19와 그 변이로 인한 팬데믹 상황이 전 세계적으로 확산하면서 다시 사회경제적 불평등은 급격히 심화되었다.

세계은행은 COVID-19가 라틴아메리카의 불평등에 미친 영향이 매우 큰 것으로 보았다. "갭을 생각하라: COVID-19가 라틴아메리카와 카리브의 불평등을 어떻게 증대하는가(Mind the Gap: How Covid-19 is Increasing Inequality in

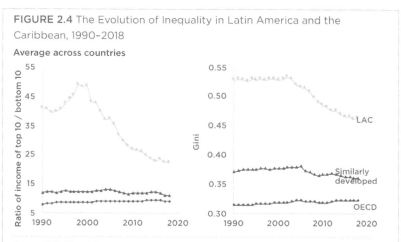

FIGURE 2.4 The Evolution of Inequality in Latin America and the
Caribbean, 1990-2018

Average across countries

Source: SEDLAC and World Bank for LAC countries. World Development Indicators for OECD and
countries similar to LAC.

Note: The countries in the LAC sample are Argentina, Bolivia, Brazil, Chile, Colombia, Costa Rica, Dominican
Republic, Ecuador, El Salvador, Honduras, Mexico, Nicaragua, Panama, Paraguay, Peru, Uruguay, and
Venezuela. The OECD countries are Australia, Austria, Belgium, Canada, Czech Republic, Denmark,
Estonia, France, Germany, Greece, Iceland, Ireland, Israel, Italy, Japan, Latvia, Lithuania, Luxembourg,
Netherlands, New Zealand, Norway, Portugal, Spain, Finland, Slovenia, Sweden, Switzerland, United
Kingdom, and United States. The countries developed similarly to LAC are Albania, Algeria, Bulgaria,
Hungary, Indonesia, Malaysia, Morocco, Philippines, Poland, Serbia, Thailand, Turkey, and Tunisia.

출처: Busso and Messina(2020), *The Inequality Crisis: Latin America and the Caribbean at the Crossroads*, Inter-
American Development Bank, p.23.

〈그림 3〉 라틴아메리카와 카리브해 지역의 불평등 추이

Latin America and the Caribbean)"에서 사회적 거리두기로 인한 실직과 그로 인한
소득축소가 직접적으로 빈곤가구의 영양공급악화, 교육과 보건서비스에 대
한 접근을 제한하는 효과를 가지고 왔다고 보았다. 또 빈곤과 불평등의 악화
는 장기적으로 아동들에게 교육의 공백으로 인해 낮은 수준에 맞춘 교육을
받게 될 것이며, 성인이 되었을 때 최대 역량을 발휘하기 어려워지는 상황이
누적된다는 것이다.[8]

　지난 수십 년간 라틴아메리카의 성별 임금격차는 꾸준히 감소해왔으며,
남성임금대비 여성의 임금도 최고 87%까지 도달했다. 그럼에도 전통적인

성별 역할분업에 대한 인식은 여전히 고착되어 있어 경제적 분야에서 성격차는 크게 개선되지 않고 있다. 예를 들면, 비즈니스, 법조계, 보건, 컴퓨터, 정부, 과학 분야의 고소득 직종에서 여성비율은 1/3 정도에 불과하다. 또 주요 기업 경영진 중 여성비율은 10% 미만이고, CEO는 20명 중 1명이 여성으로 경제 분야에서 여성대표성이 매우 낮다. 이는 경제활동 및 사회적 성역할에 관한 고정관념이 지속되기 때문이라 볼 수 있다. 가사나 자녀와 노인을 돌보는 역할은 여성이 더 적합한 것으로 인식하고 있다. 예를 들면, 라틴아메리카에서 어머니가 일을 하는 미취학 아동들은 어머니의 직업활동으로 인해 적절한 돌봄을 받지 못하여 고통받게 된다는 인식을 가진 이들이 40% 이상이다. 그리고 교육 수준은 거의 평등할 정도로 개선되고 고등교육을 받은 여성의 비율이 증가하였지만, 직업과 사회적 역할에 관한 전통적 인식이 유지되면서 과학, 기술, 엔지니어링, 수학 등 전통적으로 남성 지배가 강한 분야에서 일하는 것을 선호하지 않는다. 또, 무임금 가사노동시간도 여성이 남성보다 주당 3배 더 많으며, 주당 18시간 더 많은 가사노동을 하고 있어 상당한 차이를 보인다.

세계경제포럼의 성격차지수(GGI)는 이 지역의 성격차가 분야별로 큰 차이를 보이고 있다. 아래의 〈표 1〉 2021년 지역별 GGI수준에서 비율(%)은 각 영역에서 남성이 누리는 정도를 100%라고 할 때 여성이 도달한 비율을 의미한다. 라틴아메리카의 GGI 평균은 세계 평균을 상회한다. 세부 영역별 비율은 교육성취영역이 99.7%, 그리고 보건과 생존영역이 97.6%로 평등에 가까이 다가가 있다. 반면, 경제 참여 및 기회는 64.2%로 세계 평균인 58.3%보다 높긴 하나, 성격차는 매우 크다. 정치권한영역 또한 27.1%로 세계 평균인 21.8%보다 높지만 평등에 도달하기에는 갈 길이 멀다. 정치권한영역은 아르헨티나가 세계 최초로 의원선출에서 여성할당제를 법제화한 이

〈표 1〉 2021년 지역별 GGI 수준

	Overall Index	Economic Participation and Opportunity	Educational Attainment	Health and Survival	Political Empowerment
			Subindexes		
Western Europe	77.6%	70.2%	99.6%	96.7%	43.8%
North America	76.4%	75.3%	100.0%	96.8%	33.4%
Latin America and the Caribbean	72.1%	64.2%	99.7%	97.6%	27.1%
Eastern Europe and Central Asia	71.2%	73.5%	99.7%	97.7%	14.2%
East Asia and the Pacific	68.9%	68.6%	97.4%	94.9%	13.7%
Sub-Saharan Africa	67.2%	66.1%	84.5%	97.3%	20.6%
South Asia	62.3%	33.8%	83.3%	94.2%	28.1%
Middle East and North Africa	60.9%	40.9%	94.2%	96.5%	12.1%
Global average	67.7%	58.3%	95.0%	97.2%	21.8%

Source: World Economic Forum, Global Gender Gap Index, 2021

Note: Population-weighted averages for the 156 economies featured in the Global Gender Gap Index 2021

〈표 2〉 라틴아메리카·카리브해 국가별 GGI순위

Country	Rank		Score
	Regional	Global	
Nicaragua	1	12	0.796
Costa Rica	2	15	0.786
Barbados	3	27	0.769
Mexico	4	34	0.757
Argentina	5	35	0.752
Trinidad and Tobago	6	37	0.749
Cuba	7	39	0.746
Jamaica	8	40	0.741
Ecuador	9	42	0.739
El Salvador	10	43	0.738
Panama	11	44	0.737
Suriname	12	51	0.729
Guyana*	13	53	0.728
Bahamas	14	58	0.725
Colombia	15	59	0.725
Bolivia	16	61	0.722
Peru	17	62	0.721
Honduras	18	67	0.716
Chile	19	70	0.716
Uruguay	20	85	0.702
Paraguay	21	86	0.702
Dominican Republic	22	89	0.699
Belize	23	90	0.699
Venezuela	24	91	0.699
Brazil	25	93	0.695
Guatemala	26	122	0.655

출처: World Economic Forum(2021), Global Gender Gap Report 2021.

후 대부분의 국가에서 할당제와 남녀동수제를 법제함으로써 상당한 진전을 보이고 있다. 현재 에콰도르, 코스타리카, 볼리비아, 니카라과, 멕시코, 온두라스, 파나마, 아르헨티나 등의 국가가 남녀동수제를 채택하고 있으며 나머지는 대부분 30~40%의 할당제를 실시하고 있다. 2020년 칠레 제헌의회 구성도 여성이 51%였다. 하지만 여전히 행정부와 사법부에서 성별 대표성의 격차는 크다.

세부 국가 사례로 칠레와 멕시코를 살펴보면, 〈표 3〉과 〈표 4〉에서 볼 수 있듯 교육영역과 건강과 생존영역의 지수는 모두 1(평등)에 수렴하고 있다. 경제 참여와 기회 영역의 지수는 두 국가 모두 완만하게 개선되어 0.6 전후이며 정치권한은 그보다 더 낮다. 멕시코에서는 정치권한의 격차는 0.13에서 0.46으로 개선되었는데, 2018년 선거에서 남녀동수제가 처음 적용된 영향이 컸다. 칠레는 2018년과 2020년에 0.3 정도로 상승했다가 다시 하락하

〈표 3〉 멕시코의 영역별 GGI(2006-2021)

Mexico	ECONOMIC PARTICIPATION AND	EDUCATIONAL ATTAINMENT	HEALTH AND SURVIVAL	POLITICAL EMPOWERMENT
2006	0.4801	0.9918	0.9796	0.1333
2008	0.4789	0.9780	0.9796	0.1399
2009	0.5089	0.9781	0.9796	0.1348
2010	0.5212	0.9910	0.9796	0.1390
2012	0.5382	0.9914	0.9796	0.1759
2013	0.5499	0.9911	0.9796	0.2463
2014	0.5519	0.9906	0.9796	0.2380
2015	0.5450	0.9910	0.9800	0.2810
2016	0.5440	0.9960	0.9800	0.2810
2017	0.5180	0.9960	0.9770	0.2760
2018	0.5740	0.9960	0.9790	0.3350
2020	0.5740	0.9970	0.9790	0.4680
2021	0.5900	0.9970	0.9750	0.4680

출처: World Economic Forum, Global Gender Gap Report, 2006~2021 발췌정리

〈표 4〉 칠레의 영역별 GGI(2006-2021)

Chile	ECONOMIC PARTICIPATION AND	EDUCATIONAL ATTAINMENT	HEALTH AND SURVIVAL	POLITICAL EMPOWERMENT
2006	0.5138	0.9799	0.9796	0.1087
2008	0.5154	0.9856	0.9796	0.2467
2009	0.5213	0.9961	0.9796	0.2566
2010	0.5338	0.9963	0.9796	0.2957
2012	0.5475	0.9986	0.9796	0.1448
2013	0.5445	0.9993	0.9796	0.1448
2014	0.5523	0.9997	0.9792	0.2589
2015	0.5700	1.0000	0.9790	0.2430
2016	0.5650	0.9990	0.9790	0.2540
2017	0.5730	0.9990	0.9780	0.2660
2018	0.5850	0.9990	0.9770	0.3070
2020	0.6080	1.0000	0.9770	0.3070
2021	0.6100	1.0000	0.9700	0.2830

출처: WEF, Ibid., 발췌정리

여 정치권한에서 성격차가 커졌음을 보여준다.

경제 참여와 기회에서 성평등은 1 고용과 노동시장 참여 2 임금과 소득 3 기업(자영업 포함) 4 금융에 대한 접근 등을 통해 측정하는데, 멕시코에서 여성의 경제활동 참여는 꾸준히 증가해 왔음에도 성격차가 지속되고 있어 여전히 라틴아메리카 내에서는 낮은 그룹에 속한다. 라틴아메리카와 카리브 지역 여성의 노동시장 참여율은 평균 59% 정도인데 멕시코는 49.1%, 브라질, 칠레, 아르헨티나, 콜롬비아 등은 59.1%~61.9% 사이를 보였다. 또한 빈곤가구 중 여성의 비율이 높은 것도 경제적 성격차를 줄이기 어려운 배경으로 작용하고 있다.

〈그림 4〉는 ECLAC성평등감시소(Gender Equality Observatory)가 경제 분야의 성평등지표의 하나로 빈곤가구의 여성성지수를 측정한 것인데, 측정한 모든 국가에서 남성보다 많다. 멕시코는 2018년 110.0에서 2020년 109.4로 감소했고, 칠레는 2017년 131.3에서 120.3으로 감소하여 빠르지는 않지만 조금씩 개선되고 있다.

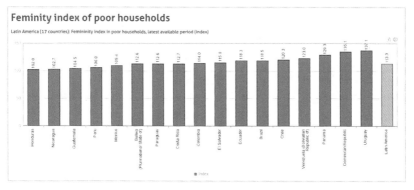

출처: https://oig.cepal.org/en/indicators/feminity-index-poor-households, Mexico(2020), Chile(2020)

〈그림 4〉 빈곤가구의 여성성지수[9]

Ⅳ. 경제적 성불평등 현황과 이를 개선하기 위한 정부의 정책

1. 멕시코

1) 현황

경제 참여와 기회 영역에서 멕시코는 세계 122위로 세부 지수[10]는, 경제 활동인구 중 남성의 82.4%가 경제활동에 참여하고 있으며, 여성은 49.1% 가 참여하고 있어 남성의 참여율을 1이라고 할 때 여성의 참여는 0.60에 해당한다. 유사직종에 종사 중인 남성이 최대 7을 받는다고 가정할 때, 여성은 3.52를 받는 것으로 나타났다. 또한 남성 대비 여성의 소득추정 비율도 남성의 거의 절반에 그치며 남성 대비 여성관리자 및 고위 임직원 비율 역시 0.56 정도에 불과하다. 여성의 전문·기술직 비율은 남성과 거의 유사하게 나타나고 있다(〈그림 5〉 참조). 하지만 이 영역에서 여성의 역할 비중은 최고역할을 7이라고 했을 때, 여성은 4.08에 그치고 있어 해당 분야에서 여성의 역할과 권한은 매우 낮다는 것을 알 수 있다. 또한 여성의 하루당 무임금 노동은 남성의 2.74배에 달하고 있다.

출처: World Economic Forum, *Global Gender Gap Report 2021*

〈그림 5〉 멕시코의 성별 경제 참여 및 기회, 2021

멕시코에서 여성의 노동시장 참여는 1960년대부터 지속적으로 증가하였다. 아래의 1990년대 이후에는 〈그림 6〉에 보듯 다른 라틴아메리카 국가들에 비해 완만하지만 꾸준한 증가를 보여왔다. 1960년대 이후 멕시코 여성의 노동시장 참여가 증대한 요인으로는 교육 수준의 향상(45.7%), 직업구조의 변화(40%), 출산율의 저하(11%), 그리고 2008년 일방적 이혼가능법이 통과되면서 결혼자가 감소된 것(16.1%)으로 분석되었다.[11]

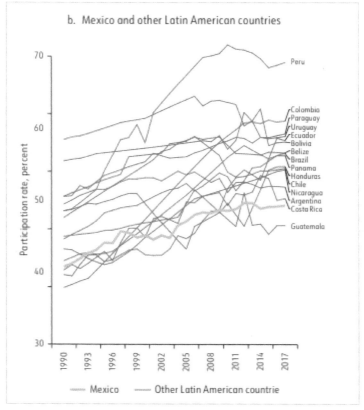

출처: Bhalotra and Fernández(2021), *The rise in women's labour force participation in Mexico*, p.36

〈그림 6〉 멕시코와 라틴아메리카 국가의 노동시장 참여 연도별 추이

1994년 NAFTA 체결 이후 수출시장 진입을 위한 기술 발전과 기업 생산 부문의 현대화가 교육성취도와 별개로 생산직에서 여성고용이 증대되면서 여성의 노동시장 참여가 급증하였다. NAFTA 이후 농업 등 1차산업에서 2차산업으로 생산 부문이 전환되거나 확대되었다. 교육, 보건, 사회서비스와 도소매업과 같은 3차 산업 부문도 확대하면서 여성 노동시장 참여가 증가하였다. 이는 여성의 교육 수준 향상과 함께 사회적 인식과 규범이 변화하고 여성들도 정보에 대한 접근이 보다 수월해짐으로써 가능하였다고 볼 수 있다.

그럼에도 여전히 멕시코 여성의 경제활동 참여와 기회의 평등도는 라틴아메리카 내에서도 상당히 낮은 편이다. 여성의 멕시코 노동시장 참여율은 49% 정도로 다른 라틴아메리카국가들에 비해 상대적으로 저조한 편이다. 그 중1/3(36.7%)가 시간제 노동자이며 성격차는 고위직급에서 더 크게 나타난다. 관리직의 35.9%가 여성이며 14.6%의 회사가 최고경영진에 여성을 포함하고 있어 성별 임금격차가 매우 큰 편이다.

〈그림 7〉을 통해 보면 성별임금격차는 모든 분위에서 크게 나타난다. 여

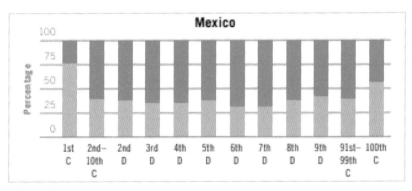

출처: ILO, *Global Wage Report 2018/19*, p.50

〈그림 7〉 멕시코 소득분위별 성별 임금격차

성이 가장 높은 비율의 임금을 받는 소득분위는 가장 낮은 분위이며, 남성의 3/4 수준이다. 이러한 성별 임금격차가 크게 나타나는 것은 활발한 경제활동을 할 연령대의 여성 절반 이상이 노동시장 바깥에 있으며, 이들은 고등교육을 받지 못했기 때문에 저임금 노동자로 편입될 가능성이 높고 노동시장 유인이 쉽지 않기 때문이다. 실제로 1990년부터 2015년까지 멕시코 내 실질임금은 평균적으로 감소했는데, 저숙련 여성노동자의 임금이 저숙련 남성 노동자보다 더 큰 폭으로 줄어드는 양상을 보였다.

또, 멕시코 젊은이 중 일을 하지 않고, 교육을 받지도 않으며, 직업훈련도 받지 않고 있는 NEET(Not in Employment, Education, or Training) 인구 중 여성이 대다수를 차지한다. 전체 NEET 중 35%가 10대에 자녀를 가지는데, 이들 중 64%(주로 여성)가 가장이다. 이는 장기적으로 성별 소득불평등을 심화하는 요인 중 하나가 되고 있다. 또한 비공식 노동과 무임금 노동에 종사하는 인구 중 여성의 비율이 매우 높으며, 치아파스(Chiapas)주 여성노동자의 76%, 치와와(Chihuahua)주 여성노동자의 34%가 비공식 부문에서 일한다. 원주민 여성이 무임금 노동 혹은 자영업을 하는 비율은 더 높다. 그리고 COVID-19 이후 일자리 감소의 2/3가 저소득층 여성의 일자리였다.

2) 정책

멕시코 정부의 성평등정책계획서인 PROIGUALDAD(2020-2024)에 따르면, 성불평등을 야기하는 주요 3가지 요인을 경제적 자율성 부족, 돌봄 노동의 과부하, 젠더 폭력으로 인식하였다. 멕시코 정부는 여성과 남성의 불평등이 모든 사회생활환경에서 역사와 문화적으로 남성지배로 고착된 권력관계의 산물임을 인정하였다. 또한 이러한 구조는 국제적 환경과 정권교체 등에 따라 경제성장을 위한 모델이 다양하게 제시되었지만, 경제모델이 어떠한 것인지와 무관하게 여성과 소녀들에게는 차별적 조건을 재생산하면서 영향을 미쳐 왔다고 보았다. 결과적으로 사회발전이 보다 높은 수준에 도달하는 데 부정적인 영향을 미치므로, 인구의 절반인 여성 없이는 발전도 없다는 인식을 명확히 했다.[12]

최근 멕시코 정부가 실시한 경제영역에서 성불평등을 완화하기 위한 대표적인 정책들은 돌봄 노동의 축소와 경제적 자율성 향상을 위한 조치들을 예로 들 수 있다. 우선, "종일 보육원(Estancias Infantiles, 8시간)"이 2006년에서 2018년까지 실시되었는데 돌봄 노동을 경감하는 데 초점을 맞춘 정책이다. 1세에서 4세 사이의 유아나 장애가 있는 경우 1세에서 6세까지의 자녀가 있는 근로자, 혹은 구직자, 그리고 학생이 혜택을 받을 수 있는 제도다. 하지만 로페스 오브라도르(Juan Manuel López Obrador) 정부가 들어선 이후 해당 분야의 부정부패를 이유로 예산을 삭감하였고, 이로 인한 부정적 영향이 컸다. 멕시코 보육서비스에 대한 공공지출은 GDP의 0.04%에 불과하며 OECD 국가 평균보다 8배나 낮다[13]. 이러한 상황은 여성의 경제활동 참여 확대에 상당한 제약이 되고 있다. 베니토 후아레스(Benito Juárez)시는 연방정부가 예산을 삭감하자 지방정부차원에서 보육프로그램을 재개했으며 그 결과 2021년 재선에 성공한 사례도 있다. 국민행동당(PAN)은 지난 2021년 11월에 멕시코시티 의회에서 2018년 정부지원이 중단되었던 192개 어린이집을 재정비하고 재 개원하는 법안을 제시한 바 있다. 돌봄 노동의 경감과 보육서비스 제공문제는 2024년에 있을 연방과 지방선거에서 중요한 쟁점으로 부상할 것으로 예상되고 있다.[14]

여성의 경제적 자율성 향상을 위한 정부의 정책은 금융 부문에서 활발하게 이루어지고 있다. 여성의 금융 부문에 대한 접근은 정부의 사회적 이

전, 연금지불, 임금 등을 포함하는 G2P(Government to People) 방식의 지원을 통해 이루어지고 있다. 2009년부터 멕시코 정부가 조건부현금이전프로그램(Prospera)의 수혜자에 직불카드를 발급하고 ATM에서 현금을 인출하여 사용하게 하였다. 이 프로그램의 수혜자는 모두 여성들이며 대부분이 농촌지역 거주자인데 직불카드를 사용함으로써 농촌지역에서 금융 부문의 성격차를 역전하는 결과를 가져왔다. 그 성과는 〈그림 8〉을 통해 볼 수 있다. 전국적으로 보았을 때, 은행 계좌를 보유한 인구 중 남성은 2012년 42%에서 2018년

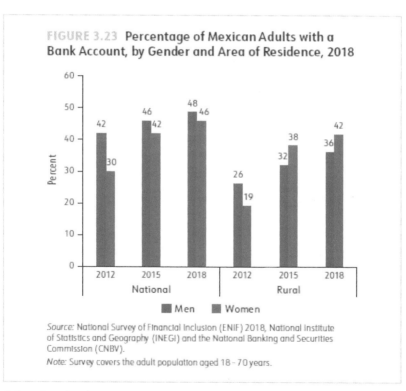

출처: World Bank(2019), *Mexico Gender Assessment*, p.50

〈그림 8〉 거주지역과 성별에 따른 멕시코 성인의 은행계좌보유 비율

48%로 6%포인트가 증가하였고, 여성은 30%에서 46%로 16%가 증가하였다. 즉, 농촌지역에서 같은 기간동안 은행계좌를 보유한 여성이 121% 이상 증가율을 보인 것으로 여성의 경제적 자율성 향상에 긍정적으로 기여한 것으로 볼 수 있다.

2014년 다양한 사회프로그램의 수혜자를 대상으로 한 금융교육, 신용, 적금, 보험 등 금융집중포용프로그램의 성과도 긍정적이었다. 경제적 성불평등 개선과 여성의 재정능력 강화를 위한 여성 대상 온라인 금융교육프로젝트인 '미네르바 프로젝트(Proyecto Minerva)'[15]를 예로 들 수 있다. 이 프로젝트는 멕시코 보험기관협회(AMIS), 금융서비스 사용자 보호 및 방어를 위한 국가위원회(CONDUSEF), 그리고 국가여성연구소(INMUJERES)가 공동으로 실시했는데, 여성에게 자금조달, 저축, 그리고 신용에 대한 접근성을 강화하기 위한 교육에 초점을 두었다.

또, 여성기업가들을 대상으로 '수출하는 여성(Mujer Exporta)'[16]라는 교육플랫폼을 통해 글로벌 시장에 대한 접근도를 향상할 뿐만 아니라 여성기업가의 경제적 권한과 자율성 강화를 도모하기도 하였다. 특히 이러한 교육은 온라인을 등록을 통해 이루어져 보다 시간과 지역에 무관하게 효율성도 도모할 수 있었다. 또, 최근 증대하고 있는 여러 형태의 디지털 금융기술이 여성들에게 다양한 방식과 채널을 통해 금융서비스를 접하게 하여 성격차를 좁힐 가능성이 크다.

그리고 멕시코 정부가 노동 분야에서 성평등과 차별반대를 촉진하기 위해 고안했던 멕시코 표준 NMX-R-025-SCFI-2012를 보다 포괄적으로 재설계하여 노동평등과 비차별에 관한 멕시코 표준 인증제(NMX-R-025-SCFI-2015)를 도입하였다. 국립여성연구소와 노동사회복지부(STPS), 그리고 국가차별방지위원회(Conapred)가 공동으로 참여하는 이 인증제는 노동평등과 비차별의 기준에 적합한 작업장을 인증하는 제도로, 근로자의 통합개발을 지향하는 작업장이 자발적으로 신청하는 것이다. 이 인증은 규모나 부문, 혹은 활동에 관계없이 멕시코 내 모든 공공, 민간기관 그리고 사회복지센터 등을 대상으로 하며 해당 작업장의 정책이나 관행이 평등 및 차별금지사항을 준수하는지에 관해 제3자의 감시를 받는다. 주요 조항은 모집, 선발, 이동과 훈련과정에서 성평등 및 비 차별, 동일급여, 직장폭력의 예방과 해결을 위한 조치시행여부, 평등한 대우와 기회 부여여부, 근로자의 직장, 가족 및 개인생활 간의 공동책임 등에 대한 준수여부 등이 포함된다.[17]

현 로페스 오브라도르 정부는 PROIGUALDAD 2020-2024를 통해 성평등을 위한 핵심목표로 1불평등의 역사적 격차를 축소시키기 위한 여성의 경제적 자율성 강화 2가족, 국가, 공동체 혹은 민간 부문에서의 돌봄과 가사노동을 인정하고 축소하며 재분배하는 여건창출 3 여성, 소녀, 청소년들이 권리의 관점에서 차별없이 복지와 보건에 접근할 수 있는 여건개선 4 존엄과 통합성을 유지하도록 여성, 소녀, 청소년에 대한 폭력의 모든 형태 척결 5 정치, 사회, 공동체, 사적 환경에서 결정에 여성의 동등한 참여 6여성, 소녀, 청소년을 위한 평화롭고 안전한 환경구축으로 제시했다.

2. 칠레

1) 현황

칠레의 성별 경제 참여 및 기회는 세계 113위이다. 경제활동에 참여하는 남성을 1이라고 할때, 여성의 참여는 0.75 정도로 나타나고 있다. 유사 직종에 종사 중인 남성이 최대 7을 받는다고 가정할 때, 여성은 3.82를 받는 것으로 나타났다. 이를 점수로 환산했을 때, 세계 평균은 0.628이지만, 칠레는

0.546에 그치고 있다. 남성 대비 여성의 소득 추정 비율도 0.55로 남성의 절반을 조금 넘는다. 남성 대비 여성관리자 및 고위임직원 비율은 멕시코보다 낮은 0.43에 불과하다. 여성의 전문·기술직 비율도 다른 항목에 비해 양호한 편이기는 하나 멕시코(0.99)보다는 낮다. 하지만 이 영역에서 여성의 역할비중은 최고역할을 7이라고 했을 때, 여성은 4.08에 그치고 있어 해당 분야에서 여성의 역할과 권한은 매우 낮다. 또한 여성의 하루당 무임금 노동은 남성의 2.74배에 달한다.

칠레의 교육 성취도는 초등, 중등, 고등교육에서 모두 여성과 남성이 동등하거나 여성의 진학과 졸업이 더 많다. 청년층에서 여성의 대학 졸업자 수는 남성을 초과하고 있지만 상대적으로 고소득 분야인 과학, 기술, 공학 그리고 수학(STEM) 분야 교육은 여성이 현저하게 적다. 칠레에서도 사회활동 영역이나 전공영역에 대한 성별 편견이 여전히 작동하고 있음을 알 수 있다. 청소년기의 교육 불균형도 장래 직업과 소득의 격차에 매우 중요한 영향을 미친다. 일하는 아동과 청소년 남자의 비율은 여자보다 두 배 이상 높게 나타나는 반면, 12-17세 사이 청소년 중 무급 돌봄과 가사 활동에 여자 청소년

출처: World Economic Forum, *Gender Gap Report 2021*

〈그림 9〉 칠레의 성별 경제 참여 및 기회, 2021

들이 더 많이 시간을 사용한다. 이러한 상황은 해당 연령대에 속한 학생들의 학업성취도와 미래에 부정적 영향을 미친다.

칠레 노동시장 참여율의 성격차는 거의 20%에 달한다. 그리고 정규직 여성근로자 7명 중 1명 이상(13.5%)이 중위임금의 2/3 미만을 보이고 있다. 이는 남성보다 1.6배 많은 비율의 여성이 저임금이라는 의미이다(〈그림 9〉 참고). 시간제로 고용된 여성의 비율은 남성의 거의 2배에 달한다. 2020년 등록된 소기업 혹은 자영업자의 40%가 여성이었고, 중견기업의 25%, 대기업의 1%를 여성이 소유하고 있다. 그리고 영세사업자 여성의 70%는 최저임금(CLP 337,000, USD 457 정도)보다 적은 소득을 얻고 있다. 2020년 공기업 이사회 구성원의 48%, 행정과 사법 분야에서는 1/3 이상이 여성으로 상대적으로 여성대표성이 높은 편에 속한다. 하지만 민간기업에서 여성리더십 대표성은 매우 낮다.

〈그림 10〉은 여성의 경제활동 참여에 영향을 줄 수 있는 전통적 관념이 성별로 어떤 차이를 보이는지를 칠레, 콜롬비아, 페루, 그리고 라틴아메리카 평균과 OECD 평균을 비교하여 보여주는 것이다. 총 4개의 항목에 대해 각 비교국가 혹은 국가 그룹에서 그렇다고 응답한 사람들의 비율을 성별로 비교하고 있다. 'A. 남성이 일에 대한 권리를 더 많이 갖고 있다'고 생각하는 사람들의 성별비율은 칠레에서 가장 크게 차이가 났다. 또, 'B. 어머니가 일을 하면 아동이 고통받는다'에는 칠레에서 가장 많은 사람들이 그렇다고 답했고, 여성과 남성의 비율은 거의 비슷했다. 이러한 인식은 남성을 생계부양자, 여성을 돌봄자로 여기는 통념이 고착된 것으로 여성이 유급근로를 하더라도 돌봄 노동은 그대로 여성에게 부과하는 경향이 크다. 여성의 유급근로시간과 돌봄 노동이 포함된 무급근로시간을 포함하여 칠레 여성의 주당 총 근로 시간은 남성보다 평균 12시간 더 많은데 이러한 사회적 인식과도 무관하

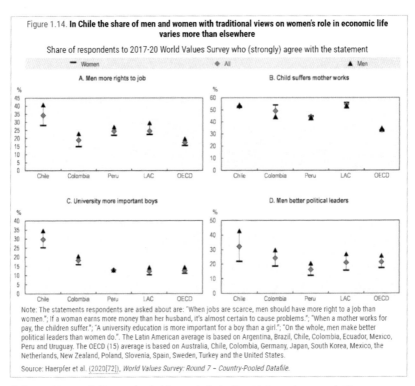

Figure 1.14. **In Chile the share of men and women with traditional views on women's role in economic life varies more than elsewhere**

Share of respondents to 2017-20 World Values Survey who (strongly) agree with the statement

— Women ◆ All ▲ Men

A. Men more rights to job

B. Child suffers mother works

C. University more important boys

D. Men better political leaders

Note: The statements respondents are asked about are: "When jobs are scarce, men should have more right to a job than women."; If a woman earns more money than her husband, it's almost certain to cause problems."; "When a mother works for pay, the children suffer."; "A university education is more important for a boy than a girl."; "On the whole, men make better political leaders than women do.". The Latin American average is based on Argentina, Brazil, Chile, Colombia, Ecuador, Mexico, Peru and Uruguay. The OECD (15) average is based on Australia, Chile, Colombia, Germany, Japan, South Korea, Mexico, the Netherlands, New Zealand, Poland, Slovenia, Spain, Sweden, Turkey and the United States.

Source: Haerpfer et al. (2020[72]), *World Values Survey: Round 7 – Country-Pooled Datafile.*

출처: https://www.oecd-ilibrary.org/sites/cc64b7a1-en/index.html?itemId=/content/component/cc64b7a1-en

〈그림 10〉 칠레의 경제영역에서 여성의 역할에 관한 전통적 시각의 성별차이

지 않다. 'C. 대학은 남자에게 더 중요하다'와 'D. 정치리더는 남성이 더 낫다'에 대해서도 칠레에서는 여성과 남성들의 생각차이가 큰 것을 알 수 있다. 이 항목들은 대체로 전통적인 사회적 성역할에 대한 인식을 반영하고 있는 것인데 대체로 칠레가 가장 보수적인 응답을 한 사람들이 많았으며, 성별 인식 차이도 가장 컸다. 또한 돌봄의 책임에 대해 남성과 여성 모두 절반 이상이 동의하였다.

이를 통해 볼 때, 칠레 경제 부문에서의 성격차도 인적자원을 양성하고 고용을 할 때 전통적인 성별역할에 대한 고정관념과 태도가 작용할 수 있으며, 또한 법과 제도의 적용에서도 그 영향을 받을 가능성이 크다고 할 수 있다.

2) 정책

칠레 정부는 2016년 여성부의 명칭을 국가여성서비스(Servicio Nacional de Mujer, SERNAM)에서 여성과 성평등부(MinMujerEG, Ministerio de la Mujer y Equidad de Género)로 변경하고 4차 성평등 국가계획 2018-2030(Cuarto Plan Nacional de Igualdad entre Mujeres y Hombres 2018 - 2030)을 발간하여 성평등의 청사진을 제시하였다.

최근 사회경제적 불평등 완화를 위한 칠레의 정책들은 다양한데, 크게 연금개혁과 보육서비스의 확대, 노동 분야의 개혁 등으로 분류할 수 있다.

2008년 연금개혁은 경제적 불평등의 구조적 요인을 완화하는 매우 중요한 조치였다. 정부는 연금기여기간, 횟수, 기여도 등이 연금수령에까지 연동되는 구조를 변경하여 노동시장의 차별적 구조로 인해 발생하는 여성에 대한 차별을 완화하고자 하였다. 여성은 노동시장 참여가 상대적으로 적고, 임금도 낮으며 경력단절도 잦아 연금기여도가 낮을 수 있는 노동시장의 구조를 고려한 것이었다. 비기여연금인 연대기초연금(Pensión Básica Solidaria)의 신설을 통해 사회적 취약 그룹에 대한 보장을 확대하고자 하였다.[18]

또, 출산과 육아로 인해 노동시장의 참여가 어려워지고 이로 인한 연금기여도가 낮아서 발생하게 되는 차별을 완화하기 위한 '자녀 바우처(Bono por hijo)'를 신설하였다.[19] 출산하거나 입양한 자녀의 수에 따라 연금 바우처를 발급하고, 여성의 고용경력이나 소득과 무관하게 65세 이후에 연금으로 지급하는 제도다. 이 제도는 공식적으로 육아노동의 가치를 사회적으로 인정한 사례로 볼 수 있다. 또한 유족 및 장애 보험을 성별로 분리하고, 혼인이 무효가 되거나 이혼하는 경우 누적된 연금기여금을 나누어 배우자 연금액의 50%를 여성이 수령 가능하도록 보장한 것도 여성의 사회경제적 불평등의 가능성을 낮추는 조치였다.

칠레는 출산휴가제도도 산전휴가 6주, 산후휴가 24주를 보장하고 있다. 산후 휴가는 네 가지 방법으로 선택 가능하다. 여성 유급휴가 24주, 여성 유급휴가 12주와 18주간의 반일휴가, 여성 유급휴가 12주와 배우자 유급휴가 6주, 혹은 여성이 18주 반일휴가를 선택하는 경우 배우자 12주 반일휴가를 사용할 수 있다. 유급휴가 12주 동안은 임금 전액이 지급되며, 반일휴가일에는 임금의 50%가 지급된다. 만약 배우자가 출산휴가 일부를 넘겨받아 사용하고자 할 때는 최소 10일 이전에 자신이 소속된 회사의 고용주, 부인의 고용주 그리고 노동감독관에게 사전에 알려야 한다. 산후휴가 총 24주 중 18주는 출산한 여성만 사용할 수 있고, 이후 19주부터 24주까지는 여성이 사용하거나 아니면 배우자에게 이전하여 남성이 사용할 수도 있다.[20]

2014년에는 가사노동자의 휴식, 보수 등에 관한 근로 조건과 직업안정성 향상(Ley 20.786, 20.787)을 위한 법을 제정하였고, 2016년에는 노조지도부에서 여성을 1/3을 포함하게 하는 할당제를 도입하였다. 여성, 청년 그리고 장애인 등 사회적으로 취약한 구성원들의 직업역량을 강화하기 위해 'MAS CAPAZ'[21]라는 재교육 프로그램을 2014년부터 실시해 오고 있는데, 2015-2017년까지 245,576명이 수강하였고, 그 중 82%의 수강생이 여성이며 여성수강생 중 81%가 최종 이수하였다.

근로여성보조금(Bono al Trabajo de la Mujer)도 2009년부터 실시해오고 있다. 25세에서 59세까지의 자영업자를 포함한 여성근로자를 대상으로 하며 취약계층의 40%까지 지원하고 국가기관 또는 50% 이상의 국가보조금을 받는 민간회사에 근무하지 않는 여성근로자를 대상으로 한다. 또한 취약계층 혹은 저소득층 여성을 위한 프로그램은 근로보조금 뿐만 아니라 직업교육 프로그램도 제공되고 있다. 특히 여성노동경쟁력개발 프로그램(Programa de Desarrollo de Competencias Laborales para Mujeres Chile Solidario)은 2005년부터 실시되어왔는데, 취약계층 여성의 고용가능성과 직업기회 확대를 위한 기술 및 직업교육 프로그램으로 18세에서 65세사이 여성을 대상으로 하고 있다. 2021년까지 여성의 노동시장 참여율 50% 달성을 목표로 하였다. 이에 추가로 2007년부터 실시되어 온 소득하위 3분위까지의 여성가구주(18세-65세)를 대상으로 하는 직업역량 강화프로그램(Mujeres jefa de hogar)은 근로자 여성과 자영업자 여성의 특성에 따라 차별화된 프로그램을 제공하고 있다.[22]

아동보육서비스의 확대도 여성고용친화정책과 아동빈곤 탈피라는 목적을 가지고 있으며, 보육정책을 미래인적자원 육성의 교육적 목적을 가진 사회투자 관점에서 접근하고 있어 주로 교육부가 담당한다. '칠레는 당신과 함께 성장합니다(Chile Crece Contigo, ChCC)'프로그램은 2006년 바첼레트(Michelle Bachelet Jeria, 2006-2010, 2014-2018)정부의 핵심사회정책 중 하나다. 이 프로그램은 0세에서 4세까지의 영유아를 대상으로 한 국가적 통합 보호 시스템 수립을 목표로 고안되었다. 보건, 교육, 사회보장, 법, 노동 등 다양한 부문 정책을 통합하여 수립하고 중앙에서부터 지역까지 일관된 서비스를 제공한다. 이 프로그램은 2009년 '유아 통합 보호를 위한 하부시스템(El Subsistema de Protección Integral a la Infancia)'이라는 내용으로 보완되었다(Ley No. 20.379). 빈곤가정 아동을 대상으로 하는 이 시스템에서는 가족의 빈곤이 4세 미만 아동의 추후 발달에도 부정적인 영향을 미친다는 전제를 염두에 두었으며, 빈곤가정의 가장이 여성일 때 아동의 취약성이 더욱더 높은 상황을 고려한 것이었다.

또, 칠레 정부는 총 68개소의 학교 내 보육 시설을 설치하여 부모가 된 청소년들이 학업과 육아를 병행할 수 있도록 하였다. 이는 청소년이 교육을 받을 권리(Ley No.20.370/2009)를 우선으로 한 것이며, 부모가 된 청소년들을 지원하는 PARE(임산부, 어머니, 아버지의 학업 유지 지원프로그램, Programa de Apoyo a la Retención Escolar de Embarazadas, Madres y Padres)프로그램[23]을 도입하였다.

칠레 정부는 2006년부터 적극적인 보육정책과 출산휴가제도의 변경, 그리고 2008년 연금개혁을 통해 라틴아메리카 내 다른 국가들보다 저조한 여성의 노동시장 참여를 증진하고자 하였다. 특히 2008년 연금개혁에서 여성의 경력단절로 인해 발생하는 연금보장의 성격차를 축소하였을 뿐만 아니라, 자녀의 수에 따라 지급하는 바우처의 신설은 여성의 무임금 돌봄 노동을 국가가 공식 인정하고 보상한다는 의미를 가졌다. 또한 보육시설과 서비스의 확대도 통합적 아동 돌봄을 통해 빈곤 가정 자녀들에게도 평등한 교육을 제공하고 돌봄 노동 중 보육부담을 경감하여 여성의 노동시장 참여를 확대하고자 한 것이다. 하지만 출산휴가를 남성이 함께 사용하는 기회를 하였음에도 기존의 성별 임금격차와 여전히 보수적인 성별 역할인식으로 돌봄 책임의 공유는 미미했던 것으로 나타났다.

V. 마치며

멕시코와 칠레에서는 최근 경제적 성불평등을 완화하기 위한 다양한 정책들을 실시하였다. 여성의 경제활동 참여와 경제적 자율성 확보를 위한 다양한 교육프로그램을 실시하고 돌봄 노동의 경감을 위한 정책들도 활발하게 실시해 왔다. 이 글에서는 다루지 않았지만, 라틴아메리카 여성의 사회경제적 활동을 제약하는 여성에 대한 폭력과 페미사이드 문제는 더욱 근원적으로 해결해야 할 부분이다. 각 국가에서 여성에 대한 폭력 및 페미사이드 처벌법을 신설하여 대응하고 있지만, 여전히 심각한 문제로 남아있다.

최근 COVID-19의 전 세계적 확산은 어느 국가에서도 예외 없이 전반적인 불평등을 심화하였다. COVID-19는 전례 없는 속도로 소득배분에서 빠른 충격을 주었다. 록다운으로 인한 실직과 임금 감소로 중간계층보다 하위계층에게 미치는 영향이 크게 나타났고, 소득 하위 가구에서 실직자가 더 많이 발생하였다. 이는 직접적으로 각 가구의 소득불평등에 영향을 주며 장기적으로 아동의 영양이나 보건, 그리고 교육의 격차를 심화하여 불평등을 더욱 고착화할 가능성이 높다.

라틴아메리카 지역 유급가사노동자의 93%가 여성이며 이 지역 전체 여성고용의 10-14%에 이른다. 가사노동 분야도 COVID-19의 영향을 매우 많이 받은 분야이다. 세계은행에 따르면, 멕시코와 칠레를 비롯한 모든 라틴아메리카 국가에서 남성과 여성의 실업률 차이는 평균 15% 정도로 여성이 더 많은 일자리를 잃은 것으로 나타났다. 그리고 여성고용이 과대표된 직종 사이의 격차도 상당히 컸는데, 가장 노동수요가 큰 의료 분야에서는 의사의 57%, 간호사의 90% 정도가 여성으로 과대표되고 있는 것으로 나타났다. 반면 일반적으로 여성이 집중되어 있는 교육, 사회서비스, 판매업, 식당, 호텔 관광 등 대면업무를 중심으로 하는 직종에서 일시적 혹은 영구적 실직이 증대하였고, 팬데믹 이후 2020년 5-6월까지 56%의 실직이 발생하였다.[24]

실직의 위험이 적은 이들은 팬데믹 이전 직업이 급여소득자이며, 높은 교육 수준을 요구하는 직종에서 유리했으며 인터넷 접근성이 높은 직군 역시 일자리를 유지할 가능성이 높았는데, 주로 판매 서비스업과 같은 대면중심

직업을 가진 여성들에게는 불리한 영향을 주었다.

COVID-19로 인해 학교가 폐쇄되고 격리 조치가 이루어지면서 가족 내 환자가 발생하면 여성에 대한 일차적 돌봄 역할요구가 증대하고 무급노동 시간이 증가하면서 추후 노동시장에서의 영구적 퇴출 가능성을 높이게 된다. 비공식 노동자는 저소득자로 해석될 수 있는데, 이들은 사회적 보호에서 소외될 가능성이 높다. 유급가사노동자의 80% 이상이 이주여성이어서 이들 역시 각 정부가 제공하고 있는 근로자를 중심으로 한 공식적 긴급사회복지 서비스 등에서 제외될 가능성이 높다.

팬데믹 이후 가정폭력과 친밀관계 내에서 발생하는 폭력이 대폭 증가하였고, 희생자는 대부분 여성이다. 특히 각 사회의 록다운 상황은 폭력피해자 여성들에게 가해자와 같은 공간에 머물러 더욱 위험한 상황에 노출되는 결과를 가져왔다. 그리고 여성의 실직은 경제적 성격차 확대뿐만 아니라 여성의 권한과 가정 내 교섭력을 약화하고, 가정폭력과 친밀관계폭력에 더욱더 노출될 가능성을 높이고 있다. 하지만 팬데믹으로 인한 보건 위기와 경제적 혼란의 해결이 급선무로 보이는 상황 속에 라틴아메리카 각 국가에서 COVID-19에 따른 사회경제적 성불평등과 젠더폭력 심화에 초점을 둔 대응은 상당 기간 우선순위에서 밀려나 있을 것으로 보인다.

제8장

임두빈

브라질의 새로운 질서와 진보?*

I. 들어가며: 세계화와 불평등, 브라질의 향방은

오늘날 민주주의는 위험에 처했는가? 새뮤얼 헌팅턴(Samuel Huntington)이 '제3의 물결'(2011)에서 예고했듯이 20세기 후반 이후의 민주주의는 권위주의와 포퓰리즘의 전 세계적 부상과 함께 더 복잡한 양상을 띠어 가고 있다. 국내뿐만 아니라 외신을 통해 세계 곳곳에서 전통적인 대의민주주의가 '거리정치'에 영향을 받거나 거리 정치가 양극단으로 분열되는 장면을 심심치 않게 목격할 수 있다. 이런 현상을 두고 한쪽에서는 '민주주의의 확대'로, 다른 쪽에서는 '민주주의의 위기'로 상반되는 시각이 병존한다.

브라질은 자신의 역사만큼 민주주의 역사 또한 순탄하지도 길지도 않다

---

* 이 글은 2018년 대한민국 교육부와 한국연구재단의 지원을 받아 영어로 발표한 연구(NRF-2018S1A302081030) 결과물을 한글로 번역하고 내용을 수정보완하여 총서 원고로 재집필한 것임.

(Bethell, 2018). 그와 맞물려 국민의 정치에 대한 참여의식과 정치인에 대한 신뢰도도 낮다고 평가된다. E.I.U(Economist Intelligence Unit)에서 2018년 발표한 Democracy Index 보고서에 따르면, 브라질은 총 167개국 중 50위를 기록하며 '결함 있는 민주주의'(flawed democracy)로 분류됐다. 세부 지표 중 '정치문화'에서 가장 낮은 점수를 받았는데 같은 남미에서 권위주의 정부로 분류된 니카라과보다 낮은 평가를 받았다. 이런 현상을 반영하듯이 브라질 사람들은"정치인들이 잠을 자는 밤에 브라질은 비로소 '진보' 한다."라는 자조적인 표현을 자주 사용한다.

아이러니하게도 브라질 국기의 가운데에 '진보와 질서(포르투갈어로 Ordem e Progresso)'란 문구가 적혀있다. '질서와 진보'는 1889년 11월 19일에 채택되어 브라질 연방공화국 국기의 한 부분에 자리 잡았다. 이 강령은 사회학을 과학의 반열로 올려놓은 Auguste Comte가 주창했던 19세기 실증주의가 지닌 정치적 좌우명에서 왔다: "원리는 사랑이며, 기본은 질서이고, 목표는 진보이다 (Principle is love, fundamental is order, goal is progress.)." 실증주의는 언뜻 무질서해 보이는 사회의 상태를 과학적으로 봐야 한다는 의미를 지녔고 19세 중반에 유럽에서 브라질로 넘어와 확장됐다. 브라질에서 실증주의 운동은 당시 사회 풍토를 장악하고 있던 가톨릭의 고백 교리에 대한 철학적인 반동으로 군주제와 노예 폐지를 옹호하는 공화주의자들의 사상적 기반이 되었다. 결국 실증주의 사상은 계몽주의와 함께 1889년 브라질 공화국 선언문에서 영향을 미쳤을 뿐만 아니라, 브라질 군부 내에 강력한 입지를 가지고 되었고 그 결과로 브라질 국기와 정부 문장에 그의 이상이 문자로 형상화된 것이다. 2016년 의회에 의한 대통령 탄핵이라는 초유의 사태에서 임시 대통령직을 맡게 된 떼메르(Temer) 정부는 극심하게 분열된 국민 통합을 위해 19세기에 공화국 건국의 기치로 세웠던 실증주의 운동인 '질서와 진보'를 다시 소환하여 '미래를 위한 다리(포르투갈어로 Ponte para o future)'를 임시정부의 강령으로 내걸었다. 당면한 정치적, 경제적, 사회적 문제의 해결점을 찾고, 국민에게 더 나은 미래, 즉 '진보'를 안겨주기 위해 '질서'와 이성적인 태도 그리고 무엇보다도 미래에 대한 낙관적이고 긍정적인 사고를 재차 국민에게 당부한 것이다.

앞서 살펴본 E.I.U 조사 결과에서 흥미로운 점은 민주주의에 대한 브라질 국민이 가진 시각, 즉 그들의 '정치문화'다. E.I.U 보고서뿐만 아니라 중남미 18개국을 대상으로 조사한 Latinobarômetro 2018 보고서에서도 브라질 국민에게 어떠한 체제라도 그 가치는 '국가와 가계경제에 도움이 되느냐 아니냐'의 문제로 직결된다. 정치와 경제는 서로 구분하기 어려운 문제이지만 브라질 사람들에게 정치보다 경제를 우선시하는 풍토가 있는 셈이다(정우식 1983, 341). 더군다나 브라질처럼 사회적, 경제적 불평등이 심화된 나라에서 민주주의와 자본주의의 양립은 쉬운 과제가 아니다.

브라질은 1980년대 중반 민주화 시대에 접어들면서 비로소 경제 관련 각종 통계자료가 광범위하게 공개되었다. 그리고 자료가 공개된 이후부터 지금까지 세계에서 가장 불평등한 나라 중 하나로 기록되어 왔다. 2014년에 토마 피케티(Thomas Piketty)가 방대하게 축적된 실증적 데이터를 바탕으로 저술한 『21세기 자본』이 출간되면서 애덤 스미스와 카를 마르크스의 뒤를 잇는 '자본'에 대한 새로운 고찰과 함께 '불평등' 문제와 그 기원과 해법에 대한 논의가 전 세계적으로 확산하는 효과를 낳았다. 그런데 불평등을 만드는 소득과 물질적 부의 분배를 형성해온 기제를 온건히 이해하려면, 초 문화적이고 장기적인 시각이 전제된다. 샤이델 월터(Walter Scheidel, 2017)은 인류 역사에서 불평등 문제를 감소시킬 수 있었던 유일한 동인은 특정 유형의 폭력, 즉 대규모로 치러진 전쟁뿐이었다는 결론을 내렸다. 스티븐 핑커(Steven Pinker,

2014)는 고대에서 현대로 올수록 인류의 불평등이 감소해왔다고 주장하고 있다. 그렇다면, 샤이델과 핑커가 주장하는 것처럼, 시카고 학파를 대표하는 밀턴 프리드먼이 말한 것처럼 인류에게 과거 원시, 고대, 중세, 근대를 넘어 오면서 세계가 점점 평평해진 것인가? 아니면, 원시시대부터 오늘날에 이르면서 세상은 갈수록 점점 더 끝을 모를 양극화로 치닫고 있는가?

지금의 오늘을 사는 우리는 세상이 점점 양극화로 치닫고 있고 그를 입증하는 자료들로 가득 찬 세상에 살고 있다고 인식한다. 우리 한국 사회가 안고 있는 극단적인 양극화와 불평등을 풍자한 봉준호 감독의 영화 〈기생충〉이 한국 사회가 지닌 개별성을 넘어 보편성을 공감받으며 전 세계로부터 호평을 받는 것도 같은 맥락 선상일 것이다. 반면에, 프리드먼(2005)은 세계를 상업의 관점에서 공평한 경쟁의 장으로 인식하고, '역사적, 지리적인 분리가 점점 의미가 없어지는 세계시장에서 국가들, 기업들, 개인들이 경쟁력을 유지하는 데 필요한 지각적인 전환'을 언급했다. 그는 세계 경쟁의 장을 평평하게 만든 10가지를 언급하면서 국가와 정부가 주도한 이전의 '세계화 1.0'의 시대와 다국적 기업이 끌어온 '세계화 2.0'의 시대와 21세기에 직면하고 있는 '세계화 3.0'을 구분했다. 그러나 세계화가 세계를 상호·연결해주었다는 그의 지적에는 동의하지만, 그 한 가지만으로 '세계가 더 평평해졌다', 즉 불평등과 양극화가 줄었다는 주장에 쉽게 동의하기 어렵다. 오히려 세계화로 인해 국가 간, 개인 간의 격차가 더 벌어져 홍순철(2016)의 표현처럼 더 울통불통해졌다는 표현이 더 적합하다고 본다.[1]

피케티를 비롯한 대다수 학자가 최상위 1%가 차지하는 부를 가지고 불평등 문제를 주로 논의했지만, 리처드 리브스(Richard Reeves, 2017)는 불평등의 책임을 '1대 99' 프레임이 아닌 상위 20% 계층(upper middle class)에 물으면서 불평등 구조를 분석했다. 리브스는 상위 20%가 보유한 권력이 도시 형태를 바꾸고 교육제도를 장악하고 노동시장을 변형시킨다고 보았다. 프리드먼이 주장한'평평한 운동장'의 주인공 자리에도 역시 1%에 해당하는 초극상층이 아닌 상위 20%의 중상류층의 입장이나 시각이 투영된다.

인류가 겪은 불평등의 역사를 기원부터 파헤치는 작업은 방대하면서 쉽사리 결론을 내기 어려운 숙제다. 2018 세계소득불평등보고서(WID)에 따르면, 1980년대 이후 '빈익빈 부익부' 양극화의 추세는 전 세계적으로 더욱 심각해지고 있다. 이 보고서는 양극화 심화의 시작을 규제 완화와 시장 자유화, 자본시장 개방의 확산으로 대표되는 신자유주의 경제의 세계화로부터 그 원인을 진단하고 있다. 현재 불평등의 문제는 어느 한 특정 지역에 국한된 문제가 아닌 전 세계적인 문제이다.

피케티는『21세기 자본』이후, 그 후속 연구로 브라질, 인도, 중국 같은 신흥국에서 나타나는 부와 소득의 지나친 편중 현상에 관한 연구를 진행해왔다.[2] 2017년에는 브라질을 방문하여 불평등 문제에 대한 진단을 내렸는데, 그는"고소득자와 부를 세습한 계층에 대한 과세율이 지나치게 낮은 것과 같은 불평등 요인과 상위 10%가 전체 소득의 55% 이상을 차지하는 극단적인 소득편중 문제를 해결하지 않으면 브라질이 수십 년간 축적한 민주주의 역량도 지속성장을 달성하기 어렵다"란 결론을 내렸다.

우리는 이 글에서 먼저 프리드먼과 같은 신자유주의자가 옹호하는 세계화(1.0, 2.0, 3.0)를 외부환경인 상수로 놓고 브라질 역사상 최대 이변이었던 좌파노동자 출신 대통령의 집권을 변수로 둔 매트릭스로 봤을 때, 브라질에서 불평등 해소에 어떤 의미 있는 변화가 발생했는지 살펴볼 것이다. 그리고 15년 장기 집권의 좌파 진보정권의 몰락과 함께 제기된 '위기의 민주주의(edge of democracy)'와 정권을 잡은 우파보수 진영이 말하는'민주주의의 위기(crisis of democracy)'사이에 존재하는 입장차이를 짚어 볼 것이다(이 두 가지 위기에 대한 자세한 설명은 II장의 각주 7과 8에서 설명하고 있다). 그럼으로써 극도의 불확실성으로 점철된 내·외부적 환경 안에서 브라질이 어떤 '새로운 진보와 질서'를 만들려고 하는지 그 움직임에 대한 단서를 찾는 게 이 글이 가진 목적이다.

논의 진행을 위해 먼저, 브라질 좌파정권 시기의 사회적 재화 분배 양상을 2018 세계불평등 보고서를 통해 살펴보고, 둘째로, 2018년 대선 당시 드러난 민심이반의 조짐을 소셜미디어(Social Media) 텍스트마이닝(Text Mining) 감성분석(Sentiment Analysis)을 통해 확인해 본다. 마지막으로 2022년 재선을 앞두고 브라질 유력 설문기관 사전 조사한 시뮬레이션 분석을 통해 브라질 국민들의 민심이반 정도를 살펴보고 현재 브라질이 지닌 불확실성, 즉 현재의 브라질이 어디로 가고 있는지에 대한 좌표를 측정하는 기회로 삼을 것이다.

루치르 샤르마(Ruchir Sharma 2012, 10-11)는 브라질 같은 신흥국의 속사정을 제대로 알기 위해서는 "연구실에서 엑셀 스프레드시트만을 보는, 현장과 격리된 학자들의 연구만으로 그 나라의 정권이 어떻게 올바른 정치를 통해 경제적 성과를 거둘 수 있을지 이해하기 어렵다"고 지적한 바 있다. 따라서 이 글에서는 보편 이론 추구를 목표로 정량 분석과 개별 사례연구보다는 '그 지역에서 이 순간 어떤 경제적 정치적 세력이 작용하는지, 이러한 세력이 성장에 이바지하는지, 성장하는 속도가 어떤지를 이해'하려는 데 주요 목적이 있다. 오늘날같이 정보의 홍수 시대에서 무수한 가짜 정보를 가려내고 올바른 지식과 지혜로 만들기 위해서는 무균실에서 만들어진 객관성과 과학의 힘보다 데이터를 분석하는 연구자의 통찰력이 더 요구될 수 있다고 본다.

1. 브라질 좌파정권 집권기 실질적인 소득 불평등 해소 양상의 진실

흔히 룰라 집권기(2003-2010) 동안, 조건부 현금지원제도(CCT: Conditional

Cash Transfers)인 '보우사 파밀리아(Bola Família)', '포미 제로(Fome Zero)'와 같은 광범위한 사회포용정책을 통해 브라질 역사상 최초로 고질적인 소득 불평등이 일정 부분 해소된 거로 알려져 있다. 피케티는 까르도주(Fernando Henrique Cardoso)[3] 정부의 집권 말기인 2001년부터 룰라 집권기(2003-2010)와 호세피(Dilma Rousseff: 2011-2016) 집권기 동안, 상위 10%가 차지한 총소득 증가율을 주요 국가별로 분석했다. 그 결과 아래 세계불평등보고서 2018에서 조사한 〈그림 1〉의 브라질의 상위 10%가 차지한 총소득 비중은 54.3%에서 55.3%로 높아졌고 중위 40%는 34.4%에서 32.4%로 감소, 하위 50%는 11.3%에서 12.3%로 증가됐다.

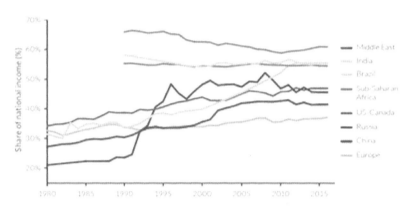

출처: 세계불평등보고서 2018

〈그림 1〉 1980-2016 국가별 상위 10% 소득비중

아래 〈그림 2〉는 2016년 기준으로 소득 상위 10%가 차지하고 있는 총소득 비중을 조사한 것이다.

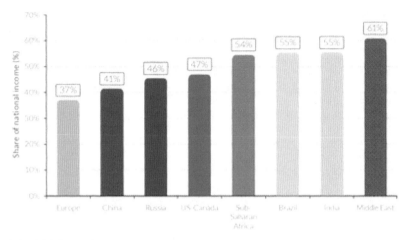

출처: 세계불평등보고서 2018

〈그림 2〉 2016년 상위 10%가 총소득에서 차지하는 비중

    〈그림 1〉에서 주목할 부분은 퍼주기 포퓰리즘 정책으로 비판을 받았던 좌파정권 집권기에 오히려 총소득에서 최상위 고소득계층 10%가 차지하는 비중이 점진적으로 상승하여 2016년 탄핵당한 호세피의 집권기에도 변화가 없었고, 오히려 중산층의 소득이 감소했다는 사실이다. 보고서에 따르면, 물론 좌파정권의 노력으로 장기집권 동안 이룩한 경제성장의 과실이 하위 계층 50%에게 18% 정도 돌아갔지만, 전체 성장분의 61%는 최종적으로 상위 10%에게 돌아갔다. 노동자당(PT)은 피케티의 조사 결과가 소득 재분배의 효과를 간과했고 브라질 빈곤층의 소득신고 누락으로 수치가 정확하게 반영되지 않았다고 주장했으나, 명확한 반박 근거를 제시하지 못했다.

    이러한 피케티의 실증적 연구 결과에 따르면, 우파정권 혹은 좌파정권이 집권에 상관없이 브라질의 최상위 계층 10%가 차지하고 있는 소득에 대한 지분은 변동이 없거나 오히려 상승했다. 피케티식으로 풀이하자면, "브라질에서 노동 소득 불평등은 일부 개선되었지만, 총소득 불평등은 매우 높은 수준을 유지하거나 상승했다." 다시 말해서 브라질 내에서 사회적 재화를 분배하는 과정에서 총소득의 60% 이상이 특정 계층이 차지하고 있는 고정비로 묶여 있다는 얘기다. 다시 말해서, 정당 이데올로기를 떠나 브라질은 전체 국민의 90%가 총소득의 40%만으로 나눠 먹고 살아야 한다는 얘기이다. 이는 상위 10%가 역사적으로 정치적 분쟁에서 어느 한쪽 편이 자신들의 이익을 위해 제도가 불규칙하게 기능하도록 만들 수 있는, 흔히 말해서 자신이 원하는 각도로 운동장을 기울일 힘과 영향력을 가져왔다는 사실을 데이터로 입증한 것이다. 윤성석(2012)과 같은 우리나라 학자들도 '보우사 파밀리아'와 같은 사회보장정책이 브라질의 소득 불평등 완화에 긍정적인 영향을 미쳤지만 본질적으로 미미했다고 평가했다. 2006년 브라질 정부 예산의 2.5%가 사회보장정책으로 책정됐지만 18%가 대외채무 지급에 사용됨을 지적하면서 여전히 가난한 국민에게 투자된 것보다 국제금융기관과 국내 부유 채권자 집단에 더 많은 세금이 사용하고 있다고 분석했다.

브라질 국민을 소득 수준을 기준으로 상위 10%, 중위 40%, 하위를 50%로 나눴을 때, 10%가 차지한 소득 규모에 변동이 없는 현실 아래에서 15년 동안 노동자당 정권 아래 가장 큰 고통 분담과 상대적 상실감을 느낀 계층은 결과적으로 대부분 도시에 거주하고 있는 교육받은 중산층이었다. 이들은 외부환경의 호재로 비롯됐든, 지도자의 뛰어난 역량 덕분이든 간에 국가 경제가 호황을 누려도 자신들의 위에 존재하는 유리천장(상위 10%)은 항상 막혀 있고, 그나마 빈곤층(하위 50%)의 존재를 통해 본인들의 중산층 위치를 확인해왔다. 좌파정부의 분배를 통한 소득 주도 성장 정책 덕분에 빈곤층의 소득이 향상되면서 아래로부터의 계층 상승을 목격하면서 이중으로 박탈감과 소외감을 느끼게 되면서 결국 '나를 상대적으로 가난하게 만든' 집권 세력에 대한 분노를 표출할 수밖에 구조에 직면했다고 본다. 바로 나는 이 지점에서 '위기의 민주주의(edge of democracy)'[4]와 '민주주의의 위기(crsis of democracy)'[5] 사이에 존재하는 의미의 차이를 구분해보려 한다.

2. 고장난 자본주의와 구별 짓기

중산층이 스스로 자신을 중산층으로 인식하기 위해서는 아래와의 '구별 짓기'와 위로 '따라잡기'가 동시에 필요하다. 그러나 자신과 구별되던 하위 계층의 상승을 목격하면서 상대적 불안감을 느끼게 되었다. 위로는 못 가니 내가 아래로 떨어질 수 있다는 위협을 느낀 것이다. 이런 현상은 비단 브라질뿐만 아니라 한국 사회에서도 역시 찾아볼 수 있다. 한국 역시 개발 시대를 넘어 세대교체를 경험하면서 2018년을 기점으로 '갑질'이라는 키워드가 사회적인 이슈가 되고 있다. 최근 언론에서 보도된 갑질 사례들 중에서 논의에 적합한 사건을 하나 소개한다.

> 지난달에는 경비원의 해외여행을 마뜩잖게 여긴 아파트 입주민의 이야기가 전해져 논란을 빚었다. 경비원이 일본으로 가족여행을 떠나다 입주민을 마주쳤는데 며칠 뒤 입주민 회의에서 '아파트 경비원이 해외휴가를 가는 것은 적절하지 않다'는 안건이 올라왔다고 했다(박민지, 2020).

이 사건은 주거 구조에서 포드주의를 대표하는 아파트라는 표준화되고 밀집성이 존재하는 공간에서 일어났다. 투자·투기상품으로서의 아파트는 한국 사회에서 소유자의 계급과 지위를 말해주는 '구별짓기'의 강력한 수단으로 기능한다(강준만 2011: 61). 이러한 구별 짓기는 동일한 아파트 단지 안에서도 발생한다. 그리고 구별 짓기는 필연적으로 위계화 현상을 호명한다. 위 인용 기사에서 드러나듯이 같은 아파트 안에서 입주자와 경비원은 동일한 공간 안에서 구별된다. 왜 아파트 입주민은 경비원의 해외여행을 마뜩잖게 여기고 주민회의 안건으로 올렸을까? 경비원이 해외여행을 감으로써 발생하는 경비원 업무의 공백을 염려한 발언일 확률은 낮다. 대체 근무 시스템이 작동할 수 때문이다. 그렇다면 이는 업무시스템의 문제가 아니라 또한 우리 일상에 깃들어 있는 구별 짓기의 일종이다.

통념적으로 아파트 경비원이란 직업은 특별한 지식이나 자격증 없이 할 수 있는 일의 전형으로 인식된다. 따라서 대표적인 저임금 노동 중 하나이다. 배운 게 없고 가난한 사람이 갖는 직업의 전형으로 간주한다. 그렇지만 사실상 요즘 아파트 경비원은 주로 퇴직자들이 종사하는 업종이며, 그도 퇴근하면 한 가정의 가장이자 부모이다. 또한, 한 아파트의 입주민일 확률도 높다. 더군다나 오늘날 해외여행은 비용 면에서도 예전보다 보편화되어 있다. 그런데도 '아파트 경비원이 해외여행을 가는 것은 적절하지 않다'라는 발언은 비상식적으로 들리지만, 우리 사회에 내재한 전형적인 구별 짓기 담론이 표출된 것이라고 볼 수 있다. '아파트 경비원 ≠ 해외여행'이란 구별 짓기 등식이 작동된 것이다. 이러한 등식은 '고졸 출신≠대통령', '지방대생≠대기업 취업' 같이 우리 사회에 수없이 많이 작동한다. 이렇듯 우리나라는 가진 자와 가지지 못한 자에 대한 구분을 계급 차원에서 받아들이는 측면이 있다. 실제로 배영대(2020)가 언급한 것처럼, 부자와 빈자의 이야기는 흔히 계급 갈등을 연상시킨다. 대개 자본가 계급과 노동자 계급 사이의 진영 다툼을 떠올리게 만든다.

전 세계적으로 공감을 불러일으킨 영화 〈기생충〉의 성공은 소재의 보편성에 있다고 전술한 바 있다. 그러나 〈기생충〉에서는 오히려 전통적인 전형적인 가진 자와 가지지 못한 자 사이의 갈등이 부재한다. 오히려 가지지 못한 계급 사이에 벌어지는 이권 다툼이 극대화된다. 원래 기생충인 부부와 그 자리를 노리는 4인 가족 기생충 사이에 목숨을 걸고 벌이는 전쟁은 기생충의 존재 자체를 아예 모르는(기울어져 평평하지 못한 운동장을 경험하지 못한) 숙주에게 눈에 보이지 않는 지하실 찬장 속 바퀴벌레들 (영화 제목에 따르면 "기생충들") 사이에 벌어지는 전쟁의 은유이다. 어떻게 보면 감독은 이 영화를 통해 양극화의 참상을 전형적인 계급 간 대결 구도로 몰고 가지 않고 계급 안 대결 구도를 끄집어낸다. 그럼으로써 못 가진 자들에게 유리천장이고 가진 자들에겐 그냥 바닥일 뿐이지만, 그 바닥이 언제 자신도 모르는 사이에 깨질 수 있다는 경고를 영리하게 연결한다. 전 세계적으로 좌우 진영에 관계없이 '기본소득정책'에 대한 논의가 활발해지는 것도 빈곤층의 경제적 혼란에 대해 완충작용을 하고, 대중의 분노로부터 부유층을 보호할 수 있는, '고장 난 자본주의'를 지속할 수 있게 만들 수 있게끔, 양쪽 모두에게 설득력 있는 고육지책이기 때문이다.

3. 민주주의와 '위기의 민주주의'

오늘날 우리는 개념에 앞서 현실사회에 무수히 유통되는 언어, 부연하자면 우리말, 번역어와 외래어의 혼란 속에 살아가고 있다. 어떤 정치적 논쟁을 벌이기에 앞서 시대가 겪고 사용하고 있는 언어들의 혼란을 정리할 필요가 있다. '민주주의의 위기'를 다루기에 앞서 '민주주의'가 무엇인지, 그가 규정하는 바가 무엇이며 그 말을 수용하고 사용하는 주체에 따라 어떻게 의미가 달라지는지 살펴보아야 한다는 의미이다. 예를 들어, 우리는 과연 자유민주주의와 민주주의를 어떻게 구분하는가? 6.25를 겪은 우리나라에서는 민주주의는 공산주의에 대한 이항대립으로 자리 잡아 왔다. 그러나 북한도 엄연히 사회민주주의라는 또 다른 형태의 민주주의를 표방하는 공화국을 체제로 삼고 있다. 이 때문에 우리는 1987년 헌법개정 이래 사회민주주의와 구분되는 자유민주주의만을 민주주의로 인식해온 사실이 있다. 박근혜 정권의 국사 국정교과서 논란으로부터 시작되어 현 정부 아래서도 '자유'라는 선행성분으로부터 이데올로기 진영 논란이 지속적으로 발생하면서 국론 분열의 위험까지 치닫고 있다. 한쪽은 미래 통일 한국의 기틀을 잡기 위해 과거 대립적인 냉전의 유산에서 인식을 전환할 필요가 있다며 이제 '민주주의'만으로 충분하다고 믿고, 다른 쪽은 '자유'가 삭제된 민주주의는 되면 빨갱이 사회라고 '자유'라는 수식어에 집착한다. 다시 말해, 한쪽이 과거에 자유라는 명분으로 진정한 민주주의가 억압되고 왜곡되었다고 주장하고, 반대쪽은 '자유가 없는 민주주의'는 바로 '공산주의'라는 극단적 이분법적 사고에 매몰되어 있다. 이처럼 말은 원래의 의미와 상관없이 진영 가르기, 구별 짓기의 목적으로 사용되면서 사회적 힘을 가지게 된다. 그야말로 '기표'가 '기의'를 우선하는 현상이 벌어진다.

앞서 언급했던 '위기의 민주주의'와 '민주주의의 위기'를 논의하고 구분 짓기 위해서도 현재 발생하고 있는 언어적 혼란을 직시하고 그가 담고 전파하는 가치를 다시 성찰해 볼 필요가 있다. 학계의 경우를 보자면, 이진우는 2019년 4월 26일 교수신문 칼럼을 통해 민주주의를 "자유민주주의와 사회민주주의가 대립하는 개념"의 관점에서 해석했다. 한상권 교수는 2012년 12월 10일 프레시안에 "자유민주주의가 아니라 민주주의인 이유"란 기고를 통해 대한민국 성립에 대한 역사관에 깃든 '자유' 민주주의의 허상을 지적했다. 그는 "자유민주주의를 표방하는 뉴라이트 계열이 대한민국의 독립을 연합국의 위임통치제도의 산물로 본다고 비판하며, 우리나라의 제헌 헌법이 표방한 민주주의가 미국에서 직수입한 자유민주주의가 아니라 독립운동의 전통을 반영한 역사성 있는 민주주의라고 주장"했다. 그러나 이진우 교수 역시 자유를 실현하는데 장애가 되는 사회적 문제에 초점을 맞춘 사회민주주의는 자유민주주의의 개선이고 보완이지 그것을 대체할 사회주의적 대안이 아니라고 주장하는 것을 보면, 두 사람 모두 결론적으로 같은 것을 이야기하면서 다른 진영에 속한 것처럼 보이는 모순을 드러내고 있다.

우리나라 학계에서도 이처럼 민주주의를 상반된 개념으로 이해하는 견해가 존재하는데 과연 일반 국민은 어떻게 받아들이고 이해하고 있을까? 과거에는 근대화에서 비롯된 평균화 교육을 통해, 각종 언론매체를 통해 한 방향성으로 수용되었고 오늘날 매체와 유통경로의 다양성, 즉 뉴스의 생산자보다 소비자 중심이 된 세상에서 더 극심한 혼란과 대립을 생성하고 있다. 그 대립이 부자와 가난한 자뿐만 아니라 세대 간, 직업 간, 성별 간의 대립 구도를 만들어내는 데에 일조하고 있다.

위기의 민주주의에서 무엇을 '위기'로 규정하는지, 그리고 그 위기가 닥친 민주주의는 과연 어떤 민주주의를 가지고 얘기하는 것인지, 혹자는 트럼프 전 행정부의 방위비 분담액 증액 압박 사태를 두고 우리가 알고 있는 민주주의가 우리를 위한 것인지 아니면 미국식 민주주의의 지속 가능함을 위한 것인가에 대해 의견이 분분했다.

자유주의 국제질서는 탈냉전 이후부터 유지되는 미국 중심의 국제질서를 가리킬 때 사용하는 국제정치 용어다. 그러나 2019년 G20 정상회의에서 냉전 시기부터 미국이 서방 자유 진영의 기치로 표방해온 '자유주의' 개념에 균열이 생겼다. 미국 트럼프 전 대통령의 등장으로 새로이 편성됐던 국제질서는 '미국 우선주의(America First)'란 일방주의와 보호주의 노선에 큰 영향을 받았다. 사실 미국이 변했다고 보기보다는 미국의 이익에 부합하는 국제질서 패러다임에 변화가 생겼다고 봐야 한다. 트럼피즘이 하늘에서 갑자기 뚝 떨어진 것이 아니고 미국 우선주의가 갑자기 등장한 것이 아니란 얘기다. 따라서 트럼프 때문에 자유주의 국제질서가 무너진다는 얘기인가? 오히려 트럼프 자신은 자신의 정책 노선이 변질된 자유주의 국제질서를 위한 새로운 것으로 믿었을 것이다. 기존 질서를 타파한다는 차원에서 오히려 트럼프는 진보세력이다. 중국의 등장으로 새로운 G2 국제질서 환경이 형성되었음에도 이와 상관없이 과거에 미국이 추구해온 자유주의 국제질서를 계속해서 유지하려는 쪽이 오히려 보수 진영이라고 볼 수 있다. 2018년에 방한했던 시카고대 존 미어샤이머(John Mearsheimer: 2019) 교수는 "미국의 무모한 민주주의 확산 시도와 극단적 세계화가 불러온 민족주의와 포퓰리즘의 망령이 자유주의 국제질서의 몰락을 상징하는 트럼프 현상을 낳는 씨앗이 되었다"고 주장했다.

II. 브라질의 민주주의 위기와 위기의 민주주의

브라질의 경우, 1945년~1964년에 걸친 민주주의 실험이 실패로 끝나고 21년에 달하는 군부독재(1964~1985)를 거쳐 1985년에 민정 이양을 이루었으나 1995년 까르도주 전 대통령이 집권하기 전까지 10년간 민주주의로 가는 험로를 걸은 바 있다. 첫 민선 대통령이 지병으로 사망한 뒤에, 40년 만의 직접선거로 선출한 두 번째 민선 대통령 꼴로르는 부정부패 의혹으로 탄핵을 당했다. 브라질은 군부독재가 종식되고 민주주의를 쟁취한 뒤에 1995년까지 10년 동안 무려 7년을 대통령이 임기를 채우지 못하고 부통령이 행정부 수반을 맡아 임기를 마친 부침의 역사를 겪었다. 2016년에 탄핵당한 호세피 전 대통령도 마찬가지였다. 또한, 브라질 건국이념인 '질서와 진보'를 실현하기 위한 신헌법도 혼란의 시기인 1988년에 제정된다. 신헌법의 지향점은 나무랄 바가 없었지만, 문제는 '당위'와 '실재' 사이의 거리였다. 그래야만 하는 '가치'와 실재하는 사회 현실인 '존재'와의 괴리가 너무 컸다. 사실상 현재 집권을 한 우파 보수 진영이 포퓰리즘으로 비판하는 제도들은 룰라로 대표되는 좌파가 만든 게 아니라 대부분 대통령이 부재했던 약한 리더십의 시대였던 1988년 제정된 신헌법에 기반하고 있다. 헌법개정 또한 국민투표 없이 역사적으로 지배계층이었던 소수의 엘리트가 모인 의회의 과반수 가결로 가능했으니 배가 산으로 가는 조건이 그야말로 완벽했다. 민주주의의 확대, 공공부문과 선심성 연금제도의 강화, 비현실적인 금리, 과도한 국내시장보호로 인한 취약한 국내산업구조는 결국 외부 영향에 취약한 브라질 경제를 재정적자와 함께 인플레이션의 덫에 빠지게 했다. 1994년에 도입된 '헤알 플랜'으로 가까스로 수렁에서 빠져나왔지만 지난 10년은 브라질에 성장의 기회를 놓친 '잃어버린 10년'으로 남게 되었고 한국을 비롯한 동아시아 국가들의 성장이 약진한 시대였다. 90년대는 80년대의 '잃어버린 10년'을 만회하려는 움직임으로 기록된다. 구소련과 베를린 장벽의 붕괴로 문을 연 세계화의 바람 속에서 브라질에 예전과 달리 시장개방과 독과점과 비효율의 상징이었던 공기업의 민영화로 대표되는 신자유주의 경제정책이 도입되면서 국가 총소득은 상승했지만, 노동자 삶의 조건은 악화되는 양극화 시대를 맞게 된다. 브라질 국민은 신자유주의적 지구화가 가져온 폐해로부터 빠져나오기 위해 역사상 최초로 노동자 출신의 노동자당 (PT) 후보자를 대통령으로 선출했다. 룰라는 집권 기간 전임자 까르도주가 남긴 유산을 기반으로 중국 경제성장과 국제 원자재 특수효과와 급진적이지 않은 유연한 실용주의로 브라질을 21세기 대국의 반열에 올리는데 크게 이바지했다.

그러나 2014년부터 다시 다가온 국내경제 침체의 여파와 전 정권의 부정부패 혐의로 룰라 전 대통령이 구속되고 그 후계자 호세피가 연립정부 내 정쟁의 희생자로 재정적자 은폐 혐의를 뒤집어쓰고 정치적으로 탄핵까지 당하는 사태까지 맞이하게 됐다. 주로 대도시에 거주하고 일정 수준의 교육을 받고 비판적 의식이 있는 브라질 중산층들이 가졌던 정치에 대한 실망감은 컸다. 빈민의 아버지로 믿었던 룰라와 노동자당의 부패사건으로 폭발하면서 과거의 '질서와 진보'로 회귀하는 '질서 민주주의'의 부상, 군사독재 시대로 복귀를 외치며 '거리정치'로 나서는, 즉 기존의 대의민주주의 정치시스템을 거부하는 방식으로 표출되었다.[6] 김재순(2013)은 이런 현상에 대해 "새롭게 부를 쌓고 교육받은 중산층의 높아진 기대에 부응하지 못한 정부의 실패가 브라질을 포함해 세계 각국에서 벌어진 시위의 공통된 주제라고" 분석하며 그 원인을 글로벌 중산층의 성장에서 찾았다.

브라질 대통령 탄핵 제도에 대해 조희문(2016)은 정치적 탄핵과 법적 탄핵으로 나눠 설명한 바 있다. 그 구분을 활용하면, 호세피 대통령의 탄핵에 대한 평가는 크게 두 가지 시각으로 나눠볼 수 있다. 집권당이었던 노동자당(PT)은 원자재 가격하락과 세계 경제 침체라는 어쩔 수 없는 대외적 요인으로 비롯된 경제위기를 틈타 우익보수파가 의회 쿠데타를 저질렀다는 '위기의 민주주의'를 주장하는 한편, 우파의 입장은 좌파정권의 실정으로 '민주주의의 위기'가 왔고 자신들이 세상을 구하기 위해 나섰다는 태도를 내세웠다.

사실 브라질 국민의 관점에서 보면, 두 가지 시각 모두 좌파, 우파 각자가 본 견해 차이에 불과하다. 서두에서 살펴본 조사 결과처럼 브라질 국민의 기본적인 정치문화 성향에 있어 민주주의는 그 어떤 대가를 치르더라도 수호해야 할 절대적인 가치가 아니다. 대통령 탄핵이 발생할 수밖에 없었던 가장 큰 배경에는 룰라 2기 정부(2007-2010)부터 누적되어 온 방만한 재정정책 확대로 급증한 재정 건전성 악화로 비롯된 경제위기와 정치 부패에 있었다. 역사적으로 브라질의 정치위기는 항상 경제위기와 동반했다. 브라질 국민은 과거 꼴로르 대통령 탄핵 이후 대통령직을 승계한 이따마르(Itamar) 당시 부통령과 까르도주 재무장관이 위기를 전화 회복시킨 경험치를 이미 갖고 있다. 보수 엘리트들의 실정과 부패에 염증을 느낀 브라질 국민이 2002년에 직접선거를 통해 선택한 노동자 출신 대통령 룰라는 불평등 해소의 방향을 빈곤층에 대한 교육과 생활환경의 개선, 즉 하위소득계층의 소득주도성장에 우선권을 두었다. 이 정책은 훗날 피케티의 『21세기 자본』 뿐만 아니라 2019년 노벨경제학상 수상자들이 대부분 역설한 바와 정확하게 일치한다. 수상자들은 빈곤층에 대한 현실적 조건과 그들의 요구를 깊이 들여다보는 공감이 필요하며 제도를 설계할 때 배려심을 밑바탕에 깔아야 한다고 역설하고 있다. 우리나라의 문재인 정부의 국내경제정책도 성공과 실패의 여부를 떠나 이러한 기조를 따른 것임이 분명하다. 하지만 룰라 정부의 노력 역시 총소득 100% 안에서 이뤄지는 게 아니라 상위 10%가 차지하고 있는 55% 철옹성 밖의 45% 안에서 이루어져야 하는 한계를 결국 넘지 못했기 때문에 2000년 대에 또 다른 하나의 '잃어버린 10년'이 재현됐다는 해석도 가능하다.

1. 브라질 좌파의 몰락과 새로운 우파의 부상

2002년 룰라 대통령 당선으로 브라질은 좌파정권이 최초로 직접선거를 통해 선출되어 집권하는 이변을 연출하면서 민주주의의 새 지평을 열었다. 이후 브라질을 위시한 남미 사회는 '핑크 타이드(온건 사회주의)' 시대를 십 년 넘게 이끌어왔다. 아르헨티나, 칠레, 파라과이, 콜롬비아 집권이 강경보수 세력으로 넘어가고 2018년 대선에서 극우 성향의 보우소나루(Jair Bolsonaro)후보가 당선되면서 브라질 역시 2010년 이후 불어온 포퓰리즘과 극우화 흐름에 동참하게 되었다.

이런 극우 열풍은 브라질이나 남미만의 경향이 아니다. 미국과 러시아와 같은 초강대국에서 포퓰리즘과 '스트롱 맨' 물결이 일고, 유럽에서는 반이민 문제로 촉발되어 남미까지 극우세력의 부상이 파급효과를 내고 있다. 최근 부상한 이 우파세력들은 '자국 우선주의'를 내세우며 상대 진영에 대한 증오와 분노를 기반으로 정치력을 키우는 공통점을 가진다. 영국의 브렉시트 사태처럼 유럽연합과 같은 국제주의를 외면하고 국가와 민족을 중시하는 자국 이익 중심주의로 전환되는 경향은 유럽과 미국뿐만 아니라 브라질을 위시한 남미에 역시 일어나고 있다. 남미판 유럽연합으로 불리는 남미국가연합(Unasur)은 미국의 영향력에 정치·경제적으로 대응하고 궁극적으로 남미통합을 목적으로 2008년 창설되었지만, 2018년부터 아르헨티나, 브라질, 칠레, 콜롬비아, 페루, 파라과이에 집권한 우파정권이 대거 탈퇴함으로써 유명무실한 기구로 전락하는 지각변동을 보여주고 있다(Bethell, 2020).

전술한 바와 같이 2016년 브라질 첫 여성 대통령 호세피 전 대통령은 1992년 꼴로르 대통령에 이어 24년 만에 탄핵으로 실각한 역사를 남기게 됐다. 브라질 대통령제는 비례대표제, 연방제, 다당제와 양원제가 결합한 형태로 대통령과 행정부로의 권력집중이 두드러진 권위주의적 유산도 지니고 있다.

브라질은 의회의 입법권에 대해 대통령이 거부권을 행사하면 이를 막기가 어렵고, 대통령이 '임시 조치권'을 통해 법안 대부분을 추진할 수 있을 정도로 권한이 막강하다. 반면에 고도로 분화된 정당 체계 때문에 집권당은 소수당인 경우가 대부분이다. 그래서 브라질 대통령은 주요 정책을 수행하기 위해 대개 연정을 꾸리고 여러 정당에 권력을 나눠주게 된다. 사정이 이러하니 브라질 대통령의 지지도가 급락했을 때 자칫하면 의회로부터 탄핵을 받을 수 있는 취약점을 항상 안고 있다. 이런 상황에서 브라질 대통령은 좌파나 우파 진영에 상관없이 정당이나 의회의 지지보다 대중 인기에 의존하려는 경향이 아주 강하게 나타난다. 임두빈(2017)은 "브라질을 비롯한 중남미에서 항상 '포퓰리즘' 정치가 비판을 받고 그 동면의 양면처럼 정치인 간 야합과 부정부패가 등장하고 '시스템'을 기반으로 한 정치가 아니라 '대중을 중심으로 한 정치'가 작동하는 데는 이런 속사정이 존재하는 것"이라고 분석한 바 있다.

그러나 노동자당(PT)과 룰라 정권은 각가지 스캔들로 국민의 공분을 자아냈다. 결국, 이 분노의 총구는 룰라의 정치적 후계자인 호세피에게 돌아갔다. 대내외 경제 환경 악화와 부패, 통치자의 무능함이 어우러져 노동자당은 결국 브라질 역사상 민주적으로 선출된 정당으로서는 13년 132일의 집권이라는 최초의 기록을 남기고 한 시대의 막을 내리게 되었다. 사실 브라질이 대통령 탄핵이라는 초유의 사태를 겪은 혼란의 기원은 단순하게 보수와 진보, 우파와 좌파 간의 갈등보다 더 근원적인 곳에서 봐야 한다. 이제 브라질은 좌파나 우파 모두 부패의 늪과 국민의 눈치에서 벗어날 수 없다. 그나마 브라질이 '잃어버린 시간' 속에서 '질서와 진보'를 찾아간 것은 1822년 독립한 이래 굳어진 고질적인 암묵적 계급의식과 부패 의식을 거부하고 실종된 국민주권을 바로 세우려는 시민의식이 정치의 대중적 부활로 나타나 사회 변화를 요구하고 있다는 점이다. 앞으로 브라질은 '1인 1표'로 대표되는 정치적 민주주의가 어떻게 '1원에 1표'를 갖는 시장적 자유주의와 어떻게 싸워나가야 할 것인지에 대한 숙제가 남아있다.

2. 소셜미디어 텍스트마이닝(Text Mining) 감성 분석으로 분석한 2018년 대선

오늘날 뉴스 소비방식에는 큰 변화가 일어나고 있다. 과거는 뉴스의 생산이 중요했고 따라서 생산자의 권위가 높았지만, 이제는 소셜미디어의 등장으로 누구나 직접 뉴스를 생산할 수 있을 뿐만 아니라 유통까지 가능한 시대가 온 것이다. 물론 뉴스의 과잉생산으로 인한 신뢰성과 진실성의 문제가 불거지면서 가짜 뉴스나 부정확한 뉴스의 확산이라는 부작용도 같이 발생하고 있다.

이처럼 소셜미디어에서 생성되고 보급되는 데이터의 증가는 다양한 연구, 분석 및 지식 생성에 관한 새로운 연구 접근방법을 요청하고 있다. 이런 의미에서, 대선을 분석하는 차원에서 소셜 네트워크는 후보자 또는 정당에 대한 여론의 움직임에 대해 가장 접근하기 쉽고 풍부한 데이터를 접할 수 있는 채널 중 하나로 유용하다.

먼저, 2018년 좌파 대통령 탄핵으로 정권을 새 정부의 집권 1년에 해당하는 기간(2019년 1월 15일~2020년 1월 15일)을 기준으로 7개 지역별 54개 국내 언론사(중앙지, 경제지, 지역종합지, 방송사, 전문지 기준)에서 '브라질'을 검색어로 총 14,348개의 기사가 추출했다. 검색된 기사들 간 연관어 분석을 워드 클라우드(Word Cloud)로 추출해보았더니 아래 〈그림 3〉과 같이 보우소나루(Bolsonaro) 개인 이름이 압도적으로 주목받은 것을 확인할 수 있다. 따라서 브라질에 대한 국내의 관심은 다른 무엇보다도 신임대통령 개인에게 집중되어 있다는 사실을 확인할 수 있었다.

〈그림 3〉 2019년-2020년 사이 브라질로 검색된 국내언론기사 연관어

브라질은 전 세계에서 인터넷 사용자가 가장 많은 국가 중 하나이다. 아래 〈그림 4〉는 E-STAT 시스템[7]을 이용하여 2001~2017년 사이 한국과 브라질의 초고속인터넷 가입자 수 증가치를 기술통계로 직접 생성한 그래프이다. 파란색으로 표시된 한국의 가입자 수는 이미 포화상태로 큰 변동이 없는

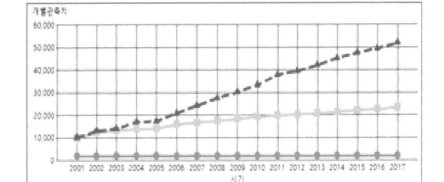

〈그림 4〉 2002~2017년 사이 한국과 브라질 초고속인터넷 가입자 증가치

반면에, 보라색 선으로 된 브라질 초고속인터넷 가입자 수는 기하급수적인 증가세를 보여주고 있다.

『Digital in 2018: The Americas』 보고서에 따르면, 브라질 국민의 약 62% 가 소셜미디어를 이용한다고 한다. 가장 많이 이용되는 순서는 유튜브(60%), 페이스북(59%), 왓츠앱(56%), 그리고 인스타그램(40%)이다. 그리고 PC나 모바일 기기를 통틀어 매일 소셜미디어 사용 시간은 일 기준으로 3시간 39분에 달하는 것으로 조사됐다.

Vaz, Cassiano, Kátia and Cordeiro (2019: 22)는 데이터 추출을 위해 해시태그 "# eleições 2018"(#2018년 선거)을 활용하여 선거위원회에 등록한 대선 입후보자 89,323개의 트윗 글을 Twitter API로부터 추출하였고, 데이터 필터링 후 리트윗을 제거하고 26,189개의 트윗 글을 분석대상으로 최종 추출하여 아래 〈그림 5〉와 〈그림 6〉을 도출해냈다.

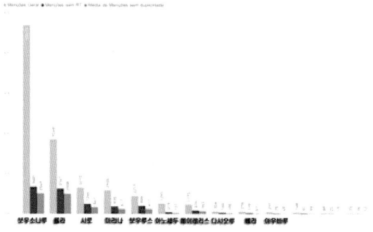

〈그림 5〉 대선후보자 별 트윗 언급 발생 빈도

〈그림 5〉는 총 트윗 글 수와 필터링 된 데이터의 분포를 보여준다. 녹색 막대는 총 출현한 트윗 수, 검은 막대는 필터링 후 리트윗을 제거한 수, 빨간색은 중복되지 않은 트윗 글의 평균을 낸 값을 나타낸다. 전체 트윗 글에서 보우소나루 후보에 대한 언급이 가장 많았던 반면에, 필터링 된 표본에서는 보우소나루와 룰라 후보 사이에 비교적 가까운 값을 가짐을 관찰할 수 있다.

〈그림 6〉에서는 리트윗을 제거한 필터링 된 데이터를 사용하여 최고 언급 수가 많았던 5명의 후보자(파란색: 알키민(Alckimin); 검정색: 보우소나루(Bolsonaro); 보라색: 시로(Ciro); 빨간색: 룰라(Lula); 연두색: 마리나(Marina))에 대한 특정 시간 기준을 사용한 시각화가 제시되었다. 이 시각화를 통해 두 사람을 중심으로 후보자가 좌파와 우파로 양극화된 양상을 직관적으로 파악할 수 있었다. 사실 전통적인 언론들은 2018년 대선에서 무명인에 불과했던 보우소나루의 당선을 '이견'이라고 표현했지만, 소셜미디어상에서는 이미

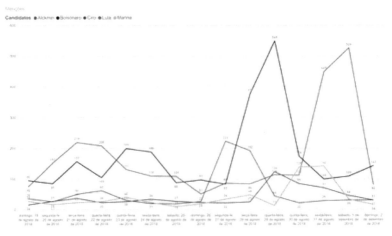

〈그림 6〉 시간별 트윗 글 발생 빈도 시각화

'무명'이 아니었음을 증명하고 있었다. 이처럼 텍스트마이닝 분석은 그 분석 결과물 자체로 어떤 직접적인 성과를 도출하기는 어렵지만 전체 맥락과 경향을 파악하는데 유용성을 가진다.

III. 두 개의 브라질

룰라 전 대통령은 2018년 1월부터 뇌물수수와 자금 세탁의 혐의로 2017년 7월 1심 재판에서 9년 6개월, 2018년 1월 2심 재판에서 12년 1개월 징역형을 선고받아 4월 7일 수감되었다. 2018년 10월에 치러진 대선에는 '피샤림빠(Ficha Limpa)'법(영어로 'Clean Record Law')으로 인해 후보자로 등록할 수 없게 됐다. 수감 중에도 룰라 전 대통령은 정식 재판을 통해 무죄를 선고받거나 기소가 취소되면 차기 대선에 출마할 수 있다고 주장하면서 주요 내외신 언론과 인터뷰를 통해 옥중 정치를 계속해왔다. 포르투갈 RTP 방송과 인터뷰에서는 "보우소나루 대통령이 브라질의 민주주의를 파괴하고 있다"고 주장했으며, 프랑스 TV 방송인 프랑스 24와 인터뷰에선 자신을 둘러싼 부패 의혹을 전면 부인하며 무죄를 주장했었다.

브라질 유력 주간지 Veja와 The Interpret Brasil이 모루(Moro) 전 법무부 장관이 연방판사로 근무하던 2019년 6월 당시 '라바자투'(Lava-Jato) 검사들과 주고받은 통화 내역과 텔레그램(Telegram) 메시지를 자사 매체를 통해 폭로하면서 룰라 전 대통령에 대한 최종 판결에 관심이 다시 일어났다. 특히, 모루 전 법무부 장관과 '라바자투' 작전 총지휘권자 델탕 달라그노우(Deltan Dallagnol)와의 대화에서 모루 판사가 보우소나루 정부의 법무부 장관으로 임명을 수락하고 룰라의 기소에 대해 불법적으로 검찰청의 도움을 받았다는 정황이 드러났다. 이 기사는 모루 당시 연방판사가 룰라 전 대통령에 대한 유죄 판결과 구속을 끌어낼 수사 가이드라인, 즉 2심 결과부터 징역형을 집행할 수 있게 만드는 방법을 제시했다고 폭로했고, 실제로 룰라 전 대통령은 이로 인해 대선 출마가 좌절된 것이다. 당시 모의 투표 결과 룰라의 대선 승리가 예상됐다. 그 후 연방대법원이 최종심까지 가지 않고 2심 재판 결과부터 징역형을 집행할 수 있게 당시의 결정에 대한 위헌 여부를 가리기 위한 심리를 벌인 결과, 당시의 결정을 위헌으로 해석하여 현재 룰라 전 대통령은 석방되었고 모든 법적 제한이 풀려 보우소나루 재선의 대항마로서 2022년 대선 승자가 확실시되고 있다. 현재 룰라와 노동자당은 자신에게 이미 한번 등을 돌린 민심을 어떻게 가져올 것인가를 고민하고 있고, 특히 룰라는 구속 중에 가장 고민했던 부분이 개신교 유권자를 이해하는 것이었다고 고백한 바 있다.

한편, 앞으로 보우소나루 대통령의 차기 재선에 있어 가장 강력한 경쟁자는 룰라 외에도 장기간 팬데믹으로 인한'경기침체'와 '실업률'일 것이다. 같은 우파 노선을 걷고 있지만 경제위기로 인해 결국 2019년 대선에서 좌파진영에 정권을 뺏긴 마끄리 아르헨티나 전 대통령과 우파 대통령 집권 아래 심화된 양극화로 눌려왔던 시민들의 분노가 폭발된 칠레의 사례는 그에게 경각심을 주기 충분할 것이다. 보우소나루 집권 초기부터 보여준 '화합보다는 분열을 통한 정치', 즉 우리나라 2022년 대선에서도 등장한 '갈라치기'는 미래를 향한 새로운 질서와 진보가 아니라 과거로 회귀하는, 다시 군부독재 시대, 중세와 같은 기독교 근본주의와 같은 과거의 유령을 불러내는 자양분이 되고 말 것이라는 경고도 상기해야 할 것이다. 브라질은 대통령직에 인턴을 계속해서 쓰는 아마추어를 위한 나라가 아니기 때문이다.

보우소나루 현 대통령의 지지자는 대부분 부자, 백인, 남자, 개신교라는 공통점을 갖고 있다. 30년이나 현역 정치인으로 활동을 했음에도 불구하고 거의 존재감이 없었던 그가 대통령에 당선된 이면에는 기성 정치에 대한 국민의 실망과 환멸이 작동했다. 신뢰하고 전폭적인 지지를 받던 룰라 전 대통령의 구속으로 좌파, 우파 할 것 없이 기성 정치인들은 모두 부패했다는 공식이 세워졌고, 무명이었던 탓에 기성 정치인의 반열에서 제외되어 면죄부를 받게 되었다는 것이 국내외 학계가 내린 중론이다. 따라서 기성 정치와 틀을 달리해야 하는 숙명으로 탄생한 정권에게 '불투명성', '부패'는 보우소나루가 제일 두려워하고 경계해야 할 대상이다. 그러나 기성 정치를 부정하는 새 정치를 표명하고 한 번도 가보지 않은 길을 걷겠다는 정권이 항상 빠질 수 있는 위험이 존재한다. 바로 우리가 이 글을 통해 경계하는 '위기'이다. 보우소나루와 강경 우파 보수 진영은 '민주주의의 위기(the Crisis of Democracy)'[8] 속에서 좌파정권을 무너뜨렸다고 하지만, 룰라를 필두로 한 좌파진영은 극우파의 부상과 보우소나루 대통령의 정책을 '위기의 민주주의 (the Edge of Democracy)'[9] 라는 시각으로 분열된 모습을 보인다. 이런 의미에서 우리는 현재의 브라질을 한 지붕 아래 사이가 나쁜 두 가정이 같이 사는 분열된 '두 개의 브라질 (Two Brazils)'로 바라보고 있다.

IV. 마치며

브라질의 룰라 전 대통령, 전 세계 좌파 지도자들의 아이콘이자 전 세계적으로 가장 유명했고 가장 인기가 좋았던 대통령이었던 그는 집권 시 받은 부패 혐의로 퇴직 후 고초를 겪었다. 그의 정치적 후계자는 훗날 역사적인 재해석이 필요할 만큼 논란의 소지가 많지만 탄핵을 당하면서 브라질의 질서와 진보는 새로운 국면으로 접어들었다.

그 응답으로 2018년 대선에서 존재감도 없었을 뿐 아니라 정치적 지지기반도 미약했던 극우 성향의 군 장교 출신 보우소나루가 당선되는 상황을 맞게 되었고 브라질 사회의 혼란은 여전히 현재 진행형이다. 노동자당 집권 이후 브라질 우파 진영의 새로운 부상에 대한 움직임은 이미 2010년부터 예견된 것으로 대부분 학자는 동의하고 있다. 그러나 이 우파 진영은 과거부터 존재했던 전통적인 우파와 차별된다. 브라질에서 나타나고 있는 우파의 새로운 부상에 대한 원인은 아래와 같이 크게 세 가지로 구분해 볼 수 있다.

첫째, 브라질 국민은 이미 헌정사상 최초로 평화적이고 민주적으로 선출된 좌파정권 아래서 13년간 번영과 좌절을 동시에 맛보았다. 2002년 좌파가 집권에 성공한 원인도, 2019년 극우파가 당선된 것도 모두 기성 정치권에 대한 심판의 성격을 지니면서 대내외적으로 커지는 경제적 양극화 및 전반적인 사회 불만을 해결하지 못하는 주류 세력을 국민이 해고하고 오랫동안 변방에 머물러 있던 극우 정치를 대안 세력으로 차출된 것으로 해석할 수 있다.

둘째, 그러나 동시에 기성 정치에 대한 실망감이 무관심으로 돌아서고, 국민 다수의 민심이 아니라 좌파나 우파 모두 극단주의 성향의 소수 여론이 제도권 정치권에 과다 투영되고 있는 현상이라는 해석도 필요하다. 뚜렷한 자기 판단이나 소신 없이 진영 논리에 갇히게 되면 외부에서 씌운 프레임에 휩쓸려 이분법적 대결의식에 사로잡히게 되고 진영 간 증오와 분노를 자양분 삼는 혐오의 언어가 난발하게 되면서 보편적 이성이 사라지고 감정의 문제로 치달아 해결 및 치유가 쉽지 않은 대결 국면이 지속되는 결과를 빚는다.

한국 사회 역시 '조국 사태'를 기점으로 대선까지 양분화되는 홍역과 그 후유증을 치르고 불안한 마음으로 미래를 보고 있다. 정보 소비자 관점에서 일반 시민들은 봇물 터지듯 쏟아지는 정보의 홍수 앞에서 혼란을 겪으면서 '인지 부조화(cognitive dissonance)'를 겪게 된다. 가진 정보의 불확실성이 클수록 자신의 주장을 강하게 펴서 인지 부조화로 만들어진 불편함을 탈피하고자 한쪽을 선택하게 된다. 즉, 우리 편 편향이 작동된다. 생각과 진영의 양극화는 이렇게 시작된다….

셋째, 강대국들이 자국 우선주의와 스트롱맨을 앞세우면서 자신들이 선도하던 세계화, 신자유주의적 바람을 국가주의, 민족주의, 신중상주의로 몰고 가는 국제정치의 역학관계에 대응하기 위한 방어기제라는 측면도 고려해야 한다. 러시아의 우크라이나 침공과 같이 인접국들의 국가주의 부흥과 같은 국제정치 역학관계 변화에 따른 홍역을 치르고 있다.

신자유주의를 기반으로 한 경제적인 세계화는 표면상으로 자유무역주의를 논하면서 실제로는 자국의 산업을 보호하는 선진국 중심의 '신중상주의' 양상을 띠고 있다. 이런 체제 안에서 경쟁의 장은 계획적으로 철저하게 불평등하게 구조화되어 부유한 서구사회 안에서 빈부격차를, 그리고 세계적으로는 국가 간의 빈부 차이가 발생할 수밖에 없다. 우리가 지구촌 파트너로 브라질을 바라보는 시각 또한 경제학 원론에서 논하듯이 수요, 공급의 문제만으로 볼 대상이 아니라는 점을 인식해야 한다. 프리드먼이 주장한 바와 같이 세계가 평평하다고 전제할 때, 그리고 인간은 항상 합리적이고 최고의 선택을 한다는 전제 아래에서 수요와 공급의 문제로 경제문제를 해결할 수 있다. 그러나, 배너지와 뒤플로(Banerjee and Duflo, 2012)가 역설했다시피 "우리 인간의 현실은 항상 합리적이고 최선의 선택을 못한다"라는 데 있다. 이를 반증하듯이 2019년 노벨경제학상은 빈곤 문제를 해결하는 데 노력을 기울인 세 학자에게 돌아갔다. 배너지와 뒤플로는 무상복지를 둘러싼 좌우대립을 모두 비판하면서 가난한 자를 위한 제도에 배려 필요성을 역설했고 크레머(Kramer)는 인간 노동보다 생산성을 최우선시하는 자동화의 민낯에 비판을 가했다. 장 지글러(Jean Ziegler, 2018)도 "그들은 무상원조를 통해 빈곤을 구제

할 수 있다면 왜 아직 해결이 나지 않았을까?", "부패의 문제인가, 정책의 실패인가?", "왜 가난한 사람은 하고 싶은 것을 참아야만 하는가"라고 역설하면서 "가난한 사람들에 대한 현실적 조건과 그들의 요구를 깊이 들여다보는 공감이 필요하며 제도를 설계할 때도 배려심을 밑바탕에 깔고 있어야 한다"라고 얘기한다(Ibid.). 브라질의 경우도 당면한 문제해결은 당위 가치를 보고 작동하는 이론이 아닌 실질 가치를 지닌 구체적인 현실을 보고 대안을 찾아보아야 하는 대상임이 틀림없다.

끄리스또발 꼴론의 『항해일지』에 나타난
아메리카의 자연과 식민주의적 탐색*

Ⅰ. 들어가며: 르네상스와 대항해

　유럽의 근대는 르네상스와 더불어 시작되었다고 해도 과언이 아니다. 르네상스(Renaissance)라는 용어에 '회복(restoration)', '부흥(revival)', '각성(awakening)'이라는 의미가 내포되어 있다시피, 르네상스를 통해 고대 그리스·로마의 문화와 학문의 가치에 대한 관심이 고조되고 지동설이 등장했으며, 종이, 인쇄술, 화약, 항해술 같은 신기술의 발전이 이루어지고, 신대륙을 '발견(방문)'함으로써 무역이 성장하게 되었다. 르네상스의 주요 동인인 인문주의는 상실된 인간 정신과 지혜의 부활을 추구하기 때문에 전통 종교 교리가 강요한 정신적 억압 상태로부터 인간을 해방시키고, 인간의 자유로운 탐구·비판력을

---

* 이 논문은 2021년도 한국외국어대학교 학술연구비를 지원받아 수행된 연구임. 또한 이 논문은 2019년 대한민국 교육부와 한국연구재단의 지원을 받아 수행된 연구임(NRF-2019S1A6A3A02058027).

자극함으로써 창의적 사고와 실천이 가능하다는 자신감을 불러일으켰다. 한 마디로 말해, "보고, 알고, 이해하고, 행하고 싶다"는 욕망의 분출이 르네상스의 본질이라고 할 수 있을 것이다. 특히 당시까지 '숨겨져 왔던' 지식이 인쇄술의 발명 덕분에 불특정 다수에게 '공평하게' 유포될 수 있었는데, 이는 새로운 지도 제작과 유포에도 적용되었다. 인간은 산재해 있던 기존의 지식을 비교적 정확하게 얻고, 새로운 지식을 축적해 공유함으로써 세계에 대한 인식의 지평을 넓히고 자신의 존재 방식과 의미를 새롭게 정립해 갈 수 있게 되었다.

당시 유럽의 주요 도시에서 상업과 교역이 활성화되자 가치 측정과 교환이 유리한 황금이 각광받게 되었다. 귀족과 부유층의 소비욕구에 따라 진주 같은 보석과 향신료,[1] 고급 옷감 등에 대한 수요가 늘었다. 진주, 후추, 비단 같은 것은 인도, 중국 등 동양 것을 최고로 쳤다. 따라서 동방과의 교역은 지중해 권 유럽이 부를 축적하고 삶의 질을 향상시킬 수 있는 기회였는데, 일부 학자가 대서양을 건너 동양으로 갈 수 있다는 이론을 제시했다. 철학자, 인문주의자들은 개인의 필요성에 기반한 세계관의 확립을 절감하고 해상 팽창을 자극했다. 15세기 말 항해가와 탐험가들은 지리학, 천문학 및 항해술의 발달(나침반의 발명, 새로운 항해장비의 출현, 대형선박의 건조)에 따라 해양 시대를 개막했다. 물론, 인쇄술 덕분에 마르코 폴로의 『동방견문록』, 프톨로메오의 『지리학』 등이 출간되고 유포된 것이 동방 진출의 가능성을 키웠다. 항해술의 발전에 따라 교역과 인적 교류가 증대하고, 인쇄술이 세계에 대한 사람들의 호기심과 지식욕을 자극한 것이다. 이탈리아 인문주의자 마르실리오 피치노 (Marcilio Ficino: 1433-1499)는 다음과 같이 썼다. "모든 것이 가능하다. 그 어떤 것도 배척할 수 없다. 그 어떤 것도 불가사의하지 않다. 그 어떤 것도 불가능하지 않다. 우리가 부정하는 가능성은 우리가 무지할 가능성일 뿐이다".[2] 유럽의 확장은 어떤 의미에서는 르네상스가 품고 있던 상상력의 대위업이었다. 그것은 인식에 대한 가설의 승리였고, 한편으로는 전통에 대한 상상력의 승리였다.[3]

유럽은 탈지중해를 염원했다. 지중해를 빠져나가는 돌파구를 찾는 것, 동양으로 향하는 우회로를 발견하는 것은 일종의 강박관념이 되었다. 유럽의 변방이라고 할 수 있었던 에스파냐 역시 이같은 르네상스의 열기에 합류할 준비를 하고 있었다. 에스파냐의 해양 진출은 세 가지 중요한 관념, 즉 '황금(Oro)', '영광(Gloria)', '복음(Evangelio)'을 추구하기 위한 것이라고 할 수 있다. '황금'은 경제의 확장 및 14세기부터 시작된 해양 활동을 통해 성장한 에스파냐와 포르투갈의 상업혁명과 관계가 있는 자본의 핵심이었다. 중상주의를 신봉하던 계층은 상업과 무역을 원활하게 진행하고, 경제적 신용을 얻기 위한 방편으로 황금을 필요로 했다. '영광'은 유럽이 우위를 점하던 시대부터 지속적으로 에스파냐인들의 내면적 특성으로 자리잡은 자만심이나 우월감과 긴밀한 관계가 있었다. '복음'은 에스파냐에서 이슬람 세력을 축출하고 카톨릭을 수호하는 데 뿌리를 두고 있었다. 이슬람 세력이 추방됨으로써 하느님 율법의 계승자를 자처하던 에스파냐 왕국의 신앙심이 더욱 강화되었다. 그 결과 정복자들은 자신들의 신앙을 신대륙으로 가져갔고, 정복을 복음 전도에 필요한 과정으로 승화시켰다.

이렇듯 황금, 영광, 복음은 대항해 시대를 여는 원동력이 되었고, 대항해가 시작되면서부터 수많은 연대기(crónica)가 생산되었다. 연대기 작가들은 자신들의 글에 신대륙 아메리카의 '모든 것'을 담아내려고 시도했기 때문에 연대기를 통해 당시 유럽인이 포착한 아메리카의 '현실'과 유럽인의 시각, 평가, 욕망 등을 파악하는 것은 대단히 중요하다. 특히 아메리카에 관한 최초의 연대기라고 할 수 있는 끄리스또발 꼴론[4]의 『항해일지(Diario de a bordo)』에는 유럽인의 아메리카에 대한 최초의 공식적인 '해석'이 비교적 명료하게 담겨 있다. 본고에서는 『항해일지』의 내용을 분석해 당시 꼴론이 아메리카의 자연을 어떻게 관찰하고 이해해서 에스파냐 왕실에 보고했는지, 어떤 자연물에서 어떤 이용 가치를 포착했는지 살펴보고, 아메리카의 자연에 대해 유럽의 '타자'가 지닌 식민주의적 욕망과 그 욕망의 실현을 위한 탐색의 의미를 천착할 것이다. 사실, 세간에 알려진 꼴론에 대한 평가, 아메리카의 자연물에 대한 그의 시각은 거의 대부분 그가 네 번에 걸쳐 아메리카를 탐색한 과정과 그 결과에 따른 것이다. 하지만 본고에서는 1차 항해의 기록에 해당하는 『항해일지』만을 분석했기 때문에 그것들이 다소 다를 수 있다는 사실을 밝힌다.

II. 끄리스또발 꼴론과 『항해일지』

『항해일지』를 제대로 분석해서 본고의 목적에 부합하는 유의미한 결과를 도출하기 위해서는 끄리스또발 꼴론이라는 개인이 살아간 시대 상황, 그의 존재 방식과 이유, 그리고 그의 욕망에 대해 천착할 필요가 있다.

1. '문제적' 인간 끄리스또발 꼴론

끄리스또발 꼴론은 르네상스 운동이 전개되던 1450년 10월 31일에 태어나 1506년 5월 20일 에스파냐의 바야돌리드에서 사망했다고 한다. 그의 출생지에 관해서는 다양한 의견이 있지만 제노바 출신이라는 설이 유력하다. 그는 양모 직조공의 아들로서 어렸을 때 교육을 제대로 받지 못했는데, 나중에 그가 구사한 천문학, 제도학, 라틴어 지식, 항해술 등은 독학으로 습득한 것이라고 한다. 그는 수많은 책을 닥치는 대로 읽었는데, 특히 『성서』, 마르코 폴로의 『동방견문록』,[5] 플리니우스의 『자연사』,[6] 파울로 토스카넬리의 『서한집』 등은 꼼꼼히 주석까지 달아가며 읽었다고 한다. 이들 책은 그에게 탐험에 성공할 수 있으리라는 확신을 심어 주었다.[7] 예를 들어, 토스카넬리는 포르투갈의 왕 알폰소 5세가 "동양으로 가는 가장 짧은 길은 무엇인가?"라는 질문에 대해 1474년에 "큰 이익을 올리고 많은 물건을 구할 수 있을 뿐만 아니라 황금, 은, 보석과 사람이 생각할 수 있는 모든 향신료가 가득한 인도에 도달하기 위해 서쪽으로 항해해야 한다는 의견을 제시했다.[8]

당시 유럽에서 지구가 둥글다는 사실이 이미 알려져 있었기 때문에 꼴론은 대서양을 건너 서쪽으로 가면 아시아에 도착할 것이라고 생각했다. 이같은 발상은 그리 어려운 것이 아니었으나 실현 가능성이 낮았다. 대서양과 태평양을 지나 아시아까지 가는 거리가 너무 멀었기 때문이다. 하지만 그는 이 경로가 타당하다고 생각했다.[9] 그는 1484년에 포르투갈 왕 주앙 2세에게 대서양 항해를 제안하고 지원을 요청하나 왕이 허락하지 않자 에스파냐로 갔다. 당시 에스파냐의 정치적·지리적·종교적 통일을 이루고 국가의 발전을 꾀하던 이사벨과 페르난도 왕(카톨릭 양왕: Los reyes católicos)은 해외 진출에 관심을 갖고 있었다. 이슬람 세력을 몰아내고 카톨릭을 수호한 두 왕과 성직자들은 복음전파의 열정과 포르투갈 교회에 대한 경쟁의식 때문에 더 넓은 선교지를 필요로 했다. 꼴론은 온갖 우여곡절을 겪은 뒤 여왕을 만나 자신의 계획을 밝히고, 여왕을 설득해 1492년 4월 17일 여왕과 '산따 페 협약(Capitulación de Santa Fé)'을 체결했다. 골자는 다음과 같다.

- 에스파냐 왕실이 새롭게 발견하는 지역의 소유권을 유지하되, 끄리스 또발 꼴론이 후손에게 물려줄 '돈(don)' 칭호와 에스파냐 해군 제독의 계급을 부여받는다.

- 발견된 땅에서 얻는 수입의 10분의 1과 모든 무역 거래의 지분 8분의 1을 끄리스또발 꼴론이 소유한다.
- 끄리스또발 꼴론이 상거래 분쟁의 재판권을 부여받는다.
- 끄리스또발 꼴론이 발견된 지역의 최고 행정관인 총독의 권리와 관리의 배치권을 받고 세습할 권리를 가진다.[10]

끄리스또발 꼴론은 카톨릭 양왕의 종교적 신념을 따르는 것이 자신의 영광을 구현하는 방편이라고 믿었다. 양왕이 신의 대리자라면 자신도 신을 대리할 수 있다는 논리였다. 물론, 협약을 체결한 뒤에도 이사벨 여왕이 지원을 미루었기 때문에 항해를 떠나기까지는 6년을 기다려야 했다. 꼴론은 범선 '산따 마리아(Santa María)', '니냐(Niña)', '삔따(Pinta)'를 이끌고 1492년 8월 3일(금요일) 빨로스 데 라 프론떼라(Palos de la Frontera) 항을 출발했다. 계속해서 서쪽으로 항해하던 그는 어떤 때는 구름을 섬으로 착각하고, 때로는 선원들의 불평과 폭동을 겪으면서 항해를 시작한 지 66일만인 1492년 10월 12일에 드디어 육지에 상륙할 수 있었다. 그곳은 바하마 제도의 구아나하니(Guanahani)라는 섬이었는데, 꼴론은 구세주와 관련시켜 이 섬을 산 살바도르(San Salvador)라고 명명했다. 그는 아시아에 도착했다고 믿었다. 1차 항해 후 1493년 3월 15일에 귀국해 '신세계'의 부왕으로 임명되었다.

꼴론이 그토록 '용감한' 모험을 감행할 수 있었던 이유는 몇 가지로 평가되는데, 우선 그는 지구가 둥글다는 사실을 믿었다. 서쪽 해로를 통해 항해하면 반드시 인도에 닿을 수 있으며, 거리 또한 그리 멀지 않다고 생각했다. 인도에 갈 수 있는 사람은 역사에 길이 남을 것이라고 확신했다. 그리고 나중에 이루어진 항해를 통해서는 당시 서구인이 모르던 아메리카 대륙에서 부귀영화와 명예를 얻을 수 있다고 믿었다.

까를로스 푸엔떼스에 따르면,[11] 끄리스또발 꼴론은 자신의 공적이나 이상에 비해 품성이 썩 감동적이지 않았다. 쉽게 흥분하고, 때로는 자신을 제어하지 못했으며, 허언증 환자로 의심받기도 했다.[12] 그러나 용기와 결단력은 넘쳐났다. 용기, 명성에 대한 르네상스적 가치, 발견의 쾌락, 황금 열망, 그리고 복음전도 의무감 같은 것이 그를 움직인 요인이었다.

2. 『항해일지』의 태생적 문제

끄리또발 꼴론의 『항해일지』를 필두로 생산된 연대기의 수, 분량 및 내용의 폭과 깊이는 놀라울 정도다. 연대기의 소재는 신대륙 정복과 신대륙의 인간과 자연, 역사, 종교, 사회, 문화 등인데, 상당수는 자연(바다, 강, 땅, 식물, 동물)을 다룬다. 특히 에스빠냐 정부 및 정복자들이 채용한 연대기 작가들의 글에는 아메리카에 존재하는 새로운 자연물의 특성 및 이용 가치에 대한 것이 많이 포함되어 있다.

꼴론은 1차 항해를 하는 동안 거의 매일 하루에 항해한 구간, 항해하면서 겪은 에피소드, 새로 발견한 땅의 지리와 자연물, 원주민의 모습, 생활습관 등을 기록했다. 그는 경제적 이익을 얻고, 수평선 너머에 있는 것에 대한 이해와 지식을 제고하고, 대양의 비밀과 미지의 대상인 아메리카의 자연환경을 밝히기 위해 이 여행 전체, 즉 자신이 '행하고(hechos), 관찰하고(observaciones), 경험하고(experiencias), 느끼고(impresiones), 추정한 것(suposiciones)' 모두를 '대단히 면밀하게'[13] 기록할 생각이었다.

이번 항해 동안 제가 매일 한 행동과 보고 경험한 모든 것을 대단히 면밀하게 기록할 생각인데, 나중에 보시게 될 것입니다. 두 분 폐하시여,

저는 매일 밤에는 낮에 일어난 일을 기록하고 낮에는 전날 밤에 항해한 거리를 기록하는 일을 그치지 않을 것입니다. 저는 새로운 항해도를 작성할 계획입니다.(서문)[14]

"대단히 면밀하게 기록"한다는 말에서 우리는 꼴론이 '카톨릭 양왕'의 신뢰를 얻기 위해 얼마나 애를 썼는지 알 수 있다.[15] 사실, 그가 글을 쓰지 않았다면 항해는 정당화될 수 없었다. 『항해일지』는 양왕에게 바치는 일종의 보고서였고, 이는 경비를 댄 양왕을 믿게 만드는 수단이었다.

그런데, 우리에게 전해진 『항해일지』에는 다양한 사연이 개입되어 있다. 1493년에 1차 항해를 마치고 돌아온 꼴론은 바르셀로나에서 카톨릭 양왕에게 일지를 헌정한다. 그런데 왕궁 문서고에 보관하기 위해 일지를 필사한 뒤 원본이 분실되고 만다. 끄리스또발 꼴론의 둘째 아들 페르난도 꼴론(Fernando Colón: 1488-1539)이 필사본 한 부를 갖게 되었는데, 이 필사본이 그가 1537년부터 1539년까지 쓴 『돈 끄리스또발 꼴론 제독의 이야기(Historia del Almirante Don Cristobal de Colón)』에 들어가 1571년에 베네치아에서 출간된다.[16] 나중에 필사본 한 부가 도미니코 수도회의 바르똘로메 데 라스 까사스(Bartolomé de las Casas: 1484-1566) 수사의 손에 들어간다. 라스 까사스는 1522년에 쓰기 시작해 1561년에 끝낸 『인디아스의 역사(Historia de las Indias)』에 『항해일지』를 편집한 「첫 번째 항해와 인디아스의 발견에 관한 책(Libro de la primera navegación y descubrimiento de las Indias)」을 삽입한다.[17] 그는 끄리스또발 꼴론의 일지를 거의 그대로 베끼고, 일부는 요약했는데, 이 과정에서 역사에 해박한 편집자로서 상당히 적극적으로 개입했다는 해석이 가능하다.[18]

『항해일지』는 주로 1인칭 시점으로 기술되고, 군데군데 '제독(Almirante)'이라는 3인칭 시점이 개입하는데,[19] 여기서 라스 까사스가 일지를 편집한 흔적이 두드러진다.

> 이 모든 말은 제독의 것이다.(10월 12일)
> 여기서 제독은 양왕에게 이 말을 한다.(12월 24일)

사모라에 따르면,[20] 대체적으로 지상 낙원 같은 아메리카의 자연을 묘사하고 인디오의 청순하고 온순한 본성을 이상화할 때는 1인칭이 사용된 반면에 끄리스또발 꼴론의 중상주의적 욕망이 드러날 때는 3인칭으로 기술되는데, 이는 편집자인 라스 까사스의 목소리가 지닌 신뢰성을 돋보이게 하는 장치다. 라스 까사스가 제독의 글을 정리하고, 요약하고, 부풀리고, 논평하고, 상기시킴으로써 담화를 조종하는 역할을 했다는 것이다. 그럼에도 불구하고, 이 판본의 신뢰성에 대해 다음과 같은 다양한 견해가 존재한다. 프랑스의 외교관이자 사학자인 앙리 비뇨(Henri Vignaud)는 『항해일지』를 "허위적인 위조품(falsificación fraudulenta)"이라고 폄하했다. 미국의 역사가이자 사서인 데이비드 헤니지(David Henige)는 『항해일지』에서 다양한 작가의 손길을 확인할 수 있는데, 이로 인해 『항해일지』의 진정성이 의심스럽다고 밝혔다. 베리 W. 이페(Barry W. Ife)는 라스 까사스의 『항해일지』 필사본이 꼴론의 일지를 요약한 것이라고 해도 원본을 충실히 반영하려고 애를 쓴 흔적이 있고, 오히려 그가 『인디아스의 역사』를 쓰면서 꼴론의 이미지를 개선하려고 일부 구절을 "삭제했다"는 견해를 피력했다.[21]

위와 같은 이유로, 논자가 분석 대상으로 삼은 『항해일지』에는 끄리스또발 꼴론의 글이 '온전(완벽)하게' 반영되어 있지 않다. 하지만, 진정한 저자를 확정하는 데 어려움이 따른다 할지라도, 라스 까사스에 의해 편집(왜곡)되었다고 할지라도, 꼴론의 1차 항해에 대한 직접적이고 유일한 기록으로서 대단히 중요한 역사적 의미를 갖는다. 『항해일지』에는 논리적이지도 않고 정교하게 다듬어지지도 않은 문장이 많고, 현란한 기교나 수사학적 과시가 거의 없는 산문이지만, 신대륙에 대해 대단히 많은 것을 시사해 주기 때문에 본 연구의 목적을 달성하는 데 큰 지장을 주지는 않을 것이다.

III. 『항해일지』에 나타난 자연과 끄리스또발 꼴론의 식민주의적 탐색

끄리스또발 꼴론이 『항해일지』를 쓴 목적들 가운데 하나는 아메리카의 자연환경을 파악함으로써 경제적인 이익을 구하고, 아직 이들 사물의 존재를 보지 못한 카톨릭 양왕에게 알림으로써 지속적인 후원을 얻어내기 위해서였다. 본 장에서는 『항해일지』의 내용을 분석해 당시 꼴론이 아메리카의 자연을 어떻게 파악하고, 어떤 이용 가치를 포착했는지 살펴봄으로써 아메리카의 자연에 대한 그(유럽)의 식민주의적 욕망과 그 욕망의 실현을 위한 탐색에 관해 천착할 것이다.

1. 아메리카의 순수 자연

꼴론은 '발명(허구화)', '비교', '과장'을 통해 아메리카의 자연을 소개하는데, 이는 아메리카의 자연에 자신의 욕망을 투사한 결과라고 할 수 있다. 사실, 그가 카리브 해에 첫발을 디뎠을 때는 아메리카에 관해 제대로 설명할 수가 없었다. 그에게 아메리카는 존재하지 않은 땅이었고, 까스떼야노에는 신세계 아메리카에 관해 정확하게 기술할 단어가 없었기 때문이다.

사실 몇몇 나무는 까스띠야에서 자라는 것과 유사하지만 대부분은 아주

달랐다. 아무도 그들 나무에 이름을 붙이거나 까스띠야의 수목과 비교하려고 시도하지 못했다. 그러기에는 색다른 모양의 나무가 너무 많았다.(10월 17일)

그로 인해 그는 아메리카의 풍경을 '허구화(ficcionalización: fabricación: invención)'하게 된다. 그에게 아메리카의 자연은 지상의 낙원과 동의어였다.[22] 비옥한 토지, 거대한 수목이 우거진 숲과 다양한 식물,[23] 맑은 물이 흐르는 풍요로운 강, 깊고 푸른 호수, 웅장하고 아름다운 산, 멋진 소리를 내는 형형색색의 새, 기묘한 동물 등은 지속적으로 그의 감탄을 불러일으켰다. 허구화 과정은 '비교' 및 '과장'과 연계되어 있는데, 우선 '비교'의 예를 살펴보자. 그는 아메리카의 자연을 자신이 경험한 적이 있는 에스파냐의 자연과 비교한다.

지금까지 내가 본 그 어떤 숲보다 아름다운데, 4, 5월 경의 까스띠야처럼 잎사귀가 짙푸르다. 물도 풍부하다.(10월 14일)
이 섬에는 거대한 석호들이 있는데, 경이로운 숲으로 둘러싸여 있다. 이곳을 비롯해 모든 섬에 있는 초목은 안달루시아의 4월처럼 모두 푸르다.(10월 21일)

꼴론이 아메리카의 자연을 자신이 예전에 본 것과 비교하면서 눈앞에 드러난 색과 아름다움을 묘사한 이유는 그 자신이 감동을 받았기 때문이기도 하지만, 카톨릭 양왕이 그의 아첨을 '읽으면서' 이국적인 것에 친해지고, 동시에 자국의 아름다움을 인식하도록 하기 위해서였다. 이는 양왕의 지속적인 관심과 후원을 이끌어내기 위한 그의 용의주도한 계략 가운데 하나라고 할 수 있다.[24]

'과장'[25]은 『항해일지』에서 가장 두드러지게 나타나는 특징으로, 이는 아메리카 자연의 허구화와 밀접하게 연계되어 있는데, 이를 통해 자신의 위업을 과시하고, 자신의 소유욕을 강화시키며, 양왕의 환심을 사려 한다. 강도를 달리해가면서 다양하게 전개되는 과장은 주로 자연물의 종류, 수량, 상태, 품질, 색, 냄새, 효능, 경제적 가치 등에 관해 이루어진다.

> 이 섬은 매우 크고 평탄하며, 나무가 푸르고, 물이 많고, 섬 한가운데에 아주 큰 호수가 있으며, 산은 하나도 없다. 모두 푸르러서 바라보는 것이 즐겁다.(10월 13일)
> 이 섬들은 매우 짙푸르고 비옥하며 바람도 감미롭다.(10월 15일)
> 그토록 푸르고 아름다운(10월 19일)
> 너무나 아름답고 우리 것과 너무나 다른 녹색을 보면 눈이 전혀 피곤하지 않다.(10월 19일)
> 산이 대단히 높은데, 산에서는 정말 깨끗하고 맑은 물이 많이 흘러내린다. 모든 산은 소나무로 가득차 있고, 나무와 숲은 대단히 다양하고 아름답다. [...] 그리고, 그것을 보는 사람은 감탄하는데, 그에 관해 듣는 이는 더 많이 감탄할 것이고 그것을 보지 못한 사람은 그 누구도 믿지 못할 것이라고 제독은 말한다.(11월 25일)

각 인용문에 사용된 'muy verde', 'muy fértil', 'muy dulce'(13일), 'tan verde y tan hermoso'(19일), 'tan hermosas y tan diversas'(19일)에서 반복되는 'muy'와 'tan'은 자연물에 대한 그의 과장이 어느 정도였는지 증명한다. 11월 15일에는 "altísimas(대단히 높은)", "lindísimas(정말 깨끗하고 맑은)", "diversísimas y hermosísimas(대단히 다양하고 아름다운)" 같은 절대 최상급 형용사를 사용해 과

장한다. 한 가지 특이한 점은 과장에 "바라보는 것이 즐겁다(que es placer de mirarla)", "눈이 전혀 피곤하지 않다(ni me sé cansar los ojos)" 같은 주관적인 판단이 개입된다는 것이다. 꼴론은 타자의 감탄 정도를 유추하고, "그 누구도 믿지 못할 것(nadie lo podrá creer)"이라고 확신한다.

풍요롭고 웅대한 자연을 카톨릭 양왕과 서구인에게 전하고 싶은 욕망에 사로잡혀 행하는 주관적인 과장의 또 다른 예는 다음과 같다.

> 어디를 가든 그 땅의 아름답고 상쾌한 자연을 보면 생기는 욕망과 기쁨에 도취해 예상보다 더 오래 머물고 싶어지기 때문이다. [...] 그곳을 걸으면서 각양각색의 나무, 상쾌함, 지극히 맑은 물, 새, 쾌적함을 보고 느끼는 것이 경이로워서 제독은 그곳을 떠나고 싶지 않다고 말한다 [...] 제독이 어찌나 매료되어 있었던지 혀가 수천 개라도 그것을 설명하기에 충분하지 않고, 그것을 쓰기에 손이 모자랄 지경이었다.(11월 27일)

욕망과 기쁨에 도취해서 더 오래 머물고 싶어지고, 떠나고 싶지 않은, 아름답고 경이로운 자연을 "설명하기에는 혀가 수천 개라도 충분하지 않고, 쓰기에는 손이 모자랄 지경"(no bastaran mil lenguas a referirlo ni su mano para lo escribir)'이라는 표현이나 "그것을 뭐라 설명할 줄 아는 사람이 없고, 보지 않고서는 그 누구도 믿을 수 없다(no hay persona que lo sepa decir, y nadie lo puede creer si no lo viese.)(12월 16일) 등의 표현에서는 과장이 극치에 이른다.

이 외에도 과장을 위해 다양한 표현이 동원된다. '의심할 여지가 없다'라는 의미를 전달하기 위해 'duda'를 사용한 경우는 'sin duda'(7회), 'ninguna duda'(1회), 'no pongo duda'(1회), 'no tener duda'(1회) 등이다. 그는 다채로운 형용사를 사용하는데, 이들 가운데 강한 부정을 의미하는 'ningún'에 관련된 어휘가 약 50회 넘게 등장한다. 심지어는 'ninguna de ninguna manera(정말 결코)'(10월 16일)라는 표현까지 사용할 정도다. 물론, 이같은 표현은 어떤 사안(物)이 중요하고 가치 있다는 것을 강조(과장)하기 위해 사용된다. '세상에서 가장'이라는 표현을 위해서는 'mejor del mundo', 'mejor voluntad del mundo', 'mayor maravilla del mundo', 'más dulce del mundo', 'la mejor y más fértil y temperada y llana y buena que haya en el mundo' 등의 표현을 사용한다. 마지막 예에서는 꼴론이 발견한 땅에 대한 긍정적인 과장의 효과를 배가시키는 수식어가 무려 다섯 개(mejor, fértil, temperada, llana, buena)나 나열되어 있다. 과장을 표현하는 수 'mil'도 26회 등장한다.

아메리카의 푸르고 아름다운 자연이 꼴론에게 유발한 '경이(maravilla)'는 과장의 또 다른 형태다.

귀여운 새들이 지저귀는 소리가 어찌나 좋은지 그것을 듣는 사람은 자리를 뜨고 싶지 않을 것 같고, 빠빠가요(papagayo) 무리가 햇빛을 어둡게 한다. 크고 작은 새들이 참으로 다양하고 우리 것과 달라서 경이롭다. 수천 가지의 나무가 있는데, 각기 다른 열매를 맺으며, 모두 경이로운 냄새를 풍기는데, 내가 그것들을 몰랐다는 것이 세상에서 가장 애석하다. 왜냐하면, 그 모든 것은 가치가 있다는 점을 확신하기 때문이고, 그래서 나는 초목의 표본을 가지고 있다.(10월 21일)

사실 '경이롭다'는 표현의 의미는 상당히 모호해서 주관적인 과장의 두드러진 예라고 할 수 있는데, 꼴론은 이 용어를 사용함으로써 '새로운 현실'을 자신의 유럽적 시각과 문화적 감각으로 포장해 이국적으로 보이게 만듦으로써 읽는 이의 호기심을 자극한다. 특히, 개인에 따라 호불호가 갈리는 냄새까지도 경이롭다고 표현한 것은 과장의 또 다른 예가 될 것이다.『항해일지』에 'maravilla(maravilloso)'가 64회 등장하는데, 약 30%가 자연과 관계된 것이다. 98회 등장하는 'hermoso(hermosura)'의 경우,[26] 반 이상이 환경의 이용 가치와 유관하다. 여기서 'maravilla'와 'hermosura'가 결합될 때는 각 어휘의 의미가 더욱 확장되고 꼴론의 욕망은 더 크게 드러난다. '새 소리'조차도 유의미하게 기록되는데, 당시의 관념상 새소리[27]는 이 지역에 '이상적인 곳', '천국'의 이미지를 부여한다. 또한 그는 "초목의 표본을 가지고 있"을 정도로 용의주도하게 아메리카의 자연에 관심을 기울인다.

물론 꼴론은 자신의 평가나 기술에 왜곡이나 과정이 있을까 두려워하는 아이러니한 일면도 보인다.

> 제독은 자신이 이전에 보았던 항구들을 너무 칭찬했기 때문에 이 항구를 어떻게 치켜세워야 할지 모르겠다고 말하며 자신이 사실을 과장하는 사람으로 비난받을까 우려한다.(12월 21일)

『항해일지』에는 '사(진)실(verdad)'과 관련된 어휘가 25회 등장하는데, 이는 꼴론이 카톨릭 양왕을 비롯한 독자가 일지에 기술된 바를 의심할 수도 있다는 강박관념에 사로잡혀 있었기 때문일 수도 있다. 그런데, "(제독은) 자신이 사실을 과장하는 사람으로 비난받을까 우려한다"는 표현을 통해 꼴론이 기술된 내용의 진실성을 역설적으로 강변하려 했다고 판단할 수 있지만, 편집자 라스 까사스가 개입한 흔적이 남아 있어 진위 여부를 판단하기는 어렵다.

그는 자연물의 아름다움을 이용 가치와 연계하기 위해서도 용의주도하게 과장해 기술한다. 과장된 자연은 늘 공리적이고 실용적인 방식으로 해석되고, 과장은 아메리카가 지닌 자연의 차원과 양을 최대치로 끌어올리는 역할을 한다. 이렇듯, 발명(허구화), 비교, 과장은 꼴론이 경제적인 이유로 현실을 왜곡한 것이라고 할 수 있는데, 이런 왜곡을 통해 아메리카의 자연은 유럽의 자연으로 바꿔고, 이는 결국 아메리카를 '파괴'하는 단초가 되었다.

꼴론은 아직 황금이 발견되지 않은 상황에서 보게 된 각양각색의 꽃과 초목이 염료, 약품, 향신료로 활용될 수 있을 것이라 생각한다.

> 에스파냐에서 염료나 약품, 향신료로 값이 많이 나가는 초목이 이 숲에 많으리라 짐작되지만, 그것들에 관해 잘 알지 못해 무척 유감스럽다.(10월 19일)
>
> 이 땅에 있는 향신료는 대단히 이롭다는 점을 알지만 내가 향신료에 관해 전혀 알지 못해 세상에서 가장 유감스럽다. [...] 알게 된 것이라고는 알로에[28]밖에 없는데, 두 분 폐하께 가져다 드리기 위해 많을 양을 배에 싣도록 오늘 명령할 것이다.(10월 23일)
>
> 또한 그들에게는 아히(ají)가 풍부한데, 후추보다 훨씬 더 가치가 있다. 모든 사람이 건강에 좋은 아히를 음식에 넣어 먹는다. 에스빠뇰라 섬에서 매년 범선 50척 분량을 실을 수 수 있다.(1월 15일)

포르투갈의 '해양왕' 엔히끄(Henrique: 1394-1460)는 아프리카를 돌아 인도로 가는 항로를 개척하면 유럽으로 향신료를 들여올 수 있을 것이라 생각해 항로 개척을 추진했고, 경쟁국인 에스파냐는 서쪽 항로를 개척해 인도에 도달할 수 있는 방법을 강구해야 했다. 따라서 신대륙의 향신료는 꼴론의 지대한 관심을 끌었을 것이고, 그는 "그곳에 잔류하기를 원하는 선원들에게 가능한 한 많은 양의 향신료를 모으도록 지시했다."(1493년 1월 1일)

『항해일지』에는 'especiería'라는 어휘가 14회 등장하는데, "향신료에 관해 전혀 알지 못해 세상에서 가장 유감스럽다"고 했다시피, 향신료에 대한 꼴론의 지식이 부족했다는 것은 그가 아메리카의 식물군을 발견하거나 이름을 붙여줄 만큼 전문적인 역량이 갖춰지지는 않은 상태라는 사실을 암시한다. 실제로 에스빠냐와 포르투갈의 초기 탐험가들은 이들 식물군에 대한 경험이 없었다고 한다. 어찌 되었든, 그는 자연물 자체보다 그 가치에 더 많은 관심을 갖고 있었다. 그에게는 어떤 자연물이 소유와 수탈의 대상인지, 얼마나 수탈할 수 있는지 파악하는 것이 더 중요했다.

> 그 마을에는 매년 1,000낀딸[29] 정도의 유향을 채취할 만한 유향나무가 있다고 한다. 그곳에서 알로에로 보이는 식물도 많이 발견했다고 한다.(11월 5일)
>
> 한 집에만 500아로바[30] 이상의 목화가 쌓여 있는 것을 보았는데, 그 지역에서 매년 4,000낀딸 정도를 생산할 수도 있다고 한다. [...] 목화는 꼬투리가 크고 품질이 아주 좋다.(11월 6일)
>
> 이 땅에는 가치 있는 것들이 엄청나게 많다고 확언합니다.(11월 27일)

아주 세밀한 '경제학적' 관찰, 분석, 예측이라 할 수 있을 것이다. 유향나무의 진인 유향은 향이나 향수를 만드는 데 쓰이고, 관절염을 치료하는 데 유용하기 때문에 꼴론의 눈에 포착되었을 것이다. 『항해일지』에 'algodón'이라는 단어가 23회나 등장하는 것으로 보아, 꼴론이 목화에 대단한 관심을 가졌던 것으로 보인다. 한 가지 특이한 점은 꼴론이 목화에 관해 기술하면서 두 가지 무게 단위를 사용했다는 것이다. '아로바'는 페르난도 왕이 지배하던 아라곤에서 주로 사용하던 것이고, '낀딸'은 이사벨 여왕이 지배하던 까스띠야에서 주로 사용하던 것인데, 꼴론이 이사벨 여왕과 페르난도 왕을 공히 배려하고, 환심을 사려는 의도로 두 단위를 혼용했으리라 추정된다.

꼴론은 물고기에도 관심을 표하는데, 페르난디나 섬(Isla de Fernandina) 해양에서 서식하던 것들에 관한 기술을 살펴보자.

이곳은 물고기도 에스파냐의 것과 너무 달라 경이롭다. 파란색, 노란색, 빨간색 등 세상에서 가장 멋진 색깔을 모두 갖춘 수탉처럼 생긴 물고기를 비롯해 천태만상의 물고기가 있다.(10월 16일)

"색깔이 너무 예뻐서 그것들을 보면 경탄하지 않고, 위안을 받지 않는 사람이 없다"(10월 16일)고 한 이들 동물은 서인도 제도에 흔한 것인데, 이런 과장된 기술을 통해 꼴론은 앞서 언급한 욕망을 드러내고 타인의 환심을 사는 용의주도한 효과를 거두면서 동시에 유럽의 자연 애호가들에게 경이로움을 유발한다.

이구아나로 추정되는 뱀 가죽을 벗기는 장면은 꼴론이 어떤 사물이 특정한 가치를 지니고 있다고 생각되면 무엇이든 수집해 축적하는 인물임을 암시한다.

어느 석호 주변을 걷던 중 뱀 한 마리를 보고 죽였는데, 가죽을 두 분 폐하께 갖다 드릴 것이다.(10월 21일)

앞서 언급했듯이, 꼴론은 플리니우스의 『자연사』, 마르코 폴로의 『동방견문록』 같은 작품에 대한 인식에 기반해 이 '푸른 세계'를 해석했는데, 아메리카의 아름답고 경이로우며 유용한 자연이 꼴론에게 2중의 노력을 요구했을 것이다. 자신이 모르는 초목을 기술하는 것과 아직 이들 사물의 존재를 보지 못한 카톨릭 양왕에게 아메리카의 경치를 전달하는 것이었다. 그가 눈앞에 드러난 새로운 현실의 본질을 도외시한 채 자신이 접한 중세 유럽 문학 전통의 단어와 요소를 사용해 기술했기 때문에 식물, 물, 공기, 새 등 자연물의 어휘 수가 적고 단순하다. 그럼에도, 단순하지만 시적인 묘사에 드러난 풍요의 땅 아메리카와 풍경은 신세계의 눈부신 자연의 '상수(常數)'가 되어 나중에 라틴아메리카 문학에 자연스럽게 들어가게 된다. 여기서 아메리카의 자연이 지닌 '푸름(verde)'과 '아름다움(hermosura)'은 '풍요(abundancia)'와 '비옥함(fertilidad)'의 동의어로 기능한다. 영어로 표현하자면, 아메리카 자연의 'green(푸름)'이 꼴론의 'greed(탐욕)'를 자극했다는 역설이 가능할 것이다.

2. 선량한 야만인: 또 다른 자연

끄리스또발 꼴론이 '발견한' 아메리카 자연이 지닌 낙원의 이미지에는 그곳의 '벌거벗은(desnudo)'[31] '선량한 야만인(Buen salvaje)'이 포함되어 있다.

> 그들은 모두 어머니가 낳은 상태 그대로 벌거벗은 모습이었고, 비록 여자는 소녀 하나밖에 보지 못했지만, 여자들도 마찬가지였다.(10월 12일)
> 이 사람들은 아주 온순하고 겁이 많으며, 앞서 말했다시피 벌거벗은 상태고, 무기도 법도 없다.(11월 4일)

꼴론은 벌거벗은 사람들을 보고 깜짝 놀라는데, 벌거벗은 상태는 야만과 문명의 부재를 상징하지만, 동시에 낙원의 이미지를 강화시킨다. 10월 12일자 일지에는 그들이 칼 같은 무기를 지니고 있지 않았는데, 꼴론이 칼을 보여주자 무턱대고 칼날을 잡아 손을 베어 버린 것으로 보아 칼을 본 적조차 없는 것 같다고 기술되어 있다. 12월 25일자 일지에 묘사된 그들은 이웃을 자신처럼 사랑하고, 고분고분할 뿐만 아니라 늘 세상에서 가장 달콤하고 유순하게 미소를 지으면서 말을 하고 탐욕도 없다.

여성들에 대한 기술도 등장하는데, 꼴론의 눈에 비친 여성은 '원초적'이고, 순진하고, 아름다우며, 관대하다.

> 여자들은 음부를 가리려고 무명 쪼가리를 앞에 두르고 있다. [...] 모든 남자가 그리스도 교도들에 대한 질투심으로 자기 여자들을 숨긴다. [...] 몸매가 아주 아름다운 여자들이 있는데, 우리에게 와서 하늘에 감사하고 가진 것을 다 주었던 첫 번째 여자들은 바로 그녀들이었다.(12월 21일)

위 인용문에는 명백하게 드러나지 않지만, 꼴론은 이후에 3차례 반복된 항해와 탐사를 통해 원주민 여성을 '성적'인 대상으로 간주하게 되는데, 여성을 대상화하는 것은 여성을 소유하고 지배하는 것으로 이어진다.

꼴론은 인디오들의 외모를 평가할 뿐만 아니라 그들의 품성을 파악하면서 그들의 용도에 대해 생각한다.

> 그들은 훌륭한 하인이며 좋은 재주를 가졌음에 틀림없다. [...] 그들에게 명령을 하고, 식물 재배를 비롯해 필요한 일이면 뭐든지 시키기에 좋고, 또 촌락을 건설하게 하고, 옷을 입는 것과 우리의 관습을 배우게 할 수 있습니다.(12월 6일)

꼴론에게 비친 인디오는 순수하고, 잘 생기고, 사근사근한데, 재주도 좋고 명령을 받으면 군말 없이 따라 해서 필요한 일이면 뭐든지 시키기에 좋은 하인이다. "세상에서 이들처럼 좋은 사람도, 이곳처럼 좋은 땅도 없다고"(12월

25일) 믿은 꼴론은 인디오의 '선량함'과 땅의 '비옥함'을 병치시켜 이곳의 가치를 과시하고, 소유와 지배의 의지를 드러낸다. 하지만 당시 카리브 지역 원주민들에게 자연물은 소유의 대상이 아니었다. 늘 함께 공존하는 것이어서 소유할 필요조차 못 느꼈을 것이다. 또한 그들에게는 유럽인이 지니고 있던 경제관념이 없었다. 따라서 꼴론에게 선량한 야만인의 '주인 없는' 자연물을 취할 수 있다는 것은 지극히 자연스러운 생각이었을 것이다.

꼴론은 언어를 통해 선량한 야만인을 더 깊이 파악하고 효율적으로 이용할 것이라는 의도를 드러낸다.

> 다른 무엇보다 필요한 것은 그들의 언어를 배워 그들에게 명령하는 것인데, 이는 그들이 우리가 요구하는 일은 무엇이든 아무런 반대 없이 해줄 것이 분명하기 때문이다.(12월 21일)

나중에 아스떼까를 정복한 에르난 꼬르떼스(Hernán Córtes: 1485-1547)도 언어의 중요성을 절감하고, 노예 말린체(Malinche)를 정복의 도구로 이용했다. 멕시코의 소설가 라우라 에스끼벨에 따르면, 에르난 꼬르떼스가 "이루고자 한 일은 애초부터 말에 기반을 두고 설정된 것이었다. 말은 벽돌이었고, 용기는 모르타르였다."[32]

꼴론에게 '선량한 야만인'은 욕망의 대상, 자신이 정복하고 소유할, 유럽의 세력 확장을 위해 착취해야 할 자연물의 일부였다. 인디오에 대한 이런 판단(편견)은 결국 꼴론을 아메리카 대륙의 인디오를 노예로 만든 최초의 인간이자 여성의 성노예적 가치를 알아낸 최초의 인간으로 만들어 버렸다.

까를로스 푸엔떼스에 따르면,[33] 끄리스또발 꼴론은 황금 말고도 복구된 황금시대의 비전을 가져다주었다. 그것은 그곳이 자연의 인간이 행복한 시간을 구가하는 유토피아의 땅이라는 환상이었다. 그는 지상의 낙원과 그곳에 살고 있는 선량한 원주민을 발견했다.

3. 황금: 정신적이고 물질적인 자연물

황금을 찾는 것은 의심할 바 없이 꼴론의 주 관심사였다. 『항해일지』에는 'Oro'라는 어휘가 142회 등장한다. 'plata'은 단 7회만 등장하는 것으로 보아 꼴론의 관심이 온통 황금에 쏠린 것 같다. 심지어는 어느 강을 '황금강(Río del oro)'이라 명명했을 정도다. 그는 아메리카에 도착한 다음 날부터 황금에 관심을 보인다.

> 나는 황금이 있는지 알아내려고 주의를 기울이고 애를 썼다. 그들 가운데 몇이 황금으로 만든 코걸이를 하고 있었다. 그들의 몸짓을 통해 이 섬의 남쪽에 있는 어떤 추장이 엄청난 양의 황금을 커다란 항아리에 가득 채워두고 있다는 사실을 알아냈다.(10월 13일)

나중에(1493년 1월 1일) 꼴론은 원주민에게는 별 가치가 없을 정도로 황금이 널려 있는 곳을 알게 된다. 황금에 눈이 먼 꼴론은 심지어 황금을 찾는 작업에 주님(Nuestro Señor)의 도움까지 바란다.

> 황금이 어디서 생기는지 내가 발견하지 못할 때는 우리 주님의 도움으로 내가 방황하지 않아도 된다.(10월 15일)

그는 자신의 물건을 원주민들에게 주고 원주민들로부터 황금이나 향신료를 받는, 소위 '물물교환'의 방법도 생각한다.

그들은 자신들에게 무엇을 주든, 그것이 적다고 말하지 않은 채 가지고 있는 것을 내준다. 나는 황금이든 향신료든 그들이 갖고 있기만 하면 이런 방식으로 교환할 수 있을 것이라고 생각한다.(12월 3일)

 하지만 원주민들이 자신들에게 무엇을 주든, 그것이 적다고 말하지 않은 채 가지고 있는 것을 내준 것으로 보아 물물교환의 방식이 썩 공평하게 이루어진 것 같지는 않은데, 꼴론은 선원들이 지나치게 탐욕스럽다는 사실을 익히 알고서 어디에서든 무슨 일이 있어도 원주민을 괴롭히지 말고 억지로 물건을 빼앗지 말며, 그들에게서 무엇을 받든지 대가를 지불하라고 명령한다.(12월 21일) 이를 통해 보면, 처음에 꼴론은 원주민이 가진 물건을 강제로 빼앗을 생각이 없었던 것 같은데, 실제로 『항해일지』에는 그런 사실이 드러나 있지 않다. 2차 항해부터는 황금에 대한 탐욕으로 원주민을 학대한 것으로 보아 1차 항해에서는 용의주도하게 탐색한 것으로 보인다. 물론 이같은 교환 방식은 원주민들을 안심시키고 그들의 환심을 사려는 계략의 일종일 수도 있고, 구태여 강제로 빼앗을 만큼의 황금을 발견하지 못했기 때문일 수도 있다. 사실, 꼴론 일행이 원주민들에게 작은 유리 염주 여섯 개를 주면 원주민들은 그 대가로 황금 쪼가리 하나를 내줄 정도로(12월 22일) 원주민들에게 황금은 유럽인이 생각하는 만큼의 교환 가치를 지닌 물건이 아니었다. 무르고 색깔이 좋아 장신구를 만드는 데 이용했을 뿐이다. 에스끼벨에 따르면, 이들 원주민보다 높은 수준의 문명을 구가한 아스떼까 원주민은 황금을 신의 배설물로 인식하고 있었기 때문에 에스파냐 사람들의 황금에 대한 탐욕을 이해하지 못했다고 한다.[34]
 꼴론의 황금 욕망이 지나쳤는지 원주민에게까지 그 욕망이 포착되고 만다. 어느 부족장은 꼴론이 많은 황금을 원한다는 사실을 이해하고서 황금이 아주 많이 있는 곳을 알고 있다고 몸짓으로 알려주면서 원하는 만큼 황금을 줄 테니 안심하라고 했다.(12월 26일) 꼴론에게는 황금과 부를 찾는 문제가 대단히 중요했는데, 이는 황금에 대한 욕망을 구현하기 위해서이기도 하지만 동시에 1차 항해가 성공했다는 사실을 탐험 비용을 댄 왕에게 알림으로써 왕이 돈을 허비하지 않았다는 사실을 주지시키고 동시에 2차 항해 또한 지원받기 위해서였다. 한마디로 말해, 15세기 형 '비즈니스' 모델이었던 것이다.

레딩 블라세에 따르면,[35] 그리스도교의 확산을 염원하던 꼴론의 뇌리에는 황금이 신앙의 전반적인 승리를 쟁취하기 위한 수단이라는 생각이 자리하고 있었다. 그는 카톨릭 양왕을 즐겁게 하면서 동시에 경제적 이익을 추구하겠다는 욕망을 충족시키기 위해, 십자군 전쟁을 통해 카톨릭 교회를 구하기 위해 황금을 필요로 했다. 복음과 돈, 정신적이고 물질적인 이 두 가지 필요는 꼴론의 행위와 성격을 가장 잘 드러내는 특징이라고 할 수 있다.

4. 복음: 식민주의적 탐색을 위한 이데올로기

'끄리스또발 꼴론'이라는 이름의 어원학적 의미는 '그리스도를 가져오는 사람'이다. 이탈리아어 'Cristóforo'는 'Cristos'와 라틴어 'fero(가져오다)'가 합쳐진 것이다. 라틴어 'Colombo'는 '하얀 비둘기'를 의미하는데, 이는 그리스도교의 성령을 상징하고, 에스파냐어 'Colón'은 '식민지 개척자'를 의미한다.[36] 클링에 따르면,[37] 콜론의 신세계 여행은 전적으로 성서에서 얻은 영감의 결과였다. 그의 『항해일지』와 그가 보낸 편지들은 그가 성서에 대한 지식이 뛰어나고 예수 그리스도를 신봉했다는 사실을 드러낸다.[38] 그는 1502년부터 1504년까지 『예언서(Libro de las Profecías)』라는 책을 쓰기도 했다. 이 책은 지구, 멀리 떨어진 지역들, 바다들, 부족의 이주, 알려지지 않은 부족들에 관해 성서가 가르쳐주는 바를 편찬한 것으로, 전 세계에 복음을 전파하는 것, 세상의 종말, 왕들의 왕, 주인들의 주인인 그리스도의 '지상의 왕국'의 설립에 관한 예언서다. 특히 그는 세계사의 절정과 그리스도의 재림에 관한 예언을 신봉했다. 그리스도의 재림과 지상의 왕국 설립이 세상의 모든 나라, 저 멀리 떨어진 섬에 사는 부족들이 복음화되지 않고서는 이루어질 수 없다고 믿은 것이다. 그는 자신의 이름을 하느님이 자신을 복음전도자로 예정했다는 특별한 증표로 인식함으로써 예수 그리스도의 복음이 지닌 구원자적 지식이 전달되지 않은 '저 먼 섬나라' 사람들에게 복음을 전파하겠다는 사명감을 지니고 있었다. 자신이 성서의 메시지뿐만 아니라 자신의 임무를 수행하기 위해 필요한 항해술과 지리학에 관한 지식을 이해하는 데 성령이 특별하게 도와주었다고 믿은 것이다.

따라서 복음전파는 꼴론의 중요한 임무 가운데 하나였다. 『항해일지』서문의 제목이 'In Nomine Domini Nostri Jesu Christi(우리 주 예수 그리스도의 이름으로)'라는 사실은 이를 여실히 증명한다. 그는 자신의 소명을 다음과 같이 밝힌다.

> "그리스도 교도로서 성스러운 그리스도의 믿음을 사랑하시고, 그 믿음을 증대시키시고, 마호메트교를 비롯한 모든 우상숭배와 사교의 적이신 통치자시여, 두 분 폐하께서는 소인 끄리스또발 꼴론을 인디아 땅으로 파견하시어 그 지역의 지배자들을 만나게 하셨습니다. 그리고 그곳의 촌락, 토지, 지형 등 모든 것을 살펴보고, 그 지역 원주민을 우리의 성스러운 신앙으로 개종시킬 수 있는 방법을 찾도록 분부하셨습니다.

이 글은 콜론이 카톨릭 양왕의 지시로 복음을 전파하지만, 이는 그리스도의 뜻임을 드러낸다. 즉, 양왕이 그리스도를 대신해 꼴론에게 복음전파 임무를 부여했기 때문에, 꼴론의 행위는 그리스도의 뜻이라는 것이다. 더욱이, 자신들을 우상숭배와 사교의 '적'으로 규정함으로써 '십자가'와 '칼'을 접목시켰던 '국토회복전쟁(Reconquista)'의 전통을 따르겠다는 의도를 드러낸다.

꼴론은 원주민들이 그 어떤 종파도 가지고 있지 않아 쉽게 그리스도 교도가 될 것이라고 믿는데(10월 12일), 이들은 선원들이 하는 방식대로 하늘을 향해 팔을 들어 올린 채 성모찬가(Salve)와 성모송(Ave María)을 따라하고, 성호를 그린다.(11월 1일) 꼴론에게 '선량한 야만인'은 자신이 소유하고 지배할 자연물의 일부이자 자신이 하느님의 사명인 복음전파를 실천했다는 증표이기도 했다.

꼴론은 종교를 통해 자신의 행위에 대한 정당성을 확보하고, 행위의 결과에 대한 믿음을 가진다. 11월 5일자, 25일자 일지에서 그는 "당신의 손으로 모든 승리를 주관하시는 우리 주님", "모든 것을 주관하시는 우리 주님"이 "무엇이 되었든 당신을 섬길 수 있는 방향으로 이끌어주시기를", "무엇이든지 당신 뜻대로 베풀어 주시기를" 바란다. 심지어는 "주님의 은총으로 늘 이전 것보다 훨씬 더 멋있는 광경을 볼 수 있다"(11월 25일)고 믿는다.

꼴론은 '우리 주님'의 섭리와 카톨릭 양왕의 뜻에 따른 자신의 복음전파가 양왕의 기쁨이 될 것이라는 말로 양왕의 환심과 믿음을 사려 한다.

> 두 분 폐하께서 일찍이 성부와 성자와 성령을 받아들이려 하지 않은 자들을 멸망시키셨듯이 이 많은 사람을 가톨릭교회로 이끌어 개종시키기 위해 많은 노력을 기울이시겠다고 우리 주님의 이름으로 결정하시리라 기대합니다.(11월 6일)
> 세상에서 이들보다 훌륭하고 온순한 사람은 없기 때문에 이들을 조만간에 그리스도 교도로 개종시키고 에스파냐 왕국의 훌륭한 관습을 익히게

하면 두 분 폐하께서는 큰 기쁨을 맛보시게 될 것입니다.(12월 24일)

꼴론의 복음전파 의지는 나름대로는 순수한 측면도 있었다. 그는 독실한 카톨릭 신자로서 하느님의 사업을 위해 모든 노력을 경주했다. 신앙은 그가 기나긴 항해 중 겪은 심리적 어려움을 극복할 수 있는 힘이 되었다.[39] 하지만 분명한 것은 포교가 꼴론의 명예욕, 소유욕, 식민지적 이데올로기와 혼재되어 있었다는 것이다.

두 분 폐하께서 그리스도 교도 이외의 그 어떤 외지인도 여기서 장사를 하거나 발을 들여놓지 못하게 하셔야 한다는 것입니다. 이것이 우리의 최초이자 최종 목적이기 때문입니다. 그리스도교의 성장과 영광을 위해서는 좋은 그리스도 교도가 아닌 사람은 그 누구도 이곳에 오지 말아야 합니다.(11월 27일)

꼴론은 복음전파까지도 경제적인 거래와 연계시키는데, 한마디로 말해 독과점을 하겠다는 것이다. 그는 이 항해를 통해 더 많은 황금을 찾아 십자군을 동원하고, 그래서 동방원정으로 그리스도교 성지를 수복할 수 있기를 간절히 바랐다.[40]

꼴론은 인디오가 아무런 종교가 없기 때문에, 인디오의 의식상태는 '백지'와 같기 때문에 쉽게 기독교인이 될 것이라고 판단했다. 한 마디로, 인디오는 자아(유럽문화)의 투사를 기다리는 '결핍의 타자'이기 때문에 꼴론의 욕망의 대상이 될 수 있었다. 이는 그의 욕망에는 에스파냐 왕실의 욕망이 반영되어 있다는 믿음에서 가능한 것이었다. 즉, 꼴론의 사적 욕망에는 에스파냐 왕실의 공적 욕망이, 하느님의 섭리가 개입되어 있었던 것이다.[41]

5. 소유와 지배를 위한 이름 붙이기 전략

끄리스또발 꼴론의 소유욕은 이름 붙이기를 통해 구체화된다. 그는 아메리카에서 마주한 것에 특정 명사, 형용사를 사용해 이름을 부여한다. 마치 에덴동산의 아담처럼, '마꼰도(Macondo)'의 선조처럼, 자신이 만난 섬, 해협, 항구, 강, 산, 마을에 이름을 지어준다.

> 나는 서쪽 땅을 까보 에르모소라고 불렀다. [...] 이 섬은 내가 본 것 중에서 가장 아름답다.(10월 19일)
> 항구 내륙 쪽으로는 세상에서 가장 아름다운 계곡이 펼쳐져 있는데, 여기를 와 보기 전에 좋아하던 까스띠야의 풍경과 어느 정도는 비슷해서 나는 이 섬의 이름을 에스빠뇰라라고 붙였다.(12월 9일)

꼴론은 '까보 에르모소(Cabo hermoso)'라는 이름을 통해 '아름다움'을 이상화함으로써 소유와 지배의 식민지적 담론을 강화시킨다. '에스빠뇰라(Española)'라는 이름은 꼴론의 개인적인 욕망이 국가적 차원에서 발현된 것이라는 사실을 드러내는데, 이는 그가 자신의 애국심과 왕가에 대한 충성심을 과시함으로써 카톨릭 양왕을 설득해 환심을 사려는 용의주도한 계책이다. 이런 의도로 설정된 명칭은 'Puerto Príncipe', 'Isla Fernandina', 'Isla Juana' 등이 있다.

물론, 꼴론은 자신이 '발견'한 다양한 환경과 자연물의 특징, 생김새가 반영된 이름을 '발명'한다. 예를 들면, 'punta', 'cabo', 'golfo', 'río', 'puerto', 'isla', 'monte' 등에 형용사 'lanzado', 'agudo', 'tajado', 'rojo', 'lindo', 'hermoso', 'alto y bajo' 등을 붙이거나, 명사 'becerro', 'sierpe', 'tortuga', 'elefante', 'palmas', 'flechas', 'torres', 'pierna', 'estrella', 'luna' 등과 결합시킨

다. 물론, 지명에 'oro'나 'plata', 'lindo'나 'hermoso' 또한 붙임으로써 소유욕을 드러내고, 자연물이 지닌 가치를 홍보하면서 자신의 위업을 과시한다.

꼴론은 자신의 신앙심과 복음전파 의지를 드러내기 위해 자신이 '발견한' 지역의 이름에 'Cristo', 'Santo', 'San Salvador', 'Sacro', 'Concepción', 'Santa María', 'Nuestra Señora', 'Navidad', 'San Nicolás', 'Santo Tomás', 'Paraíso', 'Ángel' 같은 종교적인 용어를 붙인다. 이를 통해 아메리카의 '야만적인' 자연은 그리스도교의 세례를 받아 새롭게 탄생해 카톨릭 양왕의 소유가 된다.

이렇듯, 꼴론은 아메리카의 '자유로운' 공간을 언어적으로 탈취해 소유했다고 할 수 있다. 이름을 붙이고 기록하는 데는 새로운 언어가 필요하지만 새로운 언어를 발명하는 것은 위험하다. 그 대상을 본 적이 없는 사람에게는 제대로 이해되지 못하는 기술(용어)이 되기 때문이다. 그래서 꼴론은 자신이 이해한 만큼, 아는 만큼, 경험에 의지해, 자신의 방식대로 "보고, 해석하고, 이름 붙였다". 한마디로 말해 자신의 발명품에 이름을 붙이는 '창조주적 이름짓기'였다. 어떤 대상에 관해 기록하는 행위는 그 대상에 이름을 붙이는 행위와 마찬가지로 그 대상을 소유하는 행위라고 할 수 있기 때문에 자기 앞에 드러난 '아주 푸른 세계'를 소유했다. 푸엔떼스에 따르면, "발견자는 욕망하고 기억력을 갖고 목소리를 사용하는 사람이다. 그는 현실을 발견하기만을 원하지 않는다. 그것에 이름을 붙이고, 그것을 갈망하고, 그것에 관해 이야기하고, 그것을 기억하기를 원한다. 때로는 이 모든 것이 다른 목적으로 변한다. 그 목적은 바로 그것을 상상하는 것이다."[42]

IV. 마치며: "보고, 이름 붙이고, 기록하고, 취했다."

끄리스또발 꼴론에 대한 역사적인 해석은 여전히 엇갈린다. 그를 '발견의 영웅'으로 추앙하는 시각에서부터 '식민 지배의 원흉'으로 원망하는 시각까지 그 스펙트럼이 넓다. 『항해일지』를 통해 본 꼴론은 탐구욕, 권력욕, 물욕에 기독교적 신앙심과 국왕에 대한 충성심이 충만한 인간이자, 르네상스적 이데올로기의 일부 특징이 육화된 인간이었다. 적어도 『항해일지』에 드러난 사실은 콜롬버스가 '온전히' 탐욕스럽다기보다는, 몸과 영혼에 개인적 욕망과 시대적 욕망이 교묘하게 결합해 투사되어 있는 인간이었다는 것이다. 일견 이질적으로 보이는 요소(Oro, Gloria, Evangelio)가 교묘하게 뒤섞여 그의 정신세계와 존재방식의 바탕으로 작용했다. 그는 새로 마주한 인디아스 제도에 서구의 공리주의적 실용주의를 적용했고, 섬, 땅, 자연, 원주민 등은 그의 이익을 위한 가치 있는 것으로서 소유, 사용, 지배의 대상이 되었다. 어찌 보면, 그는 르네상스 시대가 낳은 배금주의, 중상주의, 실용주의를 식민지 개척과 포교, 무역을 통해 '왜곡되게' 구현하려는 '선구자'이자 '문제적(problemático)' 영웅이었다.

『항해일지』는 아메리카의 자연에 대한 꼴론의 식민주의적 탐색의 결과다. 그는 아메리카에 있는 것들을 "보고, 이름 붙이고, 기록하고, 취했다(Verlos, ponerles nombres, registrarlos, y poseerlos)." 이것이 바로 꼴론의 신대륙 '발견'과 '탐사'의 방법론이었다. 그러나 그 발견과 탐사는 일방적이었다. 꼴론이라는 인간의 본질을 구성하는 요소들 가운데 중요한 것은 신과 황금이었고, 신대륙의 복음화를 통한 문화적 제국주의는 중상주의를 통한 식민지배와 별 모순 없이 융합되어 버렸다.

끄리스또발 꼴론은 유럽인이 새로운 세계에 대해 가지고 있는 불가피한 필요성에 따라 아메리카를 발견했다고 할 수 있다. 하지만 그가 아메리카의 현실을 왜곡했기 때문에 아메리카를 '발견'한 것이 아니라 '발명'했으며,[43] '타자를 은폐'했다는 담론이 가능하다.

전쟁 전후, 근대 일본 지식인의 평화사상과 반성담론 연구:

우치무라 간조와 다케우치 요시미를 중심으로*

Ⅰ. 들어가며

1990년대 한일 학자들 사이에 '동북아공동체'의 담론이 활성화되고, 1992년 한중수교 이래 양국의 민간교류가 폭발적으로 증가했던 시기, 우리는 동북 아에 평화의 연대의식이 정착될 수 있으리라 낙관한 적도 있었다. 그러나 2022년으로 접어든 오늘, 동북아는 국가 간 갈등의 골이 더 깊어졌을 뿐 아니라, 위로는 '미중(美中)'으로 대표되는 강대국의 우산이, 주변으론 '쿼드 (Quad)'나 '중-러'로 대표되는 동맹국 간의 대립 전선이 길게 늘어서 있다.

급변하는 정세 속에서 학자들은 이미 '신냉전', '신내셔널리즘', '미중 패 권전쟁' 등의 시각으로 동북아시아를 고쳐 바라보고 있다. 동아시아 전쟁의

---

* 이 글은 『국제지역연구』, 26권 (한국외대 국제지역연구센터, 2022.1.30, 강진석, "전쟁 전후, 근대 일 본의 평화사상과 반성담론")에 게재되었습니다.

역사로 되짚어보면, 일본 패망 후 76년, 한국전쟁 후 69년이 흐른 오늘 우리는 또다시 냉전과 내셔널리즘(nationalism)의 부활을 목도하고 있다.

본 글의 주제인 "전쟁 전후 근대 일본 지식인의 평화사상과 반성담론"을 다루면서, 필자는 오늘날 좁게는 '한중일'(북한 포함)로 대표되는 동북아 지역에서 그리고 넓게는 동아시아로 대표되는 무대에서, 구사되고 있는 여러 화법이 동아시아 해방(1945년, 일본패망) 이전 일본에서 등장했던 용어들과 상당히 유사하다는 사실을 발견할 수 있었다. 과거 일본의 경험 속에 등장한 극단적이고 선명했던 구호들 - 예를 들면 '영구평화', '만세일계', '국체정화', '총력전' - 은 청일전쟁과 러일전쟁을 거치며 전체주의로 진화하였고 결국 '태평양전쟁(대동아전쟁)'이란 대재앙을 낳게 되었다.

그러나 우리는 동아시아 연표를 가로지르는 이념과 구호의 유사성만으로 오늘의 동북아가 위험에 처했다고 단정지을 순 없다. 1945년 해방 이후 동아시아 각국이 걸어온 역사의 궤적과 이념의 경험은 저마다 독자성을 지니기 때문이다. 따라서 이념과 구호가 비슷하므로 오늘의 동아시아가 위험에 노출되었다거나 시대적 조건이 다르므로 동아시아가 긴장 국면에 처한 것은 아니라는 논리는 모두 설득력이 부족하다.

정작 필자가 주목한 것은 동아시아 지역에 펼쳐졌던 이념의 유사성을 넘어 그 이면에 도사린 기미(幾微)의 위험성이다. 즉 이 위험성은 "어떤 이념을 수식하는 '영구성', '일체성', '순정함', '총력전'과 같은 구호의 등장은 곧 그 뒤로 들이닥칠 재난의 쓰나미를 알리는 경고등이 아닌가?"와 연관된 제1가설을 내포한다. 과거 일본의 전쟁 경험은 우리에게 '기미 곧 재난'이란 가설의 중요한 한 단서를 제공한다. 마치 하루의 일상을 다룬 재난영화 속에서, 새들은 아침부터 불안에 떨며 부산하게 날아다녔지만, 정작 주인공은 그 가운데 정오의 지진을 감지하지 못했고 저녁의 화마를 예측하지 못한 것이다.

전쟁 시기 일본 사회는 '키메라'처럼 격변해가던 군국주의의 목전에서, 이를 보고도 판단할 눈이 없었고 듣고도 읽어낼 귀가 없었다.

일본 패망(동아시아 해방, 1945) 이전, 당시 '국체(國體, 고쿠타이)' 개념이 일본국민에게 수용되었던 초창기 사회적 분위기와 총력전이 개시되어 실제 태평양전쟁으로 이어진 행동 사이에는 이론적으로 규명하기 어려운 어떤 비약이 존재한다. 전쟁은 사회적 조건이 성숙되어 이성적으로 판단되기 전에 전국적으로 승인되었고, 논리적으로 모호했던 '국체의 정화'라는 구호는 전쟁위기감 속에서 한순간에 정당성을 확보하더니 종국엔 죽은 혼령까지 불러오는 괴물로 변모하여 갔다.

필자는 일본 패망 전후(前後) 형성되었던 취약한 '고리'들에 주목하였다. 즉 시각은 일본의 내셔널리즘이 파시즘으로 진화하여 패망에 이른 결과 자체를 따지려는 것이 아니라 그 진화의 과정 중에 노출된 취약한 '고리'들을 조명하는 데 있다. 패망 전 사례로는 일본국민이 보여준 전국가적 '마비' 현상 – 전체주의적 세뇌현상, 무비판적 동조현상, 위기에 동조한 집단투영성 – 에 주목하였다. 패망 후 사례로는 전쟁의 죄과에 대해 심각하게 반성하지 않는 '무사유성' – 책임에 대한 회피, 패망 결과에만 승복하는 심리, 파시즘에 대한 분석 결여 – 에 주목하였다.

여기서 말하는 '마비'는 동양철학의 용어인 '불인(不仁)'[1]과 유사한 상태로 한 생명체가 지체(肢體)의 통각을 이미 상실한 상태를 말하고, 정신병리학적으로 말하면 한 개체가 도저히 항거할 수 없는 어떤 무의식적 힘에 강제되어진 상태를 의미한다. '무사유성'[2]은 자신이 저지른 죄과에 대해 회피하거나 망각하려는 의식, 또는 본래 의식 중에 구성되어 있던 '기억의 창'을 다른 내용의 창으로 환치시킴으로써 '왜곡의 창'을 만들어 진실로 믿게 되는 의식을 포함한다.

돌이켜 보면 패망 전 일본은 전국민의 전체주의적 마비 증상으로 인해 파시즘으로 치닫는 국정과 여론을 경고 또는 비판하는 사조가 거의 등장하지 않았고, 패망 후에는 전쟁에 대한 책임과 역사적 죄과에 대한 반성이 제대로 이루어지지 않음으로써 전후 독일이 보여준 철저한 개정의 길로 나아갈 수 없었다. 마비 증세로 인해 기미를 포착할 능력을 확보할 수 없었고 무사유성으로 인해 본인이 저지른 죄과에 대한 반성 능력을 상실한 것이다.

이러한 문제의식 위에서 필자는 전쟁시기를 전후해 일본의 취약한 '고리'를 때렸던 사상과 담론에 주목하였다. 이 사상과 담론은 전국민적 마비가 진행되었던 전쟁 시기 일본사회에 경종을 울렸고, 전후 패망에 대한 불가해성 속에서 예리한 분석의 칼날을 제시했다. 러일전쟁 무렵 절대적 비전론(非戰論, 반전론)을 주장하며 평화주의를 전개한 우치무라 간조(內村鑑三, 1861~1930)와 태평양전쟁 이후 일본국민의 노예심리를 예리하게 파헤쳤던 다케우치 요시미(竹內好, 1910~1977)가 바로 그 주인공들이다. 우치무라는 기독교 신학자로서 성서적 이해를 바탕으로 자신의 평화사상을 전개했고, 다케우치는 평론가로서 중국문인 루쉰(魯迅, 1881~1936)의 사상을 재해석하여 전후 일본에 반성의 화두를 던졌다.

우치무라의 비전론은 청일전쟁과 러일전쟁 사이에 본격화되었다. 전쟁이 하나의 수단에서 목적으로 진화해가던 시기, 우치무라는 과감하고 고독하게 절대적 평화주의를 내세웠다. 다케우치의 사상은 '대동아전쟁'을 세계사적 전환으로 이해했던 확신에 대한 반성으로부터 시작되었다. 그는 전쟁시기 일본인을 사로잡았던 집단심리를 심층적으로 파헤쳐 그 노예성을 드러내고자 했다.

우치무라의 평화주의는 '문명 대 야만'의 구도가 득세하고 제국주의가 대세로 굳어져 간 당시 일본에서 이단적 사상으로 매도되었다. 패망 후 반성을 이끌었던 다케우치의 담론 작업도 전쟁의 책임보다는 피해의식이 팽배했던 당시 분위기 속에서 큰 반향을 불러오지 못했다. 패망 전 평화사상은 일본 사회에서 희소했고, 패망 후 반성담론은 일본 학계에서 철저하지 못했다.

이들의 사상이 설파된 지 반세기가 훨씬 지난 오늘, 이들의 사상적 가치는 오히려 더욱 광휘를 드러낸다. 오늘날 동아시아에 등장한 내셔널리즘은 국가주의나 민족주의의 형태로 나타나거나 때로는 종교이념과 결합하여 새로운 변이를 일으키고 있다. 동북아 지역과 그 주변에 걸쳐진 분쟁은 전쟁의 위험과 내부의 결속을 부추기고 있다. 주권영토의 분쟁, 패권주의의 부상, 내셔널리즘의 부활은 또다시 동북아에 거대한 충격을 주고 있다.

본 본문은 앞선 제시한 '기미 곧 재난'이란 위험한 가설에 대한 경고와 환기의 접근을 시도한다. 이에 대응해 제시할 수 있는 제2가설은 곧 "경고를 통해 극단주의의 흐름을 끊고 반성을 통해 전체주의의 경도를 환기시킬 수 있는가?"와 연관된 것이다. 과거 동아시아의 경험으로 볼 때 전쟁의 조건은 일순간에 조성되었고 여론의 프로파간다도 순식간에 증폭되었다. 이 엄중한 시기에 일본의 두 거인 우치무라의 평화사상과 다케우치의 반성담론을 되짚어보는 것은 오늘의 동아시아 국면을 조망하는 데 있어서 중요한 의의를 지닌다고 하겠다.

본 논문의 주제와 관련된 우치무라 간조와 다케우치 요시미에 대한 연구는 많이 이루어졌다.[3] 필자는 앞선 연구들을 바탕으로, 두 사상가가 평화주의와 반성담론을 제기하였던 시대적 조건을 조명하고, 그 속에 담긴 사상의 독자적 의의를 고찰하고, 두 사상의 비교를 통해 당대 동아시아의 평화 구축을 위한 한 단초를 제시하고자 한다.

II. 전쟁 전후 두 사상가의 등장과 외침

근대 일본의 역사 속에서 '전쟁'의 구호는 거의 멈춘 적이 없었다. 1868년 메이지유신이 수립된 이래 청일전쟁과 러일전쟁을 거치고 1945년 패망에 이르기까지 70여 년 동안 일본은 끊임없이 전쟁을 벌였다.

일본에서 '선전(宣戰)' 조서가 발해진 것은 청일전쟁, 러일전쟁, 제1차 세계대전과 태평양전쟁의 네 차례였고, 그 외에 '출병'이나 '사변'이라는 명목 하에 이루어진 출동이나 교전은 대만출병, 강화도사건(운요호사건), 임오군란, 갑신정변, 북청사변(의화단운동), 시베리아 출병, 2번에 걸친 산동 출병과 상해사변, 만주사변, 지나사변(중일전쟁) 등으로 끊임없이 등장했다. 기나긴 전쟁의 역사 속에서 전쟁은 수단이라는 도구적 의미를 넘어 국가의 영광을 드러내는 목적 자체로 변질되어 갔다. 제국주의 강대국의 목표 속에서 전쟁은 정당화되었고 반전론과 평화론은 점점 더 설 자리를 잃어간 것이다.(가노 마사나오 2004, 272)

우치무라 간조는 청년 시절 일찌감치 기독교 신앙에 눈을 떴다. 삿포로농학교에서 수학한 그는 클라크 선교사의 영향으로 미국으로 건너가 수학했다. 귀국하여 '무교회주의'를 주창하였고, 복음과 예언을 함께 견지했던 그의 신학적 자세는 일본 기독교에 지대한 영향을 끼쳤다. 반면 러일전쟁 이후 태어난 다케우치 요시미는 20대 시절 동료들과 함께 '중국문학연구회'를 꾸렸다. 중국학을 기반으로 성장한 그는 애정을 가지고 루쉰의 나라를 연구했다. 루쉰의 학문과 정신은 그의 사상적 기반이 되었고 전후(戰後) 군국주의 일본의 이데올로기를 비판하는 무기가 되었다.

이 두 사상가는 여러 가지 면에서 공통점을 지녔다. 첫째, 이들은 둘 다 30대 청장년 시기 일본의 전쟁을 찬양하고 지지한 경력이 있었다. 우치무라는 청일전쟁(1894) 당시 이 전쟁을 '의로운 전쟁'(義戰)으로 확신하고 이를 고무하는 평론을 쓴 적이 있다. 다케우치는 태평양전쟁이 발발하자 이를 지지하는 평론을 발표하고 33세(1943) 때 '중국문학연구회'를 자진 해산하고 입대하여 중국으로 건너갔다.

둘째, 이들은 평화주의와 반성담론을 본격적으로 주장하기 전에 둘 다 신념의 내적 혼돈기를 거쳤다. 우치무라는 러일전쟁 이전 더 정확히 말하면 1903년 절대적 평화주의를 천명하기 전, 기독교 신앙과 일본 애국주의가 공존했던 혼돈기를 거쳤다. 일본을 떠들썩하게 만들었던 소위 '불경(不敬) 사건'[4]은 그의 나이 30세(1891)에 일어난 사건이었다. 청일전쟁 이전부터 그의 종교적 신앙은 이미 천황에 대한 절대복종에 반기를 들고 있었다. 우치무라의 30대는 기독교의 신념과 국가주의의 존숭이 중첩되었던 시기로 볼 수 있다. 반면 다케우치는 패망(1945) 전 오랜 기간 그가 존숭했던 루쉰 연구와 군국주의의 신념이 상호 모순되지 않는 시기를 거쳤다. 그는 일본이 전쟁으로 승전보를 이어갔던 시기에 2,30대를 보냈고, 비록 지나(支那, 중국)에 대해 일본이 갖는 편견을 안타까워했으나, '대동아전쟁(태평양전쟁)'이 선포되자 도리어 그는 즉각 해방감을 느끼며 이를 '세계사적 전환'으로 이해했다.

셋째, 이들은 사상의 내적 모순기를 벗어나면서 일본 사회의 잘못을 정면으로 비판하기 시작했다는 점에서도 공통점이 있다. 우치무라 간조는 청일전쟁을 의로운 전쟁으로 확신했던 과거를 뉘우치고 기독교 평화주의에 입각하여 일본의 죄악을 정면으로 비판했다. 당시 톨스토이나 퀘이커사상의 영향도 있었지만 그의 사상적 뿌리는 주로 성서의 고전적 이해를 바탕으로 전개된 것이다. 다케우치 요시미는 1943년에 탈고했던 '루쉰' 초고의 사유가 패망 이후 잠에서 깨어나 일본을 비판하는 도구로 작용하기 시작했다. 그는 '혁명'과 '회심'이라는 관점에서 일본문화의 치부를 드러내고자 했다.

청일전쟁 이후 자각된 우치무라의 반성은 절대적 평화주의로 제시되었고 전쟁은 결국 더 큰 전쟁을 낳게 될 것이라는 외침은 훗날 예언자적 사상으로 평가되기에 이르렀다. 다케우치의 태평양전쟁에 대한 반성은 전쟁의 역사를 관통했던 일본인의 의식을 해부하는 이론적 단서를 제시했고, 마루야마 마사오(丸山眞男, 1914-1996)와 더불어 전후 지성계의 한 축을 담당하게 되었다. 전쟁 기간에 형성된 우치무라의 평화주의는 괴물로 변해가던 제국주의를 향해 예언자적 메시지를 던졌고, 패망 후 전쟁의 실체를 역으로 규명해 간 다케우치의 작업은 일본 지성계에 반성적 담론을 제공했다.

그러나 좀 더 심층적으로 살펴보면 두 사상가는 행적이나 사상 면에서 많은 차이를 갖는다. 먼저 자신의 오류를 자각한 시점에서부터 두 사람은 확연히 차이를 보인다. 우치무라의 경우 일본의 전쟁 야욕이 해외로 막 뻗어 나갔던 청일전쟁 초기, 이미 전쟁의 위험성을 간파했다. 1894년 8월 그는 영문으로 'Justification of the Korean War'이란 제목의 기사를 기고했고, 같은 해 9월 '일청전쟁의 의(義)'라는 제목의 일문 기사를 번역해 실었다. 그러나 청일전쟁 종식 후 얼마 안 되어 전쟁이 조선의 독립을 돕는다는 명분과는 정반대로 자국의 이익만 추구했음을 깨닫고 이전의 글들을 부끄러워했다. 1985년 10월 명성황후가 일본 공사에 의해 살해당한 사건은 그에게 더욱 큰 충격을 주었다. 이듬해인 1896년 8월 기고한 「시세의 관찰」에서 우치무라는 이미 기독교 성서관의 입각해 일본의 제국주의 노선을 분명하게 비판하기 시작했다.(양현혜 2017, 167-169)

반면 다케우치 요시미는 태평양전쟁으로 일본이 완전히 패망한 후, 반성적 시각에서 일본이 전쟁을 벌이게 된 동기, 과정, 결과 그리고 전후 일본의 그릇된 의식구조에 이르기까지의 문제들을 파헤치기 시작했다. 우치무라 간조의 사상적 가치가 전쟁이 전세계적 재앙으로 발전하기 전에 이를 경고한

데 있다면, 다케우치 요시미의 사상적 가치는 재앙의 결과를 놓고 그것이 발생하게 된 원인과 구조를 역으로 규명한 데 있다.

1942년 「대동아전쟁과 우리의 결의」에서 다케우치는 전쟁을 세계사적 사건으로 인식하고 찬양했었다. 패망 후 그는 당시의 심정을 이렇게 회술했다. "결국 전쟁이 태평양전쟁으로 확대되어 1945년 패전이라는 파국에 이르렀을 때, 저의 연구는 하나의 전환을 겪게 되었습니다. … 만약 메이지 이후의 일본의 근대사가 그 상태로 순조롭게 진척되었더라면 기존의 전문 연구의 틀만 지키면 되었겠지만, 애당초 있어서는 안 되었던 전쟁은 그 결과로서 우리를 패전의 고통으로 이끌었습니다. 일본의 역사가 어디서부터 잘못되었는지를 짚어나가는 데서 출발하지 않는다면, 우리들이 지금 살아있는 근거는 해명될 수 없습니다."(다케우치 요시미 2004, 145)

우치무라의 자각은 더 큰 재앙으로 향하는 일본 사회에 경종을 울리는 역할을 하였다면, 다케우치의 자각은 대재앙의 폐허 위에서 어디서부터 퍼즐이 잘못 끼워졌는지를 복기하려는 노력을 담고 있다.

둘째, 두 사상가는 전쟁관에 있어서도 뚜렷한 차이를 보였다. 우치무라는 청일전쟁 이후 일본에 의해 전개된 모든 전쟁에 대해 절대적 비전주의의 비판적 입장을 고수하였다. 전쟁의 이익은 강도의 이익과 같은 것으로 악한 수단으로는 선한 목적에 결코 도달할 수 없다고 말했다. 살인술을 쓰면서 이른바 영구한 평화를 도모하는 것은 어불성설에 불과하며, 평화는 절대로 전쟁의 수단을 통해서 오지 않는다고 주장했다.(우치무라 간조a 2009, 327; 우치무라 간조 b, 333) 러일전쟁이 발발하기 전 우치무라는 이미 일본과 러시아의 전쟁이 그 어느 쪽도 의로운 전쟁일 수 없고 단지 제국주의자들 간의 전쟁에 불과하다는 논리를 폈다. 러일전쟁은 "일본에서 검을 찬 자들과 러시아에서 검을 차고 있는 자들끼리 충돌하는 것이다. 즉, 이름은 일본과 러시아의 충돌이지만,

사실은 두 나라 제국주의자들끼리의 충돌이다."(우치무라 간조c, 335)

반면 다케우치는 다중적 시각으로 전쟁의 성격을 규명하고자 했다. 그는 한편으론 태평양전쟁이 영구전쟁의 길로 빠져들었던 오류를 비판하면서도 다른 한편으론 일본이 저지른 침략전쟁과 제국주의 국가 간의 전쟁을 분리해 사유코자 했다. 다시 말해 다케우치는 '대동아전쟁' 시기 총력전, 영구전쟁, 건국이상 등의 이념이 융합되어 결국 파멸을 초래한 '국체의 정화'의 오류를 인정하면서도, 이와 함께 '대동아전쟁'이 지녔던 내재적 모순, 즉 그 이중구조를 드러내고자 했다. 이중구조는 곧 문명과 야만으로 대표되는 유럽적 원리와 아시아 식민지 해방이라는 아시아적 원리로서, 이 양자의 상호 모순이 해소되지 못하고 계속 미루어졌고 그 긴장 구도는 결국 '영구전쟁'으로 귀결될 수밖에 없었다는 논리였다.(다케우치 요시미f 2011, 142-150)

전쟁의 이중모순을 부각시킨 다케우치는 "대동아전쟁은 식민지 침략전쟁인 동시에 제국주의에 대한 전쟁이기도 했다"는 말과 "제국주의로 제국주의를 타도할 수 없지만 제국주의로 제국주의를 심판할 수도 없다"(다케우치 요시미f, 141)는 말을 남겼다. 이는 곧 태평양전쟁 이전의 침략전쟁과 제국주의 대 제국주의 전쟁이었던 태평양전쟁을 구분해서 보아야 한다는 논리였다. 전자에 대해서는 일본이 무조건 전쟁의 책임을 져야 하지만, 후자에 대해서는 일본이 일방적 책임을 질 수는 없다는 것이다. 왜냐하면 전자든 후자든, 전쟁체험이 보편화되지 못한 상황에서는 전쟁 책임도 보편화될 수 없다는 입장을 취했다.(순꺼 2007, 235) 이처럼 다케우치의 태평양전쟁에 대한 평가는 복잡하고 불분명했다. 이러한 자신의 입장을 그는 '아포리아'(다케우치 요시미f, 180)로 뭉뚱그려 표현하곤 했다.

이 두 사상가는 평화와 반성의 담론을 전개하는 가운데, 한 차례 더 사상적 전기(轉機)를 맞게 된다. 이로부터 우치무라는 초월적 영역을 확장하는 계기가 되었고, 다케우치의 경우 실제적인 정치 투쟁으로 반경을 넓히게 되었다. 1917년 미국의 1차세계대전 참전은 우치무라의 사유에 일대 전환을 가져왔다. 이때부터 그는 인류의 진보 신앙을 포기하게 되었고, 인류 역사에 대한 의미와 문명 발전의 신념에 근본적인 의구심을 갖게 되었다. 그 후 그는 국제기구의 중재나 기독교국으로 대표되는 인류의 노력에 의한 전쟁 종식의 기대를 접고, 초월적인 기독교 재림신앙으로 선회하게 되었다. 인류 역사가 자체로는 결코 완벽한 경지에 이를 수 없다는 결론 위에서, 그는 오직 그리스도가 재림하는 종말의 때에 초월적인 하나님의 중재를 통해서만 인류가 구원될 수 있다고 선언하게 되었다.(야규 구니치카 2018 105:127)

다케우치는 일본 패망 후에도 여전히 바뀌지 않는 일본 사회를 '식민지'로 불렀다. 이는 일본이 국가주권을 온전히 행사하지 못해서가 아니라 정신적으로 독립하지 못했기 때문에 그렇게 부른 것이다. 그에 따르면, 이 식민지 근성은 전후에 생성된 것이 아니라, 전쟁 기간 반제국주의 투쟁을 접었던 때부터 시작되었고, "전쟁 중 완벽한 노예성을 발휘했을 때, 그로써 전후에는 완전한 식민지가 되었다"(다케우치 요시미e, 253)고 이해했다.(윤여일 2014, 102)

뼛속 깊이 뿌리내린 노예근성이 패망 이후에도 지속되었다고 본 다케우치는 1960년 안보투쟁[5]을 겪으면서 일본 사회가 여전히 독립하지 못했음을 절실히 체험하였다. 1960년 5월 19일 일본 국회는 안보조약(신미일안보조약)을 강행 체결했다. 그는 다음 날 도쿄도립대 교수직을 사직했다. 일본인이 몸에 밴 천황제의 감각을 떨쳐내지 못하고, 그리하여 일본인 한 명 한 명이 독립된 주체로 성장하지 못한 사실에 대해 그는 굴욕감을 느꼈다. 8.15의 굴욕감은 그날 이후로도 지속된 것이다. 다케우치는 그 굴욕에서 벗어나려는 노력을 게을리하여 일본이 독립을 잃었다고 주장했다. "이름은 독립이었으나 실은 남의 노예였다. 오늘날 점령은 그 당연한 귀결이지, 패전으로 독립을 잃

은 게 아니다. 우리 세대는 체험으로 이를 깨우쳤다."(다케우치 요시미d. 97; 윤여
일 2014, 93-105)

III. 전쟁 전후 일본의 평화사상과 반성담론

'국체(國體)'의 근간을 이루는 원형은 도쿠가와 막부 말기에 이미 재향 중
간 지식인을 사로잡는 어떤 심리구조에서 연원했다고 볼 수 있다. 그것은 신
의 후예로서 천황의 마음과 일체화를 이루려는 연궐(戀闕)의 심정으로 분출
되곤 하였다. 일본 근대화 시기로 접어들면서 '국체'는 근대국가 수립에 있
어서 지적이고 도덕적인 영역의 건설을 담당하게 되었다. 이 이념은 '대일본
제국헌법'(1889)과 '교육칙어'(1890) 그리고 '군인칙유' 등의 텍스트를 통해 완
성되어 갔다. 신민(臣民)으로서의 국민 창출은 '국체'의 근대를 관통하는 핵심
개념이었고, 대일본제국헌법과 교육칙어는 이를 제도로써 뒷받침하는 역할
을 담당했다.(강상중 2004, 79-82)

대일본제국헌법의 전체 76조 중에서 가장 중시된 것은 천황의 '대권(大
權)' 조항이었다. 그것은 첫머리의 17개조를 차지하며, 제1조 "대일본제국은
만세일계(萬世一系)의 천황이 이를 통치한다"로 시작하였다. 제국헌법은 천황
에 대해서 만세일계라는 정통성, '통치'권이라는 주권, '신성(神聖)'이라는 불
가침성을 규정해 소위 '천황제'를 수립했다. 그것은 일본을 입헌국가로서 출
발시키기 위한 정통 규범이 되었다. '교육칙어'는 그 제도에서 교육을 통해
정신을 주입하는 기능을 담당하게 되었다. 여기서 '국체(國體)'라는 개념이 확
립되었다. 교육칙어는 그 제국헌법을 이어받아 '신민'의 육성, 교화를 담당했
다. "우리 황조황종(皇祖皇宗)께서 국가를 처음 여신 것은 크고 멀리 덕을 심은

것이 깊고 두텁다"와 그에 대응하는 "우리 신민은 능히 효에 억조(億兆)의 마음을 하나로 해서 대대로 그 아름다움을 이루어 온 것, 그것은 우리 국체의 정화(精華)"라는 구절을 포함한 315자는 국체론의 경전이 되었다.(가노 마사나오 2004, 80;115-119)

국체는 근대를 거치면서 복고를 탈피하여 헌법과 정치학의 용어로 채색되어졌다. 천황의 통치권은 제국의 궁극적 근본법이 되었고 천황의 헌법 행위는 현실적 중심법이 되었다. 이것이 국체의 정의가 되었다.(강상중 2004, 104) 국체론은 천황의 일계(一系) 지배, 천황과 억조의 친밀성, 억조의 자발적인 봉공심(奉公心)이라는 세 가지 요소를 축으로 하는 '국병(國柄)'이란 논리로 구성되었다. 국체는 근대 일본이 군국주의로 나아가는 데 있어서 중요한 이데올로기로 작용했다고 볼 수 있다. 군국주의의 전체주의적 성향은 국체라는 전 국민적 일체성의 토양에서 다져진 것이며, 일본국민은 이로부터 자유로울 수 없었다.

1930년대로 진입하면서 국체는 보다 더 강력한 광신적 종교가 되었다. 중일전쟁 발발부터 일본 패망 1년 전까지 일본 사회는 소위 '국체어'들로 난무하였다.(강상중 2004, 102) '국체'는 근대 일본에서 사람들을 주술로 묶어 놓은 듯한 개념이었다. 과거, 현재, 미래를 통해서 천황을 통치권의 총수로 하는 독특한 국병(國柄: 국가의 성격)이라는 의미를 지니면서 그 말은 불가침성을 대표했다.(가노 마사나오 2004, 115)

이 내용을 본 논문의 주제와 연결지어 보면, 우치무라 간조의 평화 사상은 일본 내셔널리즘의 정수였던 국체와 초월적 기독교 신앙 간의 불화 속에서 싹텄고, 종국엔 괴물로 변해가는 국체의 실체를 예언자적 시각에서 비판해 간 것이다. 다케우치 요시미는 국체의 논리에 경도되어 청년기를 보내다가 그 미망을 깨닫고 다시 회심의 길로 선회하면서 그 문제의식을 일본 주체성의 탐구로 발전시킨 것이다.

국체가 곧 일본의 전쟁을 낳았다고 말할 순 없지만, 확실히 국체의 이데올로기는 일본이 군국주의로 나아가게 된 주요 조건을 이루었다. 천황과 신민의 일체를 강조하고 충효의 미덕으로 국체의 정화를 삼은 것은 전쟁이 광기의 파멸로 치닫게 된 결정적 요인이 되었다. 우치무라의 평화사상은 그토록 거대했던 확신의 시대에 홀로 광야에서 외치는 소리가 되었고, 다케우치의 반성담론은 패전 이후에도 미망에 빠져 허우적대던 국체의 혼령을 고발하는 울림이 되었다.

1. 우치무라 간조의 평화사상

대일본제국헌법이 수립된 이듬해 1890년, 교육칙어가 제정되었다. 그리고 1891년 우치무라의 '불경사건' – 교육칙어 봉독식 거부사건 – 이 일어났다. 당시 사회적 분위기 속에서 우치무라가 행한 불경은 도저히 묵과할 수 없는 행위였다. 우치무라는 이때만 해도 민족주의자로서 동시대 일본인들과 마찬가지로 천황제를 긍정적으로 바라보았다. 그럼에도 불구하고 기독교인이었던 그는 천황이나 황실의 신격화는 거부하였다. 봉독식에서 행한 우치무라의 행위와 그 행동 이면의 철학은 정교일치를 당연시했던 일본국민에게는 이해할 수 없는 것이었다.(야규 구니치카 2018, 115)

우치무라의 30대는 민족주의와 기독교신앙이 공존하면서 때론 교섭하고 때론 충돌했던 시기로 평가된다. 장년 시기 그가 평생 강조했던 '두 개의 J'[6]는 아직 완성되지 않고 혼돈을 겪고 있었다. 1894년 청일전쟁이 발발하자 우치무라는 「청일전쟁의 정당성」이란 글을 기고하여 전쟁의 의로움을 대외에 천명했다. 그는 중국이 조선을 정치적으로 지배하는 것은 조선 스스로 독립국가를 이루는 데 방해가 된다고 보았다. 또한 중국이 조선의 근대화를 저해한다고 생각했다. 조선이 중국의 속국으로 남아 있으면 러시아는 조선을 침략할지도 모른다고 보고 일본이 나서서 조선에 정치적 독립의 중요성을 깨닫게 해주고 근대화에 도움을 주어야 한다고 생각했다.

그러나 일본이 청일전쟁서 승리한 직후 우치무라는 이 전쟁이 오직 일본의 이익을 위해 전개된 사실을 깨달았다. 우치무라는 당시 '어리석은' 기사를 쓴 것을 후회했다.[7] 우치무라의 슬픔과 분노는 친러 성향으로 일본을 반대했던 명성황후가 1895년 10월 서울에서 살해당하면서 더 격화되었다. 이듬해 우치무라는 「시세의 관찰」이라는 신랄한 비평을 담은 장문의 글을 기고했다.(야규 구니치카 2018, 117-119) 글 속에서 그는 협소한 이익만 추구하고 보편적 윤리가 부재한 일본 사회를 비판했다. 그는 특히 조선의 독립을 돕는다는 구실로 전쟁을 일으켜 승리한 후 자국의 강대함만을 도모하는 일본의 위선을 질타했다. 일본이 스스로 '일본의 윤리'를 말하나 사실상 '우주의 이치'와는 동떨어진 채 자국의 이익만 옹호하는 용렬함을 비판했다.

1896년 8월에 쓰여진 「시세의 관찰」은 당시 일본 사회에 팽배했던 내셔널리즘과 정면으로 대결한 첫 시도였다. 불경사건에서 청일전쟁을 거치는 동안 일본 국가주의와 느슨하게 타협하였던 그의 사상은 「시세의 관찰」 이후 국가 이데올로기보다는 세계보편적 윤리를 우선하는 시각으로 선회하였다. 양현혜는 우치무라의 사상적 전환을 '제사장적 애국'에서 '예언자적 지성'으로의 전환으로 이해했다. 오직 자민족에 대한 신의 은혜만을 말하는 '제사장적 지성', 즉 자민족의 유래에 대한 원시신화 내지 근원신화에 의해 자민족만 신성시하고 자국의 이익을 절대시하는 지성과 '예언자적 지성'은 확연히 대립된다. '예언자적 지성'은 구약의 예레미야처럼 비윤리적인 자민족 권력자에게 윤리적 개선을 촉구하고 경고하는 자들이다. 우치무라가 결정적으로 '예언자적 지성'의 입장을 취한 것은 이 '시세의 관찰'의 일본론에 서부터였다. 그는 전승국이 된 일본에서 군국주의와 제국주의가 고조되는 분위기에 슬픔과 분노를 느꼈다.(양현혜 2017, 171)

일련의 시간표로 볼 때, 우치무라의 평화주의는 불경사건에서 발단하여 청일전쟁을 거치면서 다듬어졌고, 러일전쟁이 발발하기 전 이미 사상적으로 완숙한 단계에 접어들었다. 특히 청일전쟁의 승리로 내셔널리즘이 최고조에 달했던 시기에 우치무라는 이에 정면으로 맞서 일본의 타락과 광기를 경고 하였다. 불경사건 때 보여준 국가 숭배에 대한 거부, 청일전쟁의 정당성에 대한 회의, 승전 후 일본 노선에 대한 비판 등은 그가 비전론(非戰論)을 구성하는 데 있어서 간과할 수 없는 실천들이었다.

우치무라의 비전론은 1902년 '영일동맹'에 대한 소감에서부터 더욱 구체화되었다. 「영일동맹에 관한 소감」에서 그는 이 동맹이 죄악이라고 주장하면서, 이미 조선, 대만, 요동에서 큰 죄악을 범한 일본이 이번엔 영국과 동맹함으로써 이미 범한 죄악 위에 다시 죄악을 더하게 되었다고 비난했다.(정용수 2002, 34) 후쿠자와 유키치(福澤諭吉) 류의 문명론이 일본 지성계를 휩쓸고 있던 무렵, 청일전쟁 시기 제기된 그의 의전론(義戰論) 역시 사실상 '문명 대 야만'의 시각에서 도출된 것이었다. 그러나 1902년 우치무라는 이미 영미동맹의 제국주의적 성향을 간파하고 이에 대해 정면으로 비판하였다. 당시 그의 비전론은 개전론(開戰論)에 대한 비판의 수준을 넘어 사실상 '문명을 위한 전쟁'이란 가공된 신화와의 결별을 고한 것이다.

1903년 러시아가 중국서 철수하지 않고 오히려 남하하여 압록강 하류 지역을 점령하자 일본에서는 대러시아 개전론이 등장하였다. 당시 일본 언론들은 앞다투어 개전론을 주장했고, 곧 하나의 대세가 되어갔다. 동경제국대학 교수 7명이 가쓰라 다로 수상을 방문해 건의서[8]를 제출하자 여론은 개전론으로 급선회하였다. 당시 반전론을 주장하고 있던 신문사는 『만조보(万朝報)』 하나뿐이었다. 동경제국대학 건의서가 신문에 보도되자 우치무라는 1903년 6월 30일에 『만조보』에 「전쟁폐지론」을 기고했다.

1903년 6월 발표된 「전쟁폐지론」은 우치무라 간조의 비전론이 '전쟁 절대폐지론'으로 발전했던 첫 문장으로 볼 수 있다.

> 나는 러일전쟁을 하지 말자는 비개전론자(非開戰論者)일 뿐만 아니라, 전쟁 절대폐지론자다. 전쟁은 사람을 죽이는 일이다. 사람을 죽이는 일은 큰 죄악이다. 큰 죄악을 범하고 난 개인과 국가가 영구히 이익을 누릴 수가 없다.
>
> 세상에는 전쟁의 이익을 논하는 사람이 있다. 그렇다, 나도 한때는 그러한 어리석은 말을 하던 사람이다. 그러나 이제 와서는 그것이 극도로 어리석었음을 고백한다. 전쟁의 이익은 그 해독을 메우지 못한다. 전쟁의 이익은 강도의 이익이다. 이는 도둑질한 자가 누리는 일시적인 이익인데, 이는 자신이나 도둑을 맞은 이나 모두 크나큰 손실이다. 도둑질한 자의 도덕은 이로 인해 타락하고 그 결과로 그가 마침내 칼을 뽑아서 도둑질한 것보다도 몇 곱절이나 되는 것으로 그의 죄악을 갚지 않을 수 없게 된다.
>
> 가깝게는 그 실례를 1894,5년의 청일전쟁에서 볼 수 있다. …… 애초에 목적했던 한국의 독립은 이 때문에 확고해진 것이 아니라 도리어 약화되었고, 중국 분할의 시초가 열렸고, 일본국민의 부담은 엄청나게 늘어났고, 그 도덕은 극도로 타락했고, 동양 전체를 위태로운 궁지로 몰아넣었던 것이 아닌가? 이런 큰 해독과 큰 손실을 눈앞에 보면서도 또다시 개전론을 주장한다는 것은 도저히 제정신으로 그러는 것 같아 보이지 않는다.(우치무라 간조a, 327-328)

우치무라의 '전쟁 절대폐지론'은 청일전쟁에 대한 반성에서 나온 것이다. 대다수의 일본국민이 승전에 들떠 있을 때 우치무라는 보편적 윤리와 기독교 신앙에 입각해 평화주의를 외쳤다. 그는 전쟁을 통해 국가의 이득을 취하는 것을 강도의 죄악에 비유했다. 전쟁은 살인과 강도의 행위를 저지르는 것과 같다. 화려한 국시(國是)나 개전의 명분은 결국 동양 전체를 전쟁의 위기로 몰아간 것이다.

평화의 외침은 청일전쟁에 대한 철저한 반성과 또 다른 전쟁(러일전쟁 1904.2.8)에 대한 예감 가운데 더욱 강력하게 대두되었다. 구약의 예언자들이 지녔던 전통, 즉 자민족에게 회개를 요구하고 미래의 재난을 경고하는 모습이 '예언자적 지성'이라고 보았을 때, 1903년 6월에서 9월 사이에 집중된 우치무라의 글들은 예언자적 면모를 확실히 보여주었다.

1903년 9월 우치무라는 '절대적 비전주의'[9]를 천명하며 일본이 더 큰 전쟁을 일으킬 조짐에 대해 경고하였다. 그는 「평화의 복음」에서 변화무쌍한 시세와 세간의 여론에 귀 기울일 것이 아니라 전쟁이 임박한 때일수록 더욱 더 보편적 윤리의 문제를 생각해야 한다고 말했다.

> 바야흐로 전쟁의 구름이 동아시아의 하늘을 뒤덮으려고 하는 이 긴박한 순간에, 이 최대 문제에 대해서 그리스도를 믿는 우리들이 태도를 분명히 해두어야 할 필요성이 있습니다. 이런 때야말로 우리들은 변화무쌍한 이 세상의 주장에 귀를 기울일 것이 아니라, 결코 무너질 수 없는 성서의 확실한 말씀을 좇아 우리의 진퇴를 결정해야 할 것이라고 생각합니다.
> 문제가 아무리 복잡하고 또한 그 가운데 어떠한 정실이 얽히고 설켜 있더라도, 성서 특히 신약성서가 이 일에 관하여 우리에게 명하고 있는 바는 다만 한 가지뿐입니다. 곧 절대적인 평화입니다. 어떠한 경우에라도

검을 들고 싸우지 않는 일입니다. 그러다가 끝내 안 되면 적에게 양보해 버리고 그 다음은 하나님의 진노를 기다리는 일뿐입니다.(우치무라 간조b, 329)

예언자적 지성은 지나간 사실에 대한 반성에 머물지 않는다. 기독교 신앙에 있어서 중요한 것은 닥쳐올 미래에 대해서도 신앙적 견해를 밝히는 것이다. 기독교에 있어서 복음과 예언은 상호 공속적이다.(양현혜 2017, 196) 보편적 윤리의 외침은 국익의 이해관계나 정세의 유불리에 좌우되지 않는다. 그것은 어떤 영구적인 보편 가치에 대한 고수와도 같은 것이다. 우치무라는 당시 일본에 가장 중요한 것은 절대적 평화주의라고 생각했다.

전쟁은 비교적 작은 악행이며 세상에는 전쟁보다 더 큰 악행이 있다고 주장하는 사람이 만일 있다면 그 사람은 자기가 무엇을 말하고 있는지조차 모르는 사람이라고 생각합니다. 전쟁보다 더 큰 악행이 도대체 무엇입니까? 원한, 질투, 분노, 살인, 술주정, 방탕 등 모든 죄악을 다 합친 것이 전쟁인데, 그런 전쟁보다 더 큰 악행이 세상에 있다면 그것이 무슨 악행이란 말입니까? 만일 무고한 사람을 죽이지 않으면 달성할 수 없는 선한 일이 있다면 그것이 어떤 선한 일입니까? "사람의 분노가 하나님의 의를 이루지 못한다"(약1:20)고 성서에 기록되어 있습니다. 악한 수단으로 선한 목적에 도달할 수는 없습니다. 살인술을 써서 동양의 영구한 평화를 도모해 보겠다는 것 자체가 엉뚱한 짓입니다. 평화는 절대로 전쟁을 통해서는 오지 않습니다. 평화는 전쟁을 없애야 옵니다. 무기를 던져버리는 것, 이것이 평화의 시초입니다.(우치무라 간조b, 333)

절대적 평화주의의 눈으로 보면, 세상에 전쟁보다 더 큰 죄악은 없다. 어떠한 명분으로도 악한 수단으로 선한 목적에 도달할 수는 없다. 절대적 비전론을 주장한 이 시기에 우치무라는 이미 의전론과는 결별하였음을 알 수 있다. 그의 절대적 평화주의는 미국의 신학자 라인홀트 니버(Reinhold Niebuhr, 1892~1971)가 2차세계대전 시기 미국의 참전을 지지했던 '정의로운 전쟁론(Just War)'과 구별된다. 라인홀트 니이버의 신학이 이상주의에서 현실주의로 옮겨갔다면, 반대로 우치무라의 신학은 현실적 의전론에서 절대적 비전론으로 선회한 것이다.

일본의 내셔널리즘이 '영구평화'라는 가상의 목적을 설정하고 현재의 '영구전쟁'을 정당화하는 길로 나아갔다면, 우치무라는 "살인술을 써서 동양의 영구한 평화를 도모하는 자체"가 지닌 허구를 꿰뚫어 보았고, 멈추지 않는다면 더 큰 재앙을 부르게 될 것을 경고하였다.

그의 평화주의 논설은 『만조보』(1903년 9월)에서도 계속되었다. 새로운 전쟁의 기운 - 이로부터 5개월 후 러일전쟁이 발발함 - 이 고조된 시점에 우치무라의 논설은 집중적으로 게재되었다.

> 만일 일본과 러시아가 충돌하게 되면 그것은 일본에 있으면서 평화를 부르짖는 우리와, 러시아에 있으면서 똑같이 평화를 부르짖는 문호 톨스토이, 미술가 페레스차긴이 충돌하는 것은 아니다. 그것은 일본 해군장관 야마모토와 러시아 극동 총독 알렉시프 대장끼리 충돌하는 것이다. 또는 일본의 육군장관 데라우치 중장과 러시아의 육군대신 크로프트킨끼리 충돌하는 것이다. …… 이름은 일본과 러시아의 충돌이지만, 사실은 두 나라 제국주의자들끼리의 충돌이다. 그런데 이 충돌 때문에 가장 크게 손해를 입는 사람은 평화를 추구하여 마지않는 두 나라의 양민들이다. (「충돌의 참뜻」)

"만일 러시아가 만주를 빼앗으면 일본이 위태롭다"고 말하는 사람이 있다. 그러나 일본의 존재를 위태롭게 하는 것은 비단 러시아의 만주 점령에 국한된 것은 아니다. 20세기인 오늘날, 중국식 충효 도덕을 국민에게 강요하는 것, 그 자체가 일본의 존재를 가장 위태롭게 하는 것이다. 바야흐로 세상에는 사기와 뇌물이 충효 도덕과 나란히 하여, 사회 각 방면에서 횡행하고 있으며, 사람들은 가면을 뒤집어쓰지 않고는 아무것도 할 수 없는 세상이 되었다. 그런데도 국가의 존재가 위태롭지 않다고 말할 수 있는 사람이 누구인가?(「숨어있는 위험」)

군인을 격동해서 외적을 치게 하는 자는 마침내 자기 자신이 그 군인에게 타격을 받고 만다. 군인더러 중국을 치게 했던 일본인은 과거 10년 동안 군인에게 괴롭힘을 당해서, 그 재산의 거의 전부를 바쳐 군인을 양성하는 데 써야 했다. 그런데 지금 또다시 군인더러 러시아인을 치게 하면 그들이 다시 우리에게 요구하는 바는 얼마나 클 것인가? 그때야말로 아직 우리에게 남아 있는 약간의 자유와 헌법은 연기가 되어 사라져 버리고, 일본은 고스란히 하나의 큰 병영으로 바뀌고, 국민들도 쌀 대신에 화약 연기를 먹고, 보리 대신에 사아브르(軍刀)를 수확하게 될 것이다.(「죽이는 자는 죽는다」)(우치무라 간조 2009, 335-337)

1903년 시기, 우치무라의 논조는 일관되고 강력하게 비전주의를 주장했다. 전쟁은 허울좋은 명분을 내세우지만 실제로는 강도의 이익을 구하는 것이고, 악한 수단을 통해서 결코 선한 목적에 도달할 수 없으며, 조선과 중국을 위한다고 하지만 러시아와 일본은 사실은 제국주의자들 간의 전쟁일 뿐이란 점을 지적하였다. 그는 충효도덕을 빌어 국가의 복종을 강요하는 내셔널리즘이 더 위험하다고 주장했다. 더 전쟁을 벌이면 결국 일본 전역이 점차 거대한 병영으로 바뀔 것이고 국민은 곡식 대신 무기를 수확하는 지경에 이를 것이라고 경고하였다.

1903년 가을, 당시 비전론을 견지했던 『만조보』 잡지마저 개전론으로 입장을 바꾸게 되었다. 그러자 우치무라는 「러일 개전에 동의하는 것은 일본국의 멸망에 동의하는 것이라 확신한다」는 퇴사성명을 발표하고 고토쿠, 사카이 등과 함께 신문사를 사직했다.

「내가 비전론자가 된 유래」(1904)에서 우치무라는 비전(非戰)의 평화주의자가 된 네 가지 이유를 설명했다. 첫째는 성서의 연구이다. 신약성서를 전체의 정신으로 파악할 때 전쟁은 어떤 의미에서도 긍정할 수 없게 되었다. 둘째는 사람들이 『동경독립잡지』 사원을 공격했을 때 무저항주의를 밀고 나가서 좋은 성과를 얻었다는 「생애의 실험」의 교훈이다. 셋째는 청일전쟁이 내세운 목적과 반대로 도리어 조선의 독립을 위태롭게 하고 일본인의 도덕을 부패시켰다. 세계에 눈을 돌리면 미서(美西) 전쟁은 자유로웠던 미국을 압제국으로 전락시켰다. 넷째는 미국에서 나온 신문 『스프링필드 리커블리컨(Springfield Republican)』의 영향이다. 이 평화주의 신문을 통해서 간조는 세계 평화주의자들의 탁론을 접할 수 있었다.(스즈키 노리히사 1995, 111-112)

1904년 2월 8일 일본은 러일전쟁을 개시했다. 당시 일본사회는 러일전쟁 역시 신구 문명국 간의 전쟁으로 보는 시각이 대세를 이루었다. 그러나 실제 전쟁의 양태는 제국주의의 야욕을 드러내는 방향으로 전개되었다. 전쟁이 만주에서 벌어지자 일본은 마치 예정된 수순처럼 전쟁의 목적을 확대하였다. 1904년 7월 고무라 외상은 조선을 '우리의 주권 범위'로 삼아 '보호의 실권을 확립'하고 만주는 '우리의 이익 범위'로 삼아 '이익의 옹호, 신방'을 노려야 한다고 선언했다.(와다 하루키 외 2017, 103)

러일전쟁이 끝나고 일본이 승리한 후에도 우치무라의 비전주의는 일관되게 제시되었다. 일본 사회 전역이 전쟁을 지지하고 승리를 염원하였고, 일본 기독교계도 대부분 전쟁에 대해 지지를 표명했다. 그는 일본 땅에서 거의 홀로 평화주의를 외친 것이다. 이 시기 그의 논설은 러일전쟁의 승리가 결국 더 큰 전쟁을 낳을 것이라는 점에 집중되었다.

누구나 아는 바와 같이 러일전쟁은 청일전쟁의 결과이며, 러일전쟁은 다시 어떤 전쟁을 유발할지 아무도 모른다. 세계가 모두 동포이며, 우주는 모두 한 몸인 이상, 남을 죽이는 것은 자기를 죽이는 결과를 가져오며, 남의 재산을 빼앗는 것은 곧 자기의 재산을 잃어버리는 결과를 필연코 가져오고야 마는 법이다.(「러일전쟁과 기독교의 추세」)
전쟁은 전쟁을 그치게 하기 위함이라고 합니다. 무(武)라는 글자는 창을 그치게 한다는 뜻이라고 말합니다. 그러나 전쟁이 실지로 전쟁을 그치게 하느냐 하면 그렇지 못합니다. 도리어 전쟁이 전쟁을 낳습니다. 청일전쟁이 러일전쟁을 낳았습니다. 러일전쟁은 또 어떤 전쟁을 낳을지 모릅니다. 전쟁으로 군비는 조금도 줄어들지 않습니다. 아니, 전쟁이 끝날 때마다 군비는 점점 더 확장되어 갑니다. 전쟁은 전쟁을 위하여 계속되는 것입니다. 평화를 위한 전쟁이라고들 하지만 실지로 그런 일이 있었던 적은 한 번도 없습니다. 청일전쟁은 그 대의명분이 동양평화를 위한다는 것이었습니다. 그러나 그 전쟁이 더욱 큰 러일전쟁을 낳았습니다. 러일전쟁도 역시 그 대의명분은 동양의 평화를 위한다는 것이었습니다. 그러나 이것도 역시, 한층 더 대규모의 동양평화를 위한 전쟁을 낳고야 말 것이라고 생각합니다.(「러일전쟁에서 내가 받은 이익」)(우치무라 간조d · e, 359;369)

러일전쟁 이후 그는 일본사회가 전쟁을 향한 전쟁을 위한 길로 나아갈 것을 예감하고 일관되게 비전주의, 평화주의를 주장했다. 제국주의 전쟁 시기 그의 평화주의는 고독하고 외로운 싸움이었다. 문명의 싸움, 해방의 전쟁, 조국방위전쟁 등의 구호가 압도적인 여론을 형성했던 사회에서 그는 외롭게 절대적 평화주의를 외친 것이다. 동아시아의 평화를 명분으로 내세웠던 전쟁은 러일전쟁을 거쳐 결국 태평양전쟁으로 치닫게 되었다. 우치무라가 말한 전쟁의 경고는 실제로 '대동아전쟁'이란 재앙으로 현실화되었다.

절대적 평화주의의 눈으로 바라본 세계대전은 전쟁의 승자와 패자 모두에게 내려진 신의 형벌과도 같은 것이었다. 우치무라는 청일전쟁과 러일전쟁이 임진왜란 때 조선을 정벌한 데 대한 신의 형벌로 이해했다. 전쟁의 승리도 사실상 신의 형벌이자 징계였다. 전쟁을 일으킨 자체는 곧 신의 형벌이 내린 것이라는 논리는 세계대전을 대하는 시각에도 적용되었다. 1차세계대전이란 유럽의 대전쟁은 사실상 신의 엄한 형벌이 인류에 내려진 것으로 읽혀졌다.(우치무라 간조f, 373:377)

1차세계대전이 일어나자 우치무라의 충격은 더욱 배가되었다. 그는 기독교문명을 기반으로 수립된 국가 간의 전쟁을 심정적으로 받아들이기 힘들었다. 세계대전의 여파 속에서 그는 문명과 진보에 대한 신앙을 거두어들이게 되었다. 전쟁열에 휩싸인 유럽을 바라보며 그는 "세계는 지금 어둠으로 뒤덮여 있다. 문명은 3천년이나 뒷걸음질 쳐서 바벨론과 앗시리아 시대를 재현하고 있다. 짐승의 세력이 지금은 세계를 지배하고 있고 진리의 소리는 외면당하고 있다. 만일 서양문명의 공적이 기독교를 증명하는 것이라면 기독교는 전쟁을 낳는 악마의 가르침이지 평화의 왕의 복음이 아니다"(우치무라 간조 g, 420-421)라고 말했다.

2017년 미국이 세계대전에 참전하자 그의 사상은 커다란 전환점을 맞게 된다. 기독교 문명을 가장 잘 구현하고 있다고 믿었던 미국의 참전은 그에게 어떤 형용할 수 없는 사상적 고뇌를 가져다주었다. 그는 미국에서 전해져

온 "전쟁에 대한 전쟁" 즉 '의로운 전쟁'의 논리를 거부했다. 그는 성서적 비전론에 입각해서 전쟁으로 전쟁을 해결하려는 시도는 결국 실패할 것이라고 단언했다.

> 미국도 역시 전쟁에 참여하였고, 조르단 박사까지도 평소의 비전론을 포기하고 거국일치(擧國一致)의 무리 속에 가담하여 전쟁을 돕게 되었다고 한다. 이리하여 전세계는 캄캄한 암흑이 되고 말았다. "이것은 전쟁에 대한 전쟁이라"고 한다. 수백 년 동안 기독교를 배워 온 구미인들은 전쟁으로 전쟁을 멸절시킬 수 있다고 믿고 있다. 독일인도 전에는 그렇게 믿었다. 그리하여 영구평화를 가져오기 위하여 이렇게 군비를 계속 늘려오다가 마침내 이번 전쟁을 일으키고 만 것이다. "칼을 드는 자는 칼로 망한다"고 하는 예수의 말씀은 영원한 진리다. 독일은 칼을 들고 일어섰던 것이다. 그렇기 때문에 지금 칼로 망하고 있다. 그 밖의 다른 나라들도 마찬가지다. 전쟁으로 전쟁을 없애려 들면 전쟁은 없어지지 않고 도리어 새로운 더 큰 전쟁이 일어나는 법이다. 나는 예언자는 아니지만, 세계 평화를 표방하고 일으킨 이 전쟁 후에는 다시 이보다 더 큰 전쟁이 일어날 것이라고 서슴없이 예언할 수 있다.(우치무라 간조h, 382)

우치무라의 평화주의는 제국주의가 득세하고 전쟁이 최상의 선택이었던 시기에 제기되었다. 우치무라의 사상은 문명론에 기반한 의전론에서, 의전론에 대한 비판을 넘어, 절대 평화주의의 지평으로 나아갔다. 그는 기독교 문명국의 상징이었던 미국의 참전 소식을 접하고 초월적 재림사상으로 선회하였다. 진정한 평화는 인류 문명의 진보가 아니라 신의 세계 위에서 온전히 구현된다는 사상이었다. 그에게 있어서 절대적 평화주의는 전략이 아니라 당위였다. 평화와 비전(非戰)을 부르짖는 것은 이로써 전쟁이 없어지기 때문이 아니라 그것은 "옳으냐 그르냐의 문제이다. 의냐, 불의냐의 문제이다. 그런데 전쟁은 부정이요, 불의다. 죄악의 절정이다. 그렇기 때문에 비전론을 부르짖는 것이었다."(우치무라 간조, 412)

2. 다케우치 요시미의 반성담론

러일전쟁 이후 일본은 남하하는 러시아와 경쟁하면서 만주에서 착실히 자국의 이익을 확대해갔다. 1931년 발발한 만주사변은 당시 일본의 국내 여론으로부터 압도적인 지지를 받았다. 세계공황의 후유증에 신음하던 일본에게 만주 진출이야말로 국내의 여러 모순을 해결할 수 있는 적절한 선택지로 받아들여졌다.

중일전쟁에 대해 일본은 자위를 위한 군대 파견이라고 강변하며 '사변'이라 불렀지만, 그 실체는 명확히 선전포고 없는 침략전쟁이었다. 1938년 4월, 국가총동원법이 공포되어 사람, 물자, 돈 외에 군마, 군견, 군구(軍鳩)를 위한 동물까지도 총동원의 대상이 되었다. 또 '국민정신'이라는 말이 시대의 키워드로 등장했다. 일본정부는 국민정신 총동원 강화책을 결정하고 사람, 물자, 돈에 더하여 정신까지도 동원의 대상으로 삼았다. 1937년 무렵, 일본은 이미 중국 출병을 '성전'으로 교육시키고, 전사자를 영령(英靈)으로 간주하는 야스쿠니 신앙이 사회에 뿌리내리고 있었고, 국민생활이 이미 전시체제에 편입되어 있었다.(와다 하루키 2017, 281-284)

1941년 12월 8일 일본은 진주만을 기습공격했다. 이 전쟁은 중일전쟁을 포함하여 공식적으로 일본에서 '대동아전쟁'이라고 불렸다. 이날 발표된 '선전의 조서'에서 일본은 전쟁의 목적을 "신속히 화근을 없애고 동아(東亞)의 영원한 평화를 확립"하기 위한 것이라고 천명했다. 그러나 '대동아공영권'이라는 미명과 달리 1937년부터 1945년까지 8년에 걸쳐 진행된 이 전쟁으로 인해 일본에서만 오키나와 주민 14만명을 포함해 300만명 이상이 사망했고, 동아시아 전체에서 1000만 명이 넘는 사람이 희생되었다.(와다 하루키 2017, 297;311)

다케우치 요시미의 반성담론은 일본 패망 이후에 비로소 전개되었다. '대동아전쟁' 시기, 그는 전쟁을 세계사적 사건으로 인식하였고 일종의 해방감마저 느꼈다고 회고했다. 다케우치의 사례는 당시 일본국민이 전쟁과 내셔널리즘이란 프레임에 얼마만큼 경도되어 있었는지를 잘 보여주고 있다.

다케우치는 1931년 중일전쟁이 발발한 이후 줄곧 떳떳하지 못한 감정에 시달려왔는데 개전으로 도리어 거기서 벗어났다는 해방감을 느꼈다. 즉 그는 태평양전쟁의 개시로 적국이 중국이 아닌 미국과 영국으로 옮겨갔다고 판단했다. 그리고 개전으로 자신이 역사, 그것도 세계사의 일부가 되었다는 희열을 느꼈다. 그리하여 미련 없이 태평양전쟁을 지지하였다. "대동아전쟁은 훌륭히 지나사변을 완수하고 이것을 세계사에서 부활시켰다. 이제 대동아전쟁을 완수하는 일은 바로 우리의 몫이다."(「대동아전쟁과 우리의 결의」(1942.1)〕 (윤여일 2014, 142)

패전 이후 다케우치가 맞닥뜨린 문제의식 속에는 여러 시각이 중첩되어 있었다. 먼저 그는 일본을 패망으로 이끌었던 '국체관'이 패전 이후에도 전혀 사라지지 않았다는 데 주목했다. 그가 밝혔듯이, "국체관이란 국가를 피조물이 아닌 소여로서 자연으로서 받아들이는 사고 및 심적 경향이다."(다케우치 요시미g, 401) 이러한 자연주의적 정신 풍토에서는 국가의 인위적 성격이 제대로 인식되기 어려웠다. 일본인에게 국가는 선험적이고 자연스럽고 따라서 절대적인 것이었다. 국체관의 소여의식은 매우 자연스럽게 정신적으로 독립하지 못하는 일본인을 만들어갔다. 사실상 근대 일본이 겪은 70여 년의 전쟁 속에서 일본국민은 노예가 되어간 것이다. "전쟁 중 완벽한 노예성을 발휘했을 때, 그로써 전후에는 완전한 식민지가 되었다."(다케우치 요시미e, 253) 전쟁 중의 노예근성은 사라지지 않고 고스란히 전후 일본사회를 잠식했다. 그리고 이 노예성은 일본에만 국한된 것이 아니라, 전쟁 중 일본이 노예의 주인이 되어 또다시 아시아의 다른 나라에 군림하게 되었다.(윤여일 2014, 102-111) 이처럼 그는 전후 일본사회를 국체 이데올로기의 연속, 노예성의 잔존, 문화적 식민지의 존속 등의 시선으로 바라보고 있었다.

다케우치가 1943년 탈고했던 '루쉰'의 연구는 일본 패전 이후 새로운 사상의 전기로 작용했다. '대동아'에 대한 환상과 루쉰의 문학정신이 절묘하게 타협되어 있던 시기부터 그는 「루쉰」에서 이미 "불 속에서 밤을 줍고," "타오르는 불길을 손에 거머쥐는" 정신에 대해 논하고 있었다.

> 문학가를 가능케 하는 것은 어떤 자각이다. 죄의 자각이 종교인을 만들 듯 어떤 자각이 필요하다. 그 자각으로 종교인이 신을 보듯이 문학가는 자유로이 말을 부린다. 말에 지배받지 않고 거꾸로 말을 지배하는 위치에 선다. 이른바 그 자신의 신을 창조한다. …… 길은 무한하다. 그는 무한의 길을 걸어간 한낱 과객이다. 그러나 그 과객은 언젠가는 무한을 극소로 자기 일신 위에서 점으로 바꿔 스스로를 무한으로 만든다. 그는 부단히 자기생성의 심연에서 솟아오르나 솟아오른 그는 늘 그 자신이다. 이른바 근원의 그다. 그를 일러 나는 문학가라 한다.(다케우치 요시미h, 119)

그러나 일본 패전 이후 즉 '대동아'와 루쉰의 타협이 깨어지면서부터, 다케우치는 비로소 진정한 루쉰의 정신을 내면에서 끄집어낼 수 있었다. 패망의 현실 위에서 그는 루쉰의 눈을 빌어 일본의 일그러진 형상을 깨뜨리고자 했다.

1948년에 쓴 「근대란 무엇인가」는 루쉰으로부터 배운 '저항'의 정신을 논하고 있다. "루쉰의 저항에서 나는 자신의 마음을 이해하는 실마리를 얻었다. 저항이라는 것을 내가 생각하게 되었던 것은 그때부터다. 저항이란 무엇인가라는 질문을 받는다면 루쉰에게 있는 그러한 것이라고 대답할 수밖에 없다. 그리고 그것은 일본에는 없던가 아니면 적을 것이다. 그런 점에서 나는 일본의 근대와 중국의 근대를 비교해서 생각하게 되었다."(다케우치 요시미a 2004, 34)

이런 문제의식 속에서 그는 일본이 결여한 것들을 집중적으로 해부했다. 먼저 그는 일본 사회의 '저항의 결여', '주체성의 결여'를 말했다.

> 저항이 없는 것은 일본이 동양적이지 않다는 뜻이고 동시에 자기 보존의 욕구가 없는(자기는 없다) 것은 일본이 유럽적이지 않다는 의미다. 결국 일본은 어떤 것도 아니다.
>
> (일본의) 이런 주체성의 결여는 자신이 자기 자신이 아니라는 데에서 온다. 자신이 자기 자신이 아닌 것은 자기 자신인 것을 방기했기 때문이다. 결국 저항을 방기했기 때문이다. 출발점에서 방기하고 있다.(다케우치 요시미a, 35;50)

이러한 저항 결여, 주체성 결여의 일본문화는 '전향문화'로 굳어지게 되었다. 다케우치는 중국의 '회심문화'와 일본의 '전향문화'를 대조하여 일본이 처한 고질적인 주체성 문제를 드러내었다.

> 회심은 겉보기에는 전향과 비슷하지만 방향은 반대다. 전향이 밖을 향

해 움직인다면 회심은 안을 향해 움직인다. 회심은 자신을 유지하는 것에 의해 드러나고 전향은 자신을 방기하는 데서 일어난다. 회심은 저항에 매개되고 전향은 무매개다. 회심이 일어나는 곳에 전향은 발생하지 않고 전향이 일어나는 곳에 회심은 생기지 않는다.

나는 일본문화는 유형적으로 전향문화이고 중국문화는 회심문화라고 생각한다. 일본문화는 혁명이라는 역사적 단절을 거치지 않았다. ……일본문화 속에서 새로운 것은 반드시 옛것이 된다. 옛것이 새롭게 되는 것은 아니다. 일본문화는 구조적으로 생산적이지 못하다. 그것이 생(生)에서 사(死)로는 가지만 사(死)에서 재생(再生)으로는 가지 않는다.(다케우치 요시미a, 54)

중국에는 내부로부터 자신을 부정해나가는 힘이 있는데, 일본에는 이런 부정의 힘이 부족하다고 보았다. 그 차이는 신해혁명과 메이지혁명에서도 확연히 구분된다고 보았다. 다케우치가 볼 때, 메이지유신은 확실히 혁명이었지만 동시에 반혁명이었다. 왜냐하면 그 승리를 내부에서 부정해가는 혁명의 힘이 부족했기 때문이다. 혁명과 저항은 밀접한 관계를 갖는데 일본은 결정적으로 저항의 힘이 부족했던 것이다. 그는 이렇게 말했다. "나는 일본이 유럽에 대해 저항하지 않았던 것이 일본문화의 구조적인 성질 때문일 거라고 생각한다. 일본문화는 밖을 향해 늘 새로운 것을 기대하고 있다. 문화는 늘 서(西)에서 온다. 유교도 불교도 그렇다. 그래서 기다리고 있다. 쇄국은 선택일 뿐 거부는 없다."(다케우치 요시미a, 59)

다케우치는 주체성의 결여, 저항의 결여, 회심의 결여 등을 포괄적으로 묶어서 일본인의 심리에 존재하는 '노예성'으로 규정하였다. 그리고 이 노예근성은 본래 루쉰이 중국 사회를 향해 끊임없이 일갈했던 구태의 문화였다.

> 노예는 자신이 노예라는 의식을 거부하는 것이다. 그는 자신이 노예가
> 아니라고 생각할 때에 진정 노예다. 노예는 그 스스로가 노예의 주인이
> 되었을 때에 완전한 노예성을 발휘한다. 왜냐하면 그때 그는 주관적으
> 로는 노예가 아니기 때문이다. 루쉰은 "노예와 노예의 주인은 같다"라
> 고 말했다. "폭군치하의 신민은 폭군보다도 포악하다"라고도 했다. 또
> "주인이 되어 모든 타인을 노예로 하는 이는 주인을 갖는다면 자신이 노
> 예로 만족한다"고도 이야기했다. 노예가 노예의 주인이 되는 것은 노예
> 의 해방이 아니다. 그러나 노예의 주관에서는 그것이 해방이다. 이런 것
> 을 일본문화에 적용시켜 본다면 일본문화의 성질을 잘 알 수 있다.(다케
> 우치 요시미a, 49)

다케우치는 일본이 결여한 요소를 투사해 중국을 형상화해냈으며, 그런
중국을 거울삼아 일본의 모습을 되비춰 일본의 뒤틀린 근대를 직시하려 했
다. 다케우치의 중국 이미지는 이상화된 측면이 있지만, 그가 패전의 굴욕을
곱씹고 그 굴욕을 낳은 일본의 비틀린 근대를 향한 비판의식에 기초해 일본
인의 주체성을 재건하겠다는 의지를 갖고 있었기에 중국은 이상화될 수 있
었다.(윤여일 2014, 164)

다케우치가 조명한 전향문화와 노예성은 기실 근대 일본이 지향한 탈아
입구 류의 문화가 지니는 이중적 모순을 들춰낸 것으로 볼 수 있다. 그 이중
적 모순은 외부를 향해서는 유럽문명에 대한 전향의 태도로 내부적으로는
국체 이데올로기에 대한 무저항적 복종으로 나타난 것이다.

「근대의 초극」에서 그는 태평양전쟁 시기 일본을 휩쓸었던 이데올로기를

하나하나 되짚어보며 그 심층적인 구조를 드러내고자 했다. 전쟁이 영구전쟁론으로 귀결되고 그것을 떠받았던 '국체의 정화'가 형성된 과정에 대해 그는 이렇게 말한다.

> 대동아전쟁은 분명 이중의 구조를 띠고 있으며, 그 이중구조는 정한론(征韓論)으로부터 시작하는 근대일본의 전쟁 전통에서 유래한다. 그것은 무엇이냐면 한편으로 동아시아에서 지도권을 확보하면서 다른 한편으로는 구미를 내쫓고 세계를 제패하는 것을 목표로 삼는 것인데, 이 양자를 보완관계를 띠는 동시에 상호 모순 관계를 지닌다. 왜냐하면, 동아시아에서의 지도권을 받쳐주는 이론적 근거는 선진국 대 후진국이라는 유럽적 원리에 근거한 것에 다름 아니며, 아시아의 식민지 해방운동은 그것과 원리적으로 대립하고 있어 일본의 제국주의만을 특수한 예외로 다루지 않기 때문이다. 한편, '아시아의 맹주'임을 구미에게 승인받기 위해서는 아시아적 원리에 의거하지 않으면 안 되었지만, 일본 자신이 대 아시아정책에서는 아시아적 원리를 방기했기 때문에 연대의 기반은 현실적으로 없었다. 이쪽에서는 아시아를 저쪽에서는 구미를 시의적절하게 주장한다는 것은 어불성설이다. 그들은 긴장의 분위기를 끊지 않기 위해 전쟁을 무한히 확대시켜 해결을 뒤로 미룸으로써, 그 무모함의 실체를 모호하게 처리할 수밖에 없었다. 당연히 태평양전쟁은 '영구전쟁'이 되도록 전통에 의해 운명지어져 있었다. 그것이 '국체의 정화'였다.(다케우치 요시미b, 102)

여기서 다케우치가 말한 유럽적 원리와 아시아적 원리의 모순은 앞서 그가 제시한 노예문화가 지닌 모순의 연장적 성격을 띤다. '대동아전쟁'의 패망은 노예가 애초에 해방을 꾀하려 했으나 결국 노예의 주인이 되어버린 파국을 그린 것이다. 노예가 해방이란 명분 – 대동아 해방 –을 내 걸었으나 시간이 지나면서 본인도 노예의 근성 – 제국주의적 속성 – 에 함몰되었고, 이를 해결할 방법을 찾지 못해 결국 '영구전쟁'의 길로 돌입한 된 것이다. '국체의 정화'는 이 제반모순을 상징적으로 대변한 이데올로기였다.

다케우치가 유럽적 원리와 아시아적 원리를 분리해 사유한 방식은 적지 않은 논란의 여지를 남겼다. 그가 인식한 내셔널리즘의 시간표와 동아시아 전쟁의 시간표는 상호 모순되는 면이 적지 않다. 왜냐하면 그는 한편으론 식민지 침략의 전쟁이 지닌 죄과는 인정하면서도 전쟁이 제국주의자 간의 전쟁으로 변화한 성격에 대해서는 전면적 오류의 인정을 보류하였다. 그러나 다른 한편에선 근대 일본 이래 건강했던 내셔널리즘이 국체에 편승하고 전쟁으로 치달으면서 울트라 내셔널리즘으로 변질되어 갔다고 분석하였다.[10] 내셔널리즘이 타락해 간 근대의 여정과 제국주의 전쟁에 대한 긍정은 시간 표상으로나 논리성 면에서 상호 모순의 균열을 보인다.

그럼에도 불구하고 전후 그가 보여준 일련의 행동 속에서 우리는 그의 반성담론이 어디로 향하고 있는지 이해할 수 있다. 전후 일본에서 전개된 도쿄재판(1946-1948)과 안보투쟁(1959-1960)을 지켜보면서 그는 패망 후에도 전혀 변하지 않은 일본의 저열성을 문제 삼았다. 저열성은 주체성의 결핍이 지속되었다는 점에서 노예성으로, 국체는 해소되지 않고 여전히 마력을 발휘하게 내버려 둔 일본의 전향문화로 드러났다.

1960년 5월 19일 일본 국회가 신안보조약을 강행 체결하자, 21일 다케우치는 도쿄도립대학 교수직을 사퇴했다. 변질된 '헌법'을 거부한다는 것을 사직의 이유로 밝혔다. 그는 줄곧 일본인이 '국체'적인 사고방식에서 벗어나 진정한 의미의 민족독립을 이루는 것이 전후 일본에서 가장 중요한 과제라고 생각했다. 그는 루쉰의 형상을 빌려 표현한 '저항' 정신을 기르는 일이 유일한 출구라고 생각했다. 그는 안보투쟁의 진정한 가치는 본래 전쟁 중에 있어야 할 것들, 즉 파시즘과 전쟁 시기에 발생해야 했던 저항의 모습이 15년 뒤처져 일어났다고 생각했다.(순꺼 2007, 279)

'국체'는 일본 패망 이후에도 여전히 위력을 발휘하였다. 강상중에 따르면, 전후 '국체'는 미국이라는 초권력을 내부화하면서 동시에 정치적으로 천황을 결백하게 변신시킨 역할을 하였다. 그것은 마치 외부의 불순물을 원액으로 사용하면서 완성된 음료는 불순물이 없는 본래 일본의 것이라고 우기는 격이었다. 여기에 전후 국체의 비법이 있었다.(강상중 2004, 130) 다케우치는 전후 국체의 혼돈을 루쉰의 저항 정신으로 돌파하려 한 것이다. 그가 염원한 것은 일본인의 주체성 회복이었고 이를 위해 그는 근대 일본의 역사를 반추하여 그 미망을 들추어낸 것이다.

Ⅳ. 마치며

기나긴 전쟁의 역사 속에서 근대 일본은 군국주의의 길을 멈추지 않았고 결국 동아시아 전역을 고통에 빠뜨리는 패망의 결과를 낳았다. 전쟁 기간 일본 내에서 제기된 평화의 목소리는 그들을 깨우치기에 너무 소외되어 있었고, 패망 후 자신의 죄과를 뉘우치기엔 그들의 반성 작업은 너무도 미진했다. 필자의 물음은, 만약 그들이 전쟁 중에 우치무라 간조의 절대적 평화주의에 조금이라도 귀를 기울였다면 과연 '대동아전쟁'이란 참혹한 패망의 길로 걸어갔겠냐는 것과, 만약 전후 그들의 반성과 참회가 다케우치 요시미가 파헤친 것처럼 집요했다면 과연 오늘처럼 일본 도처에 국체의 내음이 진동하겠냐는 것으로 압축된다.

우치무라 간조는 서슬퍼런 군국주의 시대에 독립적으로 기독교 평화주의를 외쳤다는 점에서 평화주의가 지향해야 할 모범이 무엇인지를 잘 보여주었다. 그는 동시대에 태어나 같은 기독교인이자 사포로농학교 동문이었던 니토베 이나조(新渡戶稻造 1862~1933)와 결국 다른 길을 걸어갈 수밖에 없었다. 스무 살 나이에 함께 '두 개의 J'를 위한 삶을 서약했던 이들의 행보는(양현혜 2017, 62), 결국 한 사람은 절대적 평화주의를 외치며 일본이 전체주의의 패망으로 치닫는 것을 경고한 길로, 다른 한 사람은 조선 식민지화를 옹호하고 러일전쟁 정당성을 외친 침략의 길로 갈라지게 되었다.(하지연 2011) 두 사람의 상반된 삶의 역정은 우리에게 한 시대의 가치와 판단이 결국 어떤 결과를 낳게 되는가에 대해 깊은 성찰을 던져준다.

다케우치 요시미는 일본을 사랑하고 중국을 사랑하는 학자였다. 그러나 그는 루쉰에게서 문학은 관념이 아니라 행동이라는 것을 배웠고, 이를 전후 일본의 일그러진 형상을 깨뜨리는 무기로 삼았다. 그는 일본인의 이면에 숨어있는 노예근성과 우등생의식이 얼마나 가증스럽고 허망한 것인지를 깨우치고자 했다. 필자의 눈으로 볼 때, 다케우치는 사상적인 면에서 원숙한 통일을 이루었다고 말하긴 어렵다. 그가 정작 추구했던 것은 어떤 완전한 사상의 체계가 아니라, 도리어 그가 존숭했던 루쉰의 삶처럼, 모순으로 점철되었던 본인과 일본의 역사 속에서 죽음과 삶, 절망과 희망, 문학과 정치의 긴장을 일신으로 되돌려(윤여일 2014, 29), 그 속에서 반성의 사유를 도출하고자 한 것이다. 그가 외친 '노예'와 '저항'의 담론은 오늘의 일본 사회에 여전히 큰 울림을 주고 있다.

Nationalism in Eurasia:

Ethnic Purification and Interethnic Conflict in Georgia

Ⅰ. Introduction

Georgia is home to more than 10 ethnic minorities in South Caucasus, so it is called the melting pot of the people and has a long history and is divided into several sub-ethnic groups. This inevitably resulted in tensions between ethnic groups, but these conflicts have been sealed by the long rule of Russian Empire and Soviet Union. However, Georgia achieved independence from the Soviet Union in 1991 and attempted to liquidate the legacy of communism as soon as possible, and establish a centralized governance system with blatant nationalism for the establishment of a new state.

As a result, Georgia attempted a complete territorial integration policy amid the craze for nationalism along with independence, causing conflicts between minority groups. Eventually, Georgia lost a series of wars against South Ossetia in 1991-92 and 2008 and Abkhazia in 1992-93, losing effective control in the region. In addition, the war between South Ossetia and Abkhazia led to Russia's intervention, and as a result, the inter-etnic civil war changed in the form of an international war, making territorial integration difficult.[1]

Abkhazia and South Ossetia account for about 20% of Georgia's territory, and as this region is under effective control of Russia, Georgia's independence as a sovereign state has shrunk and became a decisive constraint in promoting foreign policy. In addition, Georgia has suffered greatly economically due to the loss of Abkhazia, which is a center of agriculture and tourism and has a port connecting the Black Sea.[2]

The main cause of Georgia's inability to control ethnic minorities in military, political and economic terms, causing ethnic conflict and loss of territory is due to strong nationalism that implies ethnic purification. Since the late 1980s, Georgia has put forward an identity containing ethnicity as a driving force for the construction of a new state and the complete integration of territory. Georgia, which has long been ruled by power empires, had no choice but to suppress other foreign interventions and put forward a single identity in terms of culture, language, and religion to survive as a sovereign state. However, this became the driving force behind the division between ethnic groups.[3]

Based on this background, this paper analyzes Georgia's independence and transition period in the 1990s, the birthplace of nationalism, its political implementation, and disputes with minorities caused by strong nationalism. For this purpose, the paper is structured as follows. First, it analyzes the composition of the various ethnic groups that make up Georgia and the reality and understanding of each minority. Second, it analyzes the reality of Georgia's nationalism, which was artificially created with nationality processed as a driving force for national integration, centered on political leaders. In this part, it also presents political actions for the realization of nationalism of previous governments of Georgia. Third, it analyzes the war between South Ossetia and Abkhazia triggered by Georgia's strong nationalism and the break away of minorities caused by those wars.

II. Georgia's nationalist background

1. Georgia's ethnicity

South Caucasus has been a strategic geographical location since the Roman period as a geographical location connecting Europe and Asia, and has been a strategic hub since Roman period, and the adjacent Caspian Sea has also been a very significant area with economic benefits of oil fields. Georgia, Azerbaijan and Armenia, located in South Caucasus, are small and medium-sized countries with less than 10 millions of people. However, these countries vary in race, religious composition, and cultural traditions due to frequent invasions from other ethnic groups, and topographical characteristics blocked by mountain ranges.[4]

Especially, even within the Caucasus region, Georgia has a geopolitical importance facing the Black Sea, and its ethnic composition is even more complex due to the influx of immigrants following the long-standing rule of a powerful empires.[5]

As of 2014, Georgia's population composition accounted for 86.8% of Georgian, 6.3% of Azervaijani, 2.3% of Armenian, and 2.3% of other 10 minorities (CIA World Factbook 2021). Just before the collpase of of the Soviet Union, Georgia had more ethnic minorities than it is now, however, minorities in Georgia moved to Azervaijan, Armenia, Turkey, and Russia after independence due to discrimination and economic difficulties, reducing the size of the community.

Meanwhile, reflecting the long history of Georgia, it is divided into several branches in terms of culture and language and specifically Georgian consists of three sub-ethnic groups: Kartvelians residing throughout Georgia, Mingrelians residing in the western Black Sea coast, and Svans in the northwest. Usually, Georgians refer to themselves as Kartvelians, accounting for about 75% of the total population, and Mingrelians and Svans form a small group of 10% and 1%, respectively. The three subgroups are ethnically similar and have a sense of religious unity, however, since the 8th century, different languages have been used, and subtle emotional and economic gaps have existed between the three groups. Therefore, in the early 1990s, Georgian government deliberately emphasized ethnic purification as an ideology for the construction of a new state and urged national unity.[6]

⟨Figure 1⟩ Georgia's Ethnic Composition (1989 and 2014)

Ethnic Groups	1989		2014	
	population	population share (%)	population	population share (%)
Georgian	3,787,393	70.1	3,224,564	86.8
Azerbaijani	307,556	5.7	233,024	6.3
Armenian	437,211	8.1	168,102	4.5
Russian	341,172	6.3	26,453	0.7
Ossetian	164,055	3.0	14,385	0.4
Yazidis	–	–	12,174	0.3
Kurdish	–	–	1,596	0.0
Ukrainian	52,443	1.0	6,034	0.2
Greek	100,324	1.9	5,544	0.2
Assyians	6,206	0.1	2,377	0.1
Jews	24,795	0.5	1,405	0.0
Abkhazian	95,853	1.8	864	0.0
etc.	50,502	0.9	17,282	0.5

Source: European Parliament, Minorities in the South Caucasus: New visibility amid old frustrations, In-Depth Analysis, 2014, p. 16; CIA World Factbook, Georgia People and Society, 2022.

Georgia can be categorized into four major ethnic groups depending on the population size, their central residential areas, and their relationship with Georgian government.

First, Abkhazian and Ossetian reside intensively in specific areas, and historically have a deep antipathy toward Georgia. These ethnic groups are minority groups that have deviated from the central government to adhere to language and cultural identity and are the epicenter of Georgia's national dispute. Abkhazia and South Ossetia, where these ethnic groups live intensively, have been under the influence of Russia since the 1990s. In addition, political dialogue and personal exchanges with Georgia have been cut off for over 30 years.[7]

Second, Ajarian, who is culturally and culturally heterogeneous with Georgian, adheres to autonomy at a distance from the central government for economic understanding rather than uncertain political independence.[8]

Third, Azervaijani and Armenian, who formed the largest minority group in Georgia, have historically been fused with Georgia for a long time and have partially included into Georgian society. And Azervaijan and Armenia, which are adjacent to the border with Georgia, have maintained cooperative relations in various fields since its independence in 1991. Therefore, there are few drivers to stimulate national problems.

Fourth, Russian, Ukrainian, Jews, Yazids, and Greec are scattered throughout Georgia and are emotionally and socially assimilated with Georgia through its history.

2. Interests of ethnic minorities in Georgia

The origin and identity of the Abkhazian, which has a long history with Georgia, is controversial among scholars. Abkhazian distinguishes themselves from Georgian, claiming to be descendants of the North Caucasus native Circassians. On the other hand, Georgia historically understands the relationship with Abkhazia as a concept of a group of subethnicity. Abkhazian used its original language existed in an independent Christian kingdom until the Middle Ages, however, most of the Abhazians converted to Islam under Turkish rule after the 16th century. Later in the 19th century, Abkhazian was absorbed by Russian Empire, and some of them migrated to Turkey and Middle East.[9]

Ossetian is also a descendant of Alans, an Indo-European family that settled in the Caucasus region from the 6th century, and their residence expanded to the current South Ossetia region in the 18th century. Ossetian is divided into north and south by the border of Caucasus Mountains, and North Ossetian is included in Russia, mostly Muslims. On the other hand, South Osetian, located within Georgia's territory, is a Christian (Waal 2020, 201). Meanwhile, Georgia's view of Abkhazia and South Ossetia is quite different. Georgia recognizes Abkhazia as a sub-ethnic with its own history, but South Ossetia with a more exclusive view as they belatedly migrated to Georgia's territory.[10]

As of 2014, Abkhazia had a population of about 250,000 and South Ossetia had a population of about 70,000, with both regions continuing to decline due to poor economic conditions. Abkhazia is home to several ethnic groups, including Russians and Armenians, and Georgia is still home to about 30,000 people, mainly in the South Gali District. On the other hand, South Ossetia consists mostly of Ossetians due to the large number of Georgians leaving, and has a larger population decline than Abkhazia due to poor economy and security.[11]

Abkhazia and South Ossetia declared independence with the support of Russia, but the international community, including the USA and the European Union (EU), regards this region as Georgia's territory. Therefore, except for Russia, only four countries of Venezuela, Nicaraga, Syria and

Naur officially recognize this region as independent countries[12]

Abkhazia has limited human resources and other resources to operate the state on its own, so its core functions such as economy, external relations, and military are highly dependent on Russia. The situation in South Ossetia is even worse. About 30,000 South Ossetians moved to Russia due to the Russia–Georgia war in 2008, making it difficult for the autonomous state to operate independently and it can be said that it belongs to Russia de facto.[13]

Meanwhile, Azaria Region of the Western Black Sea Coast was transferred by Russian Empire from Turkey and Russia has developed Batumi, the capital of the region, as a port city since the 19th century. Batumi has developed into the third largest city in the Caucasus region and Azaria, where Batumi is located, has become a key region of Georgia's economy. In addition, the Soviet Union, which occupied Georgia in 1922, granted Azaria an Autonomous Republic status and separated it from Georgia, however, during the time of communism, Georgian government considered Ajarian as a group of Georgian ethnic groups, and unlike Abkhazia and South Ossetia, it did not form a particular confrontation.[14]

Later in 1991, when Georgia became independent from Russia, Azaria chose to remain Georgia and then of course, Ajaria has also been in conflict with the central government since the early 1990s. Accordingly, in the 2000s, President Mikheil Saakashvili expanded its autonomy to Azaria and has been wary of departure from the central government and the reason why Georgian Government moved the Constitutional Court in the capital Tbilisi to Batumi was due to this strengthening of control.[15]

Despite the existence of tensions between Ajaria and Georgian government, Ajaria's choice to relocate to Georgia is due to two factors. First, despite religious heterogeneity, it is based on ethnic bonds and economic understanding. During the 16th century, many of the Turkey reigns of Ajarian to Islam. However, they support Georgia's territorial integration and think they are a group of ethnic groups that make up Georgia. Second, Azaria chose a rational plan to enjoy autonomy within Georgia and protect its vested interests in terms of industry and tourism rather than the uncertain political option of independence.[16]

It is noteworthy that Georgia's national dispute that continued from the early 1990s did not cause serious conflicts with Azervaijani and Armenian, the largest minorities. Along with independence in 1991, Georgia denied identity and coercive rule over Azervaijani and Armenian, the largest ethnic minorities in the state. In short, Georgian government blocked Azervaijani and Armenian's native language education by allowing only Georgian language to be used in public education system. In addition, Georgian government controlled the entry of these peoples into government agencies and education circles.[17]

Even in this situation, there was no military conflicts between Georgian, Azervaijani and Armenian, and this can be interpreted as two factors. First, Georgian, Azerbaijani and Armenian all share a common history of being occupied by the Russian Empire and the Soviet Union, and the Azerbaijanl and Armenian were more effectively integrated into Georgian society than other minorities. Second, while Georgia was at war with South Ossetia and

Abkhazia, Azerbaijan and Armenia also waged war over Nagorno-Karabakh, so this conflict between Azerbaijan and Armenia offset the dissatisfaction with the Georgian government (MacFarlane 1996. 15). In particular, Azerbaijani in Georgia lived in Georgia for hundreds of years and married Georgians, so most of them shared the identity and it did not seriously trigger the cause of ethnic conflict.[18]

III. Drivers and implementation of nationalism in Georgia

1. Drivers of nationalism: processed nationality

Georgia's ethnic dispute is due to several factors. immanently, it is a strong nationalism created by the hostility between ethnic groups caused by religious, linguistic, and cultural heterogeneity and historical experiences and the resulting reaction. And externally, it is the legacy of Soviet Union's 'divide and rule'. In addition, expansionism according to Russia's geopolitical understanding is inherent here. These factors influenced the communism period from the early 20th century and the independence and transition period after the 1990s to different degrees. And driving force behind the independence and transition period national dispute in the early 1990s is due to the nationalism that was put forward as the driving force for the construction of a new state.[19]

The system change presupposes an institutional structure including a government composition and rule of law that contains legitimate procedures and contents established with the consent of the majority. In many Eastern European countries that experienced transition period in the early 1990s, people found the driving force for new national construction in the identity of the people who are our citizens and who share homogeneity with us. In some cases, national identity developed as an aspect of inclusion and exclusion of citizens within the border. As a result, the excluded minorities lacked representation and were also regarded as a threat to nationality.[20]

In this way, the existence of ethnic groups with heterogeneous cultures and languages within the border can threaten the identity of the nation-state, the biggest driving force of the system change. Conversely, strong nationalist may emphasize the national identity and present a vision for the future. In this case, from the perspective of minorities, they faced two choices which are assimilation and break away, and in the latter case, military actions were also taken to secure independence and autonomy. In Georgia, this pattern was cleary presented in the 1989-94 independence and transition period.

Georgia was the state with the most prevalent anti-Soviet Union sentiment among the three Caucasus countries during the communism period and Georgia declared independence in April 1991 for the second time after Lituania within the Soviet Union when control of the Soviet Union alleviated. In the early 1990s, political leaders of Eastern European countries accepted Western European democratic and rule of law and carried out reforms. Georgia, on the other hand, put forward strong nationalism to liquidate the communism ideology and build a new state. This direction is due to two situations.[21]

First, in Georgia, when the system of the Soviet Union was alleviated, a large-scale demonstration called for independence took place in April 1989. However, the strong suppression of force by the Soviet Union caused about 20 casualties and stimulated by this, a strong nationalist sentiment was formed in Georgian political community instead of the procedural democracy of democratic procedures and civic support. At that time, political leaders sought centralization with explicit nationalism for rapid state construction in response to the people's aspirations. In this process, the autonomy and human rights of minorities were not a major consideration.[22]

Second, Georgia became independent in April 1991, and in December of the same year, an militarily armed organization called the National Guard and Mkhedrioni united to form a coup and fought a civil war for four years. Taking advantage of this confusion, the break away from Georgia in Abkhazia and South Ossetia accelerated, leading to military clashes between the two sides. To address this confusion, not only the first President Zviad Gamsakhurdia, but also his successor, President Eduard Shevardnadze, put forward strong nationalism. And post-independence political turmoil was a common situation in the Caucasus three countries. Also, nationalist parties took power in Azervaijan and Armenia and similar to Georgia, there was a military conflict.[23]

Like this, in the process of independence and transition period, nationalism in Georgia became the only ideology to overcome confusion and unite the people inside and it has become a means of national mobilization in a new political environment.

Therefore, the birth of nationalism in Georgia was artificially created for political purposes, and the personal beliefs and prejudices of the first President Zviad Gamsakhurdia were deeply embedded in it. Gamsakhurdia advocated ethnic purification and restoration of Georgian Orthodoxy, and other ethnic groups other than Georgian were regarded as strangers who came to Georgia belatedly and were loyal to the Russian Empire and the Soviet Union. In addition, he emphasized that although the universal human rights and right to self-determination of minorities are guaranteed in Georgia, which will be newly built, Georgian must thoroughly lead for ethnic purification, and Georgian Orthodoxy is the only faith that contains Georgian identity. As a result, Georgian Orthodoxy became the driving force that unites Georgian and a frame of reference that distinguishes them from other ethnic groups.[24]

Meanwhile, during the independence and transition period, Georgian politicians including Gamsakhurdia advocated nationalism as a driving force for national construction due to social and political distortions caused by dissonance of perception. This mismatch in perception and political distortions originates from not only inter-ethnic hostility caused by unfortunate historical experiences, but also economic devastation and anti-Russia sentiments.

By the end of the 1980s, Georgia had a more diversified industrial structure compared to other republics of the Soviet Union, and especially heavy industry, agriculture and tourism were highly developed. However, the collapse of communism temporarily paralyzed Georgia's economy, and the dissolution of the Soviet Union destroyed the value chain within the industry, destroying the heavy industry base in a short time. The tourism industry, which had the most competitiveness, had 1.5 million industrial workers and more than 1 million tourists every year. As a result, Georgia's average annual GDP decreased by 26.9% during 1990-95, and the collapse of communism and economic difficulties in the process of building a new state affected the ideology of the political elite and caused political distortion.[25]

Also, Georgia's nationalism in the early 1990s also stems from deep-rooted anti-Russia sentiments. Georgian politicians believed that the root cause of ethnic conflict was the division between ethnic groups according to the Soviet Union's divide and rule strategy. The Soviet Union, which occupied Georgia in 1921, separated Abkhazia from Georgia by granting it the Autonomous Republic and South Ossetia a sub-regional Autonomous Oblast status. This divide and rule was a strategy that grants the status of a republic or autonomy to several ethnic groups, blocks horizontal solidarity between ethnic groups and directly controls them in Moscow.[26]

Furthermore, the Soviet Union deliberately sought unequal territorial division in order to plot racial divisions. In the 1920s, Abkhazians in Georgia accounted for only 2.1% and South Ossetians 4.2%, but the Soviet Union allocated 18% of Georgia's territory to both republics and autonomous states, weakening Georgia's political position.[27]

Russia also inherited this divide and rule strategy of the Soviet Union.

In the early 1990s, Russia induced tension by claiming to be the guardian of minorities as a means of pressure against Georgia, which took an anti-Russia position in South Caucasus. Thus, from Georgia's point of view, Abkhazia and South Ossetia were merely victims of Russia's geopolitical strategy that advocated the survival of the nation. Russia's intention was to block Georgia's territorial integration and return disputed areas to Russia's territory and Georgia politicians used the anti-Russia sentiment to elicit sympathy from the public and accelerate nationalism in Georgia.

2. The political realization of nationalism

Nationalism pursued by Georgian political leaders since the 1990s can be divided into two characteristics. First is the exclusive view of ethnic purification of Gamsakhurdia, who was the first president of Georgia, became a direct driver of ethnic conflict in Georgia, and the vigorous nationalism of president Eduard Shevardnadze. And second is the alleviated route pursued by president Mikheil Saakashvil and the Georgian Dream coalition during the civil revolution and the establishment of democracy. Especially, president Saakashvil and Georgian Dream rectified the evils of Gamsakhurdia's vigorous nationalism and sought a more realistic solution.

The biggest motivation of the national dispute that developed after independence from Russia in 1991 was the intention of political leaders who advocated nationalism as a driving force for the construction of a new state. In addition, the extreme separatist movement of Abkhazia and South Ossetia in response to Georgia nationalism also contributed to this. Since the late 1980s, communist party and nationalists have judged that the biggest threat to the construction of a new state is the demand for autonomy of minorities and based on this idea, Supreme Soviet of Georgia enacted Language Law in August 1989, prior to independence, and adopted Georgian Language as its official language, denying the identity of minorities.[28]

Georgia's political leaders, independent of the Soviet Union in 1991, rejected artificial multi-ethnic policies for national division taken during the era of communism and they used nationalism based on national roots as a driving force for new construction of the state. Gamsakhurdia was an extreme nationalist advocating the complete integration of Georgia's territory and This political line of Gamsakhurdia has been described as nationalism, populist politics, and fanatical religious beliefs.[29]

Especially, Gamsakhurdia took a coercive territorial integration policy, excluding the rights of Abkhazian with pro-Russian orientation and South Ossetian among various minorities in the state. Gamsakhurdia also identified minorities in Georgia as potential fifth column that could undermine the freedom of newly established countries.[30]

And treated Abkhazian and South Osetian migrants who settled in Georgia by the Soviet Union so-called Kremlin agents and ignored their autonomy. In particular, he expressed greater hostility against South Ossetia, citing the fact that they supported the Soviet Union's re-occupation of Georgia in 1921. Gamsakhurdia also had doubts about Armenian and Azervaijani and maintained strict control over Kvemo-Kartli and Samtskhe-

Javakheti, where many of these reside.[31]

However, the nationalist line of Gamsakhurdia did not apply in Abkhazia for practical reasons. He devised a strategy of distributing power with the local people to rule jointly in Abkhazia and continued to engage in dialogue with Abkhazia. The intention of Gamsakhurdia was to preserve Abkhazia's economic understanding as a center of agriculture and tourism industry and in reality, it was difficult for him to reject Abkhazian, who was rooted in the local industry.[32]

Shevardnadze, the second president of Georgia, was thoroughgoing pro-American and pro-European. He signed the UN's International Cooperative on Civil and Political Rights and came up with a proposal to improve the human rights of minorities, but his actions were only formal measures to join the Council of Europe. Shevardnadze was also a strong nationalist similar to his predecessor, attempting to integrate Abkhazia, causing armed conflict.[33]

President Saakashvil, who took power from a rose revolution in 2004, was a young elite educated in the West, unlike his predecessors. Accordingly, he took a more explicit pro-American and pro-European line than its predecessor Shevardnadze and carried out a series of constitutional amendments to join the EU and North Atlantic Treaty Organization (NATO), specifying the preservation of traditional culture and social rights of minorities. He also created programs such as assigning minority talent to higher education institutions, but his purpose was limited to establish a justification for the recapture of South Ossetia, not to focus on the autonomy and human rights of minorities.[34]

Later, in 2013, when the period of democratic settlement began, the Georgian Dream with a coalition among six political parties formed the government of Georgia. What is noteworthy here is that the Georgian Dream was a government formed through democratic elections, unlike the government change of previous post-independence turmoil period and following rose revolution. Therefore, Georgian Dream was expected to take a transformative policy on minority issues against the backdrop of democratic legitimacy and president Giorgi Margvelashvili, who led the coalition, enacted an anti-discrimination law in 2014 and took policy measures for the rights of minorities as an institutional reform to join the EU.[35]

The reform of Giorgi Margvelashvili can be said to be the beginning of a transitional institutional change to solve the problem of Abkhazia and South Ossetia. However, the important fact is that since 2008, the national problem in Georgia has changed from confrontation between ethnic groups in one state to international disputes following Russia's geopolitical understanding. In this reality, Giorgi Margvelashvili's belated policy shift did not produce much results as he originally intended.

IV. Consequences of Georgia Nationalism: Ethnic Confrontation

1. War with South Ossetia and Abkhazia

In the early 1990s, the restoration of ethnic purification and Georgian Orthodoxy by Gamsakhurdia received absolute support from the people of independence and transition period. However, Gamsakhurdia's unconditional faith became the driving force behind the distinction and exclusion of Georgians and other minorities, bringing about fierce resistance from minorities.[36]

In particular, South Ossetia and Abkhazia had a fear that Georgia's strong nationalism would eliminate their community, language, and culture. In these regions, coexistence with Georgians was considered a zero-sum game, and all compromises and concessions were rejected. Furthermore, Abkhazia and South Ossetia put forward the fact that they are differentiated from Georgia and territories, institutions, and symbols based on the Soviet federalism promoted by the Soviet Union during the communism period.[37]

Abkhazia and South Ossetia had different drivers of war against Georgia. Abkhazia is the richest economically within Georgia and Georgians and Abkhazians constantly confronted in Nationalism in Eurasia : Ethnic Purification and Interethnic Conflict in this region over economic leadership in agriculture and tourism during the communism period. As communism control loosened in the late 1980s, Georgia's central government intervened in Abkhazia's economic control, causing a confrontation between the two ethnic groups.[38]

Meanwhile, South Ossetia considered Georgia's nationalist line as 'Georgia for the Georgians' and recognized it as a declaration of war against minorities. South Ossetia recalled Georgia's history of conflict following its strong nationalism in the early 20th century, and was convinced that Georgia's independence again led to alienation and discrimination of its own people. Eventually, South Ossetia chose military conflict with Georgia to maintain its own language and religion.

Since 1989, as the control of the Soviet Union has weakned, South Ossetia has declared a merger with North Ossetia, but Georgia Supreme Soviet has rejected it. Two months after Georgia declared independence in March 1991, the presidential election was held in May, and the nationalist Gamsakhurdia was elected as the president with overwhelming support of 86.5%. Following Georgia's independence, South Ossetia and Abkhazia shared a sense of crisis and decided to belong to the Russian Federation through solidarity between the two sides.[39]

Furthermore, when the hope of autonomy and independence through peaceful measures failed, the two sides decided to become independent through force in connection with Russia. In January 1991, thousands of Georgia troops entered Tskhinvali, the capital of South Ossetia, and a war between the two sides began. The war between Georgia and South Ossetia, which unfolded for more than a year until 1992, resulted in 700-1,000 casualties. In addition, 230,000-250,000 Georgians who lived in South Ossetia fled to Georgia, and 80,000-85,000 Ossetians also moved to North Ossetia.[40]

In the aftermath, Gamsakhurdia, who advocated strong nationalism, was ousted from political opponents, and in May 1992, Shevardnadze took office as president. Since taking office, Shevardnadze has ended the war by accepting Russia-led Sochi Accord to end the war against South Ossetia. Through this agreement, the peace-keeping forces of Russia, Georgia and South Ossetia co-resided in the region, and Georgia de facto lost jurisdiction over South Ossetia. In addition, through the war, the economic base of South Ossetia completely collapsed, and the capital city of Tskhinvali became so anarchy that it became a hotbed for organized crime and drug trafficking in Caucasus.[41]

Meanwhile, until the early 1990s, Abkhazian and Georgian had mutual hostilities, but within Abkhazia Supreme Soviet, they agreed to form a committee and continued negotiation to coexist. However, stimulated by Georgia's independence in 1991, Abkhazian Supreme Soviet also declared independence from Georgia in July 1992 and in November of the same year, Abkhazia formed the Confederation of Mountains People in solidarity with neighboring peoples, including Chechens, to prepare for armed response. Of course, Georgian government did not acknowledge Abkhazia's actions and initiated the battle between the two sides.[42]

Georgia has historically been more deeply hostile to Abkhazia than to South Ossetia, so it has maintained a strong stance against Abkhazia without any concessions. As a result, the war against Abkhazia was more intense than that of South Ossetia, and the damage of the war was widespread especially in terms of economy. The war caused about 300,000 war refugees, of which about 200,000 Georgians were deported. As a result, Abkhazia, the richest region in Georgia as the center of agriculture and tourism until the 1980s, rapidly declined in population. And Abkhazia's agricultural base collapsed and the tourism industry infrastructure was destroyed, so the industrial base could not be restored afterwards.[43]

Abkhazia also had different aspects of war with South Ossetia. The war between Georgia and South Ossetia was a conflict between forces, including militias between the two sides. On the other hand, Abkhazia fought against Georgia in association with the surrounding Caucasus peoples, and the Russian army also explicitly supported Abkhazia and evolved into an international war. With this external support, Abkhazia, which only accounts for only 17% of the population, pressured Georgia forces to put about half of Abkhazia under control. Eventually, Georgia, which is militarily inferior, accepted Russia's arbitration in May 1993, and signed a previous agreement with Abkhazia.[44]

Abkhazia was guaranteed the power to belong to or gain independence as an autonomous republic of the Russian Federation under the military, political and economic support of Russia. Accordingly, Abkhazia declared independence in 1999. Since then, Georgia and Abkhazia have continued to have a 'with no war and no peace' state.

2. Internationalization of ethnic conflict

In the wake of the 2008 Russia-Georgia War, Georgia's ethnic conflict turned from an inevitable conflict between hostility and ethnic survival within a state to an international conflict involving Russia's geopolitical interests and this dramatic transition is based on Russia's understanding and the political purpose of President Vladimir Putin to restrain the break away of the state that were part of Soviet Union even by using military force.[45]

The 2008 Russia-Georgia War was Russia's retaliation against Georgia's blatant pro-American policy and the prevailing view on the Russia-Georgia War is that Russia used Georgia's national dispute to build its position location in South Caucasus.

In August 2008, South Ossetia separatists violated the Peace Agreement and attacked the Georgian village and Georgia occupied Tskhinvali, the capital of South Ossetia, for reasons of protection of its citizens. However, Georgia's military action caused Russia's intervention, resulting in the Russian-Georgia War called Five-Day War. The Russia-Georgia War was the first war to take place in Europe in the 21st century, and it has another characteristic of inter-ethnic conflict in the early 1990s.

At that time, Russia attacked Georgia for protection of its citizens, citing the fact that most residents of Abkhazia and South Ossetia had Russian passports. In addition, as even Abkhazia joined Russia's side in the war, Georgia's national problem took on an international aspect to the extent that the war ended with the arbitration of the French president Nicholas Sarkozy at the time.[46]

In 2008, Georgia fought a war with Russia and cut diplomatic relations, and enacted Lawon Occupied Territories in the same year to prohibit economic transactions and personal exchanges with South Ossetia and Abkhazia. Meanwhile, Abkhazia and South Ossetia left Georgia as they intended, but in return, they were completely isolated politically and economically from the international community. And as a result, both regions were forced to rely entirely on Russia's financial support.[47]

However, due to sanctions against Russia in the international community following the Crimea invasion in 2014, the purchasing power of both regions was greatly reduced due to the depreciation of Russian ruble. Under these circumstances, Abkhazia and South Osetia pay high prices for most industrial products and import them from Russia, increasing economic difficulties. Therefore, these regions desperately need to diversify their imports and attract investment, however, Georgia is actually taking advantage of this economic situation by implementing a permit system for trade and investment with Abkhazia and South Ossetia through Lawon Occupied Territories enacted in 2008. Georgia has designated Abkhazia as its authority and South Ossetia as its administrative district as the Tskinvali Region, which is recognized as its territory in the international community. Therefore, this economic blockade strategy of the Georgia government is partly effective.[48]

Both South Ossetia and Abkhazia are under the influence of Russia, but the relationship patterns with Russia are different. Since 2008, South Ossetia has taken the form of authority by introducing Russia's legislation. However, South Ossetia intends to return to Russia or to an autonomous republic due to its small population and poor economic conditions and accordingly, South Ossetia requested integration into the Russian Federation in 2006, before the Russo-Georgia War, but Russia did not accept this proposal. Instead, Russia signed an agreement with South Ossetia in 2015 with a symbolic relationship of 'alliance and integration'.[49]

In this way, Russia supports South Ossetia but is wary of absorption and integration in accordance with its strategy to block the evolution of ethnic and religious disputes with Chechnya and North Ossetia in its territory. Therefore, Russia is taking a strategy to restrain the integration of the Ossetia people by placing South Ossetia as an ambiguous legal position as it is now.

On the other hand, Abkhazia is pursuing a state system with complete independence that refuses to recognize the land ownership of its citizens requested by Russia. With Abkhazia's intention, Russia formulated the 'alliance and strategic partnership' relationship in 2014 instead of complete integration with Abkhazia (Cotter 1999, 6-8). Abkhazia has a relatively larger population than South Ossetia and is competitive in tourism and agriculture. In addition, Abkhazia has a port connecting the Black Sea and Caucasus, so there is much room for future economic development. Therefore, Abkhazia is seeking self-sufficiency as an independent state while maintaining a close relationship rather than attribution to Russia.

V. Conclusion

All social groups share a common independent history and culture within exclusive geographic boundaries and these social groups enjoy their rights as citizens through solidarity and a single economic system. Nationalism is an ideology and idea to maintain the survival of these people, and nationalists understand this as 'military and cultural'. When viewed from this point of view, Georgia has been a state where artificial nationalism for military and cultural security has become explicit since the 1990s.

Georgia's strong nationalism brought about disputes with South Ossetia and Abkhazia and it caused irreversible damage, losing about 20% of its territory. Abkhazia and South Ossetia completely attribute the cause of the dispute to Georgia in that they resisted Georgia in terms of the right to live. Even after the war, South Ossetia and Abkhazia refused to talk and negotiate with Georgia, claiming its exclusive nationalism. As a result, there have been no military conflicts or wars between Georgia and these ethnic groups, but the so-called "frozen conforms" with no peace.[50]

In Georgia, although various governments have continuously taken measures to alleviate nationalism, ethnic-centered political and economic system is still maintained, and attribute the division of the state to armed intervention of Russia based on its geopolitical interests. Despite the government's successive minority policies since the president Saakashvil, there are still several institutional barriers and economic and social gaps between Georgia and ethnic minorities. In short, Georgia's government still prohibits the establishment of regional-based political parties due to concerns over regional division plans and as a result, Armenian and Azerbaijani each have only three seats in the 150 seats of Georgian Parliament, which is weak in political representation of these people.[51]

In this situation, Abkhazia and South Ossetia completely deviated from Georgia after losing the 2008 Russia-Georgia War, but Georgia has no military or diplomatic ability to take these territories back. Today, Georgian government's biggest issue is the complete integration of its territory, but there is no realistic measures to realize its goals on its own. And georgian government has no choice but to appeal in the international community that the Abkhazia and South Ossetia issues are Russia's armed occupation of its territory.[52]

Therefore, Georgia has no choice but to suppress direct confrontation with Russia with strategic patience, and rely on territorial recovery through negotiations and compromises. Georgia has taken institutional reforms that reflect the interests of minorities beyond nationalism for these policies. And since the late 2010s, Georgian government has not explicitly insisted on territorial integration unlike before, but has focused on cooperation with minorities, mainly NGOs and social organizations, to heal the wounds caused by the war. However, Abkhazia and South Ossetia view the Georgia government's conciliatory measures as merely a change in the method from military action to soft power measures and assume that there are doubts that Georgia's intended goals have not changed in these regions.[53] (Clogget. al. 2020, 17).

In this situation, Georgia's resolution of national problems has become more and more distant as Russia's intervention has evolved into an international aspect of national conflict.

Archaeological Investigations in Colonial Vietnam:
Focusing on Janse's "Archaeological Research in Indochina"

I. Introduction

This paper is a historical study on the materials of the Archaeological Research in Indo-china, which was conducted by a Swedish archaeologist, Olov R. T. Jansé (1895-1985), 1930s in French Indochina period in Viet Nam (commonly known as the Olov Janse Collection). This paper will first discuss the historical perspectives on Vietnamese dynasties and the characteristics of Oriental studies in French Indochina, and then discuss the relationship between archaeology in Europe and Sweden and Oriental archaeology in French Indochina along the research history of a Swedish archaeologist Olov Janse. Then, I will discuss the historical and social changes surrounding Janse's "Archaeological Research in Indochina" and Janse's materials (collections) from the French Indochina period to the post-World War II period.

II. The Worldview of Vietnamese Dynasties and Oriental Studies in French Indochina

The practice of Vietnamese dynasties was to historicize the legitimacy of each dynasty through compilation of "authentic histories" and creating a narrative for the foundation of the dynastic system. This historical model was linked to Confucian thought, the "classical norm" of the dynastic system, and to political practices.

From the perspective of Vietnam's last dynasty, the Nguyen dynasty (阮朝 1802-1945), the central historical text was the "Complete Annals of Dai Viet (Dai Viet Su Ky Toan Thu/ 大越史記全書)" was originally compiled by the royal historian Ngo Si Lian (吳士連) and was finished in 1479. It was based on principal historical sources the "Dai Viet Su Ky (大越史記)" compiled in 1271 by Le Van Huu (黎文休) of the Tran dynasty (陳

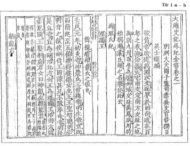

〈Figure 1〉 大越史紀全書 外紀卷一 鴻厖紀
(Le Van Huu, Phan Phu Tien, Ngo Shi Lien
(1271-1697), Dai Viet Su Ky Toan Thu)

朝 1225-1414). In particular, many parts of the ancient history were compiled based on Chinese literature, including historical articles that predate the legitimate dynasties linked to the Nguyen Dynasty, i.e., those written in the "Outer Chronicle (外紀)" and the period of subjugation to the Chinese dynasty from 111 B.C. to 938 A.D. ("Bac thuoc"/ 北屬). On the other hand, the "Hong Ban Chronicle (鴻厖紀)" which appears at the beginning of the book, incorporates new mythological and legendary elements from the mythological collection "Viet Dien U Linh Tap (越甸幽靈集)" (compiled in 1329), and there are certainly historical interpretations that differ from the Chinese authentic history.

The worldview held by Vietnam under the Nguyen dynasty was one that positioned itself as the "Central Kingdom" ("China / 中華") or the center of the world, as well as understanding the reality of the state that ruled the Central Plains as a political entity (the Qing dynasty). Not only were Chinese institutions introduced by the Nguyen dynasty in its governance policies, but also a "Chinese" worldview as an idea (t"he Chinese model"). This was the basis of Vietnam's national identity and also formed the "classical norm" in traditional historiography (cf. "Vietnam and the Chinese Model" by Alexander Woodside 1971).

In contrast, the Oriental studies that emerged in Vietnam during the French Indochina period, as a "new classical norm" with the lineage of the modern academy in 19th century France, represented the Vietnamese "Chinese model" that supported real political practice while accompanying the Western mode of thinking (Orientalism) that segmented the "others" to be dominated and enlightened by civilization. The "Chinese model" was replaced by the "Chinese model" as a representation. It also methodologically defined the historical interpretation of the "oriental archaeology" of art historicism that was formed from the accumulation of collections.

Among the French missionaries, merchants, naval officers, and diplomats who visited before and after the colonization of Indochina, there were many so-called "non-professional" Orientalists who became the bearers of academic interest in the early years. For example, Garnier, the naval captain who occupied Hanoi, was also famous as an explorer who explored the ruins of Angkor, and Rivière, who captured Hanoi Castle, was also known as a literary scholar in Paris who excavated and collected archaeological artifacts in northern Vietnam. The local information and collections of antiques and artifacts brought back by these men, who were educated in the Enlightenment and scientism of modern Europe, stimulated Orientalism in 19th century France.

It is said that the beginning of academic research by the French Academy was the research of the Pavie Mission (1879-1895). The mission, headed by August Pavie, conducted human geographic surveys of the Mekong River basin, and served as a springboard for the establishment of a permanent academic research institute in French Indochina. In 1898, the Mission Archéologique d'Indochina was established in Saigon, where the Governor-General's office was located, and was headed by Louis Finot (1898-1904), an authority in the field of epigraphy. In March 1900, the Governor General of Indochina, Paul Dumer, promulgated the "Law on Historical and Artistic

Antiquities of Indochina".

Prior to this, in January 1900, the Ecole Française d'Extrême-Orient (EFEO: French Institute of the Far East) was founded, taking over the Saigon survey mission. The first director of the institute was Louis Finot, the leader of the Indochina archaeological expedition, and the researchers of the institute were selected from the Academy of Humanities in Paris (mainly graduates of the School of Oriental Languages), thus establishing a base for Oriental studies in the "Far East" with a close network centered on France.

Under the historical circumstances described above, the "Archaeological Research in Indochina" conducted by a Swedish archaeologist Olov Janse in the 1930s can be evaluated as the first time that "Far Eastern archaeology", based on methods and ideas different from those of Oriental studies, was practiced in Vietnam during the French Indochina period. The background and characteristics of this project will be discussed in the next section.

III. Olov Janse and Oriental studies/archaeology in Europe

Janse was born in 1892 in the small Swedish city of Norrkoping. He began archaeological research in Sweden in 1912 (at the age of 17) and had experience in excavating the Paleolithic site of La Quina and other Greek and Roman sites.

He graduated from the Royal Swedish University of Uppsala in 1916, and received a master's degree from the same university in 1920 and a doctorate

from Uppsala University in 1922.
In the meantime, he moved to
France and worked as an assistant
researcher in the Department of
Comparative Archaeology at the
Musée des Antiquites Nationales,
Saint Germain en Laye (now the
Musée National d'Archaeologie, Paris),

⟨Figure 2⟩ Olov Janse (Janse 1959)

where he was mainly in charge of exhibiting archaeological materials from
the Scandinavian Peninsula until 1930. In 1928 he joined the French
Academy of Social Sciences. In 1928, he was elected to the Charge de Cours
of the Ecole Pratique des Hautes Etudes, Sorbonne, which is part of the
French Academy, where he remained until 1936.

Janse, who had originally specialized in European archaeology, gradually
developed an interest in Oriental studies because of the development of
"Oriental archaeology" brought about by the accumulation of Oriental
collections in Europe and the unique environment of northern Europe
regarding "archaeology". One of the central institutions of Oriental studies
and Oriental archaeology in 19th century Europe, including Sweden, was
certainly the French Academy of Humanities. But the Swedish effort was
not slow. Even before the China Research Commission, Sweden was noted
for its academic expeditions to Asia, such as Hedin's, and produced such
prominent scholars as the geologist J. G. Anderson and the Chinese linguist
and historian B. Karlgren.

Crown Prince Gustavus Adolphus was very interested in the "Orient" and was the head of the Stockholm China Research Committee, which was organized on September 15, 1919 to collect archaeological materials, and provided financial support for archaeological activities. The aforementioned Anderson was also the secretary of this committee, and through his collecting activities in China, Mongolia, Tibet, and Indochina, he brought to Sweden a vast Oriental collection. The collection includes items purchased during his stay in Beijing, materials donated by Luo Zhengyu (羅振玉), a well-known antiquities collector, the collection of O. Karlbeck, a Swedish antiquities collector living in China, and items donated by Japan to the Crown Prince.

Based on this collection, the Museum of Far Eastern Antiquities (Östasiatiska Museet) was established as a permanent research institution in 1926 in a partly renovated building of a commercial college in Stockholm. Anderson was appointed as the first director of the museum, and it began to play a central role as an institution for the study of "oriental archaeology" in northern Europe in the first half of the 20th century, publishing a research bulletin (BMFEA) from 1929 (Anderson 1929).

By the first half of the nineteenth century, art-historicist "archaeology" (also known as classical archaeology or antiquarianism), with its emphasis on ancient art, classical architecture, and textual materials, had gained legitimacy in Europe through the accumulation of Greek and Roman art and antiquities of the classical period, which flourished under the influence of the humanistic revival. In addition to this trend, in the early 19th century, J. Ch. Thomsen

(1788-1865) of Denmark proposed the "Three Periods System" in order to give a certain discipline to museum collections, and in France, excavations influenced by geology and stratigraphy were carried out. By the second half of the 19th century, the "norms" of natural scientific and anthropological "archaeology" (also known as prehistoric archaeology or prehistory), which focused on the study of prehistory and ethnic groups, had been formed.

In Sweden, where development of the latter type of "archaeology" occured relatively early, Oscar Montelius (1843-1921) introduced and refined the typology of Darwinian evolution and biological classification. However, it is based on the "archaeology" of Greek-Roman art historicism, as represented in Montelius's "Studies of the Preclassic Period," rather than the purely original trend of natural science and anthropology. Monterius' research theory is based on the "archaeology" of Roman art historicism.

Montelius' research theory overlaps with the social situation in Europe, especially in Germany, after its victory in the Franco-Prussian War, when the creation of romanticized "culture" and "tradition" took place and concepts such as "cultural sphere" and "culture" were created by mobilizing history, language, and culture. In other words, most of the "archaeology" that was established in Scandinavia and Europe, including Sweden in the latter half of the 19th century, did not study "civilization" as others, but rather created its own "culture" and "people" and their history. It is in the lineage of the so-called "Culture-historical Archaeology". In other words, it is the origin of archaeology, which has a nationalistic way of thinking and is linked to the modern nation-state.

The situation of "archaeology" in French colonial Indochina was very different from the above. Most of the prehistoric archaeological research was carried out from the mid-1920s to the 1930s by H.Mansuy, M. Colani, E. Sorin, and J. Fromager of the Indochina Geological Bureau (established in 1898). Although the Department of Prehistory was established in 1910 at the EFEO based in Hanoi, the main focus of the Institute was "Oriental archaeology" of documents, inscriptions, works of art, and religious architecture. It has the genealogy of art-historicist "archaeology" (or "antiquities") as well as Greek-Roman archaeology and Egyptology since Napoleon.

Therefore, archaeology, which deals with the material culture of prehistory (and later antiquity), has been recognized as a supplementary discipline to the study of art and history. In this situation, it was not possible to study the subsurface remains. Under these circumstances, it would have been difficult to expect systematic and systematic excavation of underground remains, to train professional technicians, or to produce archaeologists with natural science skills among the elite orientalists from the oriental language schools majoring in history, language, art, and architecture. The problem is that there is no such thing as a "natural science".

These problems were exposed during the excavation of the Dong Son site (1925-1928) conducted by Thanh Hoa tax official Louis Pajot, who had the confidence of the EFEO director, Léonard Aurousseau. Pajot was a "non-professional" Orientalist, and his shoddy excavations for the collection of artifacts resulted in the extensive destruction of important sites and little

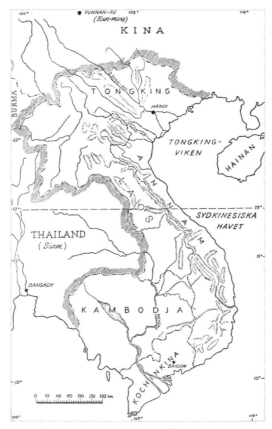

⟨Figure 3⟩ French Indochina (Janse 1959: 19)

record of his research. Therefore, after the death of Aurousseau in 1929, M. Gerge Cœdès (1886-1969), who became the new director, ordered Pajot to stop the excavation and planned a systematic re-examination of the site by researchers with professional skills. The person invited was Olov Janse, who had a proven track record in Europe.

The presence of the Swedish archaeologist Janse was an exception to the trend of the humanities organization of the French Far East, because although he belonged to the academy, he did not have specialized or practical knowledge of the history, language, culture, and society of the Asian region, unlike the previous graduates of the School of Oriental Languages. Therefore, the nature of Janse's "Archaeological Research in Indochina" is qualitatively different from the practice of "Orientarl Studies" or "Oriental archaeology" which had a strong humanistic and art-historicist flavor in French Indochina. What intervened between Janse's two interests, archaeology and orientalism, was not only the Orientalist style of thinking that took root in Europe through his collection.

From the 1920s onward, Swedish "archaeology" was heavily influenced by German-Austrian ethnology and cultural diffusionism, and the "oriental archaeology" that sprouted in Sweden also began to consume the abstract external theories inherent in cultural diffusionism. As a result, Scandinavian bronze culture (bronze swords, bronze spears, and ornaments) became related to the bronze culture of China and Southeast Asia via Eastern Europe and Central Asia. In addition, the practice of "archaeology," with its inherent nationalistic mode of thinking, combined with an overall Western-centric view of history, reflected the exclusive but ambiguous epistemological distinction between "East" and "West" in the direct cultural and historical influence of Asia, and the "superiority of the West in the origins of civilization. The above mentioned distinction between Europe and Asia is the basis of the "Western" superiority in the origins of civilization.

In the 1930s, the "Far Eastern archaeology" which focused on Vietnam during the French Indochina period, was established under the special circumstances of European and Asian archaeology as described above.

IV. The status of Janse's "Archaeological Research in Indochina"

1. The First Season: 1933–1935

After accepting the request of Cœdès, director of the EFEO in 1933, Janse went to Indochina in 1934 to conduct the first season of archaeological research in Indochina. The research lasted about eight months, from

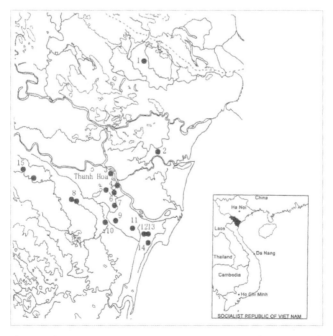

〈Figure 4〉 Main research sites in Thanh Hoa Province (Tawara 2014)

October 1934 to May 1935. It was funded by the French Ministry of Education, the French National Museum in Paris (Les Musées nationaux, Paris), the Governor-General of Indochina in Hanoi, and the French Institute of the Far East. The EFEO was under the jurisdiction of the French Academy (French Ministry of Education) and was financed by taxes and donations from the French people. Most of the collection was sent to the National Museums in Paris, and research reports were to be published through the Institute.

After arriving in Indochina at the end of 1934, Janse began his research in northern Vietnam ("Tonkin"), excavating several Han dynasty tombs in Bac Ninh Province, adjacent to the northern part of the capital Hanoi. In 1935, he spent several months excavating in and around the Dong Son site on the right bank of the Ma River in Thanh Hoa Province. They also set up a trial trench and collected artifacts at the Sam Rong Sen site near Tonle Sap Lake in Cambodia. In the first phase of the research, with the cooperation of Paul Lévy, an ethnologist at the EFEO, he also conducted ethnographic research and collection of artifacts, visiting the Muong villages of Bai Thuong and Ngoc Lac northwest of Thanh Hoa City, as well as Yunnan Province (Kunming) in southwest China. After completing his research, Janse returned to Paris in May 1935.

Some of the artifacts from the first season research were stored at the EFEO and the Musée Louis Finot in Hanoi, and others at the Musée Louvre, the Musée Guimet, the Musée Cernuschi, and other museums in Paris as the "Indochina Collection". At the Musée Cernuschi, where the bulk of the collection was acquired, a special exhibition was held for about a

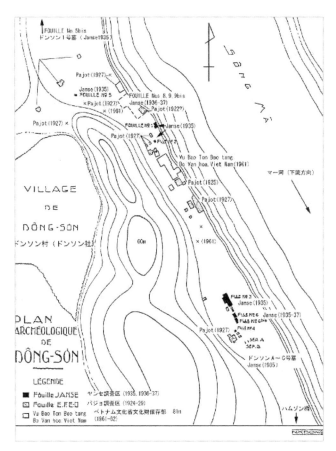

〈Figure 5〉 Dong Son site research area (Tawara 2014)

year, organized by René Grousset, then a museum curator.

The collection was further dispersed in the form of donations to specific individuals. On October 25, 1935, when Crown Prince Gustavus Adlphus of Sweden, who had provided financial support, visited a special exhibition at the Chernushi Museum, Janse was asked by Paul Pelliot of the French

School of Oriental Languages to donate to the Crown Prince about half of the collection, which had been divided among the museums on behalf of the Paris National Museums (Janse 1947: Preface), and they were divided and stored in two archaeological museums in Stockholm: the Museum of Far Eastern Antiquities and the National Archaeological Museum. As a reward for their financial support, they were also donated to the Musée du Cinquantenaire in Brussels. The ethnographic collection was then split between the Musée de l'Homme, Paris, and the National Ethnographical Museum of Stockholm.

2. The Second Season: 1936-1937

⟨Figure 6⟩ Dong Son Site (Janse 1959)

The second survey was conducted from October 1936 to December 1937, a period of about 15 months. In this survey, excavations were also carried out at the Dong Son site in Thanh Hoa Province, and the remains of a dwelling (Sections 8-9) and several disturbed graves (Sections 6-7) were detected. However, most of the time was spent on excavating tombs from the Han Dynasty onwards in Thanh Hoa Province. In addition, in the vicinity of the villages of Van Thu, Tam Tho, and Van Vat in Phu Dong Son (now Dong Son Province), several Han Dynasty kiln sites and Song Dynasty kiln sites were found, which had never been investigated before. In addition, preliminary surveys of Neolithic sites that were attracting attention at the time were conducted, such as Da Vut shell mound in Thanh Hoa Province and Cau Giat shell mound in Nghe An Province.

In the southern part of Vietnam, ("Cochin-China"), in collaboration with M. L. Malleret, director of the Musée Blanchard de la Bross in Sai Gon, he conducted a survey of the Dong Nai River near Bien Hoa. In Cambodia, the first phase of the research was carried out on the island of Cu Lao Rua (tortoise) in the Don Nai River near Bien Hoa. In Cambodia, the team visited the Sam Rong Sen shell mound following the first season research. In addition, a brief survey was conducted at Pho Lu, Hanoi Yunnan Railway Station near the Sino-Vietnamese border in the northwest region of Vietnam.

Among the materials from the second season, those related to archaeology were sent to the Guimet Museum in Paris in 1938 as a collection for exhibition. As with the first season's materials, these were also dispersed and stored. There were three reasons for this. The first was the donation of the collection at the excavation site. During the excavation of undisturbed graves in Hoa Trung, Thanh Hoa Province, M. Justin Godart, the first Minister of Public Health, and his wife, and M. A. Lagrèze, the Minister of Thanh Hoa Province, visited the site and donated some of the artifacts to each of them. In addition, during the excavation of Bim Son tombs 1A and 1B, Governor General of Indochina Joseph Jules Brévié (1936-1939) and some of his assistants were guided by George Cœdès, director of the EFEO, who visited the site and donated some of the artifacts by himself. Second, there is a possibility that a donation was made to Crown Prince Gustavus Adlphus of Sweden in 1949; the donation for the first season research in 1935 was mentioned above, but the details of the donation in 1949 are not clear. The third reason is that Janse did not originally intend to displace or disperse the materials. For example, Victor Goloubew of the EFEO left some of his research materials and artifacts in the Louis Finot Museum instead of sending them to Paris.

The artifacts that were sent to the Guimet Museum in 1938 were to be displayed in a special exhibition as the Indochina Collection. However, due to the fear of the invasion of France by Nazi Germany, the plan for the exhibition at the Musée Guimet did not come to fruition, and before the fall of Paris in June 1940, the collections divided between the Musée Guimet and the Louvre were "evacuated" to the provinces along with other important collections in Paris (Auboyer 1975: 17).

3. Harvard—Yenching Institute: 1938

After the completion of the second season of research at the end of 1937 (one year before the start of the third season), Janse spent several weeks in Japan for research on the Far Eastern collections, arriving in San Francisco in May 1938 and staying in the United States until November of the same year. During this stay, he spent much of his time researching public and private collections related to China and Japan, but one of the important purposes of his trip to the United States was to sign a funding agreement with the Harvard-Yenching Institute at Harvard University, for a third round of research, as a co-financing arrangement had been made between the EFEO and the Harvard-Yenching Institute prior to his departure from Indochina.

The Harvard-Yenching Institute was founded in 1928 to promote scholarship on Asia in the United States. It its formative years it played the role of the headquarters for Chinese language and Chinese studies at Yenching University in Beijing and other Christian institutions located in various places. At the time of Janse's visit to the United States, the director of the institute was the Russian-born Japanese scholar Serge Elisséeff.

Soon after his appointment to the Yenching Institute, Elisséeff was actively engaged in acquiring Oriental collections, including calligraphic and archaeological artifacts, and at the end of 1936 he went to China, visiting Beijing, Xian, and Sichuan from January. However, he was forced to change his plans due to the outbreak of the Sino-Japanese War triggered by the July 7 Marco Polo Bridge Incident, and returned to the United States via Mukden, Gyeongseong (Seoul), and Japan.

The financial support of the Yenching Institute and the EFEO for Janse's "Archaeological Research in Indochina" was made through the French Academy, and it is highly probable that one of the purposes of the project was to collect China-related collections as an extension of Elisseeff's visit to China.

4. The Third Season: Late 1938−1940

The overall period of Janse's third season of research was from December 1938 to August 1940, but due to a number of problems that arose during this period, he was forced to change his research plan, and the research area was shifted from the Indochina Peninsula to the Philippines. First, I would like to give an overview of the research in the Indochina Peninsula.

During the third season, the research in Indochina lasted about 12 months from December 1938 to November 1939. Janse arrived in Hanoi in December 1938 and headed for Thanh Hoa Province. Among the sites surveyed in the province, three Han dynasty tombs were found at Man Thon in Tho Xuan District, one at Phu Quoc Temple (or Marché aux bestiaux) in Thanh Hoa City, and one at Ngoc Am in Quang Xuong District, one at Lien Huong in Hau Loc District, and 12 at Bim Son in Ha Trung District. In addition to the above tombs, other sites discovered during the first season include a group of Han dynasty kiln sites (also known as the Tam To kiln sites), and Van Trai in Tinh Gia Prefecture in southern Thanh Hoa Province, where several Song dynasty tombs were excavated. In Van Trai, we excavated several "Song Dynasty" tombs, and in Dong Son, we only collected artifacts around the village.

After the completion of the research in Thanh Hoa Province, Janse excavated a jar coffin cemetery in Sa Huynh, Quang Ngai Province, Central Vietnam. A large number of earthenware, beads, bronzes, ironware, etc., thought to belong to the first century A.D., were excavated from the site, providing valuable data on the costal culture.

In the south of Vietnam, we have investigated a settlement-related site in Chau Re, a coastal village about 10 miles north of Phan Rang, and obtained pottery and ceramics dating from the 9th to 15th centuries.

According to Janse's report, there are many times where he wrote about the protests from the local people that occurred during the third season of survey. For example, in January 1939, soon after his arrival in Indochina, when the excavation of Tomb No. 1A in Man Thon, Tho Xuan District, west of Thanh Hoa was conducted, he was met with "uncooperative" attitudes from local workers and residents, including sabotage, boycotts, threats, and delays. In addition, he wrote about Janse's own malaria outbreak (Janse 1951: 215-217).

In Dan Ne Village, Yen Dinh District, near Man Thon, the excavation of the mound of Vuc Trung 1 was finally permitted after several days of village meetings and consultations with the local authorities. However, the excavation of two tombs called "dragon's eyes" (tombs 2 and 3) in the village pavilion (Dinh) had to be abandoned due to the fierce opposition of the villagers (Janse 1951: 230). In the Yen Bien tomb complex in Quang Xuong District, the local people also raised objections to the relocation of the modern tombs, and in the end it was not possible to expand the research area beyond tomb No. 5 (Ngoc Am No. 1)(Janse 1951: 160).

This kind of opposition from the local society seems to have occurred in conjunction with the change in the political situation between France and Indochina at the end of the French colonial period. In France, the cabinet of Léon Blum was formed in the spring of 1936, and the People's Front, led by the Socialist Party, was spreading its criticism of imperialism and colonialism.

In 1939, the invasion of Poland by Nazi Germany made World War

II a reality, and Governor-General Brévié was forced to step down (he was succeeded by Général Catroux: 1939). The People's Front cabinet collapsed in 1939, and the French colonial government was weakened by its isolation from the mainland, while the Japanese occupied Hainan Island in February and the Spratly Islands in March, further destabilizing the political situation in and around Indochina (Valette 1993).

In November 1939, Janse gave up on continuing his archaeological research in Indochina, and after conducting a survey in Kota Tingit, Johore on the Malay Peninsula, which was under British rule, he went to the Philippines, an American colony, at the end of 1939.

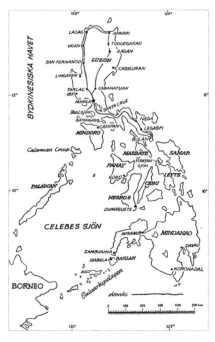

⟨Figure 7⟩ Janse's survey in the Philippines
(Janse 1959: 226)

Janse's survey in the Philippines lasted nine months, from December 1939 to August 1940, on the Kalatagan Peninsula (Kalatagan) in southwestern Luzon. In Pinagpatayan on the west coast, a large cemetery site was discovered during the construction of an airfield in 1934, and more than 1,000 pieces of imported ceramics and Chinese coins were collected by the National Museum and landowners. Janse heard the news and excavated more than 60 cemeteries at the site and nearby cemetery sites such as Pulong Bakaw and Kay Tomas in Batangas (Janse 1941, 1944-1945).

Janse's sudden trip to the Philippines seems to have greatly puzzled Elisseeff. He cited poor weather conditions in central Vietnam and Laos as a direct reason, but also the political situation in northern Vietnam as a source of concern.

After the fall of Paris, Japanese troops moved into North Vietnam by September 1940, and with the possibility of the war spreading into Southeast Asia growing, Janse left for Cambridge, Massachusetts, in December 1940.

5. During the Pacific War: 1941—1945

After returning to Cambridge from the Philippines, Janse was accepted as a visiting professor at Harvard University in advance of the establishment of the Far Eastern Language and Civilization Chair proposed by Elisseeff. At the same time, he signed an employment contract with the Yenching Institute to organize materials related to the third season research and prepare the report. In the same year, the United States imposed economic sanctions on Japan because of its military presence in southern French Indochina, and the Pacific War broke out with the Japanese attack on Pearl Harbor in Hawaii in December 1941. In January 1942, the Japanese invaded the Philippines and conquered the entire country by April.

In April 1941, an exhibition was held at the Fogg Museum adjacent to

Harvard University, and an exhibition was held at the Peabody Museum of Archaeology and Ethnology, where Janse was in charge of organizing the exhibition. Later, a proposal was made to acquire the third research collection for the Peabody Museum, and a formal contract was signed with the Institute in June 1943 (Table 1).

Janse's position as a researcher in exile from Europe was very tenuous: in 1943, when his application for a grant (in effect, an extension of Janse's employment contract) to report on the survey of Sa Huynh culture sites was rejected by the Institute's finance committee, Janse's relationship with the Institute, the relationship between the Institute and Janse, which was mediated by the Archaeological Research in Indochina, was also terminated in June 1943 (in reality, it was more of a personal decision by Elisseeff). Prior to the end of the contract with the Institute, Janse was asked to take up a position at the Pacific Institute, which was being prepared to be established as a governmental institution under the wartime regime. He was not keen on the idea, but ended up accepting it because Europe was in a state of war.

Janse then became an advisor to the Board of Economic Warfare in Washington, D.C., and then to the Office of Strategic Services in Washington, D.C. By the end of the war in 1945, he had served as Director of the Southeast Asia Division, Chief of the Research and Analysis Branch, and Senior Research Analyst. In 1944, he was appointed to the Research and Analysis Branch of the U.S. Department of State in Washington, D.C., where he served as an assistant director from 1944 to 1945, supporting the U.S.'s knowledge of Far East strategy during the war.

In the summer following the end of the Pacific War, Janse taught a summer seminar at Harvard University (essentially at the State Department during the post-war period), became a member and advisor to the chairman of the Preparatory Commission for UNESCO in Paris in 1946, and continued as a senior research analyst at the State Department's Overseas Affairs Institute in 1947. In 1947, he continued as Senior Research Analyst at the State Department's Overseas Affairs Institute. Janse's local knowledge and information gained from his archaeological research in Indochina was needed to analyze the newly established strategic regional classification of South East Asia before and during the war, and he continued to serve the U.S. during the start of the First Indochina War after the war.

⟨Table 1⟩ Summary of specimens loaned to Peobody Museum, Harvard University by Harvard Yenching Institute (Tawara 2005)

Ngoc Am, Thanh Hoa	200	1 Han style tomb
Lien Huong, Hau Loc	a few	1 Han style tomb
Phu Coc, Thanh Hoa	150	1 Han style tomb
Vuc Trung, Thanh Hoa	26	1 Han style tomb
Tam Tho, Thanh Hoa	1428	Especially from 4 kilns
Dong Son, Thanh Hoa	124	Collect or purchase (DS culture)
Thanh Hoa	53	Purchase (Han-13th century)
Van Trai, Thanh Hoa	122	5 tombs of T'ang-13th century
Chau Re, north of Phan Rang	210	a settlement of T'ang-17th century
Thanh Cu, Sa-huynh, Quang Ngai	1517	a grave field of Sa-huynh culture
North Vietnam	1	Collect or purchase
Som Rong Sen, Cambodia	19	--
Johore, Malaysia	200	(glass beads)
Calatagan, Batanga, Philippine Islands	380	15th-17th century
Luzon Island, Philippine Islands	8	--

6. Transformation of "Indochina": 1945—1950s

After the end of Japanese rule in Indochina in August 1945, Ho Chi Minh proclaimed the independence of the "Democratic Republic of Vietnam" by the Provisional Government of the Communist Revolution on September 2, 1945. The French, seeking to revive their colony against the backdrop of U.S. military aid, established the Republic of Cochin-china in June 1946 and demanded that the Democratic Republic join the French Union, but Ho Chi Minh refused from the standpoint of complete independence, and the First Indochina War (Anti-French War) broke out in December 1946. The war, which lasted about nine years, ended with the signing of the Paris—Geneva Accords in July 1954. However, the following year in 1955, the Republic of Vietnam (South Vietnam) was established with the support of the United States, and the country was divided into North and South Vietnam along the 17th parallel.

In 1955, when Janse retired from the State Department at the age of 60, his research activities were largely dormant, but his scholarly work included the publication of reports on the Indochina archaeological survey (Janse 1947, 1951, 1958). Most of the manuscript had been prepared by 1943, during his time at Harvard, but the publication date was significantly delayed. The reason for this was that during World War II, the American publishing industry, including Harvard University Press, was so busy with military-related printing work that it could not afford to print large academic publications. The first volume of the report was finally published in 1947 after the war, and the second volume was delayed for several more years until 1951.

Toward the end of the 1940s, Janse finally began to prepare the third volume of the report, which organized the materials on the Dong Son site sent to Paris. Financial support came from the Fulbright Grants of the Committee of Foreign Scholars in Washington, D.C., and the Humanistiska Fonden in Stockholm, and he spent about nine months from 1949 to 1950 at the Musée Guimet and Musée de Chernuschi in Paris, organizing and writing the report (Janse 1958: 7). The date of printing is November 1949, the Belgian Institute for Advanced Study of Chinese Studies in Brussels, the copyright is 1953 Brussels Institute for Advanced Study of Chinese Studies, Janse's preface is dated November 1954, and the final publication was eventually in 1958.

The official report, "Archaeological Research in Indochina," was finally published in only three volumes, and even though the basic preparations for the report on the Han Dynasty tombs in northern Vietnam and Sa Huynh jar coffin cemeteries in central Vietnam had been completed, the crucial publication costs could not finally be obtained. Eighteen years had passed since the completion of the survey, and with the changing political and historical situation in Vietnam, the link between Indochina and Oriental/Far Eastern archaeology was disappearing.

7. Forgetting the Olov Janse Collection: 1960s−1970s

〈Figure 8〉 List of artifacts returned to Saigon in 1963 from the collection of the Ho Chi Minh City National Museum of Vietnamese History (consistent with data from the Harvard Peabody Museum)

In 1958, when the third volume of the Archaeological Research in Indochina was published, Janse was invited to Saigon National University in the Republic of Vietnam as a United States Goodwill Mission, and by 1960 he was a visiting professor of Comparative Archaeology. During this period, Janse published numerous articles and short essays not only in academic journals but also in government journals such as Viet My (Vietnam America) and France−Asie, and several articles were translated into Vietnamese university bulletins (Dai Hoc).

In July 1963, some of the materials from the third season of the Archaeological Research in Indochina, which were owned by the Peabody Museum of Archaeology and Ethnology at Harvard University, were returned to the Saigon National Museum (now the Ho Chi Minh City National Museum of Vietnamese History). The Saigon National Museum, which took over from the Blanchard de la Bross Museum during the French Indochina period, had very few materials on North Vietnam due to the circumstances of its establishment. Therefore, the return of the artifacts was probably planned as part of the "friendship" from the U.S., led by Janse during his stay. Ironically, however, the president, Ngo Dinh Diem, was assassinated in November of the year of the

⟨Figure 9⟩ Display of the Olov Janse Collection at the Ho Chi Minh City National Museum of Vietnamese History (artifacts from the site of the Sa Huynh Cultural Cemetery).

return, and military coups and terrorist activities became more frequent. From 1964, US military intervention began in earnest, and in February 1965, direct bombing of North Vietnam began, marking the start of the full-blown Vietnam War (the Second Indochina War).

In the late 1960s and early 1970s, anti-war protests and social movements concerning Vietnam were taking place on a global scale, and interest in the country was growing. The book "Vietnam: From Prehistory to the End of Chinese Rule" (Bezacier 1972), published in Paris by Louis Bezacier of the EFEO in 1972, contained little new information on the archaeology of post-independence Vietnam (North Vietnam). This attitude was fiercely criticized by Nguyen Phuc Long in his book "New Research in Vietnamese Archaeology: A Critique of Louis Buzacier's Vietnam", which was edited as a special issue of Asian Art in the Bulletin of the Chernuschi Museum, Guimet in 1975. Many archaeologists from the French Indochina period failed to take in the new results of Vietnamese archaeology after independence. The knowledge gap between the French/Western researchers "inside" the academy and the Vietnamese researchers "outside" the academy had become critical.

In 1973 (at the age of 78), Janse's writing career came to an end, and the existence of the Janse Collection was rapidly forgotten in the consciousness of researchers. The archaeology of Vietnam as a nation-state and the changes in the international situation after the Vietnam War have almost eliminated the social significance of "Oriental Archaeology" or "Far Eastern Archaeology".

V. Conclusion

In this paper, I have examined the "Archaeological Research in Indochina" conducted by a Swedish archaeologist Olov Janse, and considered that "Far Eastern Archaeology" was practiced for the first time in Vietnam during the French Indochina period. His collections were forgotten in the post-World War II period, and Oriental archaeology/ Far Eastern Archaeology itself shifted its role to the archaeology of Vietnam as a nation-state.

Historiography/archaeology in Vietnam as a nation-state began in earnest after the opening up of the northern part of the country in 1954, and under the influence of the Soviet Union and communist China, Vietnam began to emphasize its own historical development around 1960. As the Vietnam

War intensified, a conference on the study of the Hung kings (Hung Vương) period was held in the late 1960s, which was inextricably linked to the materialization of the Hung Kings period, which had been regarded as a mythical tradition.

The metal age culture of Vietnam was understood as a developmental scheme of the Hung Nguyen-Dong Dau-Gomun-Dong Son cultures, and the Hong Bang dynasty was recognized as an "irreplaceable historical fact" or authentic history, and the founding of the Vietnamese dynasty was linked to the pre-Dong Son culture that began around 2000 BCE, and the Hung kings and King An Dương (An Dương Vương) and their dynasties were linked to the prosperity of the Dong Son culture that began in the 7th century BCE. Furthermore, the Dong Son culture was at the national stage in terms of archaeological evidence, and its symbol was the Dong Son bronze drum.

In the 1960s, the myth of Hung Kings was materialized and was utilized as the spiritual pillar of the war against the U.S., which legitimized the history and identity of the Vietnamese people. The myth of Hung Kings was originally a symbol of the resistance movement at the end of the French Indochina period, and President Ho Chi Minh, who played a leading role in this movement, talked about the myth of Hung Kings as a poem in "The History of Our Country" published by the Viet Minh Propaganda Department (Armed Propaganda Unit) in 1942, and it is said to have created the Vietnamese nation and people emotionally and symbolically (Uno 1993). The myth of Hung Kings is firmly connected to the myth of Ho Chi Minh, who died in 1969.

The position of the Janse materials has changed drastically from the time of French Indochina to the establishment of the nation-state of Vietnam after World War II, but there is still a huge amount of unreported material left behind. The question of how to evaluate and utilize these materials in today's ever-changing Vietnam is a major challenge for the future, including international and academic issues.

Note:

This paper is based on a part of the author's doctoral dissertation submitted to Kyushu University in 2003, which has already been published in 2013 in Korean (Tawara 2013: 얀세의 '인도차이나 고고조사'에 관한 歷史的 검토 -프랑스령 인도차이나 시대 베트남을 중심으로-, 중앙고고연구, 제13호 (2013-11), pp. 141-167, 중앙문화재연구원) and has been revised and translated into English for this presentation. For more details, please refer to my book published in 2014 in Japanese (Tawara 2014: 脱植民地主義のベトナム考古学 -「ベトナムモデル」「中国モデル」を超えて, 東京: 風響社).

제1장 통일민족국가 건설을 위한 문화적 아이덴티티 구축:
안재홍의 책무로서 '통사(通史)' 쓰기로부터 평화통일의
교의로서 신민족주의(新民族主義)로 _____ 윤대식

1 안재홍, 「될뻔記 나는 少年時節에 어떤 野心을 가젓섯나-朝鮮의 司馬遷」, 『동광』 3권 9호 (1931), p. 34.

2 안재홍, 『朝鮮上古史鑑 上』(서울: 민우사, 1947), p. 3.

3 한나 아렌트 지음, 홍원표 옮김, 『정신의 삶 I』(파주: 푸른숲, 2019), pp. 46-47.

4 한나 아렌트 지음, 이진우 옮김, 『인간의 조건』(서울: 한길사, 1996), pp. 57-58.

5 채관식은 류시현(2011a), 정종현(2012), 채관식(2014) 등의 연구들이 1930년대 조선학 연구를 '과학'과 '보편'에 대한 지향이라는 관점에서 특정 진영이나 계열에만 국한된 것이 아니라 민족사와 세계사에 대한 고민과 근대 사회과학 수용 그리고 이를 바탕으로 조선사를 세계사적 관점에서 과학적으로 이해하고자 하는 다양한 형태의 목적이 존재했음을 분석했다고 지적한다. 예를 들어 류시현(2011a)은 안재홍의 조선연구를 '과학적 방법론'에 입각한 민족사의 서술로 이해하면서 안재홍이 정인보, 문일평과 달리 민족성과 연결된 정신적 요소를 강조하지 않았고, 오히려 당대 사회주의 계열의 조선학 연구 입장과 유사했다고 본다. 또한 정종현(2012)은 안재홍의 조선학이 근대 학문체계 안에서 독자적인 조선인이라는 동일자를 구성하려 했으며, 국학적 전통을 '발견'하여 조선학의 역사상을 정립하고 근대적 학술로 자리매김하려한 점에서 근대 일본 국학담론과 '보편에 대한 욕망'을 공유한다고 분석한다. 그러나 채관식은 선행연구들이 안재홍의 '욕망'이 구체적으로 모건의 '고대사회' 이론 수용과 고대사에 대한 체계화로 이어졌으며, '과학적 방법론'에 입각한 조선연구는 민족성 문제를 가급적 배제했던 것이 아니라 오히려 조선인의 고유한 민족성에 대한 객관적 파악과 민족전망의 획득을 목표로 했음을 고려하지 못했다고 지적한다. 채관식, 「1930년대 전반 고대사회 이론의 수용과 한국 고대사 연구-안재홍과 백남운을 중심으로」, 『역사와실학』 57집 (2015), 역사실학회, pp. 193-194.

6 이진한은 안재홍의 조선사 연구를 다룬 선행연구 중 한영우(1987;1994)의 성과가 안재홍의 정치활동, 1930년대 조선학운동·민족주의론, 1945년의 신민족주의·신민주주의론, 고대사 연구 등을 종합적으로 고찰하면서 안재홍의 정치사상과 역사의식이 불가분의 관계를 맺고 있고 표리일체임을 파악했지만 정치사상과 조선사연구 간 관련성을 구체적으로 논증하는 데까지 이르지 못했다고 평가한다. 더 나아가 이진한은 안재홍의 핵심적인 정치사상인 신민족주의

론이 식민지 시대부터 해방 이후까지 계속된 조선사 연구와 유물사관에 대한 독특한 이해에서 비롯되었음을 조명하여, 안재홍이 보편적 발전 속에서 조선사의 특수성을 강조했고 그 논리를 역사에서 정치로 옮겨 외세로부터 완전한 자주독립을 우선할 수 있다고 판단했기 때문에 민족주의적 입장에서 사회주의의 장점을 수용하는 신민족주의론을 주장하게 되었다고 통찰한다. 이진한, 「민세 안재홍의 조선사 연구와 신민족주의론」, 『한국사학보』 20호(2005), 고려사학회, pp. 318-319.

7 단재 신채호 원저, 박기봉 옮김, 『조선상고사』(서울: 비봉출판사, 2006), p. 24.

8 국망 이전 신채호의 역사관은 사회진화론에 의거한 강자 중심의 진화사관을 견지하고 한민족이 문명 부강한 근대국가로의 역사발전을 지향하는 것이었지만, 국망 이후 약소민족의 생존원리를 추구하고 민중 중심의 역사인식으로 나감으로써 민중투쟁에 의한 역사발전이라는 혁명사관을 갖게 되었다. 김기승, 「식민지시대 민족주의 사학자들의 역사인식」, 『내일을 여는 역사』 25호(2006), 내일을여는역사재단, pp. 78-79.

9 신채호, 『조선상고사』, pp. 30-31.

10 1930년대 중반 안재홍은 유물사관에 대항할 자신의 역사관을 정립하려고 노력했는데 해방 이후 그의 저서 『新民族主義와 新民主主義』(1945), 『韓民族의 基本進路』(1949)의 기초를 이루면서 종합적 유물사관으로 완성되었다. 1934년 이후 본격화 한 안재홍의 조선학연구는 후진적 사회상태에 놓인 민족 내부조건과 국제화라는 민족 밖의 조건이 경위를 이루는 좌표에서 비롯했다. 즉 조선민족은 식민상태로부터 생존방편을 찾는 동시에 세계 속에 교호하는 민족집단과 함께 병존해야 하는 책무가 있기 때문에 조선적인 것과 세계적인 것을 회통(會通)하는 제3신생적인 것-조선아(朝鮮我)-이 요구된다는 것이다. 그것이 조선학의 출발지점이었다. 안재홍의 조선학과 그 과제였던 상고사 연구는 정치적 동작이 아니었지만 문화적 공작으로서 민족의 진로와 관계있는 연구영역이었던 셈이다. 김인식, 「1930년대 안재홍의 '조선학'론」, 『한국인물사연구』 23호(2015), 한국인물사연구회, p. 146, pp. 169-175.

11 안재홍은 신채호의 사학이 낭만적 관념론 단계에 머물 뿐 역사과학의 단계로까지 진입하지 못했다는 점을 지적했는데, 민족주의 역사학과 과학의 결합을 주장한 배경으로 그가 와세다 대학 정경학부를 졸업한 사회과학도였다는 사실도 고려해야 한다. 특히 고조선을 중심으로 한 고대사의 이해에 사회과학적 지식이 필요함을 역설하고 훗날 신민족주의 역시 사회과학적 이해를 바탕으로 한다는 점에서 그가 사용하는 '역사사회학'이라는 용어의 빈도 역시 주목할 만하다. 김수태, 「안재홍의 신민족주의와 사회사 연구」, 『한국근현대사연구』 24집(2003), 한국근현대사연구회, pp. 96-98.

12 안재홍, 『新民族主義와 新民主主義』(서울: 민우사, 1945), p. 12.

13 윤대식, 『건국을 위한 변명: 안재홍, 전통과 근대 그리고 민족과 이념의 경계인』(서울: 신서원, 2018), pp. 59-60.

14 역사가로서 안재홍은 1930년 1월 〈조선상고사관견〉을 『조선일보』에 연재하면서 『조선통사』,

『조선상고사감』의 기초를 마련했다. '단군'이라는 말조차 불온한 것으로 의심받던 시기에 일제 어용학자들이 내세운 식민주의 사학에 대항하여 민족주의 사학을 정립하려고 했던 안재홍의 노력 그 자체가 또 다른 형태의 민족해방운동이었다. 김인식, 「안재홍, 중도의 길을 걸은 신민족주의자」, 『내일을 여는 역사』 11호(2003), 내일을 여는 역사, p. 212.

15 윤대식, 『건국을 위한 변명: 안재홍, 전통과 근대 그리고 민족과 이념의 경계인』, p. 280의 각주 19) 참조.

16 안재홍, 「朝鮮上古史管見(二)」, 『조선일보』 1930년 1월 29일, 4면.

17 안재홍이 상고사에 집중한 것은 유교와 같은 외래사상에 오염되지 않은 '민족 순수의 시대'였으며, 일본인이 비난해 마지않는 '반도인의 속성의 없는', '대륙의 기상이 넘치던' 민족성의 원형질이 담겨 있었기 때문이다. 이진한, 「민세의 한국 중세사 인식과 유물사관 비판」, 민세안재홍선생기념사업회, 『안재홍의 항일과 건국사상』(서울: 백산서당, 2010), p. 116.

18 안재홍, 「朝鮮上古史管見(三)」, 『조선일보』 1930년 1월 30일, 4면.

19 안재홍, 「朝鮮上古史管見(四)」, 『조선일보』 1930년 2월 1일, 4면.

20 안재홍, 「朝鮮上古史管見(四)」, 4면.

21 안재홍, 『조선통사』(1941), 安在鴻選集刊行委員會編. 『민세안재홍선집 4』(서울: 지식산업사, 1992: 이하 『선집 4』), p. 17에서 재인용.

22 안재홍, 「朝鮮上古史管見(伍)」, 『조선일보』 1930년 2월 2일, 4면.

23 안재홍, 『조선통사』, p. 21.

24 안재홍, 『조선통사』, p. 22.

25 류시현은 안재홍이 통사형태의 저술을 남기지 않았지만 민족사 서술을 구상했다고 설명한다. 민족사라는 형식으로 한국의 역사를 정리할 경우, 안재홍에게 과제는 민족의 기원으로서 단군부터 당대까지를 관통하는 서술이 이루어져야 하고, 독자적이고 고유한 조선적 요소를 발견해야 하며 시계열적 추이 속에서 주체인 조선 민족의 발전 을 담아야 하는 것이었다. 그 중 가장 먼저 단군과 단군신화의 해석문제에 직면하는데, 안재홍은 단군을 고유명사가 아닌 정치지도자를 의미하는 보통명사로 봄으로써 단군에게 과도한 민족적 의미를 부여한 역사서술에 비판적 입장을 취했다. 류시현, 「1930년대 안재홍의 '조선학 운동'과 민족사 서술」, 『아시아문화연구』 22집(2011a), 가천대학교 아시아문화연구소, pp. 42-43.

26 안재홍, 「朝鮮上古史管見(十)」, 『조선일보』 1930년 2월 7일, 4면.

27 안재홍, 『조선통사』, pp. 26-27.

28 안재홍, 「朝鮮上古史管見(十三)」, 『조선일보』 1930년 2월 11일, 4면.

29 류시현은 민족사의 서술이라는 맥락에서 한말~1910년대초 신채호와 최남선의 독자적인 고대사 인식수립의 의도가 민족공동체의 역사를 자주적 입장에서 체계화하려는 것이었고, 민족의 주된 계통을 설정하는 작업이 바로 고조선과 단군이란 민족의 기원을 규명하는 과제와 연동되었음을 지적한다. 신채호는 단군을 최초의 임금이자 민족사의 연대적 기원으로 설정하

고 실존인물로 이해함으로써 신성성을 탈각하고 계몽군주의 표상 이미지로 제시했다는 것이다. 또한 최남선은 단군신화에 대한 과학적 접근을 시도하여 민족단위의 독자성을 확인하려고 했는데, 단군을 제정일치의 지도자를 통칭하는 보통명사로 보았다는 것이다. 그 결과 1910년대 신채호와 최남선의 단군 이해는 넓은 지지를 받았지만 두 사람 모두 자신들이 문헌만으로는 해결할 수 없었던 단군시대를 추론(追論)해야 하는 과제를 미완으로 제시했고 1920년대 이후 단군과 고조선 연구의 또 다른 출발점이 되었다. 류시현, 「한말 일제 초 단군과 고조선 인식의 체계화」, 『한국사학보』 61호(2015), 고려사학회, pp. 181-187.

30 안재홍, 「朝鮮上古史管見(十三)」, 4면.

31 안재홍, 「檀君과 朝鮮史-학도로서 가질 태도」, 『조선일보』 1930년 7월 5일 1면; 『선집 4』, p. 85.

32 안재홍, 「朝鮮上古史管見(十四)」, 『조선일보』 1930년 2월 12일, 4면.

33 단군으로부터 조선의 고유한 독자성을 추론하는 과제를 본격화한 것은 최남선이다. 1919년 3.1운동 이후 최남선이 고민한 조선적인 것의 근본을 찾는 작업은 고문화 연구와 연결되었고, 고문화의 상징적 인물이 단군이었기 때문에 1926년 『동아일보』에 「단군론」을 발표하면서 비롯되었던 것이다. 최남선은 일본인 학자들의 단군 부인 또는 말살작업과 경쟁하면서 단군과 단군신화의 실재성을 확인하기 위해서 고아시아족, 우랄 알타이어족 등으로 언급되는 고대 동북아 지역에서 시공간을 공유했던 문화권 연구에서 해법을 찾았다. 그 수단이 문헌에 의한 실증적 검토를 넘어선 인문과학적 방법론으로서 민속학의 활용이었다. 최남선은 근대학문인 민속학을 적용하여 『불함문화론』(1927)을 저술하고 역사적 단군연구를 문화적 단군연구로 전환했다. 류시현, 「민속학을 적용한 최남선의 조선학 연구: 1910~20년대 단군 논의를 중심으로」, 『역사민속학』 48호(2015), 한국역사민속학회, pp. 77-81.

34 안재홍, 「檀君과 朝鮮史-학도로서 가질 태도」, 1면; 『선집 4』, p. 86.

35 안재홍, 「檀君과 朝鮮史的 價値-개천절에 임한 일 논점」, 『조선일보』 1930년 11월 23일, 1면; 『선집 4』, pp. 88-89.

36 안재홍, 「朝鮮上古史管見(十七)」, 『조선일보』 1930년 2월 15일, 4면.

37 안재홍, 「朝鮮最近世史(一)의 卷頭에 書함」, 『조선일보』 1930년 4월 29일, 4면; 『선집 4』, pp. 237-238.

38 안재홍, 『朝鮮上古史鑑 上』, pp. 24-25.

39 안재홍, 『朝鮮上古史鑑 上』, p. 35.

40 안재홍이 제기하는 '箕子朝鮮'은 '국가성립'과 '문화창성'을 연결하는 존재로서 야만과 미개 상태로부터 조선사회가 문명의 단계에 들어서 초기 국가를 형성한 사회진화의 완성단계이자 조선의 고유문화가 처음 만들어지는 시작점이다. 따라서 '箕子朝鮮'은 보편적 사회진화를 통한 '국가의 성립'과 '문화의 창성'이 교차하는 지점이었으며 고유한 민족성을 객관적으로 확인하고자 하는 안재홍의 목적이 집약된 부분인 셈이다. 채관식, 「안재홍의 인류학 이론 수용과 조선 상고사 연구-「朝鮮上古史管見」을 중심으로」, 『한국사연구』 167호(2014), 한국사연

구회, p. 131.

41 안재홍, 「殷箕子抹殺論(下)」, 『조선일보』 1931년 1월 11일; 『선집 4』, p. 94.

42 안재홍, 「檀君論과 殷箕子抹殺論」, 『신조선』 11호(1935), p. 15.

43 안재홍, 「朝鮮上古史管見(十七)」, 4면.

44 안재홍, 「朝鮮上古史管見(伍)」, 4면.

45 윤대식, 『건국을 위한 변명: 안재홍, 전통과 근대 그리고 민족과 이념의 경계인』, p. 284.

46 김인희는 '크치조선'으로서 '기자조선'에 대한 안재홍의 언어학적 분석이 방법론적 오류를 범하고 있다고 지적한다. '크치'란 왕을 뜻하는 고유어이며 문헌자료로 볼 때 삼한과 삼국시기 왕명이나 관직명으로 사용된 예들이 발견되기는 하지만, 크치국의 존재를 통해 크치라는 수장이 고조선 시기 존재하였음을 증명하는 논증 과정에 발음이 유사한 국명들을 무리하게 끌어들이고, 이를 해석하는 과정에 고문헌의 자의적 해석, 논리적 비약, 언어학적 고증의 문제를 노출시키고 있어 설득력이 떨어진다는 것이다. 삼국시기 왕명과 관직명이 '크치'와 유사한 발음으로 사용된 것으로 보아 고조선 시기 '크치'라 불리는 수장이 존재하였을 가능성은 있으나 안재홍의 연구방법이 이를 증명하지 못했다는 것이다. 김인희, 「국어학적 관점에서 본 안재홍의 기, 지, 치 이론의 성과와 한계」, 『어문논집』 70집(2017), 중앙어문학회, p. 136.

47 안재홍, 「檀君史와 民族的 見地」, 『조선일보』 1931년 11월 13일; 『선집 4』, p. 97.

48 안재홍, 「檀君史와 民族的 見地」, 『선집 4』, p. 98.

49 안재홍, 「檀君과 開天節」, 『조선일보』 1935년 10월 29일; 『선집 4』, pp. 99-100.

50 단군에게서 '홍익인간' 이념을 발굴한 주인공은 위당 정인보이다. 정인보는 단군 이래 5천년의 근본정신으로 '조선의 얼'을 강조하고 단군신화의 역사성을 부정하는 일본학자들의 주장을 반박하면서 고조선 건국의 최고정신으로 홍익인간의 대도(大道)가 전민족 공통의 정신적 지표가 되었음을 강조했다. 이 홍익인간 이념은 해방 이후 조소앙, 안재홍 등에 의해 민주, 평등, 복지, 평화와 같은 현대적 이념을 함축한 고유의 이상으로 해석되었고, 정인보가 작사한 개천절 노래에도 단군 국조관이 잘 반영되어 있다. 이민원, 「근대 학설사 속의 단군민족주의: 대한제국의 편찬사업 및 대종교와 관련하여」, 『한국사상과 문화』 72권(2014), 한국사상문화학회, pp. 253-254.

51 안재홍, 『新民族主義와 新民主主義』, p. 38.

52 안재홍, 「大衆共生의 理念」, 『백민』 1권 1호(1945), p. 8.

53 윤대식, 「안재홍의 신민족주의론에 내재한 정치적 의무관」, 『한국사학보』 20호(2005), 고려사학회, p. 291.

54 윤대식, 『건국을 위한 변명: 안재홍, 전통과 근대 그리고 민족과 이념의 경계인』, pp. 87-88.

55 안재홍, 「興奮말고 安靜하라 百年大計 그릇치지 말자」, 『매일신보』 1945년 8월 17일, 1면.

56 안재홍이 '신민족주의'라는 용어를 처음 쓴 때는 조선국민당 결성(1945.9.1.)과 관련해서 성명을 발표한 1945년 9월 4일이었고, 『新民族主義와 新民主主義』를 탈고한 때가 1945년 9월

20일이었다. 이 시기에 안재홍은 모든 정치활동을 중단한 채 급박한 정치현실에 요청되는 극좌·극우의 두 극단을 극복하여 민공협동을 추진하는 이론을 체계화하려는 의도에서 시급히『新民族主義와 新民主主義』를 간행했던 것이다. 김인식,「안재홍의 신민족주의 이념의 형성과정과 조선정치철학」,『한국학보』24집 4호(1998), 일지사, pp. 206-208.

57   안재홍,「합작과 건국노선」, 安在鴻選集刊行委員會編,『민세안재홍선집 2』(서울: 지식산업사, 1983;이하『선집 2』), p. 159.

58   안재홍,『韓民族의 基本進路』(서울: 조양사, 1949), p. 5.

59   류시현,「해방 후 안재홍의 일제강점기에 관한 기억과 감성」,『민족문화연구』54호(2011b), 고려대학교 민족문화연구원, p. 101.

60   안재홍,『新民族主義와 新民主主義』, p. 5.

61   안재홍,『韓民族의 基本進路』, p. 94.

62   안재홍,『新民族主義와 新民主主義』, p. 42.

63   안재홍,『新民族主義와 新民主主義』, p. 41.

64   안재홍,『新民族主義와 新民主主義』, p. 12.

65   정윤재는 안재홍의 신민족주의 역사의식과 겨레의 원리에 입각한 전략적 접근이 하나의 평화통일론으로서 시사하는 바 크다고 지적한다. 즉 남북 간 군사적 대결양상이 상호전술적 차원의 대응일 뿐 남북뿐만 아니라 미-중 등 관련국들도 대화와 타협을 원하고 있다는 점에서, 안재홍의 문화적 민족주의론은 평화통일 논의의 기초적 준거로 채택될 수 있으며 정치적, 문화적 독자성을 유지해 온 한민족의 역사를 바탕으로 분단 역시 마땅히 극복되어야 한다는 역사적 당위성을 제공한다는 것이다. 정윤재,「안재홍의 신민족주의 역사의식과 평화통일의 과제」,『한국동양정치사상사연구』17권 1호(2018), 한국동양정치사상사학회, pp. 245-246.

66   안재홍,「민정장관을 사임하고」,『선집 2』, p. 272.

67   안재홍은 미군정에게 행정권을 인계받아 민주개혁을 실천하고 이로써 통일정부수립에 밑받침을 쌓으려는 의지를 가지고 좌우합작운동에 참여했다. 이 과정에서 안재홍의 의도가 좌절되면서 정치지반으로서 중도파 계열의 정치세력화를 위한 순정우익의 집결을 요구했다. 김인식,『안재홍의 신국가건설운동 1944-1948』(서울: 선인, 2005), pp. 419-420.

68   안재홍,「민정장관을 사임하고」,『선집 2』, p. 271.

69   안재홍의 민정장관직 수락이 정치개혁의 가능성에 대한 기대에 기인하다는 자신의 표현대로, 그의 사퇴는 일련의 개혁조치들에 대한 미군정의 비협조와 견제, 그리고 한국민주당 계열이 장악하고 있었던 각료들로 인해 좌절되었던 것에 기인한다. 이 점에 대해서는 김인식,『안재홍의 신국가건설운동 1944-1948』, pp. 485-494.

70   안재홍,「조선민족의 정치적 진로」,『선집 2』, p. 317.

71   안재홍,「조선민족의 정치적 진로」,『선집 2』, p. 318.

72   안재홍,「대한민국의 건국이념」,『선집 2』, p. 395.

73 안재홍, 「역사와 과학과의 『신민족주의』」, 『민성』 5권 11호(1949), p. 29.

74 조소앙, 「대한민국건국강령」, 삼균학회, 『소앙선생문집 상』(서울: 횃불사, 1979), p. 149.

75 〈 대한민국건국강령 〉은 정식 헌법문서가 아니라 준비계획에 불과했지만, 해방공간의 여러 헌법초안들에 가장 큰 영향을 끼쳤으며, 조소앙과 삼균주의는 중국 헌법문서의 '텍스트 조합 편집'에 불과했을 임시정부 헌법에 정신적 부피와 깊이를 제공한 '헌법사의 축복'과 같은 존재로 평가받는다. 신우철, 「건국강령(1941.10.28.) 연구: '조소앙 헌법사상'의 헌법사적 의미를 되새기며」, 『중앙법학』 10권 1호(2008), 중앙법학회, p. 63.

76 홍원표, 「영구평화, 인류의 공존 그리고 세계일가: 칸트, 야스퍼스, 아렌트 그리고 조소앙」, 『문학과사회』 24권 1호(2011), 문학과지성사, p. 386.

77 안재홍, 「역사와 과학과의 『신민족주의』」, p. 29.

78 안재홍, 「역사와 과학과의 『신민족주의』」, p. 29.

79 안재홍, 「역사와 과학과의 『신민족주의』」, p. 30.

80 안재홍, 「역사와 과학과의 『신민족주의』」, p. 29.

81 안재홍, 「역사와 과학과의 『신민족주의』」, p. 29.

82 안재홍, 「역사와 과학과의 『신민족주의』」, p. 30.

83 안재홍, 「역사와 과학과의 『신민족주의』」, pp. 30-31.

84 안재홍, 「역사와 과학과의 『신민족주의』」, p. 31.

85 안재홍, 『新民族主義와 新民主主義』, p. 43.

제2장 중국정부의 일대일로 정책 추진과 신화교·화인사회 _____ 이정희

1 cnki, http://chn.oversea.cnki.net.ssl.access.inu.ac.kr/kns/defaultresult/index (검색일: 2021.10.18.).

2 이 논문에서 사용하는 화교·화교 관련 용어에 대해 간단히 설명해두고자 한다. 화교는 해외에 이주한 중국인 및 그 자손으로서 중국 국적을 그대로 보유하고 있는 자를 말한다. 화인은 해외에 이주한 중국인 및 그 자손으로서 거주국의 국적을 취득한 자를 말한다. 화교와 화인의 자손을 화예로 부른다. 화교학자 왕경우는 화교, 화인, 화예를 모두 포괄하는 용어로 '해외화인'이란 용어를 만들어 냈으며, 영어로는 'Chinese Overseas'로 번역된다. 해외화인의 용어는 중국 국내에서 많이 사용되고 있으며, 2004년 조직된 ISSCO(세계해외화인연구학회)의 명칭에도 사용되고 있다. 노화교는 중국 개혁개방 이전 해외로 이주한 중국인과 그 자손으로 중국 국적을 보유하고 있는 자, 신화교는 중국 개혁개방 이후 해외로 이주한 중국인과 그 자손을 말한다. 노화교 가운데서도 거주국의 국적을 취득한 자는 화인이기 때문에 노화교·화인, 신화교 가운데서도 거주국의 국적을 취득한 자는 화인이기 때문에 신화교·화인이라는 용어를 사용한다. 특히, 개혁개방 이후 해외로 이주한 중국인을 중국의 학계에서는 '신이민'이라 한다. 본고에서는 '신

화교·화인'과 같은 개념으로 사용한다. 그리고 노화교·화인과 신화교·화인을 모두 포괄할 때는 앞에서 언급한 화교·화인 혹은 '해외화인'을 편의적으로 사용한다.

3   cnki, http://chn.oversea.cnki.net.ssl.access.inu.ac.kr/kns/defaultresult/index (검색일: 2021.10.18.).

4   DBpia, http://www.dbpia.co.kr.ssl.access.inu.ac.kr/search/topSearch (검색일: 2021.10.18.).

5   이러한 시기 구분은 王賡武, 『中國與海外華人』(臺灣: 商務印書館, 1994), pp. 5-12와 斯波義信, 『華僑』(東京: 岩波書店, 1995), pp. 18-22의 시기 구분을 참고한 것임을 밝혀둔다.

6   王賡武, *Ibid.*, p. 103.

7   黃警頑 (著)·左山貞雄 (訳), 『華僑問題と世界』(東京: 大同書院, 1941), pp. 1-6.

8   李正熙, 『朝鮮華僑と近代東アジア』(京都: 京都大学学術出版会, 2012), pp. 10-11.

9   庄国土, "世界华侨华人数量和分布的歷史变化", 『世界歷史』, 2011年5期 (2011), pp. 9-10.

10   2007년~2008년의 화교·화인 인구가 1980년의 2,000만 명 수준에서 4,543만 명으로 급증한 것은 약 30년 동안의 노화교·화인의 자연적인 인구 증가에다 중화권의 재이주, 소수민족화교·화인, 그리고 한족의 신화교·화인('신이민') 등의 이민을 모두 합산했기 때문으로 보인다.

11   网易新闻, 约5000万: 全球华侨华人总数首次得出较明确统计数字, https://www.163.com/news/article/7K4H4UIF00014JB5.html (검색일: 2021.11.3.).

12   庄国土, "21世纪前期世界华侨华人新变化评析", 『华侨华人研究报告(2020)』(北京: 社会科学文献出版社, 2020), pp. 14.

13   Leo Suryadinata, *The Rise Of China And The Chinese Overseas* (London: Cambridge University Press, 2017), p. 24.

14   '신이민'과 관련한 중국 국내의 논쟁에 대해서는 다음의 논문을 참조 바람. 김주아, "국제이주와 화교화인 디아스포라-신이민을 중심으로", 『전남대학교 세계한상문화연구단 국내학술회의 논문집』(광주: 전남대학교 세계한상문화연구단, 2017.12), pp. 33-52.

15   戴二彪, "改革·開放以降の中国からアメリカへの人口移動", 『華僑華人研究』, 第2号 (東京: 日本華僑華人学会, 2005), pp. 40-41.

16   张秀明, "21世纪以来海外华侨华人社会的变迁与特点探析", 『华侨华人历史研究』, 2021年第1期 (北京: 中国华侨华人研究所, 2021), p. 5.

17   海路鱼耀, ""少数民族海外华人研究"研讨会综述", 『华侨华人历史研究』, 2021年第3期 (北京: 中国华侨华人研究所, 2021), pp. 95-96.

18   최승현, "당대 중국의 "소수민족화교화인" 연구 및 정책 흐름 분석", 『중국지식네트워크』, 16권 16호 (서울: 국민대학교 중국지식네트워크, 2020.11), pp. 18-21.

19   예를 들면, 아프리카의 화교·화인은 2012년 110만 명, 2019년 100만 명으로 2008년에 비해 두 배가 증가했다(高哲·朱宁·林胜, "从自防·协防到联防: 安哥拉中国新移民的社会安全空间营造", 『华侨华人历史研究』, 2021年第3期 (北京: 中国华侨华人研究所, 2021), pp. 41-50)

20   奈倉京子 (編著), 『中国系新移民の新たな移動と経験-世代差が照射する中国と移民ネットワ

＿クの関わり』(神戸: 明石書店, 2018), pp. 45-46.

21 张秀明, *op. cit.*, pp. 4-5.

22 국내 이주 한족 출신 결혼이민 관련 연구는 다음의 연구를 참조 바람. 문경연, "'국민의 배우자'를 벗어난 여성들: 한족 결혼 이주 여성들의 결혼과 이혼 사례를 중심으로", 『한국문화인류학』, 44-2 (서울: 한국문화인류학회, 2011.5), pp. 71-112.

23 창궈투는 1970년대까지 광동성과 푸젠성 출신이 전체 화교·화인 인구의 약 9할로 절대다수를 차지했지만, '신이민'의 증가로 현재는 약 6할로 감소했다고 추정했다(庄国土, *op. cit.*, p. 26).

24 奈倉京子 (編著), *op. cit.*, pp. 57-58.

25 高伟浓·寇海洋, "试析海外新型华人社团在中国公共外交中的文化中介功能", 『商丘师范学院学报』, 2013(2) (广州: 暨南大学华侨华人研究院, 2013), pp. 95-98.

26 朱慧玲, 『日本華僑華人社会の変遷-日中国交正常化以後を中心として-』(東京: 日本僑報社, 2013), pp. 70-71. 2020년 통계는 일본 법무성의 통계이다. '재일타이완인'의 인구는 여기에 포함되어 있지 않다. 재일타이완인의 인구는 2020년 현재 55,872명이다. 한편, 재일중국인 가운데 노화교와 신화교 그리고 화인 인구를 통계에서 정확히 구분해 내기는 굉장히 어렵다.

27 庄国土·请水纯·潘宏立 (編著), 『近30年来东亚华人社团的新变化』(广州: 厦门大学出版社, 2010), p. 310.

28 日本吉林总商会HP, https://ssl.ethp.net/a/jilin (검색일: 2021.11.5.).

29 日本温州同郷会HP, https://wenzhou-jp.org (검색일: 2021.11.8.).

30 日本上海同乡会HP, http://www.japansa.org (검색일: 2021.11.8.).

31 中部华侨华人联合会HP, https://cacj.net (검색일: 2021.11.8.).

32 張慧婧, "名古屋華僑コミュニティの新生-新華僑組織と春節祭に着目して-", 『華僑華人研究』, 第8号 (東京: 日本華僑華人学会, 2011), pp. 85-92.

33 冲绳新华侨华人总会HP, http://onca-okinawa.com (검색일: 2021.11.8.).

34 全日本华侨华人社团联合会声明, https://www.ucrj.jp/news20200602 (검색일: 2021.11.9.).

35 全日本华侨华人社团联合会召开座谈会热烈祝贺中国共产党成立100周年, https://www.ucrj.jp/news20210626 (검색일: 2021.11.9.).

36 日本全华联代表参加国侨联举办的杭州世界侨团大会, https://www.ucrj.jp/news20201207 (검색일: 2021.11.9.).

37 庄国土·请水纯·潘宏立, *op. cit.*, pp. 245-246.; 华源会HP, http://huayuanassociation.com (검색일: 2021.11.9.).

38 庄国土·请水纯·潘宏立, *op. cit.*, pp. 245-248.

39 邓应文, "东南亚地区的中国商会研究-以越南、柬埔寨及印尼中国商会为例", 『东南亚研究』, 2014年第6期 (2014.6), pp. 74-83. 이와 별도로 동남아 각국에는 노화교·화인의 중화총상회

조직이 1900년대~1930년대에 설립되어 지금도 활동하고 있다.

40 庄国土·请水纯·潘宏立, *op. cit.*, pp. 288-290.

41 中国和平统一促进会HP, http://www.zhongguotongcuhui.org.cn (검색일: 2021.11.16.). 현재 이 단체의 회장은 중국공산당 상무위원이자 전국정협 주석인 왕양(汪洋)이 맡고 있다.

42 鄭林寬 (著)·満鉄東亜経済調査局 (訳),『福建華僑の送金』(東京: 満鉄東亜経済調査局, 1943), pp. 80-83. 鄭林寬의 추계에 의하면 1905년~1938년 사이에 연평균 2억488만 위안에 달했다.

43 菊池一隆, "近現代の戦争と国際関係に揺れ動く華僑", 華僑華人の事典編集委員会 (編),『華僑華人の事典』(東京: 丸善出版, 2017), pp. 88-89. 예를 들면, 미군에 자원 지원한 미국의 화교·화인은 13,000명에 달했으며, 1938년 충칭국민정부 외화 수입의 절반이 화교·화인의 송금이었다.

44 화교·화인의 직접투자액 추산은 불가능하다. 그래서 많이 활용되는 방법이 외국 투자액 가운데 동남아, 타이완·홍콩·마카오에서 투자된 금액을 사용한다. 1995년~2015년은 이들 지역의 투자액이 전체 투자액의 연평균 57.6%를 차지했다(朱炎, "中国大陸への投資_改革·開放以降", 華僑華人の事典編集委員会 (編),『華僑華人の事典』(東京: 丸善出版, 2017), pp. 64-65).

45 中国国务院总理李克强6日下吾在北京会见出席首届世界华侨华人工商大会的全体代表, 并发表重要讲话, http://www.chinaqw.com/sqjg/2015/07-06/55916.shtml (검색일: 2021.11.9.).

46 第二届世界华侨华人工商大会在北京开幕国务委员杨洁篪出席开幕式并致辞, http://www.gov.cn/guowuyuan/2017-06/12/content_5201875.htm (검색일: 2021.11.9.).

47 "一带一路"华商组织协作网, http://www.chinaqw.com/zhwh2012/index.shtml (검색일: 2021.11.17.).

48 张伟玉·王丽·黄德海, "海外华商参与"一带一路"建设问卷调查研究",『华侨华人历史研究』, 2021年第1期 (北京: 中国华侨华人研究所, 2021.3), pp. 17-25.

49 张伟玉·王丽·黄德海, *Ibid.*, pp. 17-25.

50 龙晨, "海外对华侨华人与"一带一路"的研究",『上海市社会主义学院学报』, 2021年第1期 (2021), p. 73. 陈江和는 싱가포르의 환경 및 부동산 기업인 金鹰集团(RGE)의 회장이다.

51 中国侨网, 侨商陈江和: 华侨华人应积极参与"伍通"建设, 2017.5.18., http://www.chinaqw.com/qbapp/zwShare.html (검색일: 2021.12.11.).

52 中国银行与新加坡工商联合总会签署"一带一路"全球战略合作协议, https://www.boc.cn/aboutboc/bi1/201511/t20151106_5899099.html (검색일: 2021.12.11.). 싱가포르공상연합총회의 회원은 2만 개 기업이 넘는다.

53 NHK, '一带一路'を活用せよ華僑の戦略, 2017.10.25., http://www.nhk.or.jp/ohayou/digest (검색일: 2021.11.16.).

54 교무판공실이 2001년 설립한 연의회이다. 제1회 회의는 설립된 직후인 2001년에 개최됐다. 2012년 6회 대회 때는 110개국에서 570명의 화교·화인이 참석했다(Leo Suryadinata,

The Rise Of China And The Chinese Overseas (London: Cambridge University Press, 2017), p. 160).

55 王秋彬, "华侨华人与中国的公共外交: 理论建构与现实挑战", 『중국사회과학논총』, 2권2호 (서울: 성균중국연구소, 2020), pp. 172.

56 刘宏 (编著), 『海外华侨华人与中国的公共外交』 (广州: 暨南大学出版社, 2015), pp. 25-40.

57 奈倉京子 (編著), *op. cit.*, pp. 270-271.

58 鲍雨, "中国侨务公共外交: 成就与经验", 『公共外交季刊』, 2018年 第4期冬季号 (2018), pp. 50-54.

59 潮龙起, "侨务公共外交: 内涵界定与特点辨析", 『东南亚研究』, 2013年第3期 (2013), pp. 68-69.

60 5僑의 업무 내용에 대해서는 다음의 논문을 참고 바람. 이진영, "시진핑 시기 중국 화교화인정책의 전개와 특징", 『아태연구』, 제25권 제4호 (서울: 경희대학교 국제지역연구원, 2018.12), pp. 204-216.

61 林逢春·王素娟·梁静鑫, "中国侨务公共外交的历史、机制与趋势分析", 『黑龙江社会科学』, 2019(4) (2019), pp. 56-57

62 이에 대한 구체적인 논의는 최승현(2008·2019·2020.11)을 참조하기를 바람.

63 Leo Suryadinata, op. cit., pp. 167-181.

제3장 한중 문화교류의 매개체로서의 〈나의 붉은 고래(大鱼海棠)〉 _____ 정원대

1 임대근, 「한-중 문화갈등의 발생 구조와 대응 방안」, 『한중사회과학연구』 10권 3호, 한중사회과학학회, 2012, p.75.

2 김규원, 「문화교류, 어떻게 할 것인가」, 『충북 Issue & Trend』 19호, 충북연구원, 2015, p.29.

3 關世杰 저, 한인희 역, 『이문화교류학』, 서울: 건국대학교출판부, 2004, pp.278-279.

4 김현영·김재웅, 「오브제(Object) 애니메이션의 미학적 정서와 창의성에 관한 연구: 문화예술교육 결과물의 오브제(Object) 유형 분석을 중심으로」, 『만화애니메이션연구』 50호, 한국만화애니메이션학회, 2018, p.51.

5 김윤호, 「애니메이션에 나타난 신화에 관한 고찰: 일본·인도 간 비교를 중심으로」, 『남아시아연구』 18권 1호, 한국외국어대학교 인도연구소, 2012, pp.2-3.

6 임재해, 「단군신화에 갈무리된 문화적 원형과 민족문화의 정체성」, 『단군학연구』 16권, 고조선단군학회, 2007, p.275 참조.

7 조태영, 「한국 난생신화와 한국문학의 원형: 아리랑의 기원 및 근원적 성격과 관련하여」, 『한신인문학연구』 2집, 한신인문학연구, 2001, pp.10-12 참조.

8 서유원, 「중국 소수민족의 주요 創世神話에 보이는 천지형상과 補天神話의 연구」, 『중국어문논역총간』 39집, 중국어문논역학회, 2106, p.39.

9   김선자, 「신화, 사실, 상징: 建木신화를 중심으로」, 『중국어문학논집』 15호, 중국어문학연구회, 2000, pp.88, 107-108 참조.

10 오세정, 「한국 신화에 나타난 변신의 양상과 의미」, 『한국고전연구』 16집, 한국고전연구학회, 2007, pp.87-88 참조.

11 임재해, 「단군신화를 보는 생태학적인 눈과 자연친화적 홍익인간 사상」, 『고조선단군학』 9호, 고조선단군학회, 2003, pp.142-147.

12 류경아, 「원형신화를 모티브로 한 애니메이션 스토리텔링 기법 연구: 이성강 감독의 오늘이를 중심으로」, 『만화애니메이션연구』 통권 44호, 한국만화애니메이션학회, 2016, p.219.

13 이희원, 「러시아 애니메이션 산업의 콘텐츠로서 동슬라브 신화」, 『러시아어문학연구논집』 72집, 러시아어와문학, 2021, pp.305-306 참조.

14 김경애, 「애니메이션에 표현된 토테미즘 : 애니메이션 〈곰이 되고 싶어요〉를 중심으로」, 『디지털디자인학연구』 7권 2호, 한국디지털디자인협의회, 2007, pp.51-52 참조.

15 치하이르한, 「'문화 할인' 시각에서 본 중국 애니메이션 영화의 문화 간 의사소통: 〈나의 붉은 고래〉를 중심으로」, 『애니메이션연구』 17권 2호, 한국애니메이션학회, 2021, pp.174-175 참조.

16 김정환, 「로컬 이야기 소재의 글로벌 콘텐츠로서의 활용 요건에 관한 연구: 미국 애니메이션 〈쿵푸팬더〉 시리즈의 사례 고찰을 중심으로」, 『한국디자인문화학회지』 20권 3호, 한국디자인문화학회, 2014, pp.160, 163-164 참조.

17 임대근, 「'트랜스 아이덴티티'의 개념과 유형: 캐릭터, 스토리텔링, 담론」, 『외국문학연구』 62권, 외국문학연구소, 2016, p.132 참조.

18 Chris Barker · Dariusz Galasinski 저, 백선기 역, 『문화연구와 담론분석: 언어와 정체성에 대한 담화』, 서울:커뮤니케이션북스, 2009, p.47.

19 이종현, 「얼굴 미학을 통한 트랜스 아이덴티티의 표상: 영화 〈죽여주는 여자〉를 중심으로」, 『영화연구』 72호, 한국영화학회, 2017, pp.245-246.

20 임대근, 앞의 논문, p.136 참조.

21 정원대, 『중국 애니메이션 〈시양양과 후이타이랑(喜羊羊与灰太郎)〉 시리즈의 트랜스아이덴티티 스토리텔링 연구』, 한국외국어대학교 대학원 박사학위 논문, 2021, pp.36-37 참조.

22 정원대 · 임대근, 「〈센과 치히로의 행방불명〉의 캐릭터 분석: 주인공의 정체성 분석을 중심으로」, 『인문콘텐츠』 45호, 인문콘텐츠학회, 2017, p.198.

23 임대근, 앞의 논문, p.140.

24 임대근, 앞의 논문, p.140.

25 정원대, 앞의 논문, p.97.

26 임대근, 앞의 논문, p.141.

27 이종현, 앞의 논문, pp.251-252 참조.

28 임대근, 앞의 논문, p.142 참조.

29 임대근, 앞의 논문, p.142 참조.

30 김선자, 앞의 논문, p.108 참조.

31 柳映先, 「韓, 滿族始祖神話比研究」, 『아시아문화연구』 15집, 아시아문화연구소, 2001, pp.350-352.

32 류경아, 앞의 논문, p.220.

33 임대근, 앞의 논문, p.136.

34 Chris Barker·Dariusz Galasinski, 앞의 책, p.48 참조.

35 Ahnlee Jang·Sewha Yim, 「Cultural identity, social capital and social control of Koryuin women in Korea」, 『재외한인연구』 32호, 재외한인학회, 2014, p.173.

36 임재해, 앞의 논문, pp.124-125.

37 옥경영, 「중국 8090後세대의 글로벌소비문화연구」, 『중국문화연구』 27집, 중국문화연구학회, 2015, pp.93-94 참조.

38 안도현, 「한국사회에서의 개인화 현상과 그 극복 방향: J. S. Mill과 E. Durkheim의 인간관을 중심으로」, 『인문연구』 89호, 영남대학교 인문과학연구소, 2019, p.285 참조.

제4장 권력-자본경제에 대한 문화적 접근과 이론적 토대:
중국 시진핑 시기 재중앙집중화(Re-centralization)에 대한 함의＠＿＿＿＿＿ 김진형

1 Hong, Z., *The price of China's economic development: Power, capital, and the poverty of rights,* University Press of Kentucky, 2015.

2 Milanovic, B., *China's Inequality Will Lead it to a Stark Choice: A New Oligarchy Can Be Restrained Only by the Government That Made It,* Foreign Affairs, 2021.

3 Hong, 2015.

4 Pender, J. L., Weber, B. A., Johnson, T. G. and Fannin, J. M. (Eds.)., *Rural wealth creation.* New York, Routledge. 2014; Flora, C.B. and Flora, J.L., *Rural Communities: Legacy and Change, 2nd edn,* Boulder, CO: Westview Press, 2004.

5 Chung, J. H., *Centrifugal empire: Central-local relations in China,* Columbia University Press, 2016; 김흥규, 『중국의 정책결정과 중앙 지방 관계』, 서울, 폴리테이아, 2007.

6 Minami, R., Makino, F. and Kim, K. (Eds.), *Lewisian Turning Point in the Chinese Economy: Comparison with East Asian Countries,* Springer. 2014.

7 Takada, M., and Li, X., *Regional Migration and Structural Change in the Labor Market. In Lewisian Turning Point in the Chinese Economy*, London, Palgrave Macmillan, 2014, 119-135쪽.

8   Xie, F., Li, A. and Li, Z., "Guojinmintui: A new round of debate in China on state versus private ownership," *Science & Society,* 76(3), 2012, 291-318쪽.

9   Carney, R. W., Chin, G. T., Liu, J., Ngo, T. W., Wu, Y., Yeo, Y., ... and Zhu, J., *Business, government and economic institutions in China,* Palgrave Macmillan, 2018; Lu, M. and Pan, H., *Government-Enterprise Connection: Entrepreneur and Private Enterprise Development in China,* Springer, 2015.

10 Lee, C. K., *The Specter of Global China,* University of Chicago Press, 2020.

11 Hong, 2015.

12 *Ibid.,* 2쪽.

13 *Ibid.*

14 *Ibid.*

15 Milanovic, 2021.

16 국가의 권력에 기반한 권력-자본과 사적 자본의 결합은 해외 투자 · 개발에서도 중국 국가 자본의 특수성으로 나타나고 있다(예. 아프리카 잠비아 노동정치에서 드러난 중국 국가 자본의 특수성에 관한 연구, Lee, 2020).

17 Hong, 2015.

18 Chung, 2016; 김흥규, 2007.

19 Minami, Makino, and Kim, 2014.

20 Takada and Li, 2014.

21 Xie, Li and Li, 2012.

22 Carney et al., 2018; Lu and Pan, 2015.

23 Hong, 2015.

24 Lu and Pan, 2015.

25 Pender, Weber, Johnson, and Fannin, 2014; Flora and Flora, 2004.

26 Chua, R. Y., Huang, K. G. and Jin, M., "Mapping cultural tightness and its links to innovation, urbanization, and happiness across 31 provinces in China," *Proceedings of the National Academy of Sciences,* 116(14), 2019, 6720-6725쪽; Gelfand, M. J., "Universal and culture-specific patterns of tightness-looseness across the 31 Chinese provinces," *Proceedings of the National Academy of Sciences,* 116(14), 2019, 6522-6524쪽.

27 Gelfand, M. J., "Universal and culture-specific patterns of tightness-looseness across the 31 Chinese provinces," *Proceedings of the National Academy of Sciences,* 116(14), 2019. 6522-6524쪽.

28 Chua, R. Y., Roth, Y. and Lemoine, J. F., "The impact of culture on creativity: How cultural tightness and cultural distance affect global innovation crowdsourcing work," *Administrative*

Science Quarterly, 60(2), 2015, 189-227쪽; Mu, Y., Kitayama, S., Han, S. and Gelfand, M. J., "How culture gets embrained: Cultural differences in event-related potentials of social norm, violations," *Proceedings of the National Academy of Sciences,* 112(50), 2015, 15348-15353 쪽; Harrington, J. R. and Gelfand, M. J., "Tightness-looseness across the 50 united states," *Proceedings of the National Academy of Sciences,* 111(22), 2014, 7990-7995쪽.

29 Chua, R. Y., Huang, K. G. and Jin, M., "Mapping cultural tightness and its links to innovation, urbanization, and happiness across 31 provinces in China," *Proceedings of the National Academy of Sciences,* 116(14), 2019, 6720-6725쪽; Carpenter S., "Effects of cultural tightness and collectivism on self-concept and causal attributions," *Cross-Cultural Research,* 34(1), 1995, 38-56쪽.

30 Yu, Jianrong., "Dangdai zhongguo nongming de weiquan huodong yu zhengzhi [The role of politics in improving Chinese farmers' rights]" http:// www.cc.org.cn/newcc/browwenzhang. php?articleid=773. (검색일 2020. 1. 11.).

31 Fan, Zhang., *Xianzhi qianxi bu fuhe xiandai jingshen [The restriction on migration and modern sprit],* China Economic Times, 2005.

32 Yao, S. and Zhang, Z., "On regional inequality and diverging clubs: a case study of contemporary China," Journal of Comparative Economics, 29(3), 2001, 466-484쪽; Fan, Zhang., *Xianzhi qianxi bu fuhe xiandai jingshen [The restriction on migration and modern sprit],* China Economic Times, 2005; Fan. Xi and Zhongxin Wang, "Bufen qiye tuoqian gongzi xianxiang yousuo shangsheng [The worsening cases of wages owed by some enterprises]" http://www.chinanews.com/gn/2011/12-29/3570384.shtml (검색일 2021. 10. 8.).

33 Yu, Li., "Institutional Change and Educational Inequality: Mechanisms in Educational Stratification in Urban China (1966-2003)," *Social Sciences in China 4,* 2006, 11-19 쪽; Yang, Dongping., "From Equality of Right to Equality of Opportunity: The Slot of Educational Equity in new China," *Peking University Education Review 2,* 2006, 1-13쪽.

34 Milanovic, 2021.

35 Demurger, S., D SACHS, J., Woo, W. T., Shuming, B. A. O. and Chang, G., "The relative contributions of location and preferential policies in China's regional development: being in the right place and having the right incentives," *China Economic Review,* 13(4), 2002, 444-465쪽; Bao S. Chang, G. H. Sachs, J. D, and Woo, W. T., "Geographic factors and China's regional development under market reforms," *China Economic Review,* 13(1), 2002, 89-111쪽; Hare, D. and West, L. A., "Spatial patterns in China's rural industrial growth and prospects for the alleviation of regional income inequality," *Journal of Comparative Economics,* 27(3), 1999, 475-497쪽; Chen, J. and Fleisher, B. M., "Regional income inequality and economic growth

in China," *Journal of comparative economics,* 22(2), 1996, 141-164쪽.

36　Wei, Y. D. and Fan, C. C., "Regional inequality in China: a case study of Jiangsu province," *The Professional Geographer,* 52(3), 2000, 455-469쪽; Kanbur, R., and Zhang, X., "Which regional inequality? The evolution of rural-urban and inland-coastal inequality in China from 1983 to 1995," *Journal of comparative economics,* 27(4), 1999, 686-701쪽.

37　Lin, G. C., "State policy and spatial restructuring in post-reform China," *International Journal of Urban and Regional Research,* 23(4), 1978-95, 670-696쪽; Wei, Y. "Fiscal systems and uneven regional development in China," *Geoforum,* 27(3), 1978-1991, 329-344쪽; Veeck, G., "Development, regional equity, and political change in China," *Bulletin of Concerned Asian Scholars,* 25(3), 1993, 73-77쪽; Tsui, K. Y., "China's regional inequality," *Journal of comparative economics,* 15(1), 1991, 1-21쪽.

38　Wei, Y. D. and Kim, S., "Widening inter-county inequality in Jiangsu province, China," *Journal of Development Studies,* 38(6), 1950-95, 142-164쪽; Tsui, K. Y., "Factor decomposition of Chinese rural income inequality: New methodology, empirical findings, and policy implications," *Journal of comparative economics,* 26(3), 1998, 502-528쪽; Yao and Zhang, 2001.

39　Jian, T., Sachs, J. D., and Warner, A. M., "Trends in regional inequality in China," *China economic review,* 7(1), 1996, 1-21쪽.

40　Fan, C. C., and Sun, M., "Regional inequality in China," *Eurasian geography and Economics,* 49(1), 2008, 1-18쪽.

41　PNAS 문화경직성 DB는 다음과 같은 이점을 포함한다: 다양한 사회 · 경제 지표(예. 개방성, 생활 만족도, 집단주의, 전통성, 사회 순응도)에 대한 지표 개선(refining) 과정이 검증되었다. DB의 연구연한은 3년(2014-2017년)이지만 문화 경직성에 대한 외생성(exogenous)이 검증되어 다양한 지표들과의 연관성 검증 시 시계열 분석이 가능하다.

42　PNAS 2019 DB는 문화 경직성 개념을 조작화(operationalization)하기 위해 다음 6개 문항에 관한 답변들의 상대적 랜덤 분산(method for relative random variance)을 계산하여 성(省)별 문화 경직성 지수를 측정하였다. 1) 在本省 / 市, 有很多社会规范需要遵守, 2) 在本省 / 市, 大多数情况下人们很清楚应该如何作为, 3) 在本省 / 市, 大多数情况下大家对什么是妥当或者不妥当的行为有很大程度的共识, 4) 在本省 / 市, 大多数情况下人们可以充分地自由决定作为, 5) 在本省 / 市, 如果有人在做出不妥的违规行为会受到来自其他人的强烈的反对, 6) 在本省 / 市, 人们几乎总是会遵守社会规范 (PNAS, 2019).

43　Chua, Huang, and Jin, 2019.

44　지표를 위해 사용된 PNAS 2019 DB 문항은 다음과 같다: 권력의 개입(在本省/市, 政府干预对于人们日常生活有重的影响); 자기 감시 척도(1. 我发现模仿别人的行为是很难的, 2. 在宴

会和其他社交聚会中, 我并不试图按照别人的喜好说话做事。 3. 只能为自己已经相信的观点而辩护。 4. 我能够对几乎一无所知的问题作即席讲话。 5. 我想我会做出一些样子来以给人留下深刻印象或让人高兴。 6. 我或许能够成为好演员。 7. 在一群人中我很少成为注意的中心。 8. 在不同场合 , 面对不同的人, 我常常有不同的行为表现 , 就像变了一个人一样。 9. 我不是特别善于让别人喜欢我。 10. 我并不总是我所表现出来的那种人。 11. 我不会为了取悦他人而改变观点或行为方式。 12. 我曾考虑过当一名演员。 13. 我从来不擅长玩即兴表演这类游艺活动。 14. 我难以改变自己的行为去适合不同的人和不同的场合。 15. 在晚会上 , 说笑话讲故事一般都是别人的事。 16. 与别人在一起我有点不知所措 , 不能自然地表现自己。 17. 我能够面不改色地说假话(如果目的正当)。 18. 对于实际上不喜欢的人 , 我可能装的很友好。).

45 중국 공식 통계의 복잡성과 오용에 관한 논의(예. Chan and Wang, 2008; Fan and Sun, 2008; Wan, 2007; Chan, 2007; Fan, 2005)를 재고·반영하여 지표에 대한 신뢰성과 타당성을 확보하였다.

46 중국 정부, "New Urbanization Plan" http://www.gov.cn/zhuanti/xxczh. (검색일 2021. 9. 21.); Guan, X., Wei, H., Lu, S., Dai, Q. and Su, H., "Assessment on the urbanization strategy in China: Achievements, challenges and reflections," *Habitat International,* 71, 2018, 97-109쪽.

47 Chua, Huang, and Jin, 2019

48 Kim, J., "Changes in the Distribution of Migrant Labourers and Implications of Comprehensive Wealth in China's Urbanisation," *China Report,* 00094455211027361, 2021.

49 김진형, 「중국 도시화과정에서 인구 이동 패턴과 지역 불균등 분석」, 『중국지역연구』, 중국지역학회 제8권 제1호, 2021, 297-322쪽.

50 Chan, K. W., and Wang, M., "Remapping China's regional inequalities, 1990-2006: A new assessment of de facto and de jure population data," *Eurasian Geography and Economics,* 49(1), 2008, 21-55쪽.

51 김진형·정보은, 「중국의 성(省)·지역간 불균등 분석, 2007-2017-시그마, 베타 수렴 효과와 시사점」, 『중국지역연구』, 중국지역학회, 제7권 제1호, 2001, 243-280쪽.

52 Fan and Sun, 2008, 19쪽.

53 *Ibid.,* 19-20쪽.

54 Lee, 2020.

55 Hong, 2015.

56 *Ibid.*

57 국무원, "中共中央关于制定国民经济和社会发展第十四个伍年规划和二〇三伍年远景目标的建议" http://www.gov.cn/zhengce/2020-11/03/content_5556991.htm. (검색일 2021. 9. 29.).

제5장 '몽골-타타르의 멍에'에 관한 사학사적 고찰:
문화적 영향을 중심으로 _____ 김용환

1 이 글에서 '문화'는 넓은 의미의 문화 개념을 적용한다.

2 이 용어는 줄여서 몽골스코예 이고(Монгольское иго), 타타르스코예 이고(татарское иго) 라고도 한다. 여기서 '타타르'는 몽골제국을 구성한 부족들 중 하나의 명칭이었으나, 러시아에 서는 '지옥'이라는 뜻의 그리스어 '타르타로스'와 겹쳐져 러시아의 영토를 초토화시킨 몽골족 을 총칭하는 말로 쓰이게 되었다. 더 넓게는 투르크계 민족들까지를 포함하는 유목기마민족 전 체를 아우르는 의미를 가진다. '이고(иго)'는 러시아어로 멍에, 굴레, 압제 등을 의미한다. 최근 개정된 러시아 국정역사 교과서에서 '몽골-타타르의 멍에'는 '유목민족의 통치(ордынское владычество)'라는 용어로 대체되고 있다. Ю.С. Осипов (гл. ред.), "Монголо-татарск ое иго," *Большая российская энциклопедия*, Т. 20, М., 2004-2017.

3 К.И. Комаров, "О нашествии Батыя на Северо-Восточную Русь в 1237-1238 гг." *Вопросы истории*, № 10 (2012), с. 89.

4 Nicholas V. Riasanovsky, Mark D. Steinberg, *A History of Russian,* New York (Oxford: Oxford University Press, 2005), p. 67.

5 그는 러시아역사학에서 사료연구를 정립한 인물로 러시아 역사에 대한 첫 번째 주요 저작인 『러시아 역사(История Российская)』의 저자이다. 이 저서는 30년간의 끈기 있는 수집과 저 술을 통해 완성한 역사서로 러시아 역사학에서 가장 중요한 18세기의 저작 중 하나로 인정되 고 있다. В.Н. Татищев, *История Российская*. Т. 1-8 (М., 1994).

6 18세기 러시아의 대표적인 계몽주의자로 『고대로부터의 러시아 역사(История Российская от древнейших времен)』의 저자이다. 저서에서 그는 1610년까지 러시아 역사의 진보를 지식, 과학 그리고 개인 이성의 수준으로 귀착시키며, 봉건 귀족의 역할을 강조했다. М.М. Щер батов, *История Российская от древнейших времен*. Т. 1-7 (СПб., 1901-1904).

7 Riasanovsky, op. cit., pp. 67-71.

8 С.Ф. Платонов, *Лекции по русской истории. 9 изд.* (Петроград: Сенатская тип ография, 1915); *Полный курс лекций по русской истории* (М.: АСТ, Астрель, 2006), с. 76-78.

9 *На путях: Утверждение евразийцев*. Книга вторая. (М.; Берлин: Геликон, 1922), с. 342.

10 상대적으로 이와 연관한 국내의 연구는 미진한 실정인데 다음의 논문에서 몽골-타타르 지배 가 러시아에 끼친 영향에 대한 부분적인 논의를 찾아볼 수 있다. 오원교, "13세기 중반~15세 기 러시아 문학 속의 '따따르 신화'," 『노어노문학』, 제23권 4호 (2011), pp. 315-345; 이문 영, "몽골의 체제전환과 러시아 요소: 러·몽 관계사를 중심으로," 『슬라브학보』, 제33권 1호

(2018), pp. 29-64. 정희석, "푸틴정부의 대내외정책에서의 유라시아주의적 경향성 분석," 『국제정치연구』, 제17집 1호 (2014), pp. 88-113.

11 이 글에서 논의의 대상은 러시아 사학사의 주요 저작들이나, Ⅴ장에서 영미권 연구의 관점을 헬퍼린과 오스트롭스키의 논쟁을 중심으로 따로 덧붙였다. 전체 논문 구성상 어색한 점이 있고, 내용상 충분하지는 않지만 굳이 덧붙인 이유는 이 문제에 대한 외부적 관점도 도외시 할 수 없기 때문이다. 서구의 관점에서 본 몽골-타타르의 영향에 대한 문제는 별도의 논문을 통해 본격적으로 논의하고자 한다.

12 R. Pipes (ed.), *Karamzin's Memoir on Ancient and Modern Russia* (Cambridge, MA: Cambridge University Press, 1959)

13 Н.М. Карамзин, *Записка о древней и новой России* (СПб.: Типография А.Ф. Дресслера, 1914), с. 47.

14 Там же.

15 Н.М. Карамзин, *История государства Российского*, В 12 т. Т. 5 (М.: Наука, 1993), с. 202-205.

16 Там же..

17 А.Ф. Рихтер, "Исследования о влиянии монголо-татар на Россию," *Отечественные записки*. Т. XXII, № 62 (1825), с. 370.

18 가스테프는 모스크바대학의 역사 강사이자 모스크바총독부의 관리로 활동했다. А.А. Полов цова, *Русский биографический словарь* (СПб.:М., 1896-1918), с. 262-264.

19 М.С. Гастев, *Рассуждение о причинах, замедливших гражданскую образован ность в Русском государстве до Петра Великого* (М.: Университетская типогр афия, 1832).

20 콘스탄틴 네볼린(Константин А. Неволин, 1806-1855)은 법률가로 러시아 법학의 창시자 중 한 명으로 평가받고 있다. 키예프제국대학교 총장, 페테르부르크대학교 법학부 학장을 역임했다. *Энциклопедический словарь Брокгауза и Ефрона*, Т. XXa (СПб., 1897), с. 801—803.

21 서러시아는 15-16세기 러시아 영토에서 분할되어 장기간 리투아니아와 폴란드의 지배를 받은 지역이다.

22 А.Д. Градовский, "История местного управления в России," *Собрание сочинений*. Т. 2 (СПб.: Типография М.М. Стасюлевича, 1899), с. 150.

23 가부장제도 하에서의 지배 유형 중 하나를 말한다. 이 용어는 할러(Karl Ludwig von Haller)가 군주가 자신의 사적(私的)인 가산으로 취급하는 국가를 가산국가라고 불렀던 데서 유래하나, 가산제의 개념을 명확하게 확립한 사람은 막스 베버(Max Weber)이다. 베버는 지배 형태를 합법적 지배, 전통적 지배, 카리스마적 지배 등 세 가지로 구분했는데, 가산제는 전통적 지

배에 속하는 지배 유형이다. 이종수. "가산제." 『행정학사전』. 대영문화사, https://terms.naver. com/entry.naver?docId=75285&cid=42155&categoryId=42155(검색일: 2021년 8월 15일)

24 Н. Костомаров, "Начало единодержавия в Древней Руси," *Исторические моно графии и исследования.* Т. 12 (СПб.: Типография А. Траншеля, 1872), с. 70.

25 Там же, с. 76.

26 Н.И. Веселовский, *Татарское влияние на русский посольский церемониал в Московский период русской истории* (СПб.: Типография Б.М. Вольфа, 1911), с. 1.

27 Ф.И. Леонтович, "К истории права русских инородцев: древний ойратски й устав взысканий (Цааджин-Бичик)," *Записки Императорского новоросс ийского университета.* Т. 28. (М., 1879), с. 251-271.

28 Там же.

29 Там же. с. 274.

30 С.М. Соловьев, *Сочинения.* Кн. II (М.: Мысль, 1988), с. 121-145.

31 В.Я. Пащенко, *Идеология евразийства* (М.: МГУ, 2000), с. 329.

32 Ch. Halperin, "Kliuchevskii and the Tartar Yoke," *Canadian-American Slavic Studies.* № 34 (2000), pp. 385-408. 클류쳅스키의 역작 『러시아사 강의』는 30년간의 강의 내용을 정리한 것으로 1904년에야 출판되었다.

33 В.О. Ключевский, *Курс русской истории.* Т. I (М.: Академия наук СССР, 1937), с. 394-395.

34 С.Ф. Платонов, *Лекции по русской истории Профессора Платонова: В 3 вып.* (СПб.: Столичная Скоропечатня, 1899); *Полный курс лекций по русской истории* (М., 2006), с. 76-79.

35 К.Н. Бестужев-Рюмин, *Русская история (до конца XV столетия).* Т. 1 (СПб.: Типография А. Траншеля, 1872).

36 Г.В. Здерева, *Историография истории России XX века* (Тольятти: ТГУ, 2009), с. 3, 37.

37 М.Н. Покровский, *Русская история в самом сжатом очерке* (М.: Партийное издательство, 1933), с. 27.

38 М.Н. Покровский, *Очерк истории русской культуры.* 5 изд. Ч. I (Петроград: Прибой, 1923), с. 140-141.

39 라트비아 출신의 러시아 고고학자로 프란치스 발로디스(Францис Балодис)로 불리기도 한다. 라트비아 고고학의 초석을 놓았다. Ф.В. Баллод, Летопись Московского универ ситета, http://letopis.msu.ru/peoples/1225(검색일: 2021년 8월 15일)

40   Ф.В. Баллод, *Приволжские "Помпеи". Опыт художественно-археологическог о обследования части правобережной Саратовско-Царицынской приволж ской полосы* (М.; Петроград: Государственное издательство, 1923), с. 131.

41   В.В. Бартольд, *История изучения Востока в Европе и России.* 2 изд. (Л.: Лен инградский институт живых восточных языков, 1925), с. 171-172.

42   Г.В. Здерева, Указ соч., с. 57.

43   Ch. Halperin, "Soviet Historiography on Russia and the Mongols," *Russian Review*, Vol. 41, № 3 (1982), pp. 306-322.

44   А.Н. Насонов, Указ соч., с. 5.

45   *Большая советская энциклопедия.* 1 изд. Т. 40 (М.: Советская энциклопедия, 1938), с. 47-48.

46   Б.Д. Греков, А.Ю. Якубовский, *Золотая Орда* (Л.: Государственное социально-экономическое издательство, 1937), с. 202.

47   유라시아연대기와 유라시아뉴스는 각각 베를린과 파리에서 발행되었다.

48   И.Р. [Н.С. Трубецкой], *Наследие Чингисхана. Взгляд на русскую историю н е с Запада, а с Востока* (Берлин: Геликон, 1925).

49   На путях: Утверждение евразийцев, с. 343.

50   Там же, с. 18.

51   Там же, с. 344.

52   И.Р. [Н.С. Трубецкой], Указ. соч., с. 21-22.

53   G. Vernadsky, *The Mongols and Russia. New Haven* (Conn.: Yale University Press, 1966), pp. 337-338.

54   이러한 관점은 1993년 출판된 다음의 논집에서 재현된다. А.А. Кизеветтер, "Евразийство," *Россия между Европой и Азией: евразийский соблазн* (М.: Наука, 1993), с. 266-278.

55   И.Я. Фроянов, "О возникновении монархии в России," *Дом Романовых в истории России* (СПб.: Санкт-Петербургский университет, 1995), с. 31.

56   С.А. Панарин (ред.), *Россия и Восток: проблемы взаимодействия* (М.: Туран, 1993), с. 45.

57   И.О. Князький, *Русь и степь* (М.: Российский научный фонд, 1996), с. 120.

58   А.А. Данилов, Л.Г. Косулина, *История России с древнейших времён до конца 16 века* (М.: Просвещение, 2012), с. 126-127.

59   В.С. Шульгин и др. *История русской культуры 9-20 вв.* Л.В. Кошман(ред.) (М., Дрофа, 2003), с. 44.

60   Там же, с. 45-47.

61   Institute for European, Russian and Eurasian Studies

62   M. Laruelle, *Russian Eurasianism: An Ideology of Empire* (Baltimore, MD: Woodrow Wilson International Center for Scholars, 2008).

63   И.А. Смазнов, "Евразийство в постсоветской России," *Известия Российского государственного педагогического университета им. А.И. Герцена* (2008), с. 298.

64   Laruelle, op. cit., p. 221.

65   Ibid., p. 65.

66   Л.Н. Гумилев, *День*, No. 15 (1992), с. 10.

67   *Независимая газета*, 14 ноября (2000), с. 1.

68   *Вестник Московской школы политических исследований*, № 10 (1998), с. 98.

69   Андрей Колесников, "Я русский, и это ничего не объясняет," *газета.ru*, 15 октября 2019, https://www.gazeta.ru/comments/column/kolesnikov/12752618.shtml (검색일: 2021년 9월 6일)

70   А.С. Панарин, *Россия в циклах мировой истории* (М.: МГУ, 1999).

71   Ю. Кофнер, Русская философия: Очерк классического евразийства, http://su.gumilev-center.ru/russkaya-filosofiya-ocherk-klassicheskogo-evrazijjstva/ (검색일: 2021년 9월 6일)

72   Laruelle, op. cit., p. 71.

73   Nicholas Rzhevsky (ed.), *The Cambridge Companion to modern Russian Culture*, 최진석 외 역, 『러시아 문화사 강의』 (서울: 그린비, 2011), pp. 142-143.

74   Ch. Halperin, *Russia and the Golden Horde: The Mongol Impact on Medieval Russian History* (Bloomington, 1985).

75   Ostrowski, *Muscovy and the Mongols: Cross-Cultural Influences on the Steppe Frontier, 1304–1589* (Cambridge, Cambridge University Press), 1998.

76   D. Ostrowski, "Muscovite Adaptation of Steppe Political Institutions: A Reply to Halperin's Objections," *Kritika*, Vol. 1. № 2 (2000), p. 268.

77   Halperin, *Muscovite Political Institutions in the 14th Century*. pp. 237-257; Ostrowski. *Muscovite Adaptation of Steppe Political Institutions*, pp. 267-304.

78   Halperin, *Russia and the Golden Horde*, p. 88, 103.

79   Ostrowski, *Muscovy and the Mongols*, p. 19, 26.

80   Ibid., pp. 47-48.

81   D. Ostrowski, "The Mongol Origins of Muscovite Political Institutions," *Slavic Review*, Vol. 49, No. 4 (Winter, 1990), p. 528.

82　Ostrowski, *Muscovite Adaptation of Steppe Political Institutions*, p. 269.

83　Ostrowski, *Muscovy and the Mongols*, p. 86; Ostrowski, *The Mongol Origins of Muscovite Political Institutions*, p. 528.

84　Charles J. Halperin, "Muscovite Political Institutions in the 14th Century," *Kritika*, Vol. 1, № 2 (2000), pp. 233-236.

85　Rzhevsky, op. cit., p. 109.

86　보갑은 중국 주나라 이후 지방민 사이에서 실시한 작은 단위의 자치(自治)·인보(隣保)의 제 도를 말한다. 보갑법의 말단 단위인 한 패 안의 주민들이 법을 위반했을 때에는 함께 책임지 고 공동으로 처벌받게 했다.

87　H. Dewey, "Russia's Debt to the Mongols in Surety and Collective Responsibility," *Comparative Studies in Society and History*, Vol. 30, № 2 (1968), pp. 249-270.

88　Nicholas Riasanovsky, "Asia through Russian Eyes," Wayne S. Vuciniched (ed.), *Russian and Asia: Essays on the influence of Russia on the Asian Peoples* (Stanford, CA: Hoover Institution Press, 1972), pp. 3-29.

89　Nicholas V. Riasanovsky, Mark D. Steinberg, *A History of Russian* (New York, Oxford: Oxford University Press, 2005), pp. 67-71.

90　Ostrowski, Muscovy and the Mongols, p. 144; Halperin, *Russia and the Golden Horde*, pp. 26-27.

91　당대의 러시아 사가들은 몽골과 관련된 사실들을 드러내어 명확히 기록하지 않았다. 이러한 행태를 핼퍼린은 '침묵의 이데올로기'라는 개념으로 규정했고, 사료 비판에서 행간을 읽는 치 밀함이 필요하다고 주장했다. *Halperin, Russia and the Golden Horde*, p. 68, 74.

92　Vernadsky, *The Mongols and Russia*, pp. 337-338.

93　А.Н. Насонов, *Монголы и Русь (история татарской политики на Руси)* (М.: Л.: Институт истории АН СССР, 1940), с. 110; Ostrowski, "The Mongol Origins of Muscovite Political Institutions," *Slavic Review*, Vol. 49, № 4 (1990), p. 528.

94　Н.С. Трубецкой, *История. Культура. Язык* (М.: Прогресс-Универс, 1995), с. 41.

제6장 파라과이 거주 중국계 이민자 현황과 문화적응 _____ 구경모

1　핑크타이트(pink tide)는 21세기 접어들면서 중남미 전역에 불어 닥친 좌파 정부의 집권을 말 한다. 당시 중남미의 좌파 정부가 대거 집권한 요인은 신자유주의의 여파에 따른 사회, 경제적 불평등의 심화 때문이었다. 이 당시 당선된 대표적인 대통령으로는 베네수엘라의 우고 차베스, 볼리비아의 에보 모랄레스, 브라질의 룰라, 아르헨티나의 키르치네르 부부, 우루과이의 호세 무히카, 파라과이의 페르난도 루고, 칠레의 미첼 바첼레트, 에콰도르의 라파엘 코레아, 니카라

과의 다니엘 오르테가 등이 있다.

2   중국, 중남미 국가에 대만 단교 압박...다음 표적 온두라스", 『아시아투데이』, 2021.11.03., https://www.asiatoday.co.kr/view.php?key=20211103010001743[2021.11.3.]

3   중남미에서 대만과 수교 중인 국가는 온두라스, 벨리즈, 과테말라, 카리브해의 아이티, 세인트키츠네비스, 세인트빈센트그레나딘, 세인트루시아, 파라과이 등이 있다.

4   Tamagno & Velásques, "Dinámicas de las asociaciones chinas en Perú: hacia una caracterización y tipología", *Migración y Desarrollo*, Vol.14(26), 2016, pp. 147.

5   Montoya, Miguel, "Diáspora china en América Latina y su vinculación con la República Popular China", *México y la Cuenca del Pacífico*. Vol. 10(29), 2021, pp 58.

6   Montoya, Miguel, "Diáspora china en América Latina y su vinculación con la República Popular China", *México y la Cuenca del Pacífico*. Vol. 10(29), 2021, pp 59.

7   Kenley, David, "Construyendo una comunidad imaginada en Cuba: Fraternidad/Lianhe, 1938-1944", En R. Martínez (Coord.), *Estudios sobre China desde Latinoamérica: Geopolítica, Religión e Inmigración*, 2013, pp. 184.

8   "INTEGRACION SOCIAL La comunidad china en el país se duplicó en los últimos 5 años", 『Clarín』, 2010.09.27., https://www.clarin.com/sociedad/comunidad-china-duplico-ultimos-anos_0_Syfgy52TDQe.html[2021.09.20]

9   Montoya, Miguel, "Diáspora china en América Latina y su vinculación con la República Popular China", *México y la Cuenca del Pacífico*. Vol. 10(29), 2021, pp. 60.

10   Montoya, Miguel, "Diáspora china en América Latina y su vinculación con la República Popular China", *México y la Cuenca del Pacífico*. Vol. 10(29), 2021, pp. 59.

11   "La realidad de los chinos en Latinoamérica", 『Biblioteca del Congreso Nacional de Chile』, 2008.11.11, https://www.bcn.cl/observatorio/asiapacifico/noticias/chinos-en-latinoamerica/[2021. 9.20]

12   Declan, Barry, "Development of a New Scale for Measuring Acculturation: The East Asian Acculturation Measure (EAAM)", *Journal of Immigrant Health*, Vol. 3, No. 4, 2001, pp 193-197.

13   이 표는 데클랜 베리의 동아시아계 문화적응척도 문항을 본 연구 대상에 맞게 재구성한 것임을 밝혀둔다.

14   Vilchez, Haydeé, "Hacia una Nueva Diversidad: Migraciones Asiática en América Latina", *Tiempo y Espacio*, vol.26(65), 2016, pp.106.

15   Menéndez, Yrmina, "De los barrios chinos en Latinoamérica y el Caribe", *RUMBOS TS*, año XVI, Nº 24, 2021, pp.215.

16   Vilchez, Haydeé, "Hacia una Nueva Diversidad: Migraciones Asiática en América Latina",

Tiempo y Espacio, vol.26(65), 2016, pp.106.

17 Kenley, David, "Construyendo una comunidad imaginada en Cuba: Fraternidad/Lianhe, 1938-1944", En R. Martínez (Coord.), *Estudios sobre China desde Latinoamérica: Geopolítica, Religión e Inmigración*, 2013, pp.183.

18 Montoya, Miguel, "Diáspora china en América Latina y su vinculación con la República Popular China", *México y la Cuenca del Pacífico*. Vol. 10(29), 2021, pp.56-57.

19 Montoya, Miguel, "Diáspora china en América Latina y su vinculación con la República Popular China", *México y la Cuenca del Pacífico*. Vol. 10(29), 2021, pp.58.

20 Benavides, María, "Análisis comparativo de estudios de caso: inmigrantes chinos en Sao Paulo, Brasil, y Lima, Perú", Congresso ALADAA: *Cultura, Poder e Tecnologia: África e Ásia face á Globalizacão*. Anais. Coordenacão Beluce Bellucci, Edicão Edson Borges, 2002, pp.1-2.

21 Grimson & NG & Denardi, Las organizaciones de inmigrantes chinos en Argentina, Migración y Desarrollo, vol.14(26), 2016, pp.23.

22 Benavides, María, "Análisis comparativo de estudios de caso: inmigrantes chinos en Sao Paulo, Brasil, y Lima, Perú", Congresso ALADAA: *Cultura, Poder e Tecnologia: África e Ásia face á Globalizacão*. Anais. Coordenacão Beluce Bellucci, Edicão Edson Borges, 2002, pp.2.

23 Grimson & NG & Denardi, Las organizaciones de inmigrantes chinos en Argentina, Migración y Desarrollo, vol.14(26), 2016, pp.23.

24 TreJos, Bernardo & Nora Chaing, "Young Taiwanese Immigration to Argentina: the Challenges of Adaptation, SelfIdentity and Returning", *International Journalof Asia Pacific Studies*, Vol. 8(2), 2012, pp.113-143.

25 Bretal, Eleonor, ""Ay, este chino habla castellano!". El caso de los jóvenes inmigrantes de origen taiwanés en la ciudad de La Plata", *Jornada de Sociología*, núm. 4, 2005, pp.1-16.

26 "Colegio Chiang Kai Shek anuncia cierre definitivo tras 35 años", 『ultimahora』, 2020.06.11, https://www.ultimahora.com/colegio-chiang-kai-shek-anuncia-cierre-definitivo-35-anos-n2889721.html[2021.10.22.

27 "BUDDHISM IN TAIWAN", 『World Forum For Buddhism』, https://worldforumforbuddhism.org/buddhism-in-taiwan/[2021.10.15]

제7장 젠더 관점에서 본 라틴아메리카의 사회경제적 불평등과 정책: 멕시코와 칠레를 중심으로 _____ 이순주

1 United Nations Development Programme, *Regional Human Development Report 2021, Trapped:*

High Inequality and Low Growth in Latin America and the Caribbean, (NEW YORK: UNDP, 2021), p.24.

2   장은하, 문유영, 조혜승, 김정수, 김지현, "지속가능발전목표(SDGs)내 성평등 독자목표의 국내 이행을 위한 지표연구," 『여성연구』, Vol.98, No.3, (2018), p.138.

3   IMF, "Empowering Women is Smart Economics," *Finance & Development*, (March 2012), pp.40-43.

4   World Bank and Gender Innovation Lab, "The Gendered Impacts of COVID-19 on Labor Marker in Latin America and the Caribbean, " *Policy Brief*, (January 2021).

5   https://hdr.undp.org/sites/default/files/hdr2020_technical_notes.pdf 와 https://www.index. go.kr/potal/stts/idxMain/selectPoSttsIdxMainPrint.do?idx_cd=2842&board_cd=INDX_001 참조

6   세부 지표에 관한 설명은 주 오이시디 대한민국 대표부, "한국의 양성평등관련 사회제도 지수 (SIGI)"(2019), https://overseas.mofa.go.kr/oecd-ko/brd/m_20808/view.do?seq=32 와 https://www.genderindex.org/sigi/참조

7   주재선,"국제 성평등지수 특징과 한국여성의 지위,"『젠더리뷰』, Vol.25 (2012), pp.34-35.

8   Irene Clavijo, Carolina Mejía Mantilla, Servion Olivieri, Gabriel Lara-Ibarra, Javier Romero, *Mind the Gap: How Covid-19 is Increasing Inequality in Latin America and the Caribbean*, Washington D.C.: World Bank(2021).

9   20세에서 59세 사이의 빈곤한 여성과 남성의 비율을 비교한 것. 100보다 큰 수는 빈곤이 여성에게 더 높다는 것을 의미한다.

10   GGI의 세부지수 구성과 지수산출자료원, 그리고 지수산정방법은 김종숙 외, 성격차해소를 위한 실천과제발굴, (서울: 한국여성정책개발원, 2014), pp. 10-14를 참고.

11   Sonia Bhalotra and Manuél Fernández, "The rise in women's labour force participation in Mexico," WIDER Working Paper 2021/16, (United Nations University-World Institute for Development Economy Research, 2021)

12   PROIGUALDAD은 멕시코의 국립여성연구소(INMUJERES)는 연방정부·70개 기관과 협력하여 267개의 구체적 행동으로 구체화하는 성평등정책계획서인 PROIGUALDAD(2020-2024)을 발간하였다. 이 계획서는 여성과 소녀뿐 아니라 토착여성과 아프리카계 멕시코인에 초점을 두고 있다.

13   OECE국가의 보육서비스 분야 공공지출은 GDP의 0.29%정도이다. Dainzú Patiño, "La falta de guarderías limita el trabajo de las mujeres en México," Expansión, 8 de Marzo, 2021. https://expansion.mx/economia/2021/03/08/la-falta-de-guarderias-limita-el-trabajo-de-las-mujeres-en-mexico

14   David Martínez, "Estancias infantiles, el nuevo frente hacia 2024, " Reporte Indigo, 2 de

Noviembre, 2021. https://www.reporteindigo.com/reporte/estancias-infantiles-el-nuevo-frente-hacia-2024/

15 https://minervaeducacionfinanciera.mx/

16 https://www.gob.mx/se/acciones-y-programas/mujerexportamx-1a-e-rueda-de-negocios-para-empresarias-mexicanas

17 세부 내용에 대해서는 https://www.gob.mx/inmujeres/acciones-y-programas/norma-mexicana-nmx-r-025-scfi-2015-en-igualdad-laboral-y-no-discriminacion을 참조.

18 이순주, "최근 칠레 가족정책 변화의 젠더 함의-미첼 바첼렛 대통령집권 이후를 중심으로," 『중남미 연구』, 38(2), pp.76-79.

19 https://www.ips.gob.cl/servlet/internet/content/1421810832523/bono-por-hijo

20 *Ibid.*, pp.84-85; https://www.crececontigo.gob.cl/tema/derechos-laborales/

21 https://dds.cepal.org/bpsnc/programa?id=107

22 https://www.chileatiende.gob.cl/fichas/12885-programa-mujeres-jefas-de-hogar

23 https://www.junaeb.cl/programa-de-retencion-escolar-de-madres-padres-y-embarazadas-adolescentes

24 World Bank and Gender Innovation Lab, op.cit.

제8장 브라질의 새로운 질서와 진보? _____ 임두빈

1 실제로 자유주의 시장경제 옹호자인 그조차 저소득층에게 보조금(negative Income Tax)을 주자는 제안을 하고 있다.

2 최근 인류공동체가 고통을 받는 불평등 해소를 위한 정치를 요청하는 내용으로 'Capital et Idéologie' 즉 '자본과 이데올로기'가 출간됐다.

3 룰라의 전임 대통령으로 마르크스주의 사회학자에서 신자유주의자로 전환된 인물. 1994년 재무부장관 시절 '헤알(real)플랜'을 통해 브라질의 고질적인 인플레이션 문제를 안정시킨 업적을 갖고 있다.

4 포르투갈어로 'Democracia em Vertigem', 우리말로 '위기(혼란)의 민주주의'는 2019년에 발표된 브라질의 다큐멘터리 영화다. 이 다큐멘터리 영화는 룰라 전 대통령의 첫 임기부터 호세피(Dilma Rousseff) 전 대통령의 탄핵으로 이어지는 사건까지 개인적이고 친밀한 방식으로 두 전 좌파진영 대통령의 정치적 부상과 몰락을 분석했다. '민주주의'라는 표상은 공유하지만, 그 안에는 각 진영의 입장이 개입된 다성성이 존재한다.

5 사실, 'Edge of Democracy'와 'Crisi of Democracy'의 우리 말 번역어는 어법상 큰 차이는 없다. 그러나 우리는 이 글에서 '위기의 민주주의(Edge of Democracy)'는 브라질 다큐멘터리 'The edge of democracy'에서 차용하여 진보좌파 시각에서 본 '민주주의'를, '민주주의의 위기(crisis

of democracy)'는 1973년에 록펠러 등의 미국 재벌들이 주축이 되어 첫 번째 정책보고서로 발간한 "The Crisis of Democracy"의 시각을 대변하는 보수우파 시각에서 본 '민주주의'를 구분하는 개념으로 사용했다.

6 근대 민주주의를 탄생시킨 시민혁명과는 다르게 민주주의 제도가 정착된 상태에서 나타나는 대규모 시민 운동과 같은 거리정치를 '포퓰리즘'으로 호명하는 경우가 많다. 이 용어는 미국의 트럼프 대통령이나 브라질 보우소나루 대통령의 당선과 같이 기존 틀로 설명이 잘 안 되면 주로 동원된다. 이런 성향은 좌파 우파 진영에 상관없이 작동한다….

7 이정진 숭실대 교수가 개발한 무료 통계분석 소프트웨어. 다국어 버전도 가능해 포르투갈어 자료 분석도 가능하다.

8 Samuel Huntington의 기본 논리와 같이 강력한 군사주의적 패권 집단의 능력에 의존하여 자유주의적 가치와 세계의 안전을 지킬 수 있다는 의미가 있다.

9 Huntington의 노선과 달리 '인간이라면 누구나 평등하며 자유롭다'라는 근대 이상을 신뢰하고 정치적 실천의 주체로 시민과 대중을 꼽는다.

제9장 끄리스또발 꼴론의 『항해일지』에 나타난 아메리카의 자연과 식민주의적 탐색 _____ 조구호

1 서양인이 고기의 냄새를 제거하고 썩지 않게 하려고 사용하던 후추, 육두구, 계피, 정향 등은 대부분 동양에서 들여왔는데, 이때 향신료 무역에서 얻은 경제적 이익이 상상을 초월할 정도로 막대했다.

2 Fuentes, Carlos. *El espejo enterrado*, México: Santillana Ediciones Generales, S.A. de C.V., 1998, p. 121에서 재인용.

3 Ibid., p. 123.

4 이탈리아어로는 '크리스토포로 콜롬보(Cristoforo Colombo)', 라틴어로는 '크리스토포루스 콜룸부스(Christophorus Columbus)', 포르투갈어로는 '크리스토방 콜롬부(Cristóvão Colombo), 영어로는 '크리스토퍼 콜럼버스(Christopher Columbus)'라 불리는데, 본고에서는 에스파냐어인 끄리스또발 꼴론(Cristóbal Colón)으로 표기한다.

5 끄리스또발 꼴론은 마르코 폴로가 체험한 쿠빌라이 칸(Khubilai Khan)의 제국에 대한 기억에 많이 의존한다.

6 끄리스또발 꼴론은 『항해일지』에 "이곳에는 유향나무처럼 생긴 이파리와 열매가 달린 아주 큰 나무가 많다. 플리니우스(Plinius)가 언급한 적이 있는, 에게해의 키오스(Chios)섬에 있는 것들보다 나무와 열매 둘 다 훨씬 더 크다."(11월 12일)고 기록함으로써, 플리니우스를 직접 언급한다.

7 크리스토퍼 콜럼버스, 이종훈 옮김, 『콜럼버스 항해록』, 서해문집, 2004, p. 25.

8 안드레아스 벤츠케, 윤도중 옮김,『콜럼버스』, 한길사, 1998, p. 42.

9 꼴론은 당시에 통용되던 에라토스테네스의 지구 둘레 길이(약 46,250km)를 이용하지 않고, 9
세기 압바스 왕조의 천문학자 알프라가누스가 산출한 값을 사용했는데, 이 과정에서 후자가
아라비아 식 마일로 기록한 7091피트를 로마 식 4856마일로 잘못 이해함으로써 지구 둘레를
실제 길이의 3/4 정도로 생각했다. 게다가 당시 유럽에는 아시아의 정확한 크기를 측정한 자
료가 없었기 때문에 그가 가고자 했던 일본(Zipangu: Chipangu)의 위치를 실제보다 14,000km
이상 가깝다고 보았다.(https://ko.wikipedia.org/wiki)

10 이 계약은 알폰소 10세 때의 〈칠부법전(Siete partidas)〉과 국토회복전쟁(Reconquista)에서
왕실이 군사지도자와 맺은 보상계약의 관례에 따른 것이었다. 이런 전통은 나중에 아메리카
정복과 식민 과정에도 이어져 정복자와 식민자들은 경제적 특권과 정치적 명예를 얻기 위해
신대륙으로 떠났다.

11 Fuentes. op.cit., pp. 124-5.

12 끄리스또발 꼴론은 뛰어난 지도 제작자로서 허구의 숫자를 이용해 다른 항해가를 미혹시키
는 재주가 있었다고 한다.

13 가브리엘 가르시아 마르께스는 노벨문학상 수상 연설문「라틴아메리카의 고독(La soledad de
América Latina)」에서 "마젤란과 함께 세계 최초로 세계를 일주한 피렌체 출신 항해가 안토
니오 피가페타는 남아메리카 지역을 여행하면서 엄정한 연대기를 썼는데, 마치 상상의 모험
을 하고 쓴 것처럼 보입니다."라고 썼다.(García Márquez, Gabriel, 1984, p. 60.) 여기에 언급
된 '엄정한 연대기(crónica rigurosa)'는 '대단히 엄정하게(muy rigurosamente)' 기록했다는
의미로, 끄리스또발 꼴론이 사용한 '대단히 면밀하게(muy puntualmente)'와 동일한 의미를
지닌다.

14 Colón, Cristóbal. *Diario de a bordo de Cristóbal Colón* de *El historiador*, https://www.
elhistoriador.com.ar/diario-de-a-bordo-de-cristobal-colon/. 이후부터『항해일지』를 인용할
경우에는 괄호 안에 해당 날짜만 표기한다.

15 그럼에도,『항해일지』에는 끄리스또발 꼴론의 상상과 유추, 과장이 아주 많이 들어 있다.

16 http://www3.uah.es/cisneros/carpeta/images/pdfs/231.pdf

17 『인디아스의 역사』는 에스파냐의 저명한 문헌학자인 마르띤 페르난데스 나바레떼(Martín
Fernández Navarrete)에 의해 1829년에 처음으로 출간되었다.

18 Zamora, Margarita. *Reading Columbus*, Berkeley: California, UP., 1993, pp. 39-62.

19 『항해일지』에는 'Almirante'라는 어휘가 390여 차례 등장한다.

20 Zamora, Margarita. "Todas son palabras formales del Almirante": Las Casas y el Diario de
Colón, *Hispanic Review*, University of Pennsylvania Press, Winter, 1989, Vol. 57, No. 1, pp.
32-8

21 "Fuentes sobre el primer viaje de Colón", https://es.wikipedia.org/wiki/Fuentes_sobre_el_

primer_viaje_de_Col%C3%B3n

22 끄리스또발 꼴론은 어느 지역에 'Valle del Paraíso'라는 이름을 붙임으로써(12월 15일) 이 지역이 지닌 낙원의 이미지를 강화한다. 본고의 분석 대상인『항해일지』판본에는 'Paraíso'가 4회 등장한다. 앞서 언급했다시피,『항해일지』가 라스 까사스에 의해 편집되었기 때문에 특정 어휘의 등장 횟수가 변했을 수 있고, 또 등장 횟수 자체가 절대적인 의미를 지니지는 않으나, 횟수를 통해 어떤 사안에 대한 꼴론의 관심 여부를 어느 정도는 판단할 수 있기 때문에 필요한 경우 본고에 소개한다.

23 알로에, 계피, 니아메스(niames: 참마), 콩, 목화, 유향나무, 밤 맛이 나는 뿌리, 아헤(aje:고구마), 대황, 육계나무, 소나무, 육두구, 담배 등이다.

24 『항해일지』에는 'Vuestras Alteza'라는 호칭이 50여 회 등장한다.

25 앞에서 언급했듯이, 푸엔떼스는 그를 '허언증 환자(mitómano)', 즉 과장벽(誇張癖)이 있는 사람이라고 평가한다.

26 이 이에도 'bonito'(1회), 'lindo'(11회), 'lindeza'(2회), 'precioso'(4회) 같은 유사어가 사용되었다.

27 당시 이탈리아 서정시와 소설에서 새는 자연의 아름다움을 이루는 4요소 가운데 하나였다.

28 '알로에'는 꼴론의 탐험이 끝난 뒤 아메리카에 유입된 식물이기 때문에 꼴론이 '아가베(용설란)'를 알로에라고 불렀을 가능성이 있다.

29 1낀딸(quintal)은 100kg에 해당한다.

30 1아로바(arroba)는 12.5kg에 해당하는데, 까스띠아에서는 11.5kg에 해당한다.

31 『항해일지』에는 'desnudo(a)'라는 어휘가 20여 회 이상 등장한다.

32 Esquivel, Laura. *Malinche*, Madrid: Santillana Ediciones Generales, S.L., 2006, p. 42.

33 Fuentes. op.cit., p. 12.

34 "원주민들에게는 '떼오꾸이뜰라뜰(teocuitlatl)'이라는 이름으로 알려진 황금이 신의 똥이나 쓰레기 정도로만 인식되는 물건이기 때문에, 에스파냐 사람들이 왜 그리 황금을 축적하고자 안달하는지 말리날리는 이해하지 못했다."(Esquivel. op.cit., p. 77.)

35 Reding Blase, Sofía. "Cristóbal Colón y el Caribe: oro y desnudez", *En-claves del pensamiento*, Vol.6, No.11, México ene./jun. 2012, http://www.scielo.org.mx/scielo.php?script=sci_arttext&pid=S1870-879X2012000100002

36 https://en.wikipedia.org/wiki/Origin_theories_of_Christopher_Columbus

37 Kling, August J. "Colón, el cristiano", https://logoi.org/es/resource/colon-el-cristiano/?__store=es

38 『항해일지』에는 'Nuestro Señor'가 35회, 'cristiano'가 72회 'cristiandad'이 5회, 'religión cristiana'가 3회 등장한다.

39 크리스토퍼 콜럼버스, 이종훈 옮김, 2004, op.cit., p. 174.

40   Ibid. p. 23.

41   12월 12일, 육지에 도착한 *끄리스또발 꼴론*이 '왕기(bandera real)'와 '푸른색 십자가가 그려 진 깃발(bandera de la cruz verde)'을 배에 내건 행위에는 이런 논리가 담겨 있다.

42   Fuentes, Carlos. Valiente mundo nuevo: épica, utopía y mito en la novela latinoamericana. Mexico: Fondo de Cultura Económica, 1992, p. 46.

43   멕시코 역사가이자 철학자인 에드문도 오고르만(Edmundo O'Gorman)은 아메리카가 '발견' 된 것이 아니고 '발명'된 것이라고 주장했다.

제10장   전쟁 전후, 근대 일본 지식인의 평화사상과 반성담론 연구:
우치무라 간조와 다케우치 요시미를 중심으로 _____ 강진석

1   '不仁'은 본래 중국의학에서 기원한 용어로 手足이 통각을 느끼지 못하는 병리적 상태를 말한 다. 北宋 유학자 程明道가 이를 철학적 개념에 적용하여 도덕원리를 감지 못하는 경우도 '不 仁'으로 보았다.

2   여기서 말하는 '무사유성'은 한나 아렌트(Hannah Arendt)가 말한 '악의 평범성(banality of evil)' 개념을 이론적으로 끌어온 것이다.

3   우치무라 간조의 연구는 국내학자 양현혜(『우치무라 간조: 신 뒤에 숨지 않은 기독교인』, 2017)와 일본학자 스즈키 노리히사(『무교회주의자 內村鑑三』, 1995)와 시부야 히로시의 편저 (『그리고 모든 것은 하나님을 위하여-우치무라 간조의 사회사상과 신학사상』, 2018) 등의 전문저 작을 참조하였고, 정웅수의 전쟁관 연구(「우치무라 간조(內村鑑三)의 전쟁관의 변천」, 2002) 를 살펴보았다. 다케우치 요시미의 연구로는 중국학자 쑨거(『다케우치 요시미라는 물음 - 동 아시아의 사상은 가능한가』, 2007)와 국내학자 윤여일(『사상의 번역-쑨거의 「다케우치 요시 미 라는 물음」 읽기와 쓰기』, 2014)의 저작을 주로 참조하였고, 최종길의 전쟁책임론(「대동아 전쟁과 다케우치 요시미의 전쟁책임론」, 2016)과 이경희의 근대사유(「마루야마 마사오와 다 케우치 요시미의 전후 사상 재건과 '근대'적 사유」, 2018) 그리고 苑英奕의 노예론 연구(「노예 론으로부터 '동아시아'담론의 새로운 시각으로-루쉰과 다케우치 요시미의 노예론을 중심으 로」, 2008) 등을 주로 참조하였다. 동아시아 근대사와 국체론에 대한 연구는 주로 와다 하루키 (『동아시아 근현대통사』, 2017)와 강상중(『내셔널리즘』, 2004)의 저작을 주로 참조하였다.

4   대일본제국헌법이 1889년 2월 11일 공포되었고, 이듬해 1890년 10월 30일에 교육칙어가 나 왔다. 제일고등중학교 촉탁교원이었던 우치무라는 1891년 1월 9일에 거행된 교육칙어 봉독 식에서 정중하게 경례하지 않았다는 이유로 '불경죄'에 휩싸이게 된다. 언론은 이를 계기로 우 치무라와 기독교계를 한꺼번에 공격했다. 결국 우치무라는 교직에서 사직당했고, 그의 아내는 병을 얻어 사망했다.(스즈키 노리히사 1995, 48-54)

5 일본에서 '미일상호방위조약(신미일안보조약)' 체결에 반대하여 1959년부터 1960년까지 전 개된 대규모 군중시위를 말한다.

6 1881년 우치무라는 삿포로농학교 졸업식을 마친 후, 평생 한 몸을 '두 개의 J', 즉 Jesus와 Japan 에 바칠 것을 서약했다.

7 시모노세키 조약이 체결되면서 우치무라의 회의(懷疑)는 사실로 판명되었다. 조선에 대한 지 배권 강화와 중국의 영토 분할 그리고 3억 엔에 이르는 배상금은 청일전쟁이 결국 일본의 영 토적 야심을 채우기 위한 것에 불과하다는 것을 보여주었다. 그는 1985년 5월 25일 평생지기 데이비드 벨(David C. Bell)에게 이렇게 편지를 썼다. "의전(義戰)이 변해 약탈전 비슷하게 되 어 그 '정의'를 주장한 예언자는 지금 치욕 속에 있다."(정용수 2002, 32)

8 이들은 건의서에서, 만약 지금 기회를 놓치면 일본은 물론 중국이나 조선도 다시는 러시아에 대척할 수 없게 되므로 지금 바로 러시아와 전쟁을 해야 한다는 개전론을 주장했다.

9 '절대적 비전주의(非戰主義)'의 용어는 「평화의 복음」(『성서지연구』, 1903.9)의 첫 문단에 소 제목으로 제시되었다.

10 다케우치가 생각한 전후 과제 중의 하나는 울트라 내셔널리즘 속에서 진정한 내셔널리즘 을 끌어내는 것이었다. 즉 반혁명 속에서 혁명의 전통을 이끌어내고자 했다.(「내셔널리즘과 사회혁명」, 『선집1』, 214) 그는 일본파시즘이 민족의식을 울트라내셔널리즘으로 고양해 이 용해버렸다고 생각했다. 그러나 소박한 본래적 내셔널리즘은 정당한 발언권이 있다고 보았 다. 일본 내셔널리즘은 제국주의와 결합되면서 반혁명적이 되었고 울트라화하였다고 이해했 다.(「근대주의와 민족문제」, 『선집1』, 233)

제11장 Nationalism in Eurasia:
Ethnic Purification and Interethnic Conflict in Georgia _____ 송병준

1 Magda Lorena Cárdenas, "Women-to-Women Diplomacy in Georgia: A Peacebuilding Strategy in Frozen Conflict", Civil War, Vol. 21, No. 3 (2019), p. 386.

2 Giorgi Buzaladze, The Spectrum of Georgia's Policy Options Towards Abkhazia and South Ossetia, E-International Relations, 2020, p. 4.

3 Edward Beswick, *Overcoming Geopolitics: Grassroots Transformation and the Georgian Abkhazian and Georgian Ossetian Conflicts,* Amman: Generations For Peace Institute, 2014, p. 20.

4 Pavel K. Baev, "Civil Wars in Georgia: Corruption Breeds Violence, in Potentials of Disorder". Koehler, Jan and Christoph Zürcher (eds.). *Tentials of disorder:: Explaining Conflict and Stability in the Caucasus and in the Former Yugoslavia,* Manchester: Manchester University Press, 2003, p. 127.

5   John M. Cotter "Cultural Security Dilemmas and Ethnic Conflict in Georgia". *Journal of Conflict Studies*, Vol. 19, No. 1 (1999), p. 9.

6   Monica D. Toft, "Multinationality, Regions and State-Building: The Failed Transition in Georgia". *Regional & Federal Studies*, Vol. 11, No. 3 (2010), p. 126-127.

7   Natia Chankvetadze and Ketevan Murusidze, *Re-examining the Radicalizing Narratives of Georgia's Conflicts*. Brussel: Carnegie Europe The Future Project Georgia, 2021, pp. 1-4.

8   Mikheil Shavtvaladze, "The State and Ethnic Minorities: The Case of Georgia". Regional Studies of Russia, Eastern Europe, and Central Asia, Vol. 7, No. 1 (2018), p. 46.

9   John M. Cotter, *op. cit.*, p. 9.

10   Buzaladze, *op. cit.*, p. 2.

11   Beswick, *op. cit.*, p. 14.

12   Buzaladze, *op. cit.*, pp. 2-4.

13   *Ibid.*, pp. 4-5.

14   Monica D. Toft, "Multinationality, Regions and State-Building: The Failed Transition in Georgia". *Regional & Federal Studies*, Vol. 11, No. 3 (2010), pp. 127-128.

15   *Ibid.*, p. 123.

16   *Ibid., pp. 125-126.*

17   International Crisis Group. "Abkhazia and South Ossetia: Time to Talk Trade". *Europe Report*, Vol. 249 (2018), p. 2.

18   The World Bank, "Social Exclusion and Inclusion in Georgia", *A Country Social Analysis*. 2017, pp. 26-27.

19   Mikheil Shavtvaladze, *op. cit.*, p. 48.

20   Monica D. Toft "Multinationality, Regions and State-Building: The Failed Transition in Georgia". *Regional & Federal Studies*, Vol. 11, No. 3 (2010), p. 124.

21   Mikheil Shavtvaladze, *op. cit.*, p. 49.

22   *Ibid.*, 53.

23   Daria Isachenko, "Turkey-Russia Partnership in the War over Nagorno-Karabakh". *Stiftung Wissenschaft und Politik*, SWP Comment, Vol. 53, (2020), pp. 1-4.

24   Archil Gegeshidze, "Conflict in Georgia: Religion and Ethnicity." Kilpadi, Pamela (ed.). *Islam and Tolerance in Wider Europe*, Central European University Press, 2017, pp. 62-63.

25   Pavel K. Baev, *op. cit.* pp. 127-128.

26   John M. Cotter, *op. cit.*, p. 11.

27   John M. Cotter, *op. cit.*, p. 11.

28   Mikheil Shavtvaladze, *op. cit.*, pp. 44-45.

29 Natia Chankvetadze and Ketevan Murusidze, *op. cit.*, p. 3.

30 Edward Beswick, *op. cit.*, p. 15.

31 Mikheil Shavtvaladze, *op. cit.*, p. 51.

32 Giorgi Buzaladze, *op. cit.*, p. 2.

33 Mikheil Shavtvaladze, *op. cit.*, p. 57.

34 Giorgi Buzaladze, *op. cit.*, p. 3.

35 Robert E., Hamilton, August 2008 and Everything After: A Ten-Year Retrospective on the Russia-Georgia War. *Foreign Policy Research Institute, Black Sea Strategy Papers,* 2018, p. 9.

36 Archil Gegeshidze, *op. cit.*, p. 63.

37 Magda Lorena Cárdenas, *op. cit.*, p. 388.

38 Pavel K. Baev, *op. cit.*, p. 137.

39 John M. Cotter, *op. cit.*, p. 13.

40 Archil Gegeshidze, *op. cit.*, p. 63.

41 Neil MacFarlane, S. "Armed Conflict in Georgia: A Case Study in Humanitarian Action and Peacekeeping". *Institute for International Studies Brown University Occasional Paper,* Vol. 21 (1996), p. 8.

42 Pavel K. Baev, *op. cit.*, p. 138.

43 Archil Gegeshidze, *op. cit.*, p. 64.

44 Mikheil Shavtvaladze, *op. cit.*, p. 55.

45 Natia Chankvetadze and Ketevan Murusidze, *op. cit.*, p. 3.

46 Aydar Gazizullin, Theory-Practice Interplay of Conflict Resolution: The 2008 Russo-Georgian War. *E-International Relations,* 2016, p. 4.

47 homas de. Waal, Abkhazia Today and South Ossetia Today." Emerson, Michael (ed.). *Beyond Frozen Conflict: Scenarios for the Separatist Disputes of Eastern Europe,* Rowman & Littlefield International, 2020, p. 160.

48 International Crisis Group. "Georgia's Armenian and Azeri Minorities". *Europe Report,* Vol. 178 (2006), p. 5.

49 Natia Chankvetadze, and Ketevan Murusidze, *op. cit.*, p. 3.

50 Magda Lorena. Cárdenas, *op. cit.*, p. 388.

51 European Parliament, Minorities in the South Caucasus: New visibility amid old frustrations, *In-Depth Analysis,* 2014, p. 20.

52 International Crisis Group, op. cit., p. 1.

53 Rachel Clogg et al. "The Art of the Possible: Dealing with Past Violence in the Georgian-Abkhaz Conflict". Accord, Insight, Vol. 3 (2020), p. 17.

제1장 통일민족국가 건설을 위한 문화적 아이덴티티 구축:
안재홍의 책무로서 '통사(通史)' 쓰기로부터 평화통일의
교의로서 신민족주의(新民族主義)로 _____ 윤대식

1. 안재홍 사설 및 기고문(자료)

안재홍. 「朝鮮上古史管見(二)」. 『조선일보』 1930년 1월 29일.

안재홍. 「朝鮮上古史管見(三)」. 『조선일보』 1930년 1월 30일.

안재홍. 「朝鮮上古史管見(四)」. 『조선일보』 1930년 2월 1일.

안재홍. 「朝鮮上古史管見(伍)」. 『조선일보』 1930년 2월 2일.

안재홍. 「朝鮮上古史管見(七)」. 『조선일보』 1930년 2월 4일.

안재홍. 「朝鮮上古史管見(八)」. 『조선일보』 1930년 2월 5일.

안재홍. 「朝鮮上古史管見(九)」. 『조선일보』 1930년 2월 6일.

안재홍. 「朝鮮上古史管見(十)」. 『조선일보』 1930년 2월 7일.

안재홍. 「朝鮮上古史管見(十二)」. 『조선일보』 1930년 2월 9일.

안재홍. 「朝鮮上古史管見(十三)」. 『조선일보』 1930년 2월 11일.

안재홍. 「朝鮮上古史管見(十四)」. 『조선일보』 1930년 2월 12일.

안재홍. 「朝鮮上古史管見(十六)」. 『조선일보』 1930년 2월 14일.

안재홍. 「朝鮮上古史管見(十七)」. 『조선일보』 1930년 2월 15일.

안재홍. 「될뻔記 나는 少年時節에 어떤 野心을 가젓섯나-朝鮮의 司馬遷」. 『동광』 3권 9호
　　　(1931.9.4.)

안재홍. 「興奮말고 安靜하라 百年大計 그릇치지 말자」. 『매일신보』 1945년 8월 17일.

안재홍. 「大衆共生의 理念」. 『백민』 1권 1호(1945.12.15.)

안재홍. 「역사와 과학과의 『신민족주의』」. 『민성』 5권 11호(1949.11.15.)

2. 안재홍 저작 및 선집

안재홍. 1945. 『新民族主義와 新民主主義』. 서울: 민우사.

안재홍. 1947.『朝鮮上古史鑑 上』. 서울: 민우사.

안재홍. 1949.『韓民族의 基本進路』. 서울: 조양사.

安在鴻選集刊行委員會 編. 1983.『민세안재홍선집 2』. 서울: 지식산업사.

安在鴻選集刊行委員會 編. 1992.『민세안재홍선집 4』. 서울: 지식산업사.

삼균학회. 1979.『소앙선생문집 상』. 서울: 횃불사.

3. 논문 및 단행본

김기승. 2006.「식민지시대 민족주의 사학자들의 역사인식」.『내일을 여는 역사』 25호, 내일을여는
　　역사재단.

김수태. 2003.「안재홍의 신민족주의와 사회사 연구」,『한국근현대사연구』 24집, 한국근현대사연
　　구회.

김인식. 1998.「안재홍의 신민족주의 이념의 형성과정과 조선정치철학」.『한국학보』 24집 4호. 일
　　지사.

김인식. 2003.「안재홍, 중도의 길을 걸은 신민족주의자」.『내일을 여는 역사』 11호. 내일을 여는
　　역사.

김인식. 2005.『안재홍의 신국가건설운동 1944-1948』. 서울: 선인.

김인식. 2015.「1930년대 안재홍의 '조선학'론」,『한국인물사연구』 23호. 한국인물사연구회.

김인희. 2017.「국어학적 관점에서 본 안재홍의 기, 지, 치 이론의 성과와 한계」.『어문논집』 70집.
　　중앙어문학회.

단재 신채호 원저. 박기봉 옮김. 2006.『조선상고사』. 서울: 비봉출판사.

류시현. 2011a.「1930년대 안재홍의 조선학운동과 민족사 서술」.『아시아문화연구』 22집. 가천대
　　학교 아시아문화연구소.

류시현. 2011b.「해방 후 안재홍의 일제강점기에 관한 기억과 감성」.『민족문화연구』 54호. 고려대
　　학교 민족문화연구원.

류시현. 2015.「한말 일제 초 단군과 고조선 인식의 체계화」.『한국사학보』 61호. 고려사학회.

류시현. 2015.「민속학을 적용한 최남선의 조선학 연구: 1910~20년대 단군 논의를 중심으로」.『역
　　사민속학』 48호. 한국역사민속학회.

신우철. 2008.「건국강령(1941.10.28.) 연구: '조소앙 헌법사상'의 헌법사적 의미를 되새기며」.『중
　　앙법학』 10권 1호.

윤대식. 2005.「안재홍의 신민족주의론에 내재한 정치적 의무관」.『한국사학보』 20호. 고려사학회.

윤대식. 2018.『건국을 위한 변명: 안재홍, 전통과 근대 그리고 민족과 이념의 경계인』. 서울: 신서원.

이민원. 2014.「근대 학설사 속의 단군민족주의: 대한제국의 편찬사업 및 대종교와 관련하여」.『한

국사상과 문화』 72권. 한국사상문화학회.

이진한. 2005. 「민세 안재홍의 조선사 연구와 신민족주의론」. 『한국사학보』 20호. 고려사학회.

이진한. 2010. 「민세의 한국 중세사 인식과 유물사관 비판」. 민세안재홍선생기념사업회. 『안재홍의 항일과 건국사상』. 서울: 백산서당.

정윤재. 2018. 「안재홍의 신민족주의 역사의식과 평화통일의 과제」. 『한국동양정치사상사연구』 17권 1호. 한국동양정치사상사학회.

정종현. 2012. 「단군, 조선학 그리고 과학: 식민지 지식인의 보편을 향한 열망의 기호들」. 『한국학연구』 28권. 인하대학교 한국학연구소.

채관식. 2014. 「안재홍의 인류학 이론 수용과 조선 상고사 연구-「朝鮮上古史管見」을 중심으로」. 『한국사연구』 167호. 한국사연구회.

채관식. 2015. 「1930년대 전반 고대사회 이론의 수용과 한국 고대사 연구-안재홍과 백남운을 중심으로」. 『역사와실학』 57집. 역사실학회.

한나 아렌트 지음, 이진우 옮김. 1996. 『인간의 조건』. 서울: 한길사.

한나 아렌트 지음, 홍원표 옮김. 2019. 『정신의 삶 I』. 파주: 푸른숲.

한영우. 1987. 「안재홍의 신민족주의와 사학」. 『한국독립운동사연구』 1집. 한국독립운동사연구소.

한영우. 1994. 『한국민족주의역사학』. 서울: 일조각.

홍원표. 2011. 「영구평화, 인류의 공존 그리고 세계일가: 칸트, 야스퍼스, 아렌트 그리고 조소앙」. 『문학과사회』 24권 1호. 문학과 지성사.

제2장 중국정부의 일대일로 정책 추진과 신화교 · 화인사회 _____ 이정희

1. 저서

王賡武, 『中國與海外華人』(臺灣: 商務印書館, 1994), pp. 5-12.

李正熙, 『朝鮮華僑と近代東アジア』(京都: 京都大学学術出版会, 2012), pp. 10-11.

黃警頑 (著)·左山貞雄 (訳), 『華僑問題と世界』(東京: 大同書院, 1941), pp. 1-6.

華僑華人の事典編集委員会 (編), 『華僑華人の事典』(東京: 丸善出版, 2017).

斯波義信, 『華僑』(東京: 岩波書店, 1995), pp. 18-22.

朱慧玲, 『日本華僑華人社会の変遷-日中国交正常化以後を中心として-』(東京: 日本僑報社, 2013).

鄭林寬 (著)·満鉄東亜経済調査局 (訳), 『福建華僑の送金』(東京: 満鉄東亜経済調査局, 1943).

譚璐美·劉傑, 『新華僑 老華僑-変容する日本の中国人社会』(東京: 文芸春秋, 2008).

満鉄東亜経済調査局, 『南洋華僑叢書第伍巻 英領馬来·緬甸及豪州に於ける華僑』(東京: 満鉄東亜経済調査局, 1941).

遊仲勲·斯波義信·可児弘明 (編),『華僑·華人事典』(東京: 弘文堂, 2002).

Leo Suryadinata, *The Rise Of China And The Chinese Overseas* (London: Cambridge University Press, 2017).

Li Minghuan, *Seeing Transnationally-How Chinese Migrants Make Their Dreams Come True* (Hangzhou: Zhejiang University Press, 2013).

2. 편저서

刘宏 (编著),『海外华侨华人与中国的公共外交』(广州: 暨南大学出版社, 2015).

庄国土·请水纯·潘宏立 (编著),『近30年来东亚华人社团的新变化』(广州: 厦门大学出版社, 2010), p. 310.

奈倉京子 (編著),『中国系新移民の新たな移動と経験-世代差が照射する中国と移民ネットワークの関わり』(神戸: 明石書店, 2018), pp. 45-46·57-58.

3. 논문

김주아, "국제이주와 화교화인 디아스포라-신이민을 중심으로",『전남대학교 세계한상문화연구단 국내학술회의 논문집』(광주: 전남대학교 세계한상문화연구단, 2017.12), pp. 33-52.

문경연, "'국민의 배우자'를 벗어난 여성들: 한족 결혼 이주 여성들의 결혼과 이혼 사례를 중심으로",『한국문화인류학』, 44-2 (서울: 한국문화인류학회, 2011.5), pp. 71-112.

박선화, "중국의 일대일로(一帶一路) 참여확대 전략 분석: 샤프 파워(Sharp power)를 중심으로",『세계지역연구논총』, vol. 37-3 (서울: 한국세계지역학회, 2019), pp. 331-361.

신은영, "중국의 대외전략과 아프리카 화교의 전망",『중국지식네트워크』, 제14권 제14호 (서울: 국민대학교 중국인문사회연구소, 2019), pp. 83-106.

이진영, "시진핑 시기 중국 화교화인정책의 전개와 특징",『아태연구』, 제25권 제4호 (서울: 경희대학교 국제지역연구원, 2018.12), pp. 199-224.

장영덕, "중국의 변강(邊疆)인식 전환과 확장적 대외정책",『국제정치논총』, 60(4) (서울: 한국국제정치학회, 2020.12), pp. 257-291.

조봉래, "중국공산당의 동남아화교에 대한 정책의 변화와 그 사상적 배경",『중국학논총』, 제55호 (서울: 한국중국문화학회, 2017), pp. 95-114.

최승현, "화교화인의 이중국적 논쟁 연구",『세계지역연구논총』, 제26권 제3호 (서울: 한국세계지역학회, 2008), pp. 259-280.

최승현, "현대중국의 교민정책 변화에 관한 고찰-시진핑의 "대교무(大僑務)"를 중심으로", 『중국 인문과학』, 제72집 (서울: 중국인문학회, 2019), pp. 611-629.

최승현, "당대 중국의 "소수민족화교화인" 연구 및 정책 흐름 분석", 『중국지식네트워크』, 16권 16 호 (서울: 국민대학교 중국지식네트워크, 2020.11), pp. 5-36.

鲍雨, "中国侨务公共外交: 成就与经验", 『公共外交季刊』, 2018年 第4期冬季号 (2018), pp. 50-54.

潮龙起, "侨务公共外交: 内涵界定与特点辨析", 『东南亚研究』, 2013年第3期 (2013), pp. 65-69.

高哲·朱宁·林胜, "从自防、协防到联防: 安哥拉中国新移民的社会安全空间营造", 『华侨华人历史研究』, 2021年第3期 (北京: 中国华侨华人研究所, 2021), pp. 41-50.

高伟浓·寇海洋, "试析海外新型华人社团在中国公共外交中的文化中介功能", 『商丘师范学院学报』, 2013(2) (广州: 暨南大学华侨华人研究院, 2013), pp. 95-98.

海璐鱼耀, ""少数民族海外华人研究"研讨会综述", 『华侨华人历史研究』, 2021年第3期 (北京: 中国华侨华人研究所, 2021), pp. 95-96.

林逢春·王素娟·梁静鑫, "中国侨务公共外交的历史、机制与趋势分析", 『黑龙江社会科学』, 2019(4) (2019), pp. 54-60.

龙晨, "海外对华侨华人与"一带一路"的研究", 『上海市社会主义学院学报』, 2021年第1期 (2021), pp. 71-78.

张伟玉·王丽·黄德海, "海外华商参与"一带一路"建设问卷调查研究", 『华侨华人历史研究』, 2021年 第1期 (北京: 中国华侨华人研究所, 2021.3), pp. 17-25.

张秀明, "21世纪以来海外华侨华人社会的变迁与特点探析", 『华侨华人历史研究』, 2021年第1期 (北京: 中国华侨华人研究所, 2021), pp. 1-16.

邓应文, "东南亚地区的中国商会研究-以越南、柬埔寨及印尼中国商会为例", 『东南亚研究』, 2014年 第6期 (2014.6), pp. 74-83.

周敏·王大磊, "国际移民创业与族裔社区建设-以美国洛杉矶华裔和韩裔经济为例", 『华侨华人历史 研究』, 2021年第2期 (北京: 中国华侨华人研究所, 2021.6), pp. 1-13.

庄国土, "经济全球化下中国的国家发展战略和华侨华人", 『華僑華人研究』, 第7号 (東京: 日本華僑華 人学会, 2010), pp. 97-102.

庄国土, "世界华侨华人数量和分布的歷史变化", 『世界歷史』, 2011年5期 (2011), pp. 4-14.

庄国土, "21世纪前期世界华侨华人新变化评析", 『华侨华人研究报告(2020)』 (北京: 社会科学文献出 版社, 2020), pp. 1-75.

王秋彬, "华侨华人与中国的公共外交: 理论建构与现实挑战", 『중국사회과학논총』, 2권2호 (서울:

성균중국연구소, 2020), pp. 170-192.

戴二彪, "改革·開放以降の中国からアメリカへの人口移動", 『華僑華人研究』, 第2号 (東京: 日本華僑華人学会, 2005), pp. 34-50.

張慧婧, "名古屋華僑コミュニティの新生-新華僑組織と春節祭に着目して-", 『華僑華人研究』, 第8号 (東京: 日本華僑華人学会, 2011), pp. 85-94.

4. 인터넷 자료 및 신문

cnki, http://chn.oversea.cnki.net.ssl.access.inu.ac.kr/kns/defaultresult/index (검색일: 2021.10.18.).

DBpia, http://www.dbpia.co.kr.ssl.access.inu.ac.kr/search/topSearch (검색일: 2021.10.18.).

网易新闻, 约5000万: 全球华侨华人总数首次得出较明确统计数字, https://www.163.com/news/article/7K4H4UIF00014JB5.html (검색일: 2021.11.3.).

日本吉林总商会HP, https://ssl.ethp.net/a/jilin (검색일: 2021.11.5.).

日本温州同鄉会HP, https://wenzhou-jp.org (검색일: 2021.11.8.).

日本上海同乡会HP, http://www.japansa.org (검색일: 2021.11.8.).

中部华侨华人联合会HP, https://cacj.net (검색일: 2021.11.8.).

冲绳新华侨华人总会HP, http://onca-okinawa.com (검색일: 2021.11.8.).

华源会HP, http://huayuanassociation.com (검색일: 2021.11.9.).

全日本华侨华人社团联合会声明, https://www.ucrj.jp/news20200602 (검색일: 2021.11.9.).

全日本华侨华人社团联合会召开座谈会热烈祝贺中国共产党成立100周年, https://www.ucrj.jp/news20210626 (검색일: 2021.11.9.).

日本全华联代表参加国侨联举办的杭州世界侨团大会, https://www.ucrj.jp/news20201207 (검색일: 2021.11.9.).

中国侨网, 侨商陈江和: 华侨华人应积极参与"伍通"建设, 2017.5.18., http://www.chinaqw.com/qbapp/zwShare.html (검색일: 2021.12.11.).

中国和平统一促进会HP, http://www.zhongguotongcuhui.org.cn (검색일: 2021.11.16.).

中国国务院总理李克强6日下吾在北京会见出席首届世界华侨华人工商大会的全体代表,并发表重要讲话, http://www.chinaqw.com/sqjg/2015/07-06/55916.shtml (검색일: 2021.11.9.).

第二届世界华侨华人工商大会在北京开幕国务委员杨洁篪出席开幕式并致辞, http://www.gov.cn/guowuyuan/2017-06/12/content_5201875.htm (검색일: 2021.11.9.).

"一带一路华商组织协作网」, http://www.chinaqw.com/zhwh2012/index.shtml (검색일: 2021.11.17.).

中国银行与新加坡工商联合总会签署"一带一路"全球战略合作协议, https://www.boc.cn/aboutboc/bi1/201511/t20151106_5899099.html (검색일: 2021.12.11.).

NHK, '一带一路'を活用せよ華僑の戦略, 2017.10.25., http://www.nhk.or.jp/ohayou/digest (검색일: 2021.11.16.).

제3장 한중 문화교류의 매개체로서의 〈나의 붉은 고래(大鱼海棠)〉 _____ 정원대

김경애, 「애니메이션에 표현된 토테미즘 : 애니메이션 〈곰이 되고 싶어요〉를 중심으로」, 『디지털디자인학연구』 7권 2호, 한국디지털디자인협의회, 2007.

김규원, 「문화교류, 어떻게 할 것인가」, 『충북 Issue & Trend』 19호, 충북연구원, 2015.

김선자, 「신화, 사실, 상징 – 建木신화를 중심으로」, 『중국어문학논집』 제15호, 중국어문학연구회, 2000.

김윤호, 「애니메이션에 나타난 신화에 관한 고찰: 일본·인도 간 비교를 중심으로」, 『남아시아연구』 18권 1호, 한국외국어대학교 인도연구소, 2012.

김정환, 「로컬 이야기 소재의 글로벌 콘텐츠로서의 활용 요건에 관한 연구 미국 애니메이션 〈쿵푸팬더〉 시리즈의 사례 고찰을 중심으로」, 『한국디자인문화학회지』 제20권 제3호, 한국디자인문화학회, 2014.

김현영·김재웅, 「오브제(Object) 애니메이션의 미학적 정서와 창의성에 관한 연구 문화예술교육 결과물의 오브제(Object) 유형 분석을 중심으로」, 『만화애니메이션연구』 50호, 한국만화애니메이션학회, 2018.

류경아, 「원형신화를 모티브로 한 애니메이션 스토리텔링 기법 연구-이성강 감독의 오늘이를 중심으로」, 『만화애니메이션연구』 통권 제44호, 한국만화애니메이션학회, 2016.

서유원, 「중국 소수민족의 주요 創世神話에 보이는 천지형상과 補天神話의 연구」, 『중국어문논역총간』 제39집, 중국어문논역학회, 2016.

안도현, 「한국사회에서의 개인화 현상과 그 극복 방향 – J. S. Mill과 E. Durkheim의 인간관을 중심으로」, 『인문연구』 제89호, 영남대학교 인문과학연구소, 2019.

오세정, 「한국 신화에 나타난 변신의 양상과 의미」, 『한국고전연구』 제16집, 한국고전연구학회, 2007.

옥경영, 「중국 8090後세대의 글로벌소비문화연구」, 『중국문화연구』 제27집, 중국문화연구학회, 2015.

이종현, 「얼굴 미학을 통한 트랜스 아이덴티티의 표상:영화 〈죽여주는 여자〉를 중심으로」, 『영화연구」제72호, 한국영화학회, 2017.

이희원, 「러시아 애니메이션 산업의 콘텐츠로서 동슬라브 신화」, 『러시아어문학연구논집』 제72집, 러시아어와문학, 2021.

임대근, 「'트랜스 아이덴티티'의 개념과 유형: 캐릭터, 스토리텔링, 담론」, 『외국문학연구』 제62권, 외국문학연구소, 2016.

_____, 「한-중 문화갈등의 발생 구조와 대응 방안」, 『한중사회과학연구』 제10권 3호, 한중사회과학학회, 2012.

임재해, 「단군신화에 갈무리된 문화적 원형과 민족문화의 정체성」, 『단군학연구』 16권, 고조선단군학회, 2007.

_____, 「단군신화를 보는 생태학적인 눈과 자연친화적 홍익인간 사상」, 『단군학연구』 제9호, 고조선단군학회, 2003.

조태영, 「한국 난생신화와 한국문학의 원형: 아리랑의 기원 및 근원적 성격과 관련하여」, 『한신인문학연구』 제2집, 한신인문학연구, 2001.

정원대·임대근, 「〈센과 치히로의 행방불명〉의 캐릭터 분석 : 주인공의 정체성 분석을 중심으로」, 『인문콘텐츠(45)』, 인문콘텐츠학회, 2017.

치하이르한, 「'문화 할인' 시각에서 본 중국 애니메이션 영화의 문화 간 의사소통 : 〈나의 붉은 고래〉를 중심으로」, 『애니메이션연구』 제17권 제2호, 한국애니메이션학회, 2021.

柳映先, 「韓、滿族始祖神话比研究」, 『아시아문화연구』 제15집, 가천대학교 아시아문화연구소, 2001.

Ahnlee Jang·Sewha Yim, 「Cultural Identity, Social Capital and Social Control of Koryuin Women in Korea」, 『재외한인연구』 제32호, 재외한인학회, 2014.

제4장 권력-자본경제에 대한 문화적 접근과 이론적 토대:
중국 시진핑 시기 재중앙집중화(Re-centralization)에 대한 함의 _____ 김진형

국무원, "中共中央关于制定国民经济和社会发展第十四个伍年规划和二〇三伍年远景目标的建议" http://www.gov.cn/zhengce/2020-11/03/content_5556991.htm. (검색일 2021. 9. 29.).

김진형, 「중국 도시화과정에서 인구 이동 패턴과 지역 불균등 분석」, 『중국지역연구』, 중국지역학회 제8권 제1호, 2021.

김진형·정보은, 「중국의 성(省)·지역간 불균등 분석, 2007-2017-시그마, 베타 수렴 효과와 시사점」, 『중국지역연구』, 중국지역학회, 제7권 제1호, 2001.

김흥규, 『중국의 정책결정과 중앙 지방 관계』, 서울, 폴리테이아, 2007.

중국 정부 네트워크, "New Urbanization Plan" http://www.gov.cn/zhuanti/xxczh. (검색일 2021. 9. 21.).

Bao S. Chang, G. H. Sachs, J. D, and Woo, W. T., "Geographic factors and China's regional development under market reforms," *China Economic Review,* 13(1), 2002.

Carney, R. W., Chin, G. T., Liu, J., Ngo, T. W., Wu, Y., Yeo, Y., ... and Zhu, J., *Business, government and economic institutions in China,* Palgrave Macmillan, 2018.

Carpenter S., "Effects of cultural tightness and collectivism on self-concept and causal attributions," *Cross-Cultural Research,* 34(1), 1995.

Chan, K. W., "Misconceptions and complexities in the study of China's cities: Definitions, statistics, and implications," Eurasian Geography and Economics, 48(4), 2007.

Chan, K. W., and Wang, M., "Remapping China's regional inequalities, 1990-2006: A new assessment of de facto and de jure population data," *Eurasian Geography and Economics,* 49(1), 2008.

Chen, J. and Fleisher, B. M., "Regional income inequality and economic growth in China," *Journal of comparative economics,* 22(2), 1996.

Chua, R. Y., Huang, K. G. and Jin, M., "Mapping cultural tightness and its links to innovation, urbanization, and happiness across 31 provinces in China," *Proceedings of the National Academy of Sciences,* 116(14), 2019.

Chua, R. Y., Roth, Y. and Lemoine, J. F., "The impact of culture on creativity: How cultural tightness and cultural distance affect global innovation crowdsourcing work," *Administrative Science Quarterly,* 60(2), 2015.

Chung, J. H., *Centrifugal empire: Central-local relations in China,* Columbia University Press, 2016.

Demurger, S., D SACHS, J., Woo, W. T., Shuming, B. A. O. and Chang, G., "The relative contributions of location and preferential policies in China's regional development: being in the right place and having the right incentives," *China Economic Review,* 13(4), 2002.

Fan, C. C., "Modeling interprovincial migration in China," *Eurasian Geography and Economics,* 46(3), 1985-2000.

Fan, C. C., and Sun, M., "Regional inequality in China," *Eurasian geography and Economics,* 49(1), 2008.

Fan, Xi and Zhongxin Wang, "Bufen qiye tuoqian gongzi xianxiang yousuo shangsheng [The worsening cases of wages owed by some enterprises]" http://www.chinanews.com/ gn/2011/12-29/3570384.shtml (검색일 2021. 10. 8.).

Fan, Zhang., *Xianzhi qianxi bu fuhe xiandai jingshen [The restriction on migration and modern sprit]*, China Economic Times, 2005

Flora, C.B. and Flora, J.L., Rural, *Communities: Legacy and Change, 2nd edn,* Boulder, CO: Westview Press, 2004.

Gelfand, M. J., "Universal and culture-specific patterns of tightness-looseness across the 31 Chinese provinces," *Proceedings of the National Academy of Sciences,* 116(14), 2019.

Guan, X., Wei, H., Lu, S., Dai, Q. and Su, H., "Assessment on the urbanization strategy in China: Achievements, challenges and reflections," Habitat International, 71, 2018.

Hare, D. and West, L. A., "Spatial patterns in China's rural industrial growth and prospects for the alleviation of regional income inequality," *Journal of Comparative Economics,* 27(3), 1999.

Harrington, J. R. and Gelfand, M. J., "Tightness-looseness across the 50 united states," *Proceedings of the National Academy of Sciences,* 111(22), 2014.

Hong, Z., *The price of China's economic development: Power, capital, and the poverty of rights,* University Press of Kentucky, 2015.

Jian, T., Sachs, J. D., and Warner, A. M., "Trends in regional inequality in China," *China economic review,* 7(1), 1996.

Kanbur, R., and Zhang, X., "Which regional inequality? The evolution of rural-urban and inland-coastal inequality in China from 1983 to 1995," *Journal of comparative economics,* 27(4), 1999.

Kim, J., "Changes in the Distribution of Migrant Labourers and Implications of Comprehensive Wealth in China's Urbanisation," China Report, 00094455211027361, 2021.

Lee, C. K., *The Specter of Global China,* University of Chicago Press, 2020.

Lin, G. C., "State policy and spatial restructuring in post-reform China," *International Journal of Urban and Regional Research,* 23(4), 1978-95.

Lu, M. and Pan, H., *Government-Enterprise Connection: Entrepreneur and Private Enterprise Development in China,* Springer, 2015.

Milanovic, B., *China's Inequality Will Lead it to a Stark Choice: A New Oligarchy Can Be Restrained Only by the Government That Made It,* Foreign Affairs, 2021.

Minami, R., Makino, F. and Kim, K. (Eds.), *Lewisian Turning Point in the Chinese Economy: Comparison with East Asian Countries.* Springer, 2014.

Mu, Y., Kitayama, S., Han, S. and Gelfand, M. J., "How culture gets embrained: Cultural differences in event-related potentials of social norm, violations," *Proceedings of the National Academy of Sciences,* 112(50), 2015.

Pender, J. L., Weber, B. A., Johnson, T. G. and Fannin, J. M. (Eds.)., *Rural wealth creation.* New York, Routledge. 2014.

Takada, M., and Li, X., *Regional Migration and Structural Change in the Labor Market. In Lewisian Turning Point in the Chinese Economy,* London, Palgrave Macmillan, 2014.

Tsui, K. Y., "China's regional inequality," *Journal of comparative economics,* 15(1), 1991.

Tsui, K. Y., "Factor decomposition of Chinese rural income inequality: New methodology, empirical findings, and policy implications," *Journal of comparative economics,* 26(3), 1998.

Veeck, G., "Development, regional equity, and political change in China," *Bulletin of Concerned Asian Scholars,* 25(3), 1993.

Wan, G., "Understanding regional poverty and inequality trends in China: methodological issues and empirical findings," *Review of Income and Wealth,* 53(1), 2007.

Wang, Zhoubo., "Zhongguo nongmingong weiquan zhilu qi qianzhan [The path and directions for protecting Chinese migrant laborers' rights]," *Xinhua Digest,* no. 15, 2004.

Wei, Y. "Fiscal systems and uneven regional development in China," *Geoforum,* 27(3), 1978-1991.

Wei, Y. D. and Fan, C. C., "Regional inequality in China: a case study of Jiangsu province," *The Professional Geographer,* 52(3), 2000.

Wei, Y. D. and Kim, S., "Widening inter-county inequality in Jiangsu province, China," *Journal of Development Studies,* 38(6), 1950-95.

Xie, F., Li, A. and Li, Z., "Guojinmintui: A new round of debate in China on state versus private ownership," *Science & Society,* 76(3), 2012.

Yang, Dongping., "From Equality of Right to Equality of Opportunity: The Slot of Educational Equity in new China," *Peking University Education Review 2,* 2006.

Yao, S. and Zhang, Z., "On regional inequality and diverging clubs: a case study of contemporary China," *Journal of Comparative Economics,* 29(3), 2001.

Yu. Jianrong., University Service Centre of Chinese University of Hong Kong, "Dangdai zhongguo nongming de weiquan huodong yu zhengzhi [The role of politics in improving Chinese farmers' rights]" http://www.cc.org.cn/newcc/browwenzhang.php?articleid=773 (검색일 2020. 1. 11.).

Yu, Li., "Institutional Change and Educational Inequality: Mechanisms in Educational

Stratification in Urban China (1966-2003)," *Social Sciences in China 4,* 2006.

Zhang, Li., *Strangers in the City: Reconfigurations of Space, Power, and Social Networks within China's Floating Population,* Stanford, Ca: Stanford University Press, 2001.

제5장 '몽골-타타르의 멍에'에 관한 사학사적 고찰: 문화적 영향을 중심으로 _____ 김용환

오원교. "13세기 중반 ~ 15세기 러시아 문학 속의 '따따르 신화'". 『노어노문학』. 제23권 4호(2011 년), pp. 314-345.

이문영. "몽골의 체제전환과 러시아 요소: 러 · 몽 관계사를 중심으로". 『슬라브학보』. 제33권 1호 (2018년), pp. 29-64.

정희석. "푸틴정부의 대내외정책에서의 유라시아주의적 경향성 분석". 『국제정치연구』. 제17집 1 호 (2014년), pp. 88-113.

Dewey, H. "Russia's Debt to the Mongols in Surety and Collective Responsibility." *Comparative Studies in Society and History,* Vol. 30, № 2 (1968).

Halperin, Charles J. "Kliuchevskii and the Tartar Yoke." *Canadian-American Slavic Studies,* № 34 (2000).

Halperin, Charles J. "Muscovite Political Institutions in the 14th Century." *Kritika,* Vol. 1, № 2 (2000).

Halperin, Charles J. *Russia and the Golden Horde: The Mongol Impact on Medieval Russian History.* Bloomington: University of Indiana Press, 1985.

Halperin, Charles J. "Soviet Historiography on Russia and the Mongols." *Russian Review,* Vol. 41, № 3 (1982).

Halperin, Charles J. *The Tatar Yoke: The Image of the Mongols in Medieval Russia.* Bloomington: Slavica, 2009.

Laruelle, M. *Russian Eurasianism: An Ideology of Empire.* Baltimore, MD: Woodrow Wilson International Center for Scholars, 2008.

Morgan, David O. *The Mongols.* Cambridge, Mass: Blackwell, 1986.

Ostrowski, D. "Muscovite Adaptation of Steppe Political Institutions: A Reply to Halperin's Objections." *Kritika,* Vol. 1. № 2 (2000).

Ostrowski, D. *Muscovy and the Mongols: Cross-cultural influences on the steppe frontie, 1304-1589.*

Cambridge: Cambridge Univ. Press, 1998.

Ostrowski, D. "The Mongol Origins of Muscovite Political Institutions." *Slavic Review,* Vol. 49, No. 4 (Winter 1990).

Pipes R. (ed.). *Karamzin's Memoir on Ancient and Modern Russia.* Cambridge, MA: Cambridge University Press, 1959.

Riasanovsky, N. "Asia through Russian Eyes." Wayne S. Vuciniched (ed.). *Russian and Asia: Essays on the influence of Russia on the Asian Peoples.* Stanford, CA: Hoover Institution Press, 1972.

Riasanovsky, Nicholas V. Steinberg, Mark D. *A History of Russian.* New York, Oxford: Oxford University Press, 2005.

Rzhevsky, N. (ed.). *The Cambridge Companion to modern Russian Culture,* 최진석 외 역.『러시아 문화사 강의』서울: 그린비, 2011.

Vernadsky, G. *The Mongols and Russia.* New Haven, Conn.: Yale University Press, 1966.

А.Р. "Исследования о влиянии монголо-татар на Россию." *Отечественные записки.* Т. XXII. № 62 (1825)

Баллод, Ф.В. *Приволжские "Помпеи."* М.: Петроград: Государственное издательство, 1923.

Бартольд, В.В.*История изучения Востока в Европе и России.* 2 изд. Л.: Ленинград ский институт живых восточных языков, 1925.

Бестужев-Рюмин, К. *Русская история (до конца XV столетия).* Т. 1. СПб.: Типограф ия А. Траншеля, 1872.

Большая советская энциклопедия. 3 изд. Т. 16. М.: Советская энциклопедия, 1974.

Веселовский, Н.И. *Татарское влияние на русский посольский церемониал в Моско вский период русской истории.* СПб.: Типография Б.М. Вольфа, 1911.

Вестник Московской школы политических исследований. № 10 (1998).

Гастев, М. *Рассуждение о причинах, замедливших гражданскую образованность в Русском государстве до Петра Великого.* М.: Университетская типогра фия, 1832.

Градовский, А.Д. "История местного управления в России." *Собрание сочинений.* Т. 2. СПб.: Типография М.М. Стасюлевича, 1899.

Греков, Б.Д., Якубовский, А.Ю. *Золотая Орда.* Л.: Государственное социально-эконо мическое издательство, 1937.

Гумилев, Л.Н. *День.* No. 15 (1992)

Данилов, А.А., Косулина Л.Г. *История России с древнейших времён до конца 16 ве ка*. М.: Просвещение, 2012.

И.Р. [Н.С. Трубецкой]. *Наследие Чингисхана. Взгляд на русскую историю не с Зап ада, а с Востока*. Берлин: Геликон, 1925.

Карамзин, Н.М. *Записка о древней и новой России*. СПб.: Типография А.Ф. Дрессле ра, 1914.

Карамзин, Н.М. *История государства Российского: В 12 т.* Т. 5. М.: Наука, 1993.

Кизеветтер А.А. "Евразийство." *Россия между Европой и Азией: евразийский собл азн*. М.: Наука, 1993.

Ключевский, В.О. *Курс русской истории*. Т. I. М.: Академия наук СССР, 1937.

Князький, И.О. *Русь и степь*. М.: Российский научный фонд, 1996.

Комаров, К.И. "О нашествии Батыя на Северо-Восточную Русь в 1237—1238 гг." *Вопро сы истории*. № 10 (2012).

Костомаров, Н. "Начало единодержавия в Древней Руси." *Исторические монографи и и исследования*. Т. 12. СПб.: Типография А. Траншеля, 1872.

Леонтович, Ф.И. "К истории права русских инородцев: древний ойратский устав взыс каний (Цааджин-Бичик)." *Записки Императорского новороссийского унив ерситета*. Т. 28. 1879.

На путях. Утверждение евразийцев. Книга вторая. М.; Берлин: Геликон, 1922.

Насонов, А.Н. *Монголы и Русь (история татарской политики на Руси)*. М.; Л.: Инсти тут истории АН СССР, 1940.

Независимая газета. 14 ноября. 2000.

Панарин, С.А. (ред.). *Россия и Восток: проблемы взаимодействия*. М.: Туран, 1993.

Пащенко, В.Я. *Идеология евразийства*. М.: МГУ, 2000.

Платонов, С.Ф. *Лекции по русской истории*. 9 изд. Петроград: Сенатская типограф ия, 1915.

Платонов, С.Ф. *Полный курс лекций по русской истории*. М.: АСТ, Астрель, 2006.

Покровский, М.Н. *Очерк истории русской культуры*. 5 изд. Ч. I. Петроград: Прибой, 1923.

Покровский, М.Н. *Русская история в самом сжатом очерке*. М.: Партийное издатель ство, 1933.

Половцов, А.А. *Русский биографический словарь*. СПб.-М., 1896-1918.

Смазное, И.А. "Евразийство в постсоветской России." *Известия Российского госуда рственного педагогического университета им. А.И. Герцена*, 2008.

Соловьев, С.М. *Сочинения*. Кн. II. М.: Мысль, 1988.

Трубецкой, Н.С. *История. Культура. Язык*. М.: Прогресс-Универс, 1995.

Фроянов, И.Я. "О возникновении монархии в России." *Дом Романовых в истории Р оссии*. И.Я. Фроянова (ред.). СПб.: Санкт-Петербургский университет, 1995.

Шульгин В.С. и др. *История русской культуры 9-20 вв*. Л.В. Кошман (ред.). М., Дрофа, 2003.

Энциклопедический словарь Брокгауза и Ефрона, т. XXa, СПб., 1897.

이종수. "가산제." 『행정학사전』. 대영문화사.
https://terms.naver.com/entry.naver?docId=75285&cid=42155&categoryId=42155 (검색일: 2021년 8월 15일)

Баллод, Франц Владимирович. Летопись Московского университета. http://letopis. msu.ru/peoples/1225 (검색일: 2021년 8월 15일)

Колесников, Андрей. "Я русский, и это ничего не объясняет." газета.ru, 15 октября 2019.
https://www.gazeta.ru/comments/column/kolesnikov/12752618.shtml (검색일: 2021년 9월 6일)

Кофнер, Ю. Русская философия: Очерк классического евразийства.
http://su.gumilev-center.ru/russkaya-filosofiya-ocherk-klassicheskogo-evrazijjstva/ (검색일: 2021년 9월 6일)

제6장 파라과이 거주 중국계 이민자 현황과 문화적응 _____ 구경모

Benavides, María. Análisis comparativo de estudios de caso: inmigrantes chinos en Sao Paulo, Brasil, y Lima, Perú. Congresso ALADAA: Cultura, Poder e Tecnologia: África e Ásia face á Globalizacão. Anais. Coordenacão Beluce Bellucci, Edicão Edson Borges, 2002.

Bretal, Eleonor. ¡Ay, este chino habla castellano! El caso de los jóvenes inmigrantes de origen taiwanés en la ciudad de La Plata. IV Jornadas de Sociología de la UNLP, 2005.

Declan, Barry. "Development of a New Scale for Measuring Acculturation: The East Asian Acculturation Measure (EAAM)". Journal of Immigrant Health, Vol. 3. No. 4 (2001).

Grimson & NG & Denardi. "Las organizaciones de inmigrantes chinos en Argentina". Migración y Desarrollo. Vol. 14. No. 26 (2016).

Henrique Altemani de Oliveira, Gilmar Masiero. "Estudos Asiáticos no Brasil Contexto e desafios". Rev. Bras Polit Int. No. 48-2 (2005).

Kenley, David. Construyendo una comunidad imaginada en Cuba: Fraternidad/Lianhe, 1938-1944 En R. Martínez (Coord.). Estudios sobre China desde Latinoamérica: Geopolítica, Religión e Inmigración, 2013.

Montoya, Miguel. "Diáspora china en América Latina y su vinculación con la República Popular China". México y la Cuenca del Pacífico. Vol. 10. No. 29 (2021).

Menéndez, Yrmina. "De los barrios chinos en Latinoamérica y el Caribe". RUMBOS TS, año XVI. No. 24 (2021).

Vilchez, Haydeé. "Hacia una Nueva Diversidad: Migraciones Asiática en América Latina". Tiempo y Espacio. Vol. 26. No. 65 (2016).

Tamagno, Velásquez. "Dinámicas de las asociaciones chinas en Perú: hacia una caracterización y tipología". Migración y Desarrollo. Vol. 14. No. 26 (2016).

TreJos, Bernardo & Nora Chaing. "Young Taiwanese Immigration to Argentina: the Challenges of Adaptation, SelfIdentity and Returning". International Journal of Asia Pacific Studies. Vol. 8. No. 2 (2012).

아시아투데이, "중국, 중남미 국가에 대만 단교 압박…다음 표적 온두라스", https://www.asiatoday. co.kr/view.php?key=20211103010001743/ (Search: November 13, 2021)

Clarin, "INTEGRACION SOCIAL La comunidad china en el país se duplicó en los últimos 5 años", https://www.clarin.com/sociedad/comunidad-china-duplico-ultimos-anos_0_Syfgy52TDQe.html/ (Search: September 20, 2021)

Biblioteca del Congreso Nacional de Chile, "La realidad de los chinos en Latinoamérica", https://www.bcn.cl/observatorio/asiapacifico/noticias/chinos-en-latinoamerica/ (Search: September 20, 2021)

Ultimahora, "Colegio Chiang Kai Shek anuncia cierre definitivo tras 35 años", https://www.ultimahora.com/colegio-chiang-kai-shek-anuncia-cierre-definitivo-35-anos-n2889721.html/ (Search: October 22, 2021)

World Forum For Buddhism, "BUDDHISM IN TAIWAN", https://worldforumforbuddhism.org/buddhism-in-taiwan/(Search: October 15, 2021)

제7장 젠더 관점에서 본 라틴아메리카의 사회경제적 불평등과 정책: 멕시코와 칠레를 중심으로 _____ 이순주

김종숙 외, 『성격차해소를 위한 실천과제발굴』, (서울: 한국여성정책개발원, 2014)

이순주, "최근 칠레 가족정책 변화의 젠더 함의-미첼 바첼렛 대통령집권 이후를 중심으로," 『중남미 연구』, 38(2), pp.65-94

장은하, 문유영, 조혜승, 김정수, 김지현, "지속가능발전목표(SDGs)내 성평등 독자목표의 국내이행을 위한 지표연구," 『여성연구』, Vol.98, No.3, (2018), pp.137-172.

주 오이시디 대한민국 대표부, "한국의 양성평등관련 사회제도 지수(SIGI)"(2019), https://overseas.mofa.go.kr/oecd-ko/brd/m_20808/view.do?seq=32

주재선, "국제 성평등지수 특징과 한국여성의 지위," 『젠더리뷰』, Vol.25 (2012), pp.30-41.

Busso, Matías; Messina, Julián (eds.) *The inequality crisis: Latin America and the Caribbean at the Crossroads*, (Inter-American Development Bank, 2020) https://publications.iadb.org/publications/english/document/The-Inequality-Crisis-Latin-America-and-the-Caribbean-at-the-Crossroads.pdf

Bhalotra, Sonia and Fernández, Manuel, *The rise in women's labour force participation in Mexico*, WIDER Working Paper 2021/16, (Helsinki: United Nations University- World Institute for Development Economy Research, 2021)

Clavijo, Irene; Mejía Mantilla, Calolina; Olivieri, Servio; Lara-Ibarra, Gabriel; Romero, Javier, *Mind the Gap: How Covid-19 is Increasing Inequality in Latin America and the Caribbean*, (Washington D.C.: World Bank. 2021)

Martínez, David, "Estancias infantiles, el nuevo frente hacia 2024," Reporte Indigo, 2 de Noviembre, 2021. https://www.reporteindigo.com/reporte/estancias-infantiles-el-nuevo-frente-hacia-2024/

Patiño, Dainzú. "La falta de guarderías limita el trabajo de las mujeres en México," Expansión, 8 de Marzo, 2021. https://expansion.mx/economia/2021/03/08/la-falta-de-guarderias-limita-el-trabajo-de-las-mujeres-en-mexico

ILO, *Global Wage Report* 2018/19: What lies behind gender gaps https://www.ilo.org/wcmsp5/groups/public/---dgreports/---dcomm/---publ/documents/publication/wcms_650553.pdf

IMF, "Empowering Women is Smart Economics," *Finance & Development,* (March 2012), pp.40-43

INMUJERES(2020), Programa Nacional para la Igualdad entre Mujeres y Hombres 2020-2024, http://cedoc.inmujeres.gob.mx/documentos_download/Proigualdad%202020-2024%20 Web.pdf

Irene Clavijo, Carolina Mejía Mantilla, Servion Olivieri, Gabriel Lara-Ibarra, Javier Romero, *Mind the Gap: How Covid-19 is Increasing Inequality in Latin America and the Caribbean,* Washington D.C.: World Bank(2021).

Ministerio de la Mujer y la Equidad de Género, *Cuarto Plan Nacional de Igualdad entre Mujeres y Hombres 2018 – 2030,* (3 de Marzo 2018) https://www.minmujeryeg.cl/wp-content/ uploads/2018/03/Plan-Nacional-Igualdad-2018-2022.pdf

Sonia Bhalotra and Manuél Fernández, "The rise in women's labour force participation in Mexico," WIDER Working Paper 2021/16, (United Nations University-World Institute for Development Economy Research, 2021)

United Nations Development Programme, *Regional Human Development Report 2021, Trapped: High Inequality and Low Growth in Latin America and the Caribbean,* (NEW YORK: UNDP, 2021)

World Bank and Gender Innovation Lab, "The Gendered Impacts of COVID-19 on Labor Marker in Latin America and the Caribbean," *Policy Brief,* (January 2021).

World Bank, *Mexico Gender Assessment,* (Washington D.C: World Bank Group, 2019).

World Economic Forum, *Global Gender Gap Report 2021, https://www.weforum.org/reports/ ab6795a1-960c-42b2-b3d5-587eccda6023*

World Economic Forum, Global Gender Gap Report 2006, 2007, 2008, 2009, 2010, 2011, 2012, 2013, 2014, 2015, 2016, 2017, 2018, 2019, 2020

http://hdr.undp.org/en/content/gender-development-index-gdi

https://dds.cepal.org/bpsnc/programa?id=107

https://hdr.undp.org/en/content/gender-inequality-index-gii

https://hdr.undp.org/sites/default/files/hdr2020_technical_notes.pdf

https://minervaeducacionfinanciera.mx/

https://oig.cepal.org/en/indicators/feminity-index-poor-households

https://www.chileatiende.gob.cl/fichas/12885-programa-mujeres-jefas-de-hogar

https://www.crececontigo.gob.cl/tema/derechos-laborales/

https://www.genderindex.org/sigi/

https://www.gob.mx/inmujeres/acciones-y-programas/norma-mexicana-nmx-r-025-scfi-2015-

en-igualdad-laboral-y-no-discriminacion

https://www.gob.mx/se/acciones-y-programas/mujerexportamx-1a-e-rueda-de-negocios-para-empresarias-mexicanas

https://www.index.go.kr/potal/stts/idxMain/selectPoSttsIdxMainPrint.do?idx_cd=2842&board_cd=INDX_001

https://www.ips.gob.cl/servlet/internet/content/1421810832523/bono-por-hijo

https://www.junaeb.cl/programa-de-retencion-escolar-de-madres-padres-y-embarazadas-adolescentes

https://www.oecd-ilibrary.org/sites/cc64b7a1-en/index.html?itemId=/content/component/cc64b7a1-en

Doobin, Im. "Two Brazils: In search of New Oeder and Progress". Studies in Humanities and Social Sciences. Vol.63.No.1 (2020), pp.73-97.

제8장 브라질의 새로운 질서와 진보? _____ 임두빈

한글

강준만. "포퓰리즘 공화국". 『인물과 사상』. 통권 161호 (2011년 9월호), pp. 37-58.

강준만. 『특별한 나라 대한민국』. 서울: 인물과 사상사, 2011

김재순. "부정부패 없애라 현장에서 본 브라질 시위". 『관훈저널』. 가을호 통권 128호 (2013), pp. 153-155.

대런 애스몰로그·제임스 로빈슨 저. 최완규 역. 『국가는 왜 실패하는가』. 서울: 시공사, 2012.

리처드 리브스 저. 김승진 역. 『20 VS 80의 사회』. 서울: 민음사, 2019.

루치르 샤르마 저. 서정아 역. 『브레이크아웃 네이션』. 서울: 토르나도, 2012.

밀턴 프리드먼 저. 김상철 역. 『세계는 평평하다: 21세기 간략한 역사』. 서울: 창해, 2006.

아비지트 배너지·에스테르 뒤플로 저. 이순희 역. 『가난한 사람이 더 합리적이다』. 서울: 생각연구소, 2012.

임두빈. "한국과 닮은 듯 다른 브라질의 탄핵 정국". 『민주누리』. Vol.08 (2017) pp. 56~59.

월터 샤이델 저. 조미현 역. 『불평등의 역사』. 서울: 에코리브로, 2017.

윤성석. "브라질 민주주의의 불평등과 노동 디아스포라 함의". 『디아스포라연구』 제6권 제1호 (2012년 제11집), pp. 213-237.

장 지글로 저. 양영란 역. 『왜 세계의 가난은 사라지지 않는가』. 서울: 시공사, 2019.

조희문. "탄핵정국을 통해 본 브라질의 법질서와 민주주의". 『포르투갈-브라질학회 발표자료』. 2016년 10월 KAAS Conference. 서울: 대외경제정책연구원.

최정묵. 『데이터시대, 사람의 마음을 읽는 법』. 서울: 한스컨텐츠, 2016.

토마 피케티 저. 장경덕 역. 『21세기 자본』. 파주: 글항아리, 2014.

영어

Bethell, Leslie. "The Long Road to Democracy in Brazil." In Brazil: Essays on History and Politics, 147-174. London: School of Advanced Study, University of London, 2018. www.jstor. org/stable/j.ctv51309x.9.

Bethell, Leslie. "The Failure of the Left in Brazil." In Brazil: Essays on History and Politics, 195-222. London: School of Advanced Study, University of London, 2018. www.jstor.org/ stable/j.ctv51309x.11.

Castro, Belmiro. Brazil is not for Amateurs: Patterns of Governance in the Land of "Jeitinho". Bloomington: Xliberis, 2018.

Maxwell, Kenneth.1999. "The Two Brazils". The Wilson Quarterly. Vol. 23. No. 1 (Winter 1999), pp. 50-60. www.jstor.org/stable/40259848.

Melo, Marcus. Andre. "Unexpected Successes, Unanticipated failures: Social Policy from Cardoso to Lula. In Democratic Brazil: Actors, Institutions and Processes, edited by Kingston, Peter R, and Timothy. Pittsburgh: University of Pittsburgh Press, 2008.

Reichard, Richard. "Two Brazils". The North American Review Vol. 251. No. 1 (1966), pp. 36-37. www.jstor.org/stable/25116326.

Schneider, Ben Ross(ed.).New Order and Progress. Oxford: Oxford University Press, 2016.

Weitz, Richard. "The New Order in Brazil". Harvard International Review Vol. 3. No. 7 (1981), pp. 10-12. www.jstor.org/stable/42765217.

기타외국어

Vaz, Isadora Campos, Cassiano, K. Kelvis and Cordeiro, D. Farias. 2018. Mineracao de Tweets no Apoio a Analise da Disputa Eleitoral Presidencial. Anais XII Seminario Nacional de midia, Cidadania e Cultura(SEMIC). 2018.10.18-19. Faculdade de Informacao e Comunicacao-UFG. 20-25.

신문

서울경제신문, 2019 노벨경제학상. '게으름이 가난 초래' 통념 뒤집어, 빈곤 완화 새 접근법 제시, 2019.10.14. (https://www.sedaily.com/NewsVIew/1VPIQEMPEZ)

국민일보, 장애인 주차구역이에요 말했다가 잘린 경비원, 2020.01.11. (http://news.kmib.co.kr/article/view.asp?arcid=0014119642&code=61121111&cp=nv)

중앙SUNDAY, 영화 '기생충'이 불편한 이유, 2020.01.11.-12.

교수신문, 민주주의는 자유민주주의다, 2019.04.26

KBS NEWS, 좌파 경제학자 피케티 "브라질 불평등 줄여야 지속 성장 가능, 2017.09.29. (http://news.kbs.co.kr/news/view.do?ncd=3554401)

프레시안, 포퓰리즘이 나쁜 것만은 아니다, 2016.12.28. (http://www.pressian.com/news/article/?no=147018)

프레시안, 자유민주주의가 아니라 민주주의인 이유, 2012.12.10. (http://www.pressian.com/news/article/?no=5475)

경향신문, 세계는 평평? 아니 울퉁불퉁하다, 2016.02.05. (http://news.khan.co.kr/kh_news/khan_art_view.html?art_id=201602051857265)

인터넷

Digital in 2018, "The Americas", https://www.slideshare.net/wearesocial/digital-in-2018-in-southern-america-part-1-north-86863727 (Search: February 4, 2022)

Exame, "Um ano de mandato depois, qual e a base do governo Bolsonaro?", https://exame.com/brasil/um-ano-de-mandato-depois-qual-e-a-base-do-governo-bolsonaro/ (Search: February 10, 2022)

E-Stat program, http://www.estat.me/estat/ExLearning/index.html (Search: February 4, 2022)

Informe 2018, www.latinbarometro.org (Search: February 6, 2022)

The Epoch Times, "First Year of Bolsonaro's Government: What is New in Brazil?" https://www.theepochtimes.com/first-year-of-bolsonaros-government-whats-new-in-brazil_3145308.html (Search: February 5, 2022)

Veja edicao 2664, "Bolsonaro empata com Lula no primeiro turno; Moro supera com folga o petista", https://veja.abril.com.br/politica/bolsonaro-lula-e-moro-o-trio-que-da-o-tom-da-disputa-de-2022/ (Search: February 6, 2022)

World Inequality Report 2018 https://wir2018.wid.world/files/download/wir2018-full-reportenglish.pdf (Search: February 4, 2022)

제9장 끄리스또발 꼴론의 『항해일지』에 나타난 아메리카의 자연과 식민주의적 탐색 _____ 조구호

안드레아스 벤츠케, 윤도중 옮김, 『콜럼버스』, 한길사, 1998.

크리스토퍼 콜럼버스, 이종훈 옮김, 『콜럼버스 항해록』, 서해문집, 2004.

Colón, Cristóbal. *Diario de a bordo de Cristóbal Colón* de *El historiador*, https://www.elhistoriador.com.ar/diario-de-a-bordo-de-cristobal-colon/

Esquivel, Laura. *Malinche*, Madrid: Santillana Ediciones Generales, S.L., 2006.

Fuentes, Carlos. *El espejo enterrado*, México: Santillana Ediciones Generales, S.A. de C.V., 1998.

_____. *Valiente mundo nuevo: épica, utopía y mito en la novela latinoamericana*. Mexico: Fondo de Cultura Económica, 1992, p.46.

García Márquez, Gabriel. "La soledad de América Latina", en Marquínez Argote, Germán, *Macondo somos todos*, Bogotá: El Buho, 1984, pp. 60~66.

Kling, August J. "Colón, el cristiano", https://logoi.org/es/resource/colon-el-cristiano/?__store=es

O.Gorman, Edmundo. *La invención de América: El universalismo de la cultura occidental*, México: Universidad Autónoma de México, 1958.

Reding Blase, Sofía. "Cristóbal Colón y el Caribe: oro y desnudez", *En-claves del pensamiento*, Vol.6, No.11, México ene./jun. 2012, http://www.scielo.org.mx/scielo.php?script=sci_arttext&pid=S1870-879X2012000100002

Zamora, Margarita. "Todas son palabras formales del Almirante": Las Casas y el Diario de Colón, *Hispanic Review*, University of Pennsylvania Press, Winter, 1989, Vol. 57, No. 1, pp. 25-41

_____. *Reading Columbus*, Berkeley, California, UP., 1993.

Zunino, Francesca(2008). "A marvellous and useful new world: Constructions of American ecology in. Christopher Columbus' Indies". *Language and Ecology*, Vol.2, No.3.

"Fuentes sobre el primer viaje de Colón", https://es.wikipedia.org/wiki/Fuentes_sobre_el_primer_viaje_de_Col%C3%B3n

https://en.wikipedia.org/wiki/Origin_theories_of_Christopher_Columbus

https://ko.wikipedia.org/wiki

http://www3.uah.es/cisneros/carpeta/images/pdfs/231.pdf

제10장 전쟁 전후, 근대 일본 지식인의 평화사상과 반성담론 연구: 우치무라 간조와 다케우치 요시미를 중심으로 _____ 강진석

우치무라 간조, 김유곤 역. 2009. 『內村鑑三全集』 제10권. 서울: 크리스챤서적.

우치무라 간조a. "전쟁폐지론"(1903.6). 『만조보』. 『內村鑑三全集』 제10권.

우치무라 간조b. "평화의 복음"(1903.9). 『성서지연구』. 『內村鑑三全集』 제10권.

우치무라 간조c. "최근의 느낌"(1903.9). 『만조보』. 『內村鑑三全集』 제10권.

우치무라 간조d. "러일전쟁과 기독교의 추세"(1905.2). 『성서지연구』. 『內村鑑三全集』 제10권.

우치무라 간조e. "러일전쟁에서 내가 받은 이익"(1905.11). 『신희망』. 『內村鑑三全集』 제10권.

우치무라 간조f. "유럽의 전란과 기독교"(1914.11). 『성서지연구』. 『內村鑑三全集』 제10권.

우치무라 간조g. "노아의 대홍수를 생각함"(1915.12). 『성서지연구』. 『內村鑑三全集』 제10권.

우치무라 간조h. "미국의 참전"(1917.5). 『성서지연구』. 『內村鑑三全集』 제10권.

우치무라 간조i. "전쟁 폐지에 관한 성서의 명시"(1917.12). 『성서지연구』. 『內村鑑三全集』 제 10권.

우치무라 간조, 이성호 역. 1977. 『內村鑑三聖書注解全集』. 서울: 성지사.

다케우치 요시미, 서광덕 외 역. 2004. 『일본과 아시아』. 서울: 소명출판.

다케우치 요시미a. "근대란 무엇인가"(1948.11). 『일본과 아시아』.

다케우치 요시미b. "근대의 초극"(1959.11). 『일본과 아시아』.

다케우치 요시미c. "방법으로서의 아시아"(1960.1). 『일본과 아시아』.

다케우치 요시미, 윤여일 역. 2011. 『다케우치 요시미 선집1』. 서울: 휴머니스트.

다케우치 요시미d. "나라의 독립과 이상"(1952.1). 『다케우치 요시미 선집1』.

다케우치 요시미e. "국민문학의 문제점"(1952.8). 『다케우치 요시미 선집1』.

다케우치 요시미f. "근대의 초극"(1959.11). 『다케우치 요시미 선집1』.

다케우치 요시미g. "전쟁 체험의 일반화에 대하여"(1961.12). 『다케우치 요시미 선집1』.

다케우치 요시미, 윤여일 역. 2011. 『다케우치 요시미 선집2』. 서울: 휴머니스트.

다케우치 요시미h. "루쉰"(초록, 1943.10). 『다케우치 요시미 선집2』.

가노 마사나오 저, 김석근 역. 2004. 『근대 일본사상 길잡이』. 서울: 小花.

강상중 저, 임성모 역. 2004. 『내셔널리즘』. 서울: 이산.

양현혜. 2017. 『우치무라 간조: 신 뒤에 숨지 않은 기독교인』. 서울: 이화여자대학교출판문화원.

와다 하루키 외 저, 한철호 외 역. 2017. 『동아시아 근현대통사』. 서울: 책과함께.

스즈키 노리히사 저, 김진만 역. 1995. 『무교회주의자 內村鑑三』. 춘천: 한림신서.

시부야 히로시 외 저. 2018. 『그리고 모든 것은 하나님을 위하여-우치무라 간조의 사회사상과 신학사상』. 서울: 홍성사.

야규 구니치카, "예언자적 민족주의: 하나님과 일본 사이의 우치무라." 2018.『그리고 모든 것은 하
　나님을 위하여-우치무라 간조의 사회사상과 신학사상』. 서울: 홍성사.

쑨거 저, 윤여일 역. 2007.『다케우치 요시미라는 물음 - 동아시아의 사상은 가능한가』. 서울: 그린비.

윤여일. 2014.『사상의 번역-쑨거의 「다케우치 요시미 라는 물음」 읽기와 쓰기』. 서울: 현암사.

이경희. 2018. "마루야마 마사오와 다케우치 요시미의 전후 사상 재건과 '근대'적 사유."『동아시아
　연구』제73집, 57-82.

苑英奕. 2008. "노예론으로부터 '동아시아'담론의 새로운 시각으로-루쉰과 다케우치 요시미의 노
　예론을 중심으로."『중국문학』제57집, 293-307.

정응수. 2002. "우치무라 간조(內村鑑三)의 전쟁관의 변천."『일본문화학보』제15집, 29-39.

최종길. 2016. "대동아전쟁과 다케우치 요시미의 전쟁책임론."『사림』제64집, 279-308.

하지연. 2011. "니토베 이나조의 식민주의와 조선인식."『이화사학연구』제43집, 195-233.

제11장 Nationalism in Eurasia:
Ethnic Purification and Interethnic Conflict in Georgia _____ 송병준

Baev, Pavel K., "Civil Wars in Georgia: Corruption Breeds Violence, in Potentials of Disorder".
　Koehler, Jan and Christoph Zürcher (eds.). *Tentials of disorder:: Explaining Conflict and*
　Stability in the Caucasus and in the Former Yugoslavia, Manchester: Manchester University
　Press, 2003, pp. 127-144.

Beswick, Edward, *Overcoming Geopolitics: Grassroots Transformation and the Georgian Abkhazian*
　and Georgian Ossetian Conflicts, Amman: Generations For Peace Institute, 2014, pp. 1-99.

Buzaladze, Giorgi, The Spectrum of Georgia's Policy Options Towards Abkhazia and South
　Ossetia. *E-International Relations,* 2020, pp. 1-13.

Cárdenas, Magda Lorena. "Women-to-Women Diplomacy in Georgia: A Peacebuilding Strategy
　in Frozen Conflict". *Civil War,* Vol. 21, No. 3 (2019), pp. 85-409.

Chankvetadze, Natia and Ketevan Murusidze, *Re-examining the Radicalizing Narratives of Georgia's*
　Conflicts. Brussel: Carnegie Europe The Future Project Georgia, 2021, pp. 1-7.

CIA World Factbook, Georgia People and Society, 2021. https://www.cia.gov/the-world-
　factbook/countries/georgia/#people-and-society (Search: 2 January 2022)

Clogg, Rachel et al. "The Art of the Possible: Dealing with Past Violence in the Georgian-Abkhaz

Conflict". Accord, Insight, Vol. 3 (2020), pp. 16-21.

Cotter, John M. "Cultural Security Dilemmas and Ethnic Conflict in Georgia". *Journal of Conflict Studies*, Vol. 19, No, 1 (1999), pp. 106-131.

European Parliament, Minorities in the South Caucasus: New visibility amid old frustrations, *In-Depth Analysis*, 2014, pp. 1-28.

Gazizullin, Aydar, Theory-Practice Interplay of Conflict Resolution: The 2008 Russo-Georgian War. *E-International Relations*, 2016, pp. 1-8.

Gegeshidze, Archil, "Conflict in Georgia: Religion and Ethnicity." Kilpadi, Pamela (ed.). *Islam and Tolerance in Wider Europe*, Central European University Press, 2017, pp. 62-59.

Hamilton, Robert E., August 2008 and Everything After: A Ten-Year Retrospective on the Russia-Georgia War. *Foreign Policy Research Institute, Black Sea Strategy Papers*, 2018, pp. 1-38.

International Crisis Group. "Georgia's Armenian and Azeri Minorities". *Europe Report*, Vol. 178 (2006), pp. 1-43.

International Crisis Group. "Abkhazia and South Ossetia: Time to Talk Trade". *Europe Report*, Vol. 249 (2018), pp. 1-44.

Isachenko, Daria. "Turkey-Russia Partnership in the War over Nagorno-Karabakh". *Stiftung Wissenschaft und Politik*, SWP Comment, Vol. 53, (2020), pp. 1-4.

MacFarlane, S. Neil. "Armed Conflict in Georgia: A Case Study in Humanitarian Action and Peacekeeping". *Institute for International Studies Brown University Occasional Paper*, Vol. 21 (1996), pp. 1-140.

Shavtvaladze, Mikheil. "The State and Ethnic Minorities: The Case of Georgia". Regional Studies of Russia, Eastern Europe, and Central Asia, Vol. 7, No. 1 (2018), pp. 43-68.

The World Bank, "Social Exclusion and Inclusion in Georgia". *A Country Social Analysis.* 2017, pp. 1-72.

Toft, Monica D. "Multinationality, Regions and State-Building: The Failed Transition in Georgia". *Regional & Federal Studies*, Vol. 11, No. 3 (2010), pp. 123-142.

Waal, Thomas de., Abkhazia Today and South Ossetia Today." Emerson, Michael (ed.). *Beyond Frozen Conflict: Scenarios for the Separatist Disputes of Eastern Europe*, Rowman & Littlefield International, 2020, pp. 159-204.

제12장 Archaeological Investigations in Colonial Vietnam:
Focusing on Janse's "Archaeological Research in Indochina"
_____ Tawara Kanji

Anderson, Gunner J. "The origin and aims of the Museum of Far Eastern Antiquities". *The Bulletin of the Museum of Far Eastern Antiques*. No. 1 (1929), pp. 11-27.

Auboyer, Jennine. *Rarities of the Musée Guimet: the catalogue of an exhibition shown in the Asia House Gallery in 1975*. New York: The Asia Society, 1975.

Fox, Robert B. "The Calatagan excavation: two 15th century burial sites in Batangas, Philippines". *Philippines Studies*. Vol. 7. No. 3 (1959), pp. 321-397.

Janse, Olov R. T. "Rapport préliminale d'une mission archéologique en Indochina: après de l'Ecole Française d'Extrême-Orient". *Ruvue des Arts Asiatiques*. Vol. 9, No. 3 (June 1935), pp. 144-153, No. 4 (December 1935), pp. 209-217 and Vol. 10, No. 1 (January 1936), pp. 42-54.

Janse, Olov R. T. "An archaeological expedition to Indo-china and the Philippines: preliminary report". *Harvard Journal of Asiatic Studies*. Vol. 6, No 2 (January 1941), pp. 247-268.

1 Janse, Olov R. T. "Notes on Chinese influences in the Philippines in pre-Spanish times". *Harvard Journal of Asiatic Studies*. Vol. 8, No. 1 (March 1944), pp. 34-62.

Janse, Olov R. T. *The Peoples of French Indochina* (War Background Studies No. 19, Smithsonian Institution Publication No. 3768). Washington DC: The Smithsonian Institution, 1944.

Janse, Olov R. T. *Archaeological Research in Indo-china*. Vol. 1 (*The distinct of Chiu-chan during the Han dynasty: general considerations and plates*) (Harvard-Yenching Institute, Monograph Series, Vol. 7). Cambridge MA: Harvard University Press, 1947.

Janse, Olov R. T. *Archaeological Research in Indo-china*. Vol. 2 (*The distinct of Chiu-chan during the Han dynasty: description and comparative study of the finds*) (Harvard-Yenching Institute, Monograph Series, Volume 10). Cambridge MA: Harvard University Press, 1954.

Janse, Olov R. T. *Archaeological Research in Indo-china*. Vol. 3 (*The ancient dwelling-site of Dong-Son (Thanh-Hoa, Annam), general description and plates*). Bruxelles: Institut Belge des Hautes Etudes Chinoises (Printed at St. Catherine Press. Bruges), 1958.

Janse, Olov R. T. *Ljusmannens Gåta: Arkeologiska upplevelser in Sydöstasien*. Stockholm: Rabén & Sjögren, 1959 (*Bi Mat Cua Cay Den Hinh Nguoi*. Ha Noi: Bao Tang Lich Su Viet Nam, 2002).

Kurata, Yasuo. *The Life of Eliseef: The Founder of Japanese Studies.* Tokyo: Chuokoron-sha, 1977.

Nguyen Phuc Long. "Les nouvelles recherches archéologiques au Viet nam: complément au Viet nam de Louis Bezacier". *Art Asiatiques.* Vol. 31, special edition (January 1977). Paris: Annales du Musée de Guimet et du Musée Cernuschi, 1977.

Singaravélou, Pierre. *L'Ecole fraçaise d'Extrême-Orient ou l'institution des marges (1918-1956): essai d'histoire sociale et politique de la science colonial.* Paris: Editions L'harmattan, 1999.

Solheim Ⅱ, Wilhelm G. "Olov R. Janse 1895-1985". *Asian Perspectives.* Vol. 26, No. 1 (1984-1985), pp. 9-13.

Tawara, Kanji. "A history of Vietnamese history: From "Dai Viet Su Ky Toan Thu" to archaeology after 1954", Anna Karlstrom and Anna Kallen (eds.), *Fishbones and Glittering Emblems* (Stockholm: Museum of Far Eastern Antiquity, 2003), pp. 445-458

Tawara, Kanji. "The Olov Janse collection". *Bulletin of the Indo-Pacific Prehistory Association: Taiwan Papers.* Vol. 3 (2005), pp. 139-140.

Tawara, Kanji. "A historical study on the materials of Olov. Janse, Archaeological Research in Indo-china". *Journal of Central Institute of Cultural Heritage.* Vol. 13 (November 2013), pp. 141-167.

Tawara, Kanji. *Postcolonial Archaeology of Vietnam: Beyond the 'Chinese Model' and the 'Vietnamese Model'.* Fukyosha: Tokyo, 2014 (in Japanese).

Uno, Koichiro. Archaeology as Contemporary History: Vietnam, T. Obayashi (ed.), *Digging the World* (Tokyo: Gakusei-sha, 1993), pp. 105-138 (in Japanese).

Miyamoto, Kazuo and Kanji Tawara. "A re-examination of the Han style tombs in Vietnam through the Olov Janse Collection (1938-1940)". *Bulletin of the National Museum of Japanese History.* Vol. 97 (March 2002), pp. 123-192 (in Japanese).

Valette, Jacques. *Indochine 1940-1945, française contre japonaise.* Paris: Sedes, 1993.

동과 서, 문화와 문명,
초국적 협력과 소통의 오백 년

초판인쇄 2022년 4월 29일
초판발행 2022년 4월 29일

지은이 윤대식, 이정희, 정원대, 김진형, 김용환, 구경모,
　　　　이순주, 임두빈, 조구호, 강진석, 송병준, Tawara Kanji
펴낸이 채종준
펴낸곳 한국학술정보(주)
주　소 경기도 파주시 회동길 230(문발동)
전　화 031-908-3181(대표)
팩　스 031-908-3189
홈페이지 http://ebook.kstudy.com
E-mail 출판사업부 publish@kstudy.com
출판신고 2003년 9월 25일 제406-2003-000012호

ISBN　979-11-6801-462-6 93340